Gabriela Scherer · Karin Vach

Interkulturelles Lernen mit Kinderliteratur

Klett | Kallmeyer

Bibliografische Information der Deutschen Nationalbibliothek
Die Deutsche Nationalbibliothek verzeichnet diese Publikation in der Deutschen Nationalbibliografie; detaillierte bibliografische Daten sind im Internet über http://dnb.d-nb.de abrufbar.

Impressum

Gabriela Scherer, Karin Vach
Interkulturelles Lernen mit Kinderliteratur
Unterrichtsvorschläge und Praxisbeispiele

1. Auflage 2019

Redaktion: Anna Gemke, Seelze
Realisation: Nicole Neumann
Druck: GCC Grafisches Centrum Cuno GmbH & Co. KG, Calbe
Printed in Germany

ISBN: 978-3-7727-1304-0

Gabriela Scherer · Karin Vach

Interkulturelles Lernen mit Kinderliteratur

Unterrichtsvorschläge und Praxisbeispiele

Klett | Kallmeyer

6 Literatur und Unterrichtsvorschläge für Klassen 3 bis 5

7 Literatur und Unterrichtsvorschläge für die Klassen 4 bis 6

8 Literatur und Unterrichtsvorschläge für die Klassen 5 bis 6

9 Weitere Literaturvorschläge für den Unterricht

Anhang

Vorwort

Mit dem vorliegenden Buch *Interkulturelles Lernen mit Kinderliteratur* verfolgen wir mehrere Ziele. Wir möchten die Kinderliteratur im Deutschunterricht der Grundschule stärken. Im Zuge der Outputorientierung und dem damit verbundenen Trend Teaching-to-the-Test ist die Kinderliteratur im Unterricht mehr und mehr an den Rand gedrängt worden. Die vielfältigen Anforderungen, die Lehrer/-innen und ihre Klassen bewältigen müssen, lassen kaum noch dafür Zeit, eine gemeinsame Klassenlektüre pro Schuljahr zu lesen. An den hier vorgeschlagenen und erprobten Unterrichtsmodellen zu Kinderliteratur wird jedoch deutlich, dass große Lern- und Bildungschancen in der Schule vernachlässigt werden, wenn der Unterricht weiterhin auf ein einseitiges Training von instrumentellen Fertigkeiten ausgerichtet bleibt. Im Hinblick auf unsere gesellschaftlichen Herausforderungen ist es wichtig, die Heranwachsenden zu handlungsfähigen und verantwortungsvollen Menschen zu erziehen und umfassend zu bilden. Der Literaturunterricht kann hier einen wesentlichen Beitrag leisten.

Der Schwerpunkt der Literaturauswahl liegt auf mehrsprachiger und mehrkultureller Kinderliteratur zur Förderung des interkulturellen Lernens. Dies ist uns angesichts des Erstarkens nationalistischer und antidemokratischer Kräfte wichtig. Wir leben in einer Migrationsgesellschaft und haben die Möglichkeit, diese aktiv mitzugestalten und somit zu einem gelingenden Miteinander beizutragen. Kinder dafür von Anfang an zu sensibilisieren, ist ein weiteres Ziel dieses Buches. Dabei wird in allen Unterrichtsvorschlägen erkennbar, dass interkulturelles Lernen mit Kinderliteratur keine grundsätzlich anderen Lernprozesse anregt als literarisches Lernen. Es geht eher darum, das literarische Lernen unter dem Aspekt der Interkulturalität zu akzentuieren.

Schließlich möchten wir mit kompakten und gut handhabbaren Unterrichtsmodellen Lehrer/-innen zur unterrichtlichen Umsetzung einladen. Die jeweiligen Praxisbeispiele geben Einblick in den Unterricht und zeigen, wie Kinder mit den entsprechenden Angeboten umgegangen sind. Unterrichtsvorschläge und Praxisbeispiele sollen zu neuen Wegen im Literaturunterricht ermutigen. Die Erfahrungen bestätigen, dass ein Unterricht, der inhaltlich und methodisch mehrdimensional ausgerichtet ist und die Schüler/-innen als aktive Mitgestalter/-innen von Lehr-Lern-Prozessen ernst nimmt, für alle Beteiligten mit einer großen Zufriedenheit verknüpft sein kann, manchmal sogar mit einem Empfinden von Glück über die bereichernden Erfahrungen.

Ein Buch wie das vorliegende kann nicht zustande kommen ohne eine Vielzahl von Helfer/-innen. Wir danken daher an dieser Stelle allen Lehrer/-innen, Student/-innen und Schüler/-innen, die unsere Unterrichtsmodelle erprobt und mit ihrer Offenheit, Neugier und ihrem Engagement sowie ihren konstruktiven Rückmeldungen dazu beigetragen haben, bereits gut Funktionierendes im Zuge von Darstellung und Beschreibung der Ergebnisse noch weiter zu optimieren.

Namentlich dankend erwähnen möchten wir folgende Schulen und Lehrpersonen:

Albrecht-Dürer-Grundschule Beindersheim, Erasmus-Widmann-Gymnasium Schwäbisch Hall, Freie Schule LernZeitRäume Heidelberg, Gemeinschaftsgrundschule Mülheimer Freiheit Köln, Gemeinschaftsgrundschule Rösrath, Geschwister-Scholl-Schule Kirchheim, Grundschule In den Kappesgärten Bensheim, Neubergschule Dossenheim, Pestalozzi-Grundschule Baiertal, Pestalozzi-Grundschule Heidelberg, Pestalozzi-Grundschule Sandhausen, Sambuga-Schule Walldorf, Schengen-Lyzeum Perl; Marianne Bodin, Björn Bühner, Sophia Capellaro, Leonie Emrich, Teresa Fabis, Jessica Frebel, Anna Garbe, Valérie Goldmann, Hannah Sophie Guhlmann, Elisabeth Hochschild, Ilona Kreuzer, Solveig Krishnasamy, Silja Kütt, Amelie Opitz, Alexander Pitzius, Franziska Viertel und Jessica Vogt.

Die Namen der beteiligten Schüler/-innen sind aus Gründen des Datenschutzes anonymisiert.

Für ihren kritischen Blick beim Korrekturlesen danken wir den studentischen Hilfskräften Miriam Bahrdt, Eva Korn und Christiane Traub.

Noch ein Wort zur gendergerechten Sprachverwendung im vorliegenden Band: Wir haben uns am Duden orientiert und schreiben Schüler/-innen. Für Lehrpersonen verwenden wir im Singular die weibliche Form Lehrerin; Lehrer sind hierbei mitgemeint.

Wir wünschen allen Leser/-innen eine anregende Lektüre und viel Freude dabei, Neues auszuprobieren.

Landau und Heidelberg im Oktober 2018
Gabriela Scherer und Karin Vach

1 Gesellschaftliche Entwicklungen und schulische Herausforderungen

Die Frage, welche Gesellschaft wir in Anbetracht der großen Migrationsbewegungen, der zunehmenden Kinderarmut, des Erstarkens nationalistischer und antidemokratischer Kräfte sein wollen, muss auf der Grundlage unserer Auffassung von Bildung beantwortet werden. Welche Gesellschaft wir sein wollen, hat einen Einfluss darauf, was wir unseren Kindern für die Bildung ihrer Persönlichkeit und für ihr soziales Verantwortungsbewusstsein mitgeben wollen. Das ist jedoch nicht allein eine individuelle Aufgabe, sondern betrifft die bildungspolitischen und institutionellen Vorgaben für die Ausgestaltung von Schule und Unterricht. Mit dem Umbau des Bildungssystems hin zur Vermittlung standardisierter Qualifikationen und regelmäßiger Effektivitätskontrollen werden keine wirklich ausreichenden Orientierungen geboten, die wir für das Miteinander in unserer Gesellschaft brauchen. Auch die Implementierung zahlreicher Sprachförderkonzepte und die Ganztagsbeschulung haben die soziokulturellen Ungleichheiten und die Verknüpfung von Herkunft und Schulerfolg nicht auflösen können. Dies bestätigt die jüngste IGLU-Studie aus dem Jahre 2016, die zeigt, dass trotz Unterschieden innerhalb der Länder es in Gesamtdeutschland in den vergangenen 15 Jahren im Bereich der Grundschule nicht gelungen ist, den Anspruch auf Chancengleichheit im Bildungssystem zu realisieren (vgl. Bos et al. 2017, 21). Dies betrifft auch Schüler/-innen mit Migrationshintergrund. Selbst unter Berücksichtigung dessen, dass die Zusammensetzung der Schüler/-innen aus Familien mit Migrationshintergrund sich in den letzten 15 Jahren verändert hat und auch die Heterogenität größer geworden ist, so muss das IGLU-Konsortium dennoch konstatieren, dass das bildungspolitische Ziel der Verringerung von zuwanderungsbezogenen Disparitäten nicht realisiert worden ist. So etwa liegen Kinder mit Migrationshintergrund in ihren Leseleistungen ein halbes bzw. ein ganzes Schuljahr zurück (vgl. ebd., 22). Obgleich uns bewusst ist, dass der Begriff Migrationshintergrund stigmatisierend sein kann, und wir ihn im Kontext dieses Buches auch problematisieren wollen, so machen die Ergebnisse der jüngsten Lesevergleichsstudie doch deutlich, dass trotz aller Mühen und investierter Mittel viele Kinder nicht erreicht werden. Wenn man bedenkt, dass zudem vielerorts das schulische Lernen als wenig sinnstiftend empfunden wird, dann spricht das dafür, Schule und Unterricht von Grund auf neu zu denken.

Das vorliegende Buch kann dazu keine umfassende Anleitung geben. Es möchte aber einen Beitrag dazu liefern, sich wieder stärker auf die Potenziale des Lese- und Literaturunterrichts zu besinnen und dessen Bedeutung für die mehrdimensionalen Bildungsprozesse der Heranwachsenden in den Blick zu nehmen. Dafür werden in diesem Buch vielfältige Bücher und Vermittlungsformen sowie Erfahrungen aus den unterrichtlichen Erprobungen präsentiert. Die Unterrichtsauswertungen zeigen, dass bereits Kinder in der Grundschule durch Literatur in Bewegung gesetzt werden, selbsttätig über Lebensfragen nachzudenken, andere Weltsichten als die eigene zu erleben, fremden Perspektiven mit Neugier zu begegnen und eine Vorstellung von einem gelingenden Miteinander zu entwickeln. Die Gesprächsdokumentationen und die Schüler/-innenprodukte belegen, dass die Auseinandersetzung mit den von uns ausgewählten Bilderbüchern und kinderliterarischen Texten sprachliche und literar-ästhetische Lernprozesse unterstützten. Dass die Unterrichtserfahrungen auch positive Auswirkungen auf das Selbstkonzept, die Lesemotivation, das Leseverhalten und die Leseleistung der Schüler/-innen hatten, ist zu erhoffen, zumal die hier vorgeschlagenen Unterrichtsmodelle die Befunde der IGLU-Studie 2016 berücksichtigen (vgl. Goy/Valtin/Hußmann 2016, 171). Nicht zuletzt wäre es wünschenswert, wenn damit bei den Kindern auch eine Idee davon eingepflanzt worden wäre, welche Gesellschaft wir sein wollen.

1.1 Von der Einwanderungsgesellschaft zur Migrationsgesellschaft

Kriege und globale Ungleichstellungen haben in den letzten Jahren zu großen Fluchtbewegungen geführt, die in Deutschland als einem der von Asylsuchenden bevorzugt angestrebten europäischen Staaten im Jahre 2015 vorerst ihren Höhepunkt fanden und zu einer Krise in Politik und Gesellschaft geführt haben. Nach wie vor wird kontrovers über die globalen Migrationsbewegungen, über Zuwanderung und Integration diskutiert. Dabei wird übersehen, dass wir längst in einer kulturell heterogenen und hybriden Gesellschaft leben, in der sich Gruppen und Gemeinschaften mit unterschiedlichen kulturellen Ausprägungen von Werten, Praktiken, Ausdrucksformen, Verstehens- und Verhaltensmustern bilden, die sich überlagern, vermischen oder auch parallel nebeneinander bestehen. Zuwanderung ist keine neue Erscheinung, die erst im Jahre 2015 aufgekommen ist, auch wenn manche der medialen Inszenierungen diesen Eindruck erwecken (vgl. Vach 2017, 3 ff.).

Seit ihren Anfängen ist die Bundesrepublik durch kulturelle Veränderungen und Durchmischungen geprägt. Bereits nach dem Zweiten Weltkrieg wurden 12,5 Millionen Vertriebene aufgenommen. In den 1950er- und 1960er-Jahren waren es Arbeitnehmer aus dem Mittelmeerraum, die aufgrund des hohen Arbeitskräftebedarfs nach Deutschland einwanderten. Von den 14 Millionen blieben drei Millionen dauerhaft, holten ihre Familien nach und etablierten sich. In den 1980er und 1990er-Jahren führten Veränderungen der politischen Verhältnisse in der Sowjetunion und Osteuropa, Kriege und Konflikte zu (Spät-)Aussiedlungen (4,4 Millionen) und danach brachten Fluchtbewegungen aus dem Balkan, aus dem Irak und aus Afghanistan Menschen nach Deutschland. Zuletzt waren die Migrationsbewegungen durch die EU-Freizügigkeit (700.000 Unionsbürger/-innen jährlich) und durch weltweite Wanderbewegungen bestimmt (vgl. Die Beauftragte der Bundesregierung für Migration, Flüchtlinge und Integration 2016). Im Jahre 2018 hatten laut den Angaben des Statistischen Bundesamtes 18,6 Millionen der in Deutschland lebenden Menschen einen Migrationshintergrund. Bei einer Gesamtbevölkerung von 82,4 Millionen Menschen ergibt das einen Anteil von 22,5 Prozent, wovon etwas mehr als die Hälfte einen deutschen Pass besitzt (vgl. Statistisches Bundesamt 2018).

Der Gang durch die bundesrepublikanische Geschichte und die aktuellen Bevölkerungszahlen wirft die Frage auf, ob nicht die Kennzeichnung als Einwanderungsland längst überholt ist. Mit Einwanderungsland wird eher die Idee eines statischen Gebildes verknüpft, das Konzept der Migrationsgesellschaft hingegen bildet die dynamischen Prozesse ab, welche alle in der Gesellschaft betreffen. Es „fokussiert Migration als konstitutives Element von pluralen Gesellschaften, deren Ungleichstellungen zu reflektieren sind mit dem Ziel einer gleichberechtigten Partizipation" (Rösch 2017, 55). Auf dieser Basis gewinnt interkulturelles Lernen eine andere Bedeutung. Entsprechend geht es nicht mehr nur darum, dass die sogenannten Anderen lernen und sich integrieren, sondern dass alle Mitglieder der Gesellschaft – mit und ohne Migrationsgeschichte – sich integrieren und mit der pluralen Migrationsgesellschaft identifizieren. Befürworter/-innen des Konzepts der Migrationsgesellschaft sehen darin die Chance, gemeinsam das Land zukunftsorientiert zu gestalten und voranzubringen (vgl. ebd., 54).

Zu bedenken ist auch, dass die Geschichte der Menschheit immer mit Migrationsbewegungen verbunden gewesen ist. Die Weiterentwicklung hat mit Menschen zu tun, die Althergebrachtes infrage gestellt und sich auf den Weg gemacht haben, Neues hervorzubringen und anzuwenden. Auch in der Literatur finden wir zahlreiche Beispiele von Menschen, die von einem besseren Leben geträumt haben, die von der Sehnsucht getrieben Grenzen überschritten und Neues gewagt haben. Das lässt aber nicht darüber hinwegtäuschen, dass es sich bei Migration nicht um ein bloßes Abenteuer handelt. Meist geschieht sie aus der Not heraus, sei es wirtschaftliche Not, Verfolgung und Diskriminierung, oder aus der Hoffnung auf Aufstiegschancen und ein besseres Leben. Nicht vergessen werden sollte, dass im 19. Jahrhundert Europa der Auswanderungskontinent war. In den 1840er-Jahren etwa brachen 15 Millionen Menschen von Europa, auch aus Deutschland, nach Übersee auf, um Krieg, Armut, Verfolgung und der fehlenden Aussicht auf eine bessere Zukunft zu entkommen (vgl. dazu Europa und das Meer 2018). Heute sind die Verhältnisse umgekehrt: Die Flucht geht Richtung Europa. Der aktuelle Bericht des UN-Flüchtlingshilfswerks gibt die erschütternden Zahlen bekannt, nach denen zum fünften Mal in Folge die Zahl der Vertriebenen gestiegen ist und mit 68,5 Millionen im Jahre 2017 ein neues Rekordniveau erreichte (UNHCR 2018). Jeder 110. Mensch ist danach auf der Flucht vor Krieg, Gewalt, Hunger und Zerstörung, die Hälfte davon sind Kinder. Nach Angaben der Vereinten Nationen lebten im Jahr 2017 in Deutschland 970.400 Schutzbedürftige. Damit liegt die Bundesrepublik im weltweiten Vergleich auf Platz sechs, hinter der Türkei, Pakistan, Uganda, dem Libanon und Iran. Gemessen an der Bevölkerung, nahm der Libanon, gefolgt von Jordanien, die meisten Flüchtlinge auf. Flucht und Migration sind immer mit Verlust verknüpft: Verlust von Heimat, Hab und Gut, von Familie und Freunden.

Mit der Hoffnung auf Überleben ist auch der Wunsch verbunden, die eigenen religiösen, kulturellen oder ideologischen Überzeugungen zu bewahren und in andere Regionen dieser Welt zu transferieren. Interkulturelles Lernen kann dazu beitragen, Sensibilität füreinander zu entwickeln, stereotype Zuschreibungen wahrzunehmen und zu problematisieren, gemeinsam Neues zu entwickeln und die Migrationsgesellschaft partizipatorisch zu gestalten.

Dabei ist die Kategorie Migrationshintergrund wenig hilfreich und eher problematisch, da sie stigmatisiert und pauschal in dichotome Gruppen, nämlich mit bzw. ohne Migrationshintergrund einteilt, wobei die Bezeichnung „mit Migrationshintergrund" immer Defizite unterstellt. Weiterführend ist es hingegen, genauer auf mögliche Differenzen zu schauen und aufmerksam auf die damit verbundenen Benachteiligungen zu machen. Differenzen können sich systemisch, institutionell, interaktional oder innerlich manifestieren. Zu reflektieren sind etwa auch Kategorien wie Geschlecht, sexuelle Orientierung, Sozialstatus, Zugang zu Ressourcen, Alter, Gesundheit/Behinderung, Kultur und Sprache. Insbesondere Sprache ist eine zentrale Kategorie, an die Teilhabe an Bildung und Bildungsgerechtigkeit geknüpft ist (vgl. Rösch 2017, 56f.).

„Aus migrationsgesellschaftlicher Perspektive ist die Diskriminierung der Sprachen eingewanderter oder autochthoner Minderheiten und ihrer Sprecher/innen relevant. Sie zeigt sich etwa dadurch, dass Migrationssprachen keinen Einzug in Bildungseinrichtungen finden oder dort verboten werden, dass ihre Sprecher/innen auf ihre Kompetenz in der Amtssprache reduziert werden und ihre Zwei- und Mehrsprachigkeit nicht wahrgenommen wird." (Rösch 2017, 198)

1.2 Mehrsprachigkeit

Mehrsprachigkeit bezeichnet alle Formen multipler Sprachkompetenzen, sowohl solche von individuellen Akteur/-innen als auch gesellschaftliche Konstellationen, in denen mehrsprachige Sprachverwendungen alltäglich sind. Individuelle Mehrsprachigkeit liegt allerdings nicht nur dann vor, wenn man mehrere Sprachen auf dem Niveau der Erstsprache (L1) oder annähernd auf L1-Niveau beherrscht. Als Maßstab gilt vielmehr, ob eine Person in mehreren Sprachen handeln kann – und nicht, wie fließend, akzentfrei, grammatikalisch und stilistisch einwandfrei sie die Sprachen beherrscht, die sie in ihrem Alltag zu Kommunikationszwecken nutzt (vgl. Hoffmann et al. 2017, 71).

Schule als sozialer Raum erfordert von Lehrer/-innen einen konstruktiven Umgang mit der multilingualen Ausgangssituation, die manche ihrer Schüler/-innen mitbringen. Neuere Studien zu Bilingualität und Drittspracherwerb belegen, dass mehrsprachige Lerner/-innen ihren einsprachigen Peers beim Lernen weiterer Sprachen überlegen sind. Im Englisch- bzw. Französischunterricht der Primarstufe (sog. Frühenglisch bzw. Frühfranzösisch) sind mehrsprachige Kinder gegenüber ihren monolingual deutschsprachigen Mitschüler/-innen im Vorteil, denn metasprachliches Wissen und Aufmerksamkeit auf sprachliche Eigenheiten steht mehrsprachigen Lerner/-innen in größerem Ausmaß zur Verfügung als einsprachigen und kann beim weiteren Sprachenlernen produktiv genutzt werden (vgl. Göbel/Buchwald 2017, 105).

Im aktuellen Bildungsdiskurs ist der Begriff Mehrsprachigkeit unter anderem aus solchen Gründen wie den genannten denn auch überwiegend mit positiver Konnotation im Gebrauch. Dies verschleiert jedoch, dass einzelne Sprachen und Varietäten nicht nur unterschiedliche sozial-symbolische Funktionen haben, sondern dass daraus auch unterschiedliche gesellschaftliche Bewertungen resultieren (vgl. Jostes 2017, 107).

Bei gesellschaftlicher Mehrsprachigkeit gibt es selbst innerhalb derselben Sprache unterschiedliche Hierarchien: Während dialektale Varietäten in Deutschland beispielsweise ein geringeres sprachpolitisches Prestige haben als das Standarddeutsche, sieht die Situation hierbei in der deutschsprachigen Schweiz komplett anders aus. Dort genießt die dialektale Varietät in der mündlichen Kommunikation im Alltag ein wesentlich höheres Ansehen als das Deutsch der Schriftsprache. Die Beherrschung klassischer Schulfremdsprachen wiederum – Englisch, Französisch, Spanisch – ist sowohl in der Bundesrepublik als auch in der Schweiz und Österreich ungleich prestigeträchtiger als die Kenntnis einer der mit Migration, Flucht und Aussiedlung eingewanderten Migrationssprachen – etwa Türkisch, Arabisch, Albanisch, Vietnamesisch, Kasachisch. Eine Folge dieser ungleichen gesellschaftlichen Bewertung von Einzelsprachen ist eine Bildungsbenachteiligung von Kindern, deren Sprachenvielfalt mit einer Migrationssprache als Erstsprache verknüpft ist (vgl. Hoffmann et al. 2017, 73). Legitimation, Effektivierung und Reproduktion einer ungleichen Verteilung von Macht und (materiellen und ideellen) Ressourcen zwischen Gruppen, die auf der Basis ihrer (Mutter-)Sprachen definiert sind, bezeichnet man als Linguizismus (vgl. Rösch 2017, 18).

Migrationssprachen als für alle Schüler/-innen geeigneten Lern- und Betrachtungsgegenstand in den Deutschunterricht einzuspeisen, wie es das vorliegende Buch speziell für den Literaturunterricht vorsieht, bedeutet daher nicht nur, alle Schüler/-innen für innere und äußere Mehrsprachigkeit zu sensibilisieren und zu einem konstruktiven Umgang mit sprachlicher Vielfalt anzuleiten. Sondern es heißt eben auch, Linguizismus zu reflektieren und sich auch auf Sprachen mit geringem Prestige einzulassen. Letzteres kann für Heranwachsende ohne Bezug zu einer Migrationssprache unter Umständen eine Herausforderung sein (vgl. ebd.).

2 Aktueller Bildungsdiskurs und Literaturdidaktik

In den letzten Jahren ist der Lernbereich Umgang mit Literatur und literarisches Lernen eher an den Rand des Deutschunterrichts gedrängt worden. Im Zuge der Ausrichtung unseres Bildungssystems auf Bildungsstandards und regelmäßige Überprüfungen des Lernstands unserer Schüler/-innen in Vergleichsarbeiten (VERA) steht die kognitive Leistungsfähigkeit im Vordergrund. Für viele Lehrer/-innen scheint daher im Deutschunterricht kaum noch Zeit für die Begegnung mit Literatur und für die Anregung literarischer Erfahrungen zu bleiben. Verstärkt wird dies noch dadurch, dass literarische Rezeptionskompetenzen schwer quantifizierbar sind und somit in Zeiten der Outputorientierung und empirischer Bildungsforschung weniger gefragt werden. Bildungspolitisch sind im Hinblick auf die gesellschaftlichen Entwicklungen zudem schnelle Antworten auf komplexe Herausforderungen gewünscht: Wie kann herkunftsspezifische Benachteiligung in der Schule kompensiert werden, sodass sich unser Bildungssystem international erfolgreich präsentiert; wie können die Heranwachsenden, die in den letzten Jahren neu ins Land gekommen sind, zügig die deutsche Sprache lernen und sich assimilieren (vgl. zu den verschiedenen Ansätzen Rösch 2017, 49 ff.). Viele bundesweit geförderte Maßnahmen und Forschungsprojekte zielen darauf, Vorschläge zum Lesen- und Schreibenlernen etwa in Zusammenschlüssen von Schule, Hochschule und anderen Bildungsinstitutionen zu entwickeln, zu erproben und institutionell zu implementieren. Die Sprachdidaktik scheint pragmatisch und flexibel mit Vorschlägen, Konzepten und empirischen Studien auf die Herausforderungen des Deutschunterrichts zu reagieren. Die Literaturdidaktik ist an diesen Unternehmungen weniger beteiligt. Es macht den Eindruck, dass sie zwar auf ihre attraktiven Gegenstände verweist, aber deren Potenziale nicht im aktuellen Bildungsdiskurs darstellen kann.

Ohne Frage ist es für alle Schüler/-innen wichtig, die deutsche Sprache zu sprechen, über basale Fähigkeiten des Lesens und Schreibens zu verfügen, um sich im Alltag verständigen zu können, teilhaben zu können an den gesellschaftlichen Informationsprozessen und um das schulische und berufliche Fortkommen zu sichern. Bildungspolitische und institutionelle Anstrengungen zur Förderung des Spracherwerbs, des Lesen- und Schreibenlernens sind daher grundlegend. Dass diese Maßnahmen aber nicht ausreichen, verdeutlichen nach wie vor auch die großen Schulleistungsstudien IGLU und PISA. Bei der Suche nach Lösungen dafür, wie soziokulturell benachteiligten Heranwachsenden Bildungschancen und Förderung zuteilwerden können, müssen auch deren Sozialisationsprozesse einbezogen werden. Nicht zuletzt geht es darum, dass die nächste Generation zu verantwortungsbewussten Mitgliedern unserer Gesellschaft heranwächst. Dazu gehört auch, sich über das eigene Selbst- und Weltverständnis, kulturelle Traditionen und soziale Praktiken zu verständigen, ethische Wertsetzungen zu unterstützen und in sozialer Verantwortung zu leben.

Um die Jahrtausendwende hat der große interdisziplinäre Forschungszusammenschluss Lesesozialisation in der Mediengesellschaft das gesellschaftlich handlungsfähige Subjekt als die normative Leitvorstellung für eine gelingende (Lese-)Sozialisation konzeptuell begründet und deren bildungspolitische Umsetzung programmatisch gefordert (vgl. Groeben/Hurrelmann 2004). Die umfassenden Forschungsergebnisse sind in den letzten Jahren etwas in den Hintergrund getreten, obwohl sie auf die aktuellen Herausforderungen wie die Entkopplung von sozialer Herkunft und Schulerfolg, Mehrsprachigkeit oder Inklusion angemessen antworten können.

2.1 Beitrag der Literatur zur Förderung der Handlungsfähigkeit

Im Unterschied zu den derzeit gängigen bildungspolitischen Bestrebungen, die in erster Linie auf Qualifizierung und Förderung der kognitiven Leistungsfähigkeit setzen, liegt der genannten Leitvorstellung vom gesellschaftlich handlungsfähigen Subjekt eine umfassendere Auffassung von gesellschaftlicher Handlungsfähigkeit zugrunde. Im Anschluss an die Habermas'sche Theorie des kommunikativen Handelns werden drei Dimensionen des Handelns mit jeweils spezifischen Weltbezügen unterschieden: instrumentelles Handeln, normengeleitetes Handeln und expressives Handeln (vgl. Hurrelmann 2009, 32 ff.). Erst unter Einbeziehung aller drei Dimensionen kann von einer umfassenden gesellschaftlichen Handlungsfähigkeit in sozialer Verantwortung gesprochen werden. Instrumentelles Handeln bezieht sich auf die objektive Welt, normengeleitetes Handeln bezieht sich auf die soziale Welt, auf interpersonale Beziehungen und Interaktionen mit anderen und expressives Handeln bezieht sich auf die eigene, subjektive Welt.

Die Vermittlung von Lese- und Schreibkompetenzen, wie sie in den Bildungsstandards festgelegt sind, zielt auf eine instrumentelle Handlungsfähigkeit im Sinne einer basalen Voraussetzung für gesellschaftliche Teilhabe. Ob diese Form der Handlungsfähigkeit erfolgreich vermittelt wird, steht fortwährend auf dem Prüfstand und im öffentlichen Interesse.

Wird der gesellschaftliche Auftrag der Schule jedoch ernst genommen, dann muss Schule nicht nur dem Auftrag gerecht werden, eine leistungsgerechte Selektion und Allokation vorzunehmen, sondern auch, die Schüler/-innen in ihrer Persönlichkeitsentwicklung zu fördern und zu qualifizieren. Hier bietet das multidimensionale Handlungskonzept eine gute Orientierung: Danach sollten sich schulische Bildungsprozesse nicht nur auf instrumentelles Handeln beschränken, sondern sie müssen auch die Vermittlung normativer Handlungsfähigkeit im Umgang mit anderen und in sozialer Verantwortung einschließen. Und gerade hier kann die Literaturdidaktik mit ihren Gegenständen einen wesentlichen Beitrag leisten: Bücher, Filme oder Hörspiele erzählen Geschichten vom Umgang miteinander. Sie zeigen Denk- und Verhaltensweisen auf, eröffnen Vorschläge für den Umgang mit Konflikten, machen Lösungen sichtbar und vermitteln Werte und Normen.

Expressives Handeln als dritte Dimension der Handlungsfähigkeit zielt darauf, dass die Handelnden etwas von sich selbst präsentieren. Auch hier kann die Literaturdidaktik mit ihren vielfältigen Vermittlungsformen diese Form der Handlungsfähigkeit fördern. In Gesprächen, durch produktive oder handlungsbezogene Rezeptionsformen kann der Literaturunterricht die Heranwachsenden dabei unterstützen, ihre expressive Handlungsfähigkeit weiterzuentwickeln. Im Literaturunterricht erhalten die Schüler/-innen die Möglichkeit, ihre ästhetischen Wahrnehmungen, ihre emotionalen Empfindungen und ihre Identität zu entfalten und zum Ausdruck zu bringen. Die Reflexion der verschiedenen Handlungsdimensionen zeigt, dass der Literaturunterricht die Förderung einer umfassenden Handlungsfähigkeit unterstützen und zur Bewältigung der aktuellen gesellschaftlichen Herausforderungen konstruktiv beitragen kann. Eine Beschränkung des Deutschunterrichts auf die kognitive Dimension des Lesens und Schreibens reicht folglich nicht aus, um die Heranwachsenden in der Bildung ihrer Person und in ihrer sozialen Verantwortung umfassend zu fördern. Hier kann die Literaturdidaktik mit ihren Gegenständen und Vermittlungsformen einen essenziellen Beitrag leisten und nicht zuletzt dem Bildungsauftrag von Schule und Unterricht nachkommen.

2.2 Literatur und sprachliches Lernen

Dass der Literaturunterricht auch konkret zur Förderung der Sprachkompetenz und nicht zuletzt zum Schulerfolg beitragen kann, also auch auf die Ausbildung instrumenteller Handlungsfähigkeiten bzw. Literacy Einfluss hat, lässt sich aufgrund einer frühen Längsschnittuntersuchung von Gordon Wells annehmen (vgl. Wells/Barnes/Wells 1984; Wells 1986). Wells erfasste in dieser Untersuchung mit Kindern im Alter von zwei bis zehn Jahren in England unterschiedliche Faktoren, die Einfluss auf die Schulleistung und Sprachkompetenz nehmen, welche auch die aktuellen Problembereiche der schulischen Bildung betreffen. Dabei zeigte sich, dass der frühe Umgang mit Geschichten, mit erzählten, vorgelesenen und selbst gelesenen Geschichten, sich langfristig positiv auf die Schulleistung und Sprachentwicklung auswirkte. Was den Mehrwert von Literatur im Vergleich zur alltäglichen mündlichen Kommunikation ausmacht, ist die besondere Beziehung zwischen Sprache und Erfahrung. Während in der mündlichen Kommunikation die Informationen durch den Kontext erschlossen werden, etwa durch Gestik und Mimik oder durch simultan ablaufende Handlungen, wird hingegen durch das Erzählen oder Lesen von Geschichten ein weiterer Kontext eröffnet.

„Beim Hören und Lesen von Geschichten – und natürlich auch bei der Produktion von Geschichten – erfahren Kinder, wie mit Sprache und Texten eine Welt geschaffen wird, und in diesen Texten lernen sie ‚andere' Welten kennen als die sie umgebende. Sie lernen, dass Symbole manipulierbar sind, dass sie keine notwendige Beziehung zu einem bestimmten Objekt oder einer Situation haben müssen. Symbolverständnis, der Spaß an sprachlich vermittelten Botschaften, die Geduld und Fähigkeit, diese zu interpretieren, sind wesentliche Faktoren des Komplexes ‚Literacy' und ein zuverlässiger Prädiktor für spätere Schulleistung."

(Ulich/Ulich 1994)

Eine zentrale Voraussetzung für die positiven Auswirkungen, die sich aus dem Kontakt und im Umgang mit literarischen Texten auf alle Facetten des Sprach-, Schrift- und Literaturerwerbs ergeben können, ist nach Wells allerdings die Auswahl der Geschichten, denn diese müssen so spannend, fantasieanregend oder unterhaltend sein, dass die Kinder gerne die Anstrengung des Rezeptionsprozesses auf sich nehmen. Wells geht jedoch noch weiter in seinen Ergebnissen, wenn er dem Vorlesen und Erzählen von literarischen Texten im frühen Kindesalter mehr Bedeutung zuschreibt als etwa den mit dem Lesen- und Schreibenlernen verwandten Tätigkeiten wie z. B. Namen schreiben, Buchstaben mit Lauten assoziieren oder der Benennung von Objekten auf Bildern. Seiner Argumentation zufolge erweitern diese letztgenannten Tätigkeiten zwar kurzfristig den Wortschatz, fördern aber nicht das Verstehen von Zusammenhängen, was jedoch für die Rezeption und Produktion von Texten in der Schule von nachhaltigerer Bedeutung ist. In diesem Sinne kann angenommen werden, dass im Vergleich zur sogenannten Vorläuferfähigkeit der phonologischen Bewusstheit, die für die Entwicklung der literalen Fähigkeiten als besonders erfolgversprechend eingestuft wird, die ästhetischen Erfahrungen mit Sprache von größerer Bedeutung sind. So kommt auch Hanna Sauerborn in ihrer umfassenden Untersuchung zu dem Schluss, dass „sich geradezu ein kaum hinterfragter Mythos um die phonologische Bewusstheit entwickelt [hat], infolge dessen in der Diskussion zum Schriftspracherwerb häufig eine verengte Sichtweise auf diesen vermeintlich wesentlichen Faktor stattfindet" (Sauerborn 2015, 30).

Auch andere neue Arbeiten zum Schriftspracherwerb betonen die grundlegende Bedeutung von Kinderliteratur für die Sprachförderung und sprachliche Bildung (für einen Überblick vgl. Steinbrenner 2018). Zu Recht kritisiert Marcus Steinbrenner (2018) in diesem Zusammenhang die Vereinseitigung der Sprachförderung in Richtung einer Bildungssprache, die ganz losgelöst von der Sprache der Literatur ist. Eine so verstandene Bildungssprache, die durch viele Maßnahmen in den letzten Jahren befördert wurde, führt jedoch nicht zu einer umfassenden Handlungsfähigkeit. Insofern ist dem Plädoyer Steinbrenners zuzustimmen, dass die ästhetische Seite der Bildungssprache wieder stärker Beachtung finden muss, um nicht weiterhin einem verengten Begriff der Bildungssprache zu folgen. Dieser versteht Bildungssprache als spezifisches sprachliches Register, das u.a. durch eine kontextreduzierte, abstrakte, kohärent-strukturierte Sprache und Sprachverwendung gekennzeichnet ist. Wird Bildungssprache hingegen um die ästhetische Dimension der Sprache erweitert, dann kommt auch das Sinnliche der Sprache, die Freude und Lust am sprachlichen Ausdruck, am Sprachspiel, an der sprachlichen Imagination und am Herantasten an das Unbestimmte und Mehrdeutige zum Zuge (vgl. Steinbrenner 2018, 16). Besonders im spielerischen und erprobenden Umgang mit sprachlichen Ausdrucksmöglichkeiten wird deutlich, dass durch Sprache die Welt neu gesehen und erdacht werden kann (vgl. Wagner 2017 zit.n. Steinbrenner 2018, 17). Um einen solchen Umgang mit Sprache zu realisieren, muss die Literatur, insbesondere Kinder- und Jugendliteratur, im Deutschunterricht ihren angemessenen Platz finden. Denn erst in der Begegnung mit Literatur, durch Vorlesen und Lesen, durch Gespräche oder Schreiben über Literatur kann eine Annäherung und Aneignung einer solchen Sprache geschehen, wenn auch eher beiläufig. Wird Bildungssprache entsprechend weit gefasst, dann zeichnet sie sich durch „Kreativität und Dynamik und nicht als ‚starres normatives Konstrukt eines institutionellen Sprechens' (Roth 2015, 55)" aus (Steinbrenner 2018, 13). Da vielen Kindern aufgrund ihrer soziokulturellen Bedingungen diese literarischen Erfahrungen fehlen, muss gerade hier der Literaturunterricht seiner Verpflichtung und Aufgabe nachkommen, Kinder mit Literatur vertraut zu machen und literarische und damit auch sprachliche Lernprozesse anzuregen.

2.3 Mehrsprachige Literaturangebote

Für die Begegnung mit Mehrsprachigkeit in Bildungsprozessen erscheinen insbesondere mehrsprachige Bilderbücher geeignet, deren Text-Bild-Gestaltung keine Hierarchie zwischen den darin verwendeten Schriften und Sprachen impliziert, sondern vielmehr ein für den Sehsinn reizvolles Angebot macht auch für diejenigen, die nicht alle im jeweiligen Buch vertretenen Schriften lesen können bzw. nicht alle darin verwendeten Sprachen verstehen. So kann der Wertungsdifferenz, die gesellschaftlich zwischen mehr und weniger angesehenen Sprachen besteht, mit der Ästhetik der Schriften offensiv begegnet werden – und zwar mit einem Plädoyer dafür, die Auseinandersetzung mit anderen Schriftsystemen und Bildtraditionen als Angebot kultureller Vielfalt in Bildungsprozesse zu integrieren, die alle Schüler/-innen zu Literatur und

Lesen hinführen sollen. Positiv gewendet bedeutet dies mit Blick auf die schulische Praxis, dass im Umgang mit diesen kinderliterarischen Texten unversehens diejenigen als Expert/-innen anerkannt werden, deren mehrsprachige Kompetenzen im Deutsch als Erstspracheunterricht normalerweise nicht gefragt sind. Aus der Fülle der zur Verfügung stehenden mehrsprachigen Bilderbücher wurden für das vorliegende Buch folgende für die Konzeption von Unterrichtsmodellen und Erprobung im Deutschunterricht ausgewählt:

- Luna Al-Mousli (Text und Fotografie/Illustration): *Eine Träne. Ein Lächeln. Meine Kindheit in Damaskus.* Zweisprachig Arabisch-Deutsch (2016)
- Farideh Chalatbarie (Text)/Scharareh Chosrawani (Illustration): *Busfahrt ins Ungewisse.* Zweisprachig Persisch-Deutsch. Ins Deutsche übersetzt von Wolfgang Steinke (2012, pers. OA 2007)
- Chih-Yuan Chen (Text und Illustration): *Kleiner Spaziergang.* Ein Bilderbuch aus Taiwan. Zweisprachig Chinesisch-Deutsch. Ins Deutsche übersetzt von Johannes Fiederling (2016, 2. Aufl., dt.-chin. EA 2010, chin. OA 2001)
- Iwona Chmielewska (Text und Illustration): *abc.de.* Viersprachig Deutsch-Englisch-Französisch-Polnisch (2016)
- Mohieddin Ellabbad (Text und Illustration): *Das Notizbuch des Zeichners.* Zweisprachig Arabisch-Deutsch. Ins Deutsche übersetzt von Burgi Roos (2008, 4. Aufl. 2017, dt. EA 2002, arab. OA 1988)
- Melike Günyüz (Text)/Reza Hemmatirad (Illustration): *Gukki, der kleine Rabe: Ich will so sein wie meine Freunde.* Zweisprachig Türkisch-Deutsch. Ins Deutsche übersetzt von Patrick Bartsch (2010, türk. OA 2005)
- Tatia Nadareischwili (Text und Illustration): *Schlaf gut. Ein Bilderbuch aus Georgien.* Zweisprachig Georgisch-Deutsch. Ins Deutsche übersetzt von Rachel Gratzfeld (2017)
- Anushka Ravishankar (Text)/Kanyika Kini (Illustration): *Ein Gerücht geht um in Baddbaddpur.* Viersprachig Hindi-Bengali-Urdu-Deutsch. Übersetzung aus dem Englischen ins Hindi von Vibha Surana, ins Bengali von Pankaj Chattopadhyay, ins Urdu von Amtul Manan Tahir, ins Deutsche von Birgit Mader (2013, indische OA auf Engl. 2008; das Buch ist auch in einer anderen Sprachausgabe erhältlich: Englisch, Tamil, Malayalam, Deutsch)
- Ali Shodjaie Seyyed (Text)/Elahe Taherian (Illustration): *Der große Schneemann. Ein Bilderbuch aus dem Iran.* Zweisprachig Persisch-Deutsch. Ins Deutsche übersetzt von Nazli Hodaie (2016, 2. Aufl., dt.-pers. EA 2013, pers. OA 2010)
- David Wiesner (Text und Illustration): *Herr Schnuffels.* Ins Deutsche übersetzt von Paula Hagemeier (2014, amerik. OA 2013)
- Yi Meng Wu (Text und Illustration): *Yaotaos Zeichen.* Mannheim: Kunstanstifter (2017)
- Mehrdad Zaeri (Illustration)/Anne Richter (Text): *Prinzessin Sharifa und der mutige Walter. Zwei alte Geschichten neu erzählt.* Zweisprachig Arabisch-Deutsch. Ins Arabische übersetzt von Mahmoud Hassanein (2013)

Dass Kinder die Konfrontation mit mehr als einem Schriftsystem verwirrt, ist – insbesondere mit Blick auf mehrsprachige Kinder – gerade im Anfangsunterricht eine verbreitete Angst. Demgegenüber belegen jedoch empirische Studien schon seit einiger Zeit (beispielsweise Kenner et al. 2004), dass mehrsprachige Kinder gut damit zurechtkommen, dass (verschiedene) Alphabetschriften (wie Deutsch, Türkisch, Georgisch, Hebräisch, Arabisch, Griechisch, Koreanisch etc.) ein anderes Prinzip der Verschriftung von sprachlichen Äußerungen verfolgen als logographische Schriften (wie Chinesisch oder japanische Kanjis), die Leserichtung unterschiedlich sein kann (beispielsweise auf Deutsch anders als auf Arabisch) und auch Laute in verschiedenen Sprachen mit unterschiedlichen Buchstaben desselben Alphabets ausgedrückt werden können (sch auf Deutsch z. B. entspricht sh auf Englisch und ş auf Türkisch). Die Auseinandersetzung mit unterschiedlichen Schriftsystemen schärft die Sprachbewusstheit, trägt zur Sprachreflexion bei und ist auch für monolingual aufwachsende Kinder ein Thema, dem sie mit großem Interesse begegnen. Und es ist eben nicht zuletzt die Ästhetik fremder Schriftzeichen, die wahrnehmbar ist, auch wenn man diese nicht lesen bzw. verstehen kann. An den künstlerischen Aspekt von Schrift gekoppelte Faszination lösen alle der oben aufgelisteten mehrsprachigen Bilderbücher aus.

Mehrsprachige Bilderbücher gibt es in zwei verschiedenen Grundformen – und dies auch nicht erst seit der jüngeren Gegenwart. Man unterscheidet zwischen parallel mehrsprachigen und gemischt mehrsprachigen Texten – welche nicht nur im Bilderbuch und auch nicht nur in der Kinder- und Jugendliteratur vorkommen. Parallel mehrsprachige Gedichtbände für Erwachsene, in denen fremdsprachiger Originaltext (Latein, Französisch, Englisch, Spanisch, Italienisch, ...) und (deutsche) Übersetzung nebeneinandergesetzt sind, haben eine lange (nicht nur philologisch-translatorische, sondern auch poetisch-literarische) Tradition, die in aller Selbstverständlichkeit bis in die Gegenwart hineinreicht. Und auch gemischt mehrsprachige Texte kennt man im abendländischen Kulturraum seit der Spätantike bzw. dem frühen Mittelalter aus der visuellen Lyrik (vgl. Eder 2009, 14).

Als parallel mehrsprachiger Text gilt zum einen folgende, auch Parallelschöpfung genannte Variante: „Die einzelnen, jeweils monolingualen Textteile eines parallel mehrsprachigen Textes können durch den Autor oder die Autorin selbst verfasst sein. In diesem Fall handelt es sich um eine Eigenübersetzung [...]" (ebd., 16). Bei den im vorliegenden Buch versammelten Primärtexten mit in der Praxis erprobtem Unterrichtsvorschlag ist dies beispielsweise bei Iwona Chmielewskas *abc.de* (2016) und Luna Al-Mouslis *Eine Träne. Ein Lächeln. Meine Kindheit in Damaskus* (2016) der Fall. Als zweite, häufiger auftretende Variante sind diejenigen Texte zu nennen, die im Original einsprachig verfasst worden sind und dann mit einer parallel gesetzten Übersetzung, die in der Regel von einer anderen Person stammt, publiziert wurden. Als Beispiel aus der hier für den Unterricht vorgeschlagenen Zusammenstellung sind das insbesondere Bilderbücher der Verlage Baobab Books und Edition Orient – etwa Farideh Chalatbaries und Schahrareh Chosrawanis zweisprachig persisch-deutsches Bilderbuch *Busfahrt ins Ungewisse* (2012), Tatia Nadareischwilis *Schlaf gut. Ein Bilderbuch aus Georgien* (2017) und *Gukki, der kleine Rabe: Ich will so sein wie meine Freunde*. Von Melike Günyüz und Reza Hemmatirad (2010).

Mit dem Terminus gemischt mehrsprachiger Text bezeichnet man hingegen Sprachkunstwerke und Bilderbücher, in denen anderssprachige Textteile so in den Gesamttext integriert sind, dass sie – anders als bei parallel mehrsprachigen Werken – beim Lesen nicht ignoriert oder übergangen werden können, sondern die Leser/innen vielmehr unausweichlich mit Sprachmischung konfrontieren. Beispiele hierfür findet man sowohl in der Literatur für Erwachsene als auch in der Kinder- und Jugendliteratur historisch und aktuell. Im vorliegenden Buch ist mit Yi Meng Wus *Yaotaos Zeichen* (2017) ein derartiges Exempel vertreten.

Mit der hier ausgewählten Kinderliteratur hält kulturelle Vielfalt automatisch Einzug ins Unterrichtsgeschehen und eröffnet den Schüler/-innen vielgestaltige Erfahrungsräume.

3 Interkulturalität und Kinderliteratur

Wenn von kultureller Vielfalt und interkulturellem Lernen gesprochen wird, so ist zunächst zu fragen, was unter dem Begriff der Kultur zu verstehen ist, der teils inflationär und inhaltsleer verwendet und zuweilen normativ zum Kampfbegriff überhöht wird. Zunächst ist festzuhalten, dass Kultur aus dem Lateinischen kommt und sich vom Begriff colere ableitet, was so viel wie pflegen bedeutet. Unter Kultur im Sinne von Pflege kann die Bearbeitung und Gestaltung der Umwelt verstanden werden, die den Menschen unabhängig von der äußeren Natur macht, was im Englischen in dem Begriff agriculture bis heute erhalten ist (vgl. Assmann 2011, 13; Göbel/Buchwald 2017, 60f.). Eine Verflachung dieser Begriffsverwendung schlägt sich nieder im Begriff des Kulturbeutels und anderer Komposita, welche lediglich noch auf eine gewisse Vielfalt und innere Ausdifferenzierung anspielen (Gesangskultur, Partykultur, Gartenkultur usw.).

In einer gänzlich anderen Bedeutung wird Kultur auf geografische und politische Großgebilde wie etwa Nationen bezogen, die durch historische Entwicklungen sowie durch bestimmte Sprachen, Mentalitäten, Kunst- und Lebensformen charakterisiert werden. Was das Ganze zusammenhält, wird mit dem Begriff der Kultur zum Ausdruck gebracht. In diesem Sinne wird von der deutschen, französischen, chinesischen oder westlichen und östlichen Kultur gesprochen (vgl. Assmann 2011, 13). Dabei wird angenommen, dass die Mitglieder einer solchen Einheit sich relativ homogen an gemeinsamen Werten, Praktiken und Institutionen orientieren (vgl. Barmeyer 2012, 126f.). Merkmal dieses Kulturbegriffs ist die Abgrenzung, durch die solche Einheiten mit spezifischen Eigenarten konstituiert sind. Eine Art kulturelle Grundorientierung kann zwar als Ausgangsbasis für den Kulturvergleich oder die interkulturelle Forschung dienen. Ein unreflektierter Gebrauch führt jedoch zu einer unzulässigen Vereinfachung und einer nicht zutreffenden Generalisierung moderner und komplexer Gesellschaften. Bei genauerer Betrachtung lässt sich nämlich keine solche homogene Einheit erkennen. Zu Recht ist der essenzialistische Kulturbegriff, der von der Zuschreibung eines Wesens ausgeht, dekonstruiert worden (vgl. Assmann 2011, 13; Barmeyer 2012, 126f.). Wenngleich gegenwärtig die Rede von einer Nationalkultur wieder populär geworden ist, so gilt eine homogene, wesensmäßig an ein Volk, eine Nation oder einen geografischen Raum gebundene Kultur als überholt. Kultur ist nicht etwas Statisches, sondern weist immer Veränderungen, Entwicklungen und interne Heterogenitäten auf (vgl. dazu den Begriff der Migrationsgesellschaft in Kap. 1.1). Offensichtlich wird dies nicht zuletzt durch die Globalisierung von Wirtschafts-, Verkehrs- und Kommunikationssystemen, durch Individualisierung von Lebensstilen und Lebensformen sowie durch die weltweite Digitalisierung.

Im Zuge von Individualisierung und Heterogenisierung ist zukünftig eine stärkere Entwicklung zu multiplen Subkulturen und polyvalenten Identitäten zu erwarten. Trotzdem soll hier Kultur zunächst noch gefasst werden als „erlerntes Orientierungs- und Referenzsystem von Werten, Praktiken und Artefakten, das von Angehörigen einer bestimmten Gruppe oder Gesellschaften kollektiv gelebt und tradiert wird und sie von Angehörigen anderer Gruppen und Gesellschaften unterscheidet" (Barmeyer 2012, 95). Zu bedenken ist freilich, dass damit zugleich eine ambivalente Wirkung verknüpft sein kann, nämlich einerseits hin zur individuellen und kollektiven Identitätsbildung und andererseits in Richtung Ausgrenzung anderer (vgl. Nünning 2009 zit. n. Rösch 2017, 126). Für Bildungsprozesse sind daher Begegnungen mit Individuen, Gruppen und Artefakten mit unterschiedlichen Wertorientierungen, Bedeutungssystemen und Wissensbeständen zu fördern, um den gegenseitigen Austausch und gemeinsame Verständigung anzuregen, aber auch für Überraschung und Irritation zu sorgen und Transition zu unterstützen (vgl. Barmeyer 2012, 81). Richtungsweisend dafür sind Ansätze der Multikulturalität, der Transkulturalität und der Interkulturalität.

3.1 Konzepte von Kulturalität in der Kinderliteratur

Für die Beschreibung der Prozesse beim Aufeinandertreffen von Kulturen in Gesellschaften und Gemeinschaften sind verschiedene Konzepte entwickelt worden. Diese werden hier getrennt voneinander vorgestellt, wenn auch im allgemeinen Sprachgebrauch und im wissenschaftlichen Diskurs die Begriffe mitunter synonym verwendet werden und nicht ganz trennscharf voneinander abzugrenzen sind (vgl. Rösch 2017, 128).

Das Konzept der Multikulturalität hebt ab auf das lose Miteinander unterschiedlicher Kulturen innerhalb einer Gesellschaft und betont die kulturelle Pluralität. Es stellt damit die Kohärenz einer Nationalkultur infrage und betont die Möglichkeit polyvalenter kultureller Identitäten. Zugleich können mit diesem Konzept die Schwierigkeiten und Chancen, die mit der Diversifizierung der Gesellschaft einhergehen, aufgegriffen werden. Kritikern wie dem Kulturphilosophen Wolfgang Welsch geht dieses Konzept nicht weit genug. Er bemängelt, dass zwar hiermit eine vielfältige Gesellschaft beschrieben wird, die jedoch aus einem Nebeneinander von in sich kohärenten Gruppen bestehe (vgl. Barmeyer 2012, 125 f.; Welsch 2012, 26 ff.). Das Konzept der Transkulturalität, welches von Welsch in den 1990er-Jahren entwickelt wurde, postuliert einen offenen Kulturbegriff, der die vielfältige Durchdringung der Kulturen betont und damit kulturelle Grenzen aufhebt. Hier wird eine moderne Gesellschaft beschrieben, in der keine separat abgrenzbaren Einheiten nebeneinander existieren, sondern in der Eigenes und Fremdes aufgehen in einer neuen, hybriden Kultur. Das Transkulturalitätskonzept kann damit Vereinheitlichungsphänomene heutiger Gesellschaften darstellen (vgl. Barmeyer 2012, 167 f.).

Ursprünglich war mit dem Transkulturalitätskonzept auch eine Kritik am Interkulturalitätskonzept verbunden, da diesem insbesondere ein unzeitgemäßes Verständnis vom Nebeneinander der Kulturen zugeschrieben wurde. In der interkulturellen Forschung sind die Grenzen zwischen Interkulturalität und Transkulturalität mittlerweile jedoch nahezu aufgehoben. Beide Konzepte gehen von einem konstruktivistischen Verständnis des Eigenen und Fremden aus. Während das Transkulturalitätskonzept von der Wortbedeutung her stärker den Übergang von einer zur anderen Kultur betont, hebt Interkulturalität den gegenseitigen Austausch und die Verständigung hervor, wenn Kulturen über Gruppen, Individuen oder Symbole in Kontakt miteinander kommen und nicht über dieselben Wertorientierungen, Bedeutungssysteme und Wissensbestände verfügen (vgl. ebd., 81 f.). Das Präfix Inter- bedeutet zwischen, miteinander und reziprok. Es verweist darauf, dass etwas Neues im wechselseitigen Austauschprozess ausgehandelt wird. Man könnte dieses Neue auch als dynamische dritte Kultur bzw. Interkultur bezeichnen, die bildlich gesprochen einen neuen gemeinsamen Kommunikations- und Kooperationsraum hervorbringt, an dem alle gleichermaßen teilhaben können und in dem wechselseiti-

Abb. 3.3.1: Enger Austausch bei der Arbeit mit der Literatur

ge Synergien entstehen (vgl. ebd.). Im Sinne des Vorschlags von Heidi Rösch ist dieser Raum noch weiter zu fassen und auf didaktische Konzepte, Unterrichtsinhalte und Methoden zu beziehen (vgl. Rösch 2013, 28). Insofern könnten Schule und Unterricht einen geschützten Rahmen bieten, in dem die Beteiligten gemeinsam einen interkulturellen Raum gestalten, in dem sie Regeln und Verhaltensweisen erproben und sogar neue gemeinsame Vorstellungen und Interpretationen der Wirklichkeit sowie neues Wissen entwickeln können (vgl. Barmeyer 2012, 79). Die angeführten Konzeptualisierungen erwecken den Eindruck von harmonischen Prozessen. Es sollte jedoch nicht vergessen werden, dass kulturelle Veränderungen nicht grundsätzlich in einem machtfreien Raum entstehen, sondern durchaus mit Macht und Gewalt verknüpft sein können. So geraten Kulturen oftmals durch Vertreibung, Flucht und Migration in Bewegung und gehen mit Unterdrückung von Sprachen, Religion und Traditionen einher (vgl. Kimmich/Schahadat 2012, 8f.). Auch der Einfluss internationaler Medienkonzerne auf Themensetzungen und kulturelle Praktiken ist als Machtfaktor nicht zu vernachlässigen.

In dem Sinne, dass Literatur und damit auch Kinderliteratur Teil der Kulturen ist, in deren Kontext sie produziert und rezipiert wird, ist anzunehmen, dass sie auch Auffassungen von Kulturalität in dem jeweiligen gesellschaftlichen Zusammenhang vermittelt. So bestätigt Gina Weinkauff in ihrer umfassenden Untersuchung zur Thematisierung kultureller Alterität in der deutschsprachigen Kinder- und Jugendliteratur seit 1945, dass die inhaltliche und narrative Ausrichtung der literarischen Angebote mit der gesellschaftlichen Wahrnehmung von Migration in ihrer Zeit einhergeht (Weinkauff 2006). Im Rahmen der in den 1970er-Jahren neu konzipierten, problememorientierten Kinder- und Jugendbücher kamen auch die Situation der Gastarbeiter und ihrer Familien, der Verlust ihres armen, aber glücklichen Lebens in der Heimat und die Schwierigkeiten in Deutschland zur Sprache. Eine Öffnung des Themenkreises fand im politisch-öffentlichen Diskurs um das Konzept der Multikulturalität in den 1980er- und 1990er-Jahren statt. Die Auffassung von der gesellschaftlichen Heterogenität spiegelt sich in der Kinderliteratur dieser Zeit in den oft positiv stereotypen Darstellungen des folkloristisch-exotischen Anderen (vgl. Weinkauff 2013, 38). Als neuere Entwicklung in den 2000er-Jahren konstatiert Weinkauff eine „Problembuch-Müdigkeit". Das Thema Migration sei zwar als Hintergrund der erzählten Welt fast überall präsent; Konflikte, die sich daraus ergäben, fänden eher am Rande Erwähnung.

Aus Weinkauffs Analyse kann für die kinderliterarischen Angebote dieser Zeit eine Tendenz zur Transkulturalität ausgemacht werden. Transkulturelle Kinderliteratur würde sich demnach dadurch auszeichnen, dass sie von polyvalenten kulturellen Zugehörigkeiten und mehrfachen Identitäten erzählt und dabei auch „das Fremde als zumindest teilweise integralen Bestandteil des Eigenen ansieht und dabei das Konzept der Ähnlichkeit als Alternative zu dem der Differenz ansieht" (Bhatti 2010 zit. n. Langenohl 2015, 101). Zumindest für die von Weinkauff herangezogenen Beispiele trifft dies zu.

In jüngster Zeit sind jedoch etliche Neuerscheinungen auf dem Buchmarkt wahrzunehmen – sowohl im Erwachsenen- als auch im Kinderbuchsektor –, die explizit die Themen Flucht, Migration, kulturelle Diversität und Identitäten, Fremdheit und Vertrautheit aufgreifen. Angesichts der Befürchtung, dass unsere Gesellschaft auseinanderdriftet, ist anzunehmen, dass die Vermittlungsfunktion von Literatur wieder stärker zum Tragen kommt. Eine Tendenz zur Implementierung von Interkulturalität in der Kinderliteratur ist daher anzunehmen. Die Konfrontation mit unterschiedlichen Kulturen durch Flucht und Migration, die Auseinandersetzung mit Kulturen und kulturellen Konstruktionen in der Literatur muss jedoch nicht automatisch mit einem interkulturellen Konzept verknüpft sein. Insbesondere in eher trivialen Werken ist eine einseitige Ausrichtung an der sogenannten Zielkultur vorzufinden. Dies trifft vor allem dann zu, wenn aus der Perspektive der jeweils dominanten Kultur über die Minderheiten erzählt wird und Angehörige der Subkulturen lediglich als Objekte der kulturellen Prozesse präsentiert werden. Fragwürdig ist auch, wenn eine einseitige Bewegung der Kulturen in Richtung Anpassung und Eingliederung vermittelt wird. Um interkulturelle Kinderliteratur handelt es sich hingegen, wenn von vielgestaltigen Welten und Kulturen erzählt wird, wenn sich unterschiedliche literar-ästhetische und mediale Traditionen in den Texten spiegeln, wenn eine thematische und sprachliche Vielfalt etwa im Hinblick auf kulturell geprägte Symbole, Motive und Bilder zum Ausdruck kommt oder wenn kulturelle Verflechtungen und Überschneidungen sichtbar werden. Eine solche interkulturelle Kinderliteratur kann einen dynamischen dritten Raum im Sinne einer Interkultur eröffnen. Hier ist es möglich, sich auf Augenhöhe zu begegnen, Konstruktionen von kultureller Eigenheit und Fremdheit auszutauschen und neue, gemeinsame Konstruktionen zu entwickeln.

Aufschluss über Kriterien für die Auswahl geeigneter kinderliterarischer Texte können die von Heidi Rösch zusammengestellten Leitfragen zur (post-)migrantischen Lesart geben (vgl. Rösch 2017, 104). Der Begriff (post-)migrantisch bezieht sich nicht in erster Linie auf Kinderliteratur, sondern nimmt Literatur- und Medienangebote allgemein in den Blick, welche sich mit den gesellschaftlichen und individuellen Folgen von Migration auseinandersetzen. Im Unterschied zu migrantischer Literatur, welcher eine Betroffenheit anhaftet, geht es bei der (post-)migrantischen Literatur um die Auseinandersetzung mit der aktuellen Situation in der 2. und 3. Generation. Hier gelten die alten Migrationsthemen als überwunden und neue Fragen werden verhandelt. Rösch zielt mit der Kombination von (post-)migrantisch und Lesart darauf, Literatur auf kulturelle und ethnische Themen hin zu untersuchen, unabhängig davon, ob es sich um migrantische und nicht-migrantische Literatur handelt.

Auf unseren Kontext der interkulturellen Kinderliteratur übertragen können diese Leitfragen ebenfalls weiterführen. Sie geben Auskunft über die Eignung der ausgewählten Literatur für interkulturelle und transkulturelle Lernprozesse. Folgende Fragen sind dabei zu berücksichtigen: „Wer spricht über bzw. für wen, mit wem und in welcher Sprache? Welche (Denk-)Räume öffnen sich und wie werden sie gestaltet? (Wie) Wird Ethnizität praktiziert? (Wie) Wird Multiperspektivität inszeniert und ein Perspektivenwechsel angeregt?" (Ebd.)

Auf kinderliterarische Texte bezogen, seien sie von Migrant/-innen oder Nicht-Migrant/-innen verfasst, geben diese Leitfragen Aufschluss darüber, ob die Protagonist/-innen ausschließlich zur Dominanzkultur gehören, ob Minderheiten lediglich als Objekte zur Sprache kommen, welche (fiktiven) Räume genutzt werden, um neue Formen des Miteinanders zu realisieren, ob und wie Konstruktionen von Ethnizität und Kulturalität reflektiert werden und ob und wie verschiedene Perspektiven auf Kulturen und kulturelle Veränderungen vermittelt werden und ein Perspektivenwechsel bei den Leser/-innen angeregt werden soll (vgl. ebd., 104 ff.). Damit gibt die Beantwortung der Fragen eine erste Orientierung darüber, ob die ausgewählten Texte mit den Zielen des Unterrichts übereinstimmen. Dass darüber hinaus noch weitere Überlegungen zur Lektüreauswahl zum Tragen kommen, versteht sich von selbst. Hierzu gehören die Reflexion des literar-ästhetischen Gehalts und der Voraussetzungen der Schüler/-innen (siehe Kap. 4.1).

3.2 Interkulturelles Lernen mit (Kinder-)Literatur

Literatur eröffnet im Hinblick auf das interkulturelle Lernen viele Lernmöglichkeiten. Dabei zeigt sich, dass diese Lernprozesse keine grundsätzlich anderen sind als die des literarischen Lernens. Vielmehr ist offensichtlich, dass bestimmte Aspekte des literarischen Lernens mit Aspekten des interkulturellen Lernens verknüpft sind.

„So ist das Lesen eine Chance, andere Welten, Gefühle, Taten usw. kennenzulernen, sich anmuten zu lassen und zugleich die Folien des eigenen Selbst- und Weltverstehens anzupassen, anzureichern, zu aktualisieren oder zu verändern." (Ulich/Ulich 1994, 826) Durch die Möglichkeit zum Selbst- und Fremdverstehen, welche die Begegnung mit Geschichten bzw. mit Literatur eröffnet, können narrative, fiktionale Texte eher als Informationstexte dazu beitragen, sich selbst in Beziehung zu setzen mit dem Erleben und den Erfahrungen der anderen (vgl. ebd., 826 f.) Dies bestätigt auch eine neuere Untersuchung zur Interkulturalität in Lehrwerken, nach der literarische Texte die geforderte Differenziertheit und Multiperspektivität viel eher leisten als Sach- und Informationstexte, in denen teilweise sogar die Differenzerfahrung überwiegt und die auf Exotik und Kuriositäten ausgerichtet sind (vgl. Schulte 2014, 174).

Dass literarische Texte tendenziell eine höhere innere Beteiligung bei den Rezipient/-innen hervorrufen als Sach- und Informationstexte, hat mit ihrer Struktur und mit dem dadurch verknüpften Rezeptionsprozess zu tun. Die kognitionstheoretische, empirische Leseforschung hat gezeigt, dass die Erschließung von Texten grundsätzlich – das gilt sowohl für ästhetisch-fiktionale Texte als auch für Sach- und Informationstexte – als ein aktiver Konstruktionsprozess zu verstehen ist, der zwei Verarbeitungsrichtungen miteinander verschränkt. Man spricht hier von Top-down- und Bottom-up-Prozessen. Der Text gibt auf seinen verschiedenen Ebenen Informationen vor, welche die Leser/-innen aufsteigend von der Wort-, Satz- und Textebene, also textgeleitet, entschlüsseln müssen (Bottom-up). Dabei spielen auf allen Ebenen auch das Vorwissen, die Erwartungen und Vorstellungen der Leser/-innen mit hinein. Die Kognitionspsychologie spricht hier von einer schemageleiteten, absteigenden Verarbeitung (Top-down). Auf allen Ebenen des Textes sind diese beiden Verarbeitungsrichtungen bei der Konstruktion von Textbedeutung relevant. So müssen die Leser/-innen auf der Wortebene die einzelnen Wörter identifizieren (aufsteigend, textgeleitet), während sie zugleich ihr lexikalisches Wissen aktivieren und mit dem Wahrgenommenen abgleichen (absteigend, schemageleitet). Erkennbar wird dies z. B. daran, dass wir als erfahrene Leser/-innen aufgrund von Buchstabenkombinationen automatisch an bestimmte Wörter denken oder den Buchstabenkombinationen mögliche Endungen zufügen und mit unserem Wissen abgleichen, ob diese Wörter in den Kontext passen können. Auf der Satzebene erfolgt textgeleitet die syntaktische Analyse, also die Wahrnehmung der einzelnen Satzbausteine und die Entschlüsselung der Satzstruktur. Dabei werden zugleich absteigend das semantische Wissen und Kontextwissen eingebracht, um die Satzbedeutung zu erkennen. Auf der Textebene erfolgt textgeleitet eine Strukturanalyse zum Aufbau des Textes sowie eine semantische Analyse in Bezug auf die präsentierten Informationen. Damit einhergehend wird absteigend, schemageleitet das Wissen der Leser/-innen über Textsorten und ihre Gliederung aktiviert sowie mit den Erwartungen und Zielvorstellungen abgeglichen. Der Textrezeptionsprozess kann als ein hypothesentestender Prozess beschrieben werden, denn fortwährend – auf den verschiedenen Ebenen – stellen die Leser/-innen Annahmen über den Gegenstand des Textes auf, die im Verlauf des Verarbeitungsprozesses modifiziert werden und wiederum die Voraussetzung für neue Vermutungen und Annahmen bilden.

Aus diesen Ausführungen dürfte hinreichend deutlich geworden sein, dass die Rezeption von Texten – und dies gilt für alle Texte, sowohl für literarische als auch für Sach- und Informationstexte – nicht als ein Prozess der bloßen Sinnentnahme zu verstehen ist, sondern als ein aktiver Konstruktionsprozess, der unter Beteiligung des Wissens, der Annahmen und der Erwartungen der Leser/-innen erfolgt.

Ästhetisch-fiktionale Texte rufen jedoch aufgrund ihrer sprachlichen Gestaltung, ihrer potenziellen Mehrdeutigkeit und ihrer impliziten Verweise und Unbestimmtheiten potenziell eine höhere innere Beteiligung bei den Rezipient/-innen hervor (vgl. Groeben/Christmann 2014, 343 f.). Laut Befunden der Kognitionspsychologie und der empirischen Literaturwissenschaft hat dies mit der Deutung sprachlicher Merkmale und der narrativen Zusammenhänge (Fortgang der Ereignisse, Motive des Figurenhandelns) sowie der Entfaltung potenzieller Sinnentwürfe zu tun (vgl. Christmann/Schreier 2003, 264 ff.). Zudem sind die Rezipient/-innen bei literarischen Texten emotional stärker als bei Sach- und Informationstexten beteiligt. Emotionen zeigen sich z. B. in Bezug auf eine generelle Stimmungserfahrung bei der Rezeption (Spaß an der Lektüre, Präsenzerleben bzw. Eintauchen in eine fiktionale Welt, Vergessen der Umgebung), als figurenbezogene emotionale Reaktion (Sympathie und Empathie mit den Figuren, Identifikation) sowie in Bezug auf die Situation der Leser/-innen (Aktualisierung emotionalen Erlebens von vergangenen oder gegenwärtigen Situationen) (vgl. van Holt/Groeben 2006, 114 ff.).

Durch die Begegnung mit Literatur werden Zugänge zu anderen Welten und Handlungsmöglichkeiten angeregt. Damit verknüpft ist die Entwicklung von Fantasie, Empathie oder Perspektivenübernahme.

„Geschichten mit deutlich fiktionalen Elementen erlauben nicht nur ein Sich-Einlassen, ein stellvertretendes Miterleben, -sehen, -handeln, sondern sie erlauben aufgrund einer tendenziellen Entkoppelung von Zeichen und Bezeich-

netem und aufgrund des Bewußtseins der Fiktionalität auch eine Distanzierung: ein Spiel mit dem Möglichen, dem ‚Als-ob', dem Nicht-Realen. Diese Möglichkeit der Distanzierung, des Auf-Distanz-bringen-Können fördert eine besondere Form der Imaginationsfähigkeit, nämlich das Denken in ‚Entwürfen' (Bruner und Wells sprechen von ‚possible worlds').“

(Ulich/Ulich 1994, 827)

Das Erkennen des Entwurfscharakters von Welt und Selbst ist eine wichtige Erfahrung, um eigene Gestaltungsmöglichkeiten wahrzunehmen, sich aktiv mit gesellschaftlichen Mitgliedsentwürfen auseinanderzusetzen, eigene Sinnentwürfe zu entfalten und die eigene Identität zu entwickeln. „Sich selbst als Möglichkeitsbedingung begreifen zu lernen, schafft auch ein Gefühl von ‚Selbstwirksamkeit' (Bandura) bzw. eine hohe subjektive Kontrollüberzeugung – freilich nur unter zusätzlichen günstigen Bedingungen“ (Ulich/Ulich 1994, 827). In diesem Sinne kommt der Literaturdidaktik mit ihren Gegenständen eine zentrale Aufgabe zu, nämlich die Förderung der Subjektbildung und des gesellschaftlichen Miteinanders in sozialer Verantwortung.

Zusammenfassend lässt sich festhalten, dass das, was oben für die Begegnung und Auseinandersetzung mit Literatur allgemein dargestellt ist, auch für das interkulturelle Lernen gilt. Zur Beförderung der Lernprozesse ist jedoch nicht nur die Auswahl der Literatur relevant, sondern auch deren literaturdidaktische Implementierung mit entsprechenden Vermittlungsformen (siehe Kap. 4). Interkulturelles Lernen mit Kinderliteratur ruft daher keine grundsätzlich anderen Lernprozesse hervor, sondern fokussiert Aspekte, die mit literarischen Rezeptionsprozessen einhergehen und auf eine umfassende Handlungsfähigkeit zielen (siehe Kap. 2.1).

Besonders offensichtlich ist dies bei der Entwicklung von Empathie, Perspektivenübernahme und Offenheit im Hinblick auf andere und fremde Kulturen, welche als wesentliche interkulturelle Fähigkeiten gelten (vgl. Barmeyer 2012 86 ff.). Wie in Kapitel 2.2 erläutert, können expressive Handlungsfähigkeiten insbesondere durch das unterrichtliche Arrangement unterstützt werden. Fähigkeiten, wie eigene Empfindungen und Auffassungen zum Ausdruck zu bringen, die eigene Identität zu entwickeln und darzustellen, die in literaturdidaktischen Zusammenhängen gefördert werden, sind besonders auch in interkulturellen Kontexten gefragt.

Kinderliteratur ist nicht nur ein attraktives Angebot zur Leseförderung, sondern trägt auch zur Wissensvermittlung über andere Kulturen, Gattungen, Genres und kulturhistorische Zusammenhänge bei. Insofern können in der Kategorie des interkulturellen Lernens Fähigkeiten und Wissen erworben werden, die zugleich auch als Dimensionen des literarischen Lernens zur instrumentellen Handlungsfähigkeit gehören (vgl. ebd.).

Nicht zuletzt liefern die literarischen Erzählungen quasi modellhaft Vorschläge für den Umgang mit verschiedenen Kulturen. Auf diese Weise können in der Auseinandersetzung mit der entsprechenden Literatur Normen des Handelns für gemeinsame Konstruktionsprozesse und Lösungsmuster bei Konflikten erworben werden, die sowohl als Teildimension einer umfassenden Handlungsfähigkeit wie auch interkultureller Fähigkeiten betrachtet werden können (vgl. ebd.).

3.3 Interkulturelle Literaturangebote

Nicht alle der in den nachfolgenden Unterrichtsmodellen für den schulischen Vermittlungskontext vorgeschlagenen kinderliterarischen Texte sind mehrsprachig. Vereinzelt handelt es sich dabei auch um ins Deutsche übersetzte Kinder- und Bilderbücher aus anderen Sprachen oder um original-deutschsprachige Texte. Für die Aufnahme in den vorliegenden Band war hierbei ausschlaggebend, dass in diesen einsprachigen Texten Begegnungen mit Fremden und/oder Alteritätserfahrungen in einer Art und Weise thematisiert werden, dass man ihnen sowohl unter literar-ästhetischen als auch unter inhaltlichen und sprachlichen Gesichtspunkten großes Bildungspotenzial zusprechen kann:

- Frank Cottrell Boyce (Text)/Carl Hunter (Fotografie)/Clare Heney (Fotografie): *Der unvergessene Mantel*. Ins Deutsche übersetzt von Salah Naoura (2012, engl. OA 2011)
- Nadia Budde (Text und Illustration): *Unheimliche Begegnungen auf Quittenquart* (2010)
- Stian Hole (Text und Illustration): *Morkels Alphabet*. Ins Deutsche übersetzt von Ina Kronenberger (2016, norw. OA 2015)
- Megumi Iwasa (Text)/Jörg Mühle (Illustration): *Viele Grüße, Deine Giraffe*. Ins Deutsche übersetzt von Ursula Graefe (2017, jap. OA 2001)
- Shaun Tan (Text und Illustration): *Eric*. Ins Deutsche übersetzt von Eike Schönfeld (2010, austral. OA 2008)
- David Wiesner (Text und Illustration): *Herr Schnuffels*. Ins Deutsche übersetzt von Paula Hagemeier (2014, amerik. OA 2013)
- Mehrnousch Zaeri-Esfahani (Text)/ Mehrdad Zaeri (Illustration): *33 Bogen und ein Teehaus*. (3. Aufl. 2017, EA 2016)

Beispielsweise arbeitet das vorletzte Bilderbuch in der Auflistung oben – David Wiesners *Herr Schnuffels* – mit einer Form von Mehrsprachigkeit, die sich aus Fantasiesprachen speist. Dieser kinderliterarische Text, der von Kulturkontakten zwischen irdischen Tieren und Insekten mit Außerirdischen handelt, passt daher genauso gut in die Reihung wie der von Nadia Budde, der die Erzählung von *Unheimlichen Begegnungen auf Quittenquart* in einem offenen Schluss enden lässt, bei dem die extraterrestrischen Wesen vom Stern Quittenquart zusammen mit menschlichen Astronauten im Anflug auf die Erde zu sehen sind. Dass man sich aber auch als Giraffe und Pinguin, obwohl gleichermaßen auf der Erde beheimatet, ausgesprochen fremd sein kann und dennoch freundschaftlichem Austausch nichts im Wege steht, davon künden die Bilder von Jörg Mühle und der aus dem Japanischen ins Deutsche übersetzte Erzähltext von Megumi Iwasa in *Viele Grüße, Deine Giraffe*.

Manchmal bleibt unüberbrückbar Fremdes in der interkulturellen Begegnung jedoch auch bestehen, ohne dass man dies zwingend als Angriff auf das eigene Selbst deuten muss – davon spricht Shaun Tans Bild-Text-Erzählung *Eric*, die von einem Austauschschüler mit ungewöhnlichen Alltagspraktiken handelt (hier in deutscher Übersetzung aus dem australischen Englisch). Auch Geschichten rund um Migration sind Teil der Zusammenstellung: Mehrnousch Zaeri-Esfahanis *33 Bogen und ein Teehaus* mit Illustrationen von Mehrdad Zaeri sowie der aus dem britischen Englisch übersetzte Kinderroman *Der unvergessene Mantel* von Frank Cottrell Boyce mit Fotografien von Carl Hunter und Clare Heney. Und nicht zuletzt spielt auch das literarische Motiv des fremden Kindes eine Rolle in der Kollektion, hier in dem aus dem Norwegischen übersetzten Bilderbuch *Morkels Alphabet* von Stian Hole.

Dass es dabei nicht immer bitterernst zugehen muss, sondern mitunter auch sehr vergnüglich sein darf, oder wenigstens ein Augenzwinkern mitbedacht ist, dafür ist durch die vorgenommene Auswahl ebenfalls gesorgt. Literatur schafft mögliche Welten, über diese kann man Einblick in fremde Erfahrungsräume erhalten, Ähnlichkeiten und Unterschiede zwischen dem Eigenen und dem Fremden entdecken, dem eigenen Alltag entfliehen und anders – im besten Fall bereichert oder klüger – wieder dahin zurückkehren. Lesegenuss bedeutet aber auch, sich köstlich über Bild- und/oder Sprachwitz amüsieren zu dürfen. Und gekoppelt an Ästhetik meint es, vollständig eintauchen zu können in eine imaginäre Anderswelt, in der nicht nur die bildlich-thematische Vorstellungswelt, sondern gelegentlich selbst die Schriftzeichen ungewohnt sein können.

Die hier für den Literaturunterricht vorgesehenen kinderliterarischen Texte tragen alle ein neueres Publikationsdatum, sodass bei Erscheinen dieses Buches sämtliche noch im Buchhandel erhältlich sein dürften. Ein weiterer Vorteil des hier Vorgeschlagenen liegt darin, dass alle auf die Texte bezogenen Unterrichtsmodelle erprobt worden sind. Dadurch sind nicht nur die im realen Vermittlungskontext gemachten Erfahrungen in die nachfolgenden Kapitel eingeflossen, sondern es wird darin auch eine Vielzahl von echten Produkten von Schüler/-innen vorgelegt und besprochen, was ermutigen sollte, die außergewöhnlichen Bilder- und Kinderbücher auf Basis der hier präsentierten Unterrichtskonzeptionen an die eigene Klasse heranzutragen.

Der Grundschulunterricht umfasst in manchen (Bundes-)Ländern die Klassen 1 bis 4, mancherorts werden die Kinder aber auch erst nach Klasse 6 in verschiedene Schularten aufgeteilt. Dem trägt dieser Band Rechnung, indem mit insgesamt 16 Kapiteln für verschiedene Altersklassen im Primarstufenbereich Unterrichtsvorschläge vorliegen: Fünf Kapitel für die Klassen 1 bis 4, fünf Kapitel für die Klassen 3 bis 5, vier Kapitel für die Klassen 4 bis 6 und zwei Kapitel für die Klassen 5 und 6 (letzteres, wenn man so will, auch zu betrachten als Unterrichtsmodelle für die Orientierungsstufe bzw. die frühe Sekundarstufe I).

Was die Vorschläge für den Anfangsunterricht angeht, so spielte bei der Auswahl der Texte für die vorliegenden Unterrichtskonzeptionen auch die kinderliterarische Kategorie der Einfachheit eine Rolle, wie sie von Maria Lypp Mitte der 1980er-Jahre im Diskurs um die moderne Kinderliteratur thematisiert worden ist (vgl. Lypp 1984). Zu Beginn der Jahrtausendwende brachte Lypp diese strukturelle Kategorie erneut explizit in Verbindung mit dem Begriff Kunst (vgl. Lypp 2000, 2012). Einfachheit in diesem Sinne ist nicht mit Schlichtheit gleichzusetzen (vgl. auch Scherer 2018). Vielmehr geht es dabei um eine Elementarisierung dessen, was Literatur ausmacht. Die kinderliterarischen Verfahren der Vereinfachung sind Balance-Akte: Sie versuchen die Mitte zu halten zwischen Irritation und Schematismus. Dazu gehört u. a. Variation in der Wiederholung. Aber auch einprägsame Bildlichkeit ist Teil kinderliterarischer Komplexitätsreduktion. Diese Prinzipien verfolgen insbesondere folgende Bilderbücher:

- Nadia Budde (Text und Illustration): *Unheimliche Begegnungen auf Quittenquart* (2010)
- Iwona Chmielewska (Text und Illustration): *abc.de.* Viersprachig Deutsch-Englisch-Französisch-Polnisch (2016)
- Ramesh Hengadi (Illustration)/Shantaram Dhadpe (Illustration): *Das machen wir. Ein Bilderbuch aus Indien.* Konzeption und Text von Gita Wolf (2011)
- Anushka Ravishankar (Text)/ Kanyika Kini (Illustration): *Ein Gerücht geht um in Baddbaddpur.* Zwei Sprachausgaben jeweils viersprachig Hindi-Bengali-Urdu-Deutsch und Englisch-Tamil-Malayam-Deutsch. Übersetzung aus dem Englischen ins Hindi von Vibha Surana, ins Bengali von Pankaj Chattopadhyay, ins Urdu von Amtul Manan Tahir, ins Deutsche von Birgit Mader (2013, indische OA auf Engl. 2008; das Buch ist auch in einer anderen Sprachausgabe erhältlich: Englisch, Tamil, Malayalam, Deutsch)

4 Literaturdidaktische Vermittlung

Soll Literatur im Unterricht zum Nachdenken anregen und Entwicklungsprozesse bei den Schüler/-innen anstoßen, dann muss im Umgang mit Literatur Zeit und Gelegenheit gegeben werden, dass die Schüler/-innen sich mit den dargebotenen Geschichten, den Figuren oder mit der sprachlichen Gestaltung beschäftigen können. Was eigentlich eine Selbstverständlichkeit sein sollte, lässt sich im unterrichtlichen Alltag oftmals nur schwer umsetzen. Dieser ist durch viele Vorgaben und fest geregelte Abläufe gekennzeichnet, die wenig Spielraum für eine intensive Beschäftigung mit literarischen Texten lassen. Literatur begegnet den Schüler/-innen meist als Leseübung und der Umgang mit Literatur beschränkt sich in der Schule häufig auf eine inhaltsbezogene Überprüfung des Textverständnisses. Wenn von Literatur nichts Neues mehr erwartet wird, wenn kein Raum mehr ist für Überraschung und Irritation, dann kann das Potenzial der Literatur nicht zur Wirkung kommen. Um neue Erfahrungen zu ermöglichen und literarische Lernprozesse anzuregen, sind jedoch vielseitige Vermittlungsformen erforderlich.

Zugänge zu Literatur und Formen der Auseinandersetzung müssen einerseits dem literarischen Text und andererseits auch den Schüler/-innen mit ihren Vorerfahrungen, Entwicklungsbedürfnissen und Lernmöglichkeiten gerecht werden. Überlegungen dazu müssen bei jeder Lektüre neu bedacht werden. Ist es gelungen, geeignete Vermittlungsformen zu finden, so dürfen sie sich nicht methodisch verselbstständigen. Wenn Schüler/-innen es nicht mehr anders erwarten, als dass nach dem gemeinsamen Lesen eines literarischen Textes ein Arbeitsblatt folgt, welches nach dem Ausfüllen in irgendeiner Mappe verschwindet, dann können sich die Potenziale von Literatur nicht entfalten. Auch produktive Aufgaben, die vormals als innovativ galten, wie etwa der Tagebucheintrag, der Brief an die literarische Figur oder das Standbild, führen bei mehrmaligem Einsatz nicht zu dem erwarteten produktiven Ergebnis, sondern erzeugen Ermüdung und erfolgen eher als schulische Pflichterfüllung. Eine Rückmeldung, die im Gespräch über die hier erprobten Unterrichtseinheiten immer wieder zum Ausdruck kam, war, dass die Schüler/-innen überrascht davon waren, dass Unterricht auch anders ablaufen kann. Ganz explizit führten die Kinder an, dass es sie verwundert habe, dass sie nicht Fragen zum Inhalt per Arbeitsblatt beantworten mussten.

Die Bedürfnisse der Grundschüler/-innen etwa nach neuen Erfahrungen, nach spontanem Selbstausdruck, ästhetischer Wahrnehmung oder nach Urheberschaft und Freiheit können in einem starren Korsett von Unterricht nicht befriedigt werden. Dass die Lernsituation in der Schule inhaltlich und organisatorisch gerahmt werden muss, ist selbstverständlich. Wie die Rahmung jedoch ausgestaltet sein muss, hängt von der Zielsetzung des Unterrichts ab. Sollen Bildungsprozesse ermöglicht werden, dann sind diese an anregende Inhalte und Formen gebunden (vgl. Skiera 1985, 40ff.). Auf den Umgang mit Literatur im Unterricht bezogen müssen soziale Formen der Vermittlung und der Aneignung gefunden werden, welche die Potenziale von Literatur zur Entfaltung kommen lassen und zugleich den kindlichen Grundbedürfnissen gerecht werden.

Mit dem Begriff der Grundbedürfnisse beziehen wir uns auf die Ausführungen von Ehrenhard Skiera zur ganzheitlichen Persönlichkeitsbildung im unterrichtlichen Kontext, die eindrucksvoll zeigen, wie Schule ein kindgerechter Ort der bildenden Begegnung mit der Welt werden kann (vgl. Skiera 1985). Im Rückgriff auf die Forschungsarbeiten Henry A. Murrays zur Bedürfnisstruktur des Menschen, auf Abraham Maslows humanistische Psychologie und Martin Langevelds praktische Anthropologie entfaltet Skiera eine anthropologisch-pädagogische Aufstellung von sieben Grundbedürfnissen, die in den pädagogischen Situationen der Schule geachtet und beachtet werden müssen. „Nur so ist Selbstverwirklichung möglich: als Aufbau der gemeinschaftlichen Individualität oder – mit anderen Worten – als Entwicklung der Persönlichkeit" (ebd., 52). Das Repertoire an Grundbedürfnissen umfasst die Bedürfnisse nach emotionaler Zuwendung und Geborgenheit, nach Lob und Anerkennung, nach neuen Erfahrungen, nach Urheberschaft und Freiheit, nach Selbstverantwortung und Mitverantwortung, nach ästhetischer Wahrnehmung und nach spontanem Selbstausdruck (vgl. ebd.) Diese anthropologisch-pädagogische Auffassung der Persönlichkeitsbildung ist anschlussfähig an die normative Leitvorstellung des gesellschaftlich handlungsfähigen Subjekts, wie es in Kapitel 2.1 dargestellt wurde.

Gelingt es, den Grundbedürfnissen der Kinder Raum zu geben, dann kann der Literaturunterricht zur Bildung der ganzen Person beitragen und Schüler/-innen in ihrer gesellschaftlichen Handlungsfähigkeit unterstützen, nicht nur in instrumenteller, sondern auch in sozialer und expressiver Hinsicht. Wenn die Heranwachsenden in der Schule und insbesondere in der Begegnung und Auseinandersetzung mit Literatur als ganze Personen in ihrem Wissen und Wollen, in ihrer Emotionalität und ästhetischen Sensibilität, in ihrer Reflexions- und Diskursfähigkeit ernst genommen und gefördert werden, dann ist viel für unsere Gesellschaft gewonnen (vgl. Hurrelmann 2009, 35). Denn diese Dimensionen des Personseins sind in unserer sozioökonomisch, bildungsbezogen und kulturell disparaten Gesellschaft von enormer Bedeutung. Im letzten Teil der Einleitung möchten wir uns daher den Vermittlungsformen zuwenden und hierbei aufmerksam machen auf die Chancen eines gelingenden Literaturunterrichts unter Berücksichtigung mehrdimensionaler Lern- und Bildungsprozesse.

4.1 Der didaktische Kern

Die in diesem Rahmen vorgestellten Unterrichtsvorschläge sind so konzipiert, dass sie sich auf wenige Schwerpunkte in der Auseinandersetzung mit der ausgewählten Literatur beschränken. Leitend dafür waren die Fragen, was den literar-ästhetischen Gehalt der Lektüre ausmacht und welche Wirkungspotenziale sie für Schüler/-innen besitzen könnte. Beide Aspekte sind in didaktischer Hinsicht nicht losgelöst voneinander zu betrachten und sollen als didaktischer Kern des Unterrichts bezeichnet werden.

Wir wollen die ausgewählte Literatur nicht als Themenlieferantin instrumentalisieren. In diesem Falle käme es weniger auf die Handlung, die Erzählkonstruktion, die Figuren oder die Sprache des literarischen Textes an, sondern mehr darauf, was er etwa im Hinblick auf persönliche oder gesellschaftliche Themen- und Problemstellung bietet (vgl. zu den Funktionen von Literatur Rosebrock 1997). Dass Literatur Themen hervorbringt, welche über die Lektüre hinaus aufgenommen und diskutiert werden sollten, ist selbstverständlich nicht ausgeschlossen. Auch wir haben diese in unseren Ideen zur Weiterarbeit berücksichtigt. Nicht zuletzt gehen wir in unseren Empfehlungen für die vorliegende Kinderliteratur davon aus, dass sie dem interkulturellen Lernen dienen kann. Allerdings verstehen wir die Anregungen für das interkulturelle Lernen eher mittelbar. Es geht weniger um die anvisierten Funktionen der Literatur, sondern darum, was die vorliegende Literatur an Bedeutungen vermittelt. Unseren Beobachtungen nach verlässt man in der Unterrichtspraxis nach einer Lektüre viel zu schnell die Literatur selbst.

Möglicherweise ist es leichter, den gelesenen Text als Anstoß für weitere Themen zu nutzen, als sich dezidiert mit dem Text auseinanderzusetzen.

Wir denken aber, dass die Potenziale der Literatur so nicht zur Entfaltung kommen. Daher orientieren wir unsere Schwerpunkte der Unterrichtsarbeit an dem literarischen Gegenstand. In der Reflexion eines Grundlagentextes von Bettina Hurrelmann zu den Orientierungsprinzipien der Literaturauswahl, der im Kontext des Deutschen Kinder- und Jugendliteraturpreises entstanden ist, können die für uns relevanten Kriterien zusätzlich bestätigt und fundiert werden. Hurrelmann nennt als Kriterien der Kinder- und Jugendliteraturkritik die ästhetische Qualität, die Wirkungsästhetik bzw. Bildungsfunktion und die Berücksichtigung der Leservoraussetzungen (Hurrelmann 1990), die uns in ähnlicher Weise bei der Entfaltung des didaktischen Kerns geleitet haben.

Unser Kriterium des literar-ästhetischen Gehalts des Buches bezieht sich auf die Frage der ästhetischen Qualität, wie sie Hurrelmann bei der Auswahl der Kinder- und Jugendliteratur stellt. Zur Beantwortung der Frage, was den jeweiligen Gehalt der Literatur ausmacht, ist die Anwendung literaturwissenschaftlichen Wissens eine Voraussetzung. Die Konstruktion des Erzähltextes, die Illustrationen, die Sprache, das Zusammenspiel von Text und Bild, die Kombination von Gattungen und Genres sowie die Einbeziehung literarischer Traditionen und Intertextualität geben Aufschluss über die ästhetische Qualität des literarischen Textes. Diese lässt sich daran messen, wie innovativ, vielschichtig und reichhaltig er ist und ob Lebenserfahrungen, Fragen des Menschseins in der Welt und des Miteinanders zur Sprache gebracht werden (vgl. Hurrelmann 1990, 49).

Literatur ist aber nicht nur analytisch zu betrachten, sondern hat immer auch mit einem persönlichen Zugang zu tun. Ein literarischer Text muss die Leser/-innen ansprechen, sie auf irgendeine Weise treffen, berühren, zum Nachdenken anregen, irritieren oder provozieren. Wenn ein Buch über die Lektüre hinaus die Lesenden bewegt und begleitet, dann kommen seine ästhetischen Wirkungspotenziale zum Tragen. Hurrelmann spricht hier von Wirkungsästhetik und meint die Bildungsfunktionen von Literatur. Bildungsfunktionen versteht sie nicht als inhaltliche Botschaft oder Moral, sondern in dem Sinne, dass Literatur die Erfahrungen ihrer Leser/-innen klären und bereichern hilft, dass sie Konfliktfähigkeit und Urteilsfähigkeit unterstützt, dass sie ihre Wahrnehmungsfähigkeit und ästhetische Genussfähigkeit erweitert (vgl. ebd. 50f.).

Wir haben für unsere Unterrichtsvorschläge solche Bücher ausgewählt, die sich durch ihre ästhetische Qualität auszeichnen und die uns angesprochen und berührt haben. Da es sich dabei um eine Bewertung von Erwachsenen handelt, ist zu betonen, dass immer auch die Sicht der Kinder und deren Zugang zu dieser Literatur berücksichtigt werden muss. Schwerpunkte unserer Unterrichtseinheit bzw. ihr didaktischer Kern ist also das, was wir unter Berücksichtigung des literar-ästhetischen Gehalts und der Wirkungspotenziale des literarischen Textes an die Schüler/-innen herantragen und vermitteln möchten. Das jeweils Bemerkenswerte und Besondere eines Buches verstehen wir als Angebot, das Schüler/-innen der verschiedenen Grundschulklassen zugänglich gemacht werden soll und entsprechend weiterführend, anregend und gehaltvoll sein kann. Dies betrifft die Ziele, die Aufgaben und Methoden, welchen wir in den Unterrichtseinheiten Rechnung getragen haben.

In den Buchvorstellungen und Zielangaben, die jedem Unterrichtsvorschlag vorangestellt sind, haben unsere umfassenden Analysen Eingang gefunden. Sie spiegeln die jeweilige ästhetische Qualität der ausgewählten Literatur wider und geben Aufschluss über ihr Wirkungspotenzial. Bei der Auswahl der Lektüren haben wir zudem darauf geachtet, wie Kulturen und der Austausch zwischen ihnen dargestellt bzw. angeregt werden (siehe Kap. 3.1). Da im Schulalltag eine umfassende Untersuchung kaum zu realisieren ist, wollen wir mit diesen Buchvorstellungen dazu beitragen, dass Lehrer/-innen gut begründet Literatur für den Unterricht auswählen und einsetzen können.

Dass wir so stark auf dem didaktischen Kern beharren, liegt daran, dass wir überschaubare, kompakte Unterrichtseinheiten vorschlagen möchten. Da wir wenige, wesentliche Schwerpunkte setzen, nehmen wir in Kauf, dass wir nicht die ganz Breite und Vielfalt der literarischen Texte nutzen können. Hintergrund dessen ist, dass lange Unterrichtseinheiten dazu führen, dass Lehrer/-innen im Schuljahr eine oder höchstens zwei dieses Umfangs durchführen können. Mehr Zeit lassen die schulischen Anforderungen ihnen nicht. Unser Anliegen ist es jedoch, aus den oben angeführten verschiedenen Gründen mehr Literatur im Unterricht zu implementieren. Neben regelmäßigen, selbstständigen Lesezeiten der Schüler/-innen und dem ritualisierten Vorlesen durch die Lehrerin braucht es auch kleinere, kompakte Unterrichtseinheiten, die es ermöglichen, über den Gehalt des Gelesenen und Gehörten zu sprechen und die Eindrücke auf verschiedene Weise aufzuarbeiten. Dass in dieser Anlage der Unterrichtseinheiten nicht nur literarische und interkulturelle Lernprozesse angestoßen werden, sondern auch die Lesemotivation gefördert wird, ist uns wichtig.

4.2 Literatur präsentieren und zum Lesen anregen

Wenn für den Unterricht die Literatur ausgewählt worden ist, stellt sich die Frage, wie diese präsentiert und vorgestellt werden soll. Dabei sind organisatorische, technische und räumliche Fragen sowie konkrete Methoden zur Präsentation der Kinderliteratur zu bedenken.

In unsere Buchauswahl haben sowohl illustrierte Kinderbücher als auch Bilderbücher Eingang gefunden. Bei diesen Angeboten ist das Zusammenspiel von Text und Bild relevant und soll bei der Präsentation Berücksichtigung finden. Die Illustrationen und Bilder müssen für die Kinder gut zu sehen sein, da diese bei der Bedeutungskonstruktion eine wichtige Rolle spielen. Vor allem gilt das per se für Bilderbücher, aber auch die hier ausgewählten Kinderbücher zeichnen sich durch ihre bedeutungstragenden Illustrationen aus, denen ebenso Gelegenheit und Zeit zur Betrachtung gewidmet sein muss.

Dass im Unterrichtsalltag Bildern beim Vorlesen wenig Raum und Zeit zugestanden wird, konnte Iris Kruse in einer Teilstudie der PERLE-Studie (Lipowsky/Faust 2006 bis 2011) zeigen, in der sie das schulische Bildervorbuchlesen in ersten Klassen empirisch untersucht hat (vgl. Kruse 2014). Die Auswertung der 50 Unterrichtsvideos, die Vorlesesituationen mit Bilderbüchern in einer ersten Klasse dokumentieren, ist sehr aufschlussreich. Die Ergebnisse zeigen, welche Bereiche für das professionelle Vorlesehandeln der Lehrkräfte ausgebaut werden müssen. Besonders ausbaufähig ist demnach die Berücksichtigung der Bilder beim Vorlesen. So konnten die Kinder oftmals nicht den vorgelesenen Text mit den Bildern verknüpfen, weil in den meisten Fällen keine Gelegenheit zu deren Betrachtung gegeben oder ihr zu wenig Zeit gewidmet wurde. Vor dem Hintergrund dieser Ergebnisse erscheint es uns wichtig, Anregungen für die Realisierung der Verknüpfung von Text und Bild beim Vorlesen zu geben.

In vielen Klassenräumen befinden sich zunehmend Dokumentenkameras, mit denen die Bilderbücher und illustrierten Kinderbücher für alle einsehbar präsentiert werden können. Teilweise sind Bilderbücher auch über gewerblich erstellte Bilderbuchkinos käuflich zu erhalten oder in Medienstellen auszuleihen. Die Zusammenarbeit mit der örtlichen Leihbücherei kann auch hilfreich sein, Bilderbuchkinos zu bestellen. Wir haben bei unseren Unterrichtseinheiten in der Regel über den Beamer die eingescannten Bilderbücher im Klassenraum für alle sichtbar projiziert.

Gibt es keine technische Unterstützung, so ist es wichtig, dass die Kinder nahe beieinander sitzen, um so die Bilder gut einsehen zu können. Hier ist ein Sitzkreis oder ein Halbkreis mit Stühlen, Bänken oder Sitzkissen auf dem Boden zu empfehlen. Die Lehrerin kann die Bücher wie Kniereiterbücher auf dem Schoß positionieren. Falls der Text nicht umfangreich ist, könnte der Text abgeschrieben hinten auf das Buchcover geklebt werden, sodass die Lehrerin den Text vorlesen kann, ohne dass sie das Buch jeweils herumdrehen muss. Die Kinder können während des Zuhörens die Bilder betrachten. Bei Büchern mit längeren Texten ist das jedoch keine geeignete Option.

Alternativ könnte mit mehreren Buchexemplaren gearbeitet werden, die ausgelegt werden, um die Betrachtung der Bilder zu gewährleisten. Sollte nur ein Exemplar zur Verfügung stehen, ist eine Unterbrechung des Vorlesens notwendig, um das Bilderbuch mit dem entsprechenden Bild herumzuzeigen. Zu bedenken ist aber, dass es für die Kinder schwierig ist, sozusagen im Vorüberschauen Bilddetails oder wichtige Zusammenhänge zu erfassen.

In den einzelnen Unterrichtsvorschlägen gehen wir jeweils auf die Lösungen ein, wie im Unterricht Bild und Text verknüpft werden können. Wichtig ist uns, dass je nach Möglichkeit die Einbeziehung der Bilder realisiert wird und dass ausreichend Zeit zur Betrachtung bleibt. Die Berichte aus der Praxis dokumentieren, dass die Bilder in allen Klassen Gesprächsanlässe boten, die wesentlich zu neuen literar-ästhetischen Erfahrungen beigetragen haben. Über die Einheit hinaus sollten die Bücher zudem in der Klasse ausgestellt werden, sodass die Kinder sie auch noch später zum Lesen und Hineinschauen nutzen können.

Im Hinblick auf die Methode der Buchpräsentation wissen wir aus der Lesesozialisationsforschung, dass dem Vorlesen und Erzählen eine besondere Bedeutung für das sprachliche, literale und literarische Lernen zukommt (vgl. Hurrelmann 2004, 175 ff.). Wesentlich für eine gelingende Förderung ist dabei die besondere Nähe und emotionale Verbundenheit von Eltern und Kind bei diesen Kommunikationsformen, welche zudem ritualisiert und entwicklungsoffen angelegt sind, sodass sich das Kind in diesem geschützten Rahmen weiterentwickeln kann. Über den Spracherwerb und die Entwicklung des Wortschatzes hinaus gewinnen die Kinder früh Erfahrungen mit Schrift und Symbolen. Zudem lernen sie Textstrukturen kennen, lernen Texte zu verstehen, gewinnen poetische Erfahrungen, erwerben Bildlesefähigkeiten und entfalten Bedeutung im Zusammenspiel von Text und Bild.

Die Erkenntnisse der Lesesozialisationsforschung sprechen dafür, dem Vorlesen mehr Bedeutung in der Schule beizumessen. Da nicht davon auszugehen ist, dass alle Kinder zu Hause einen solch emotional dichten Austausch über Bücher kennengelernt haben, kommt somit der Schule auch eine kompensatorische Funktion zu. In neuen Publikationen und Forschungsarbeiten wird daher der Bedeutung des Vorlesens in der Schule Rechnung getragen. So kann auch in der Schule das Vorlesen zur Förderung des sprachlichen Lernens beitragen, den Schriftspracherwerb unterstützen und das literarische Lernen anregen (vgl. dazu Merklinger 2015; Becker 2014; Biemiller 2011).

Besonders herauszustellen ist hier die Interventionsstudie von Jürgen Belgrad, an der mittlerweile 19 000 Schüler/-innen aller Schularten in Baden-Württemberg teilgenommen haben und in der Schüler/-innen jeweils 15 Wochen drei bis viermal in der Woche 10 bis 15 Minuten ein literarischer Text vorgelesen wurde (vgl. Belgrad 2015). Die Ergebnisse zeigen nicht nur positive Auswirkungen auf die Lesemotivation und das Leseinteresse, sondern auch eine deutliche Steigerung der basalen Lesefähigkeiten, ohne dass die Schüler/-innen die Texte mitgelesen oder selbst geübt hatten. Ausschlaggebend für diese guten Ergebnisse war der professionelle Einsatz der Stimme: Die Steigerung des Lesequotienten war hochsignifikant abhängig von den geschulten Vorleser/-innen. Bei ungeschulten Vorleser/-innen steigerte sich der Lesequotient deutlich weniger. Außerdem wurde die Anschlusskommunikation für die Leseförderung als relevant ermittelt. Aus diesen Ergebnissen lässt sich folgern, dass eine Vorbereitung der Lehrer/-innen auf das Vorlesen unabdingbar ist und dass Gespräche über das Gelesene und Gehörte im Unterricht Berücksichtigung finden sollten.

Zur Vorbereitung auf den zu lesenden Text ist es wichtig, den Text vorher selbst laut lesen zu üben, auf schwierige Begriffe zu achten und ggf. deren Bedeutung vorab zu klären. Die Vorlage sollte in Sinnabschnitte eingeteilt, Pausen und Betonungen sollten markiert werden, ggf. auch die Sprachmelodie sowie Mittel zur Verstärkung und Abschwächung der Textpassagen (Gesten, Blick, Tempo, Lautstärke). Zur Ausdifferenzierung der Figuren ist eine entsprechende prosodische Gestaltung einzuüben. Auch Impulse zur Hörer/-innenaktivierung können markiert werden (vgl. Trischler 2015).

Im Rückgriff auf die Bedeutung der emotional dichten Vorlesesettings in der frühen Kindheit ist zu empfehlen, beim Vorlesen auf eine geborgene und angenehme Vorlesesituation zu achten. Auf diese Weise kann es gelingen, den Kindern die Literatur näher zu bringen, mehr Genuss beim Vorlesen zu ermöglichen und Interesse am Lesen zu wecken. Für das Format des Sitzkreises oder ggf. Halbkreises hierbei spricht nicht nur die Gewährleistung einer intensiven Bildbetrachtung (siehe oben), sondern auch die Heraushebung des Vorlesens aus dem Unterrichtsalltag und nicht zuletzt die emotionale Nähe zueinander. Darüber hinaus verlangt der Sitzkreis eine Zugewandtheit und Konzentration aller auf den Gegenstand und zur Gruppe und nötigt somit allen Beteiligten eine disziplinierte Haltung auf. Unter diesen Voraussetzungen ist es leichter, alle im Kreis Sitzenden zu beteiligen und für den Austausch über das Gehörte und Gelesene zu öffnen (siehe Kap. 4.3).

Da wir in den Unterrichtsvorschlägen teilweise auch umfassende Kinderbücher vorstellen, kommt die Frage auf, wie es gelingen kann, diese Bücher in kleinen, kompakten Einheiten zu präsentieren. Hierzu möchten wir die Methode der Segmentierung vorschlagen (vgl. Vach 2018), die für den Unterricht vorbereitet werden muss. Nach genauer Kenntnis der Lektüre unterteilt die Lehrerin das entsprechende Buch in verschiedene Segmente (Abschnitte, Kapitel) und entscheidet vorab, welche davon kursorisch erzählend vorgestellt, welche vorgelesen oder welche ggf. von den Schüler/-innen auch selbst gelesen werden. Die Lektüre eines ganzen Buches ist auf diese Weise in kürzerer Zeit möglich. In den Unterrichtsvorschlägen werden für die betreffenden Bücher genaue Angaben über den Umfang und die Dauer der Präsentation gemacht. Vorteil dieser Methode ist es, dass der Erzählton bei dieser Art der Buchpräsentation nicht verloren geht, weil das Buch in Ausschnitten im Original gelesen wird und so ein Eindruck von der Sprache, der Figurenzeichnung und den Spannungsmomenten gewonnen werden kann. Die verschiedenen, abwechslungsreichen Zugangsweisen – Vorlesen – Erzählen – Selbstlesen – erlauben eine dichte und konzentrierte Vorstellung. Zusätzlich angereichert werden sollte die Begegnung und Auseinandersetzung mit dem Buch durch Gesprächs- und Spieleinlagen (siehe Kap. 4.3 und 4.4). So sollte mittels vorbereiteter Impulse ein Austausch über das Gehörte und Gelesene gefördert werden. Einen Überblick über Typen von Impulsen gibt Kaspar H. Spinner (2004). Daran orientiert können Impulse zur Verknüpfung mit individuellen Vorerfahrungen anregen, Anstoß zu Antizipationen und zur genauen Vergegenwärtigung des Wahrgenommenen geben, zur

Perspektivenübernahme einladen, zur Reflexion von Figurenverhalten sowie zur Interpretation der verschiedenen Textstellen auffordern.

Ebenso können ausgewählte Szenen spielerisch vertieft werden. Hierfür ist vorab zu überlegen, welche Segmente besonders geeignet sind und welche Formen der szenischen Umsetzung sich hier anbieten (von gestischer und mimischer Nachgestaltung der Figuren über belebte Standbilder bis zum Nachspielen einzelner Szenen) (zur Übersicht über Spielformen siehe Kap. 6.2.3).

4.3 Literarische Gespräche führen

Die gesprächsförmige Auseinandersetzung gilt als eine zentrale Vermittlungsform im Unterricht insbesondere für die Literatur. Gleichwohl sind Gespräche im Unterricht aus verschiedenen Gründen immer störungsanfällig und daher im Hinblick auf ihre Gelingensbedingungen kritisch zu hinterfragen. Die Flüchtigkeit des Mündlichen, die sprachlichen Anforderungen für die Beteiligten und die sprachlich-abstrakte Darbietung des Gegenstandes können schnell zu Überforderungen führen. Konrad Ehlich beschreibt die Folgen eindrücklich: „Wenn das dargebotene Wissen die Lernenden sozusagen überflutet, dann werden die ‚Schotten dicht gemacht'" (Ehlich 2009, 339). Umgekehrt kann bei Unterforderung Langeweile und Gleichgültigkeit gegenüber dem im Gespräch Verhandelten entstehen. Beides hat Unterrichtsstörungen und damit Belastungen für alle Beteiligten zur Folge. Dies betrifft besonders das immer noch sehr verbreitete fragend-entwickelnde Unterrichtsgespräch. Es gilt als vermeintlich geeignete Methode, vielfältige und komplexe Informationen effizient an die Schüler/-innen weiterzugeben. Durch die Fragen der Lehrerin sollen die Schüler/-innen zum Mitdenken aktiviert werden und eigene Überlegungen zur Sprache bringen. Wenn die Antworten nicht zu dem passen, was die Lehrerin eigentlich vermitteln will, dann kann das Gespräch eine problematische Richtung einnehmen. So ähnelt die Suche nach den richtigen Antworten einem Versuch- und Irrtum-Spiel, bei dem die Fragen zunehmend trivialisiert und die Antworten nach dem Kriterium der Brauchbarkeit verwertet werden (vgl. Jürgens 2006 zit. n. Wildemann/Vach 2018, 132).

Um einen echten Austausch von Überlegungen und die Begegnung aller Beteiligten zu ermöglichen sowie die Lernmöglichkeiten durch diese Vermittlungsform zu nutzen, müssen die Anforderungen an das Gespräch bedacht werden. Vorschläge für Gelingensbedingungen sind in der Forschungs- und didaktischen Literatur zu finden (Becker-Mrotzek 2009; Steinbrenner/Wiprächtiger-Geppert 2010; Vach 2011; Wildemann/Vach 2018). Auf die Erkenntnisse soll im Folgenden Bezug genommen werden. Im Hinblick auf literarische Gespräche im Unterricht werden dabei der Gesprächsgegenstand, die Identitätsdarstellung der Beteiligten und deren Beziehungsgestaltung in den Blick genommen.

Gegenstand literarischer Gespräche sind selbstredend literarische Texte. Um die gesprächsförmige Auseinandersetzung in Gang zu bringen, müssen sie Anregungspotenzial besitzen, zum Nachdenken herausfordern und mitunter provozieren. Eingängige Texte rufen nicht unbedingt neue Denkbewegungen hervor und sind weniger geeignet (siehe Kap. 4.1). Für die Aufrechterhaltung eines Gesprächs ist es im Weiteren erforderlich, fortlaufend Redebeiträge bereitzustellen. Die Schüler/-innen müssen sich im Rückgriff auf ihr eigenes Wissen, auf ihre Wahrnehmungen von Text und Bild sowie auf die Äußerungen ihrer Gesprächspartner/-innen an der Aushandlung der jeweiligen Sachverhalte beteiligen und diese voranbringen. Für Kinder mit eingeschränkten sprachlichen Möglichkeiten und Kenntnissen ist das sehr anspruchsvoll, besonders dann, wenn die Texte selbst komplex sind. Gesprächsförderlich ist es daher, dass alle

Kinder die Erfahrung machen dürfen, dass auch stockendes und bruchstückhaftes Sprechen nicht vorschnell korrigiert und negativ bewertet wird. Zugelassen werden sollten ebenso erste Verstehensansätze und ein herantastendes Sprechen, vorsichtig formulierte Fragen und Hypothesen. Marcus Steinbrenner betrachtet es für die Lernenden als einen wichtigen ersten Schritt im Textverstehensprozess und ein grundlegendes Element literarischer Bildung, „einen Text ausgehend von der eigenen Sprache mimetisch nachzuvollziehen" (Steinbrenner 2010). Das Gespräch darf beim subjektiven Sprachgebrauch ansetzen. Um alle Kinder zur Beteiligung zu ermutigen, sind niedrigschwellige Gesprächsanlässe hilfreich. So kann die Benennung einzelner wahrgenommener Bild- und Textelemente den Zugang zum Gespräch erleichtern und zu einer ersten Orientierung verhelfen. Das bestätigen viele unserer ausgewerteten Unterrichtsgespräche. Das Prinzip des Wahrnehmens und Benennens kennen wir aus den frühen Erwachsenen-Kind-Interaktionsroutinen beim Bilderbuchlesen. In den verschiedenen Langzeitstudien zum picture-book-reading hat es sich als besonders fruchtbar für den Spracherwerb, für das Symbolverständnis, für die emotionale Beteiligung und für die Ko-Konstruktion von Bedeutung erwiesen (vgl. Hurrelmann 2004, Bruner 1987, Wieler 1997). Auch in unseren Kontexten erwies sich das Wahrnehmen und Benennen als gute Möglichkeit, sich mit kleinen Beiträgen aktiv ins Gespräch einzubringen (vgl. Vach 2016). Für das Gelingen des Gesprächs ist es ferner von Bedeutung, dass die Beteiligten ihre Identität darstellen und ihre Beziehung zueinander gestalten. Das heißt, sie müssen sich in das Gespräch einbringen, zum Ausdruck bringen, was sie als notwendig erachten, ihre gegenseitigen Erwartungen darstellen und anerkennen. Das Gespräch erfordert es nicht, sich in allen Bereichen zu offenbaren. Für den institutionellen Kontext des Unterrichts gilt, dass sich hier die Beteiligten als Schüler/-innen und Lehrerin präsentieren und ihre Beziehung entsprechend gestalten (vgl. Wildemann/Vach 2018, 43). Durch die Rollenverteilung wird ein Gefälle sichtbar, was grundsätzlich für das Gelingen von Gesprächen konstitutiv ist. Nur wenn ein Gefälle zwischen den einzelnen Beiträgen da ist, kann die Auseinandersetzung und damit der Verstehens-prozess vorangebracht werden. Fehlt es, stockt das Gespräch und es kommen keine neuen Gedanken auf. Im unterrichtlichen Kontext ist das Gefälle durch die Rollenzuschreibung von Lehrerin und Schüler/-innen eher einseitig ausgerichtet. Hier kommt es auf die Lehrerin an, den literarischen Text im Gespräch vorzustellen, ihn den Schüler/-innen näherzubringen und ihnen so einen Anreiz für die selbsttätigen Lernprozesse zu geben. Neben dem Gefälle ist gleichermaßen für das Gelingen des Gesprächs eine Atmosphäre der Zuwendung und der wechselseitigen Anerkennung wichtig. Hierfür ist ebenso maßgeblich die Lehrerin verantwortlich, die Modellfunktion für die achtsame Begegnung miteinander hat. Auf dieser Basis kann es gelingen, dass die Beteiligten sich selbst zur Sprache bringen und einander zuhören, eigene Überlegungen mitteilen und neue literarische Erfahrungen gewinnen. In den von uns beobachteten Unterrichtsgesprächen hat sich gezeigt, dass die Impulse der Lehrer/-innen wichtig waren, aber dass auch die Schüler/-innen selbst sich in ihren Verstehensprozessen gegenseitig unterstützten. Sobald einige von ihnen nicht mehr bei der Benennung einzelner Bild- und Textelemente stehen blieben, sondern narrative Zusammenhänge konstruierten, neue Überlegungen erprobten und Bedeutungen entfalteten, entwickelte sich das Gespräch weiter und andere konnten partizipieren. Es ist der Entwicklung von Gesprächen zu eigen, dass sie eine eigene Dynamik besitzen und dass ihr Ziel nicht fest voraussagbar ist. Dies ist im unterrichtlichen Kontext, der auf Ergebnisse bzw. Outcome angelegt ist, mitunter schwierig, und somit ist oftmals das planbare fragend-entwickelnde Unterrichtsgespräch naheliegender. Ob es aber zu den erwünschten Ergebnissen führt, ist kritisch zu bedenken. Wir möchten ermutigen, sich auf die zugewandte und offene Begegnung füreinander und für den Gegenstand einzulassen. Das Gelingen des Gesprächs kann überraschen, es ist aber immer mit einer beglückenden und bereichernden Erfahrung für alle Beteiligten verbunden, was gerade im Kontext von Schule von enormer Bedeutung ist.

4.4 Handlungsbezogene und produktive Aufgaben

Bei den unterrichtlichen Vermittlungsprozessen waren uns handlungsbezogene und produktive Aufgaben wichtig. Wie ursprünglich mit dem handlungs- und produktionsorientierten Literaturunterricht intendiert, wollen wir auch einer Vereinseitigung des Lernens entgegenwirken. Über eine ganzheitliche Beteiligung der Schüler/-innen hinaus soll die Auseinandersetzung mit dem Text durch handlungsbezogene und produktive Vermittlungsformen intensiviert werden (vgl. Haas 1984; Spinner 2010). Wenngleich der handlungs- und produktionsorientierte Literaturunterricht, der in der Mitte der 1980er-Jahre begründet wurde, nach wie vor im Umgang mit Literatur im Unterricht eine zentrale Rolle spielt – zumindest hat er Eingang in Schulbücher, Handreichungen für den Unterricht und die nationalen Bildungsstandards gefunden –, so zeigen sich in der Unterrichtspraxis Tendenzen zur Verselbständigung der Methoden. Dies kann ein Anlass sein, neu über die Begründungszusammenhänge nachzudenken.

Die Rezeption von Literatur ist als ein konstruktiver Prozess der Text-Leser-Interaktion zu verstehen, bei dem die Lesenden eine aktive, bedeutungskonstituierende Rolle einnehmen müssen (vgl. Groeben 2004, 25). Selbst kinderliterarische Texte fordern bei aller Einfachheit (Lypp 2012) aufgrund ihrer literaturimmanenten Konstitutionsmerkmale – wie Fiktionalität, Poetizität, Mehrdimensionalität oder Polyvalenz – die Leser/-innen heraus. Insbesondere für Schüler/-innen mit wenigen Literaturerfahrungen oder mit sprachlichen und kognitiven Einschränkungen ist hier eine Förderung wichtig, um den komplexen Anspruch bewältigen zu können. Kinder im Grundschulalter bedürfen der Unterstützung im Ausbau ihres Fiktionsbewusstseins, im Zusammenspiel von emotionaler Involviertheit und Distanznahme sowie im Textverstehensprozess (vgl. Groeben/Christmann 2014, 345f.; Rössler 2010, 171; Köb/Sansour/Vach 2019). Produktive Aufgaben können den Rezeptionsprozess anregen und die Imaginationsfähigkeit im Umgang mit schriftbasierten Texten unterstützen. Über produktive Schreib- und Gestaltungsaufgaben hinaus sind für einen zeitgemäßen Deutschunterricht auch medienbezogene Aufgaben wichtig. Sie dienen der vertiefenden Auseinandersetzung mit dem Gegenstand, bieten Zugang zu neuen Medienformaten und fördern technische Kenntnisse und Handhabung. Nicht zuletzt muss der Deutschunterricht anschlussfähig an die Medienentwicklung bleiben.

In der aktuellen literaturdidaktischen Diskussion haben Überlegungen zur Förderung von mehr Körperlichkeit bei literarischen Rezeptionsprozessen Eingang gefunden (vgl. Bertschi-Kaufmann/Graber/Manetsch 2016, 131; Köb/Sansour/Vach 2019). Im Rückgriff auf die Geschichte des Lesens wird deutlich, dass beim (Vor-)Lesen lange Zeit der Einsatz von Stimme, Gestik und Mimik Teil der kulturellen Praxis war (Schön 1987; Manguel 2012; Lösener 2015). Auch das selbstvergessene Eintauchen junger Leser/-innen in die Lektüre, ihre körperlichen Reaktionen und ihr körperlicher Ausdruck bei ihrer emotionalen Involviertheit spricht für die körperliche Beteiligung beim Lesen (vgl. Bertschi-Kaufmann/Graber/Manetsch 2016, 129). Hier könnte angesetzt werden, um handlungsbezogene Aufgaben wieder neu zu begründen. In diesem Zusammenhang weiterführend ist das Konzept des Embodiments, das in der angloamerikanischen Kognitionspsychologie entwickelt wurde (vgl. Kaschak et al. 2009). Dem Konzept liegt die Annahme zugrunde, „dass psychische Prozesse immer körperlich eingebettet sind und dass von Wechselwirkungen zwischen innerpsychischen Vorgängen und körperlichem Verhalten ausgegangen werden muss" (Bertschi-Kaufmann/Graber/Manetsch 2016, 131). Nach diesem Verständnis sind Kognition und Körperlichkeit eng verknüpft.

Körperlichkeit kommt zum Leseakt nicht hinzu, sondern sie ist der Rahmen, innerhalb dessen sich Text-Leser-Interaktionen vollziehen. Im Verlauf des Sinnbildungsprozesses greifen Leser auf körperliche Erfahrungen zurück und sie aktualisieren diese Erfahrungen in enger Korrespondenz mit der Sinnbildung (vgl. ebd., 131 f.).

Handlungsbezogene Aufgaben, wie etwa das Nachspielen von Szenen oder das gestische und mimische Nachahmen von Figuren, fördern die körperbezogenen Rezeptionsprozesse und damit eine intensivere Aneignung des literarischen Textes. Dies kann durch verschiedene kognitionspsychologische Studien belegt werden. So betonen Glenberg & Robertson (1999, 2000) sowie Kaschak & Glenberg (2000) einen Zusammenhang von Sprachverständnis, Wahrnehmung und körperlichen Handlungen. In einer Studie von Glenberg et al. (2004) mit Kindern im Vorschul- und Grundschulalter wurde deutlich, dass sich die Kinder Inhalte aus kurzen Geschichten besser merken konnten, wenn sie die Handlungen entweder ausgeführt oder sie sich bewusst die einzelnen körperlichen Handlungen vorgestellt hatten. Es gelang den Kindern dadurch auch besser, Schlussfolgerungen aus dem Gelesenen zu ziehen. In einer Folgestudie (2011) konnte Glenberg darüber hinaus zeigen, dass das sogenannte Moved-by-Reading-Verfahren zu einem besseren Textverständnis führt. Dabei wird es den Leser/-innen durch Nachspielen und Nachstellen einzelner Szenen während der Lektüre ermöglicht, das Gelesene zu konkretisieren. Vergleichbares ergab auch eine Untersuchung von Gunraj (2014), der zufolge das Nachahmen der Sprachhandlung einer literarischen Figur das Leseverstehen unterstützt. Die Ergebnisse sprechen dafür, Sinnlichkeit und Körpergebundenheit auch im Literaturunterricht einen größeren Raum zu geben. Nicht zuletzt legen es literarische Texte aufgrund ihrer sprachlichen Gestaltung durch Klang, Reim und Rhythmus nahe, sie sich durch die Aktivierung von Stimme und Körper anzueignen. Wie unsere Vorschläge zu handlungsbezogenen und produktiven Vermittlungsformen zur Beförderung des literarischen Lernens beigetragen haben, zeigen die Dokumentationen der Praxis.

4.5 Zur Handhabung der Unterrichtsvorschläge

Die im Folgenden vorgestellten Unterrichtsvorschläge sind entsprechend der Literaturauswahl bestimmten Klassenstufen zugeordnet. Dies spiegelt die Steigerung und Komplexität der literarischen Texte und die damit verbundenen Herausforderung für die Schüler/-innen wider. Allerdings ist diese Zuordnung nicht starr zu verstehen, sondern sie kann je nach Leser/-innenvoraussetzung und Bildungsabsicht auch flexibel gehandhabt werden. Deutlich wird dies in den Unterrichtserprobungen, die zeigen, dass die literarischen Texte in sehr unterschiedlichen schulischen Kontexten zu Bildungsangeboten für die Schüler/-innen genutzt werden konnten. Besonders eindrucksvoll wird dies in Kap. 7.3, das die Arbeit mit dem Bilderbuch *Morkels Alphabet* sowohl in einer 4. Klasse einer Förderschule als auch in einer 6. Klasse eines Gymnasiums dokumentiert. In diesem Sinne wünschen wir allen Lehrerinnen und Lehrern viele spannende Entdeckungen und Lust auf neue Unterrichtserprobungen.

5 Literatur- und Unterrichtsvorschläge für die Klassen 1 bis 4

5.1 Überblick

Die fünf folgenden Unterrichtsvorschläge eignen sich für die Klassenstufen 1 bis 4. Bei den dafür ausgesuchten literarischen Texten handelt es sich um vier Bilderbücher sowie um ein illustriertes Kinderbuch. Zwei der Bilderbücher sind parallel mehrsprachig: *Gukki, der kleine Rabe. Ich will so sein wie meine Freunde* liegt zweisprachig in Türkisch und Deutsch vor und *Ein Gerücht geht um in Baddbaddbur* ist sogar in insgesamt acht Sprachen, nämlich in zwei unterschiedlichen viersprachigen Ausgaben, publiziert. Eines der Bilderbücher ist nahezu ohne Schrift verfasst: *Das machen wir* erzählt in der Bildsprache des indigenen Volkes der Warli. Und die Bildergeschichte *Unheimliche Begegnungen auf Quittenquart* kommt mit wenigen prägnanten Sätzen zu den ausdrucksstarken Bildern aus. Bei dem kinderliterarischen Text *Viele Grüße, Deine Giraffe* handelt es sich um eine Übersetzung aus dem Japanischen, die mit Illustrationen für die deutsche Ausgabe kongenial angereichert ist. Alle fünf Bücher erzählen in kinderliterarisch einfacher Weise, aber mit viel hintergründigem Humor, über das vermeintlich Eigene und Fremde und darüber, dass manchmal alles anders ist, als man es sich vorgestellt hat. Das angeregte Themenspektrum ist sehr vielgestaltig. Um Freundschaft dreht es sich in den Kapiteln 5.2. und 5.6. Mit unterschiedlichen Kulturräumen des indischen Subkontinents beschäftigen sich Kapitel 5.3 und 5.4 und schließlich geht es noch um die Imagination eines Zusammentreffens mit außerirdischen Wesen (Kap. 5.5).

5.2 Ich will so sein wie meine Freunde. – Selbstsein und Anderssein in Freundschaften

Melike Günyüz (Text)/Reza Hemmatirad (Text und Illustration):
Gukki, der kleine Rabe: Ich will so sein wie meine Freunde
Zweisprachig Türkisch-Deutsch.
Ins Deutsche übersetzt von Patrick Bartsch.
Berlin: Edition Orient 2010 [türk. OA 2005]
(Bilderbuch)

AUF EINEN BLICK

Klassenstufe: 1/2

Zeitplanung:

- Für den Unterricht mit dem Bilderbuch *Gukki, der kleine Rabe: Ich will so sein wie meine Freunde* von Melike Günyüz und Reza Hemmatirad ist eine Doppelstunde anzusetzen. Folgende Zeitstruktur wird vorgeschlagen:
- In der ersten Hälfte der Doppelstunde wird den Schüler/-innen das Bilderbuch *Gukki, der kleine Rabe: Ich will so sein wie meine Freunde* zunächst auf Türkisch und danach auf Deutsch vorgelesen.
  Die Schüler/-innen können die Bildseiten parallel dazu gut einsehen. Gleich im Anschluss an die zweite Lesung arbeiten die Schüler/-innen mit Text und Bild am offenen Erzählschluss weiter.
- Die zweite Hälfte der Doppelstunde steht für die Präsentation der entstandenen Produkte zur Verfügung und dient zugleich dem Austausch über die verschiedenen Lösungsansätze.

Materialien:

- Farbkopien der Bilderbuch-Doppelseiten zum Vorzeigen während des Vorlesens (auf DIN A4 vergrößert)
- ggf. Abspielgerät/Computer mit Lautsprecher zum Abspielen einer zuvor erstellten Audiodatei mit Lesung
- Arbeitsblätter im Klassensatz, folgendermaßen hergestellt: letzte Doppelseite des Bilderbuchs auf einem Farbkopierer querformatig auf DIN A4 hoch kopiert (zur Orientierung siehe Abb. 5.2.1 bis 5.2.4)
- Fingerfarben, Wasserfarben und Pinsel
- Schreibwerkzeug
- Wackelaugen zum Aufkleben und Klebstoff

Ziele des Unterrichts:

- Die Schüler/-innen sollen das deutsch-türkische Bilderbuch *Gukki, der kleine Rabe: Ich will so sein wie meine Freunde* kennenlernen.
- Die Schüler/-innen sollen individuelle Antworten auf die Frage finden, die der offene Erzählschluss des Bilderbuchs stellt.
- Die Schüler/-innen sollen ihre Lösungsvorschläge mit Text und Bild gestalten.

5.2.1 Vorstellung des Bilderbuchs *Gukki, der kleine Rabe: Ich will so sein wie meine Freunde*

Gukki, der kleine Rabe: Ich will so sein wie meine Freunde von Melike Günyüz und Reza Hemmatirad ist 2005 auf Türkisch erschienen; seit 2010 liegt das Bilderbuch in der Edition Orient parallel zweisprachig auf Türkisch und Deutsch vor. Die deutsche Übersetzung stammt von Patrick Bartsch.

Das dünne, etwas kleiner als DIN A5 große türkisch-deutsche Bilderbuch ist bildästhetisch sehr ansprechend und eignet sich auch dank seiner „Einfachheit“ (vgl. Lypp 1984, 2000 und 2012) hervorragend für den Anfangsunterricht. Je nachdem, welche Sprachen im Klassenzimmer präsent sind – homogen einsprachig Deutsch, heterogen mehrsprachig Deutsch-Türkisch oder mehrsprachig Deutsch und verschiedene andere Sprachen – kann das Bilderbuch unterschiedliche Facetten des Themas Anderssein(-Wollen) bei den Schüler/-innen aufrufen. Die vertiefte Auseinandersetzung wird in jedem Fall zu erhöhter Sprachaufmerksamkeit und bei mehrsprachigen Kindern zu verstärkt selbstbewusstem Sprachgebrauch führen.

Die Bilder des kleinen Büchleins beruhen in der Hauptsache auf Daumendruck. Die so gedruckten Vogelkörper sind mit Pinselstrichen ergänzt (mit Schnäbeln, Augen, Füßen, Federn). Einzelne gemalte Requisiten (Äste, Malutensilien) erhellen die Szenerie und die Handlung der Figuren. Der Verbaltext besteht aus kurzen Sätzen mit einfachen Wörtern; der deutsche Text ist in blauer Farbe gehalten, der türkische in braun – beides passend zu den Bildfarben.

Die in Bild und Schrift symmetrisch erzählte Handlung ist einfach und die Identifikation mit dem Protagonisten und/oder Fremdverstehen stellt für jüngere Kinder keine große Herausforderung dar. Gukki, ein kleiner schwarzer Rabe mit rotem Schnabel, teilt seinen Freunden zu Beginn der Geschichte unvermittelt mit, dass er von jetzt an „Blauer Gukki"/„Mavi Gukki" genannt werden möchte. Die Freunde – auch sie schwarze Raben mit roten Schnäbeln – reagieren freundlich, aber verwundert. Sie verstehen den seltsamen Wunsch nicht. Ohne viel Federlesens kündigt Gukki deshalb den Freunden sein Mitspielen auf und fliegt kurzerhand auf einen höheren Ast. Seine Freunde sind bestürzt und wundern sich, was sie ihm getan haben; aber Gukki lässt sie von nun an links liegen. Seinen Eltern sagt er, dass er künftig nur noch mit den benachbarten Blaufedern spielen will. Der Vater nimmt Gukkis Absicht erstaunlich positiv auf:

„Mein Sohn, Blaufedern sind prima Kameraden. Die sind richtig nett. Natürlich darfst du mit ihnen spielen!"
„Oğlum, Mavi Tüyler çok iyidirler. Dost canlısıdırlar. Elbette onlarla oynayabilirsin."

(Günyüz/Hemmatirad 2010, o. S.)

Die gelbschnäbeligen Blaufedern nehmen ihn gerne als niedlichen, andersartigen Spielkameraden an. Seinem Begehren jedoch, sich ihnen vollkommen anzugleichen und mit ihnen zu leben, stehen sie ablehnend gegenüber. Er ist nicht ihresgleichen.

Gukki aber lässt sich nicht beirren. Er besorgt sich Farbe und Pinsel und malt seinen Körper blau an; seinen Schnabel streicht er gelb und zur Vollendung seiner Imitation klebt er sich noch ein paar gelbe Federn auf den Kopf. Die Blaufedern jedoch erkennen Gukki in seiner Übertünchung nicht wieder – und statt ihn nun, wie von Gukki erhofft, einmütig als Lebensgefährten in ihren Kreis aufzunehmen, lehnen sie den in ihren Augen fremden Vogel, der behauptet, Gukki zu sein, rundweg ab und wollen nichts mit ihm zu tun haben. Mit seiner Maskerade hat Gukki sich unversehens auch aus dem neuen Freundeskreis ausgeschlossen.

Die Geschichte endet offen:

„Gukki ist am Boden zerstört. Früher waren die Blaufedern wenigstens seine Freunde gewesen, auch wenn er nicht mit ihnen zusammenlebte. Aber nun hat er sie gänzlich verloren.
Was soll er jetzt nur machen?"
„Gukki donakalıyor. Gukki çok şaşırıyor. Eskiden Mavi Tüylerin arkadaşı iken şimdi onları tamamen yitirdiğini anlıor.
Gukki şimdi ne yapmalı?"

(ebd., o. S.)

Passend zu diesen Schlusszeilen sitzt Gukki über dem Schrifttext „am Boden zerstört" mittig auf der linken Hälfte der Doppelseite. Die rechte Seite offeriert ein unbedrucktes und unbeschriebenes Blatt. Die Schlussfrage sowie das leere, weiße Feld fordern zum Nachdenken auf. Was genau hat Gukki „falsch" gemacht? Und ist auch seine Mit- und Umwelt (Rabenfreunde, Eltern, Blaufedern) möglicherweise irgendwie mitschuldig an seinem Unglück des Verlusts sämtlicher Freunde? Und vor allem: Welche Handlungsoptionen hat Gukki, um sich wieder aus der misslichen Situation herauszuschälen, in die er sich so unglücklich hineinmanövriert hat?

Zusätzlich zur Auseinandersetzung mit dem Erzählinhalt gibt das parallel zweisprachige Bilderbuch auch Anlass zum Vergleich der türkischen Sprache und Schrift im Vergleich mit dem Deutschen. Ein paar wenige Punkte hierzu seien deshalb angemerkt (für eine ausführlichere Darstellung vgl. Hoffmann et al. 2017, 91–113):

Sprachtypologisch betrachtet gehört Türkisch mit Sprachen wie Kasachisch, Tatarisch, Usbekisch, Uigurisch und Aserbaidschanisch zur Sprachfamilie der Turksprachen. Anders als flektierende Sprachen wie etwa Deutsch, Englisch, Französisch und Russisch kennen die Turksprachen die Verformung des Wortstammes nicht. Während auf Deutsch beispielsweise Tempus, Person, Numerus, Modus und Genus Verbi den

Verbstamm entsprechend verändern (s**i**ngen – er s**a**ng – das Lied wurde ges**u**ngen), bleibt der Wortstamm in einer agglutinierenden Sprache wie Türkisch unverändert. Hier behilft man sich durchwegs mit Suffixen, um bei veränderbaren Wortarten wie Nomen, Verben, Adjektiven die grammatischen Bedeutungen anzuzeigen und Informationen über Person, Numerus, Tempus, Modus und Genus Verbi zu geben. Beispielsweise wird aus şaşırı – auf Deutsch: „überrascht" – şaşırı**yor**, um Gukkis Überraschung in der ersten Person Singular, im Präsens und Indikativ sowie aktiv auszudrücken: „Gukki çok şaşırı**yor**" (siehe Textzitat oben aus: Günyüz/Hemmatirad 2010, o. S.). Auf Deutsch bleibt es unverändert bei: „Gukki ist sehr überrascht."

Was die Geschichte der Schrift angeht, so sind die ältesten turksprachigen Schriftbelege auf das 8. Jahrhundert datiert. Die überlieferten Texte (religiösen, historischen, literarischen, medizinischen, didaktischen und wahrsagerischen Inhalts) sind teils in einer dem sogdischen Alphabet entlehnten (uighurischen) Handschrift, teils in (alttürkischer) gemeißelter oder gravierter Runenschrift geschrieben. Im Zuge ihrer Islamisierung übernahmen die südwestlichen Turkvölker jedoch das arabische Schriftsystem, seit ca. dem 10. Jahrhundert in ausschließlicher Verwendung. Mit der Gründung der Republik Türkei 1923 ging eine umfassende Bildungs- und Kulturreform einher, die zur Ersetzung des arabischen Alphabets durch ein an die Erfordernisse der türkischen Lautsprache angepasstes lateinisches Alphabet führte: So ist türkisch ğ kein eigener Lautwert, sondern zeigt die Dehnung des vorangehenden Vokals an, vergleichbar dem deutschen Dehnungs-h – etwa türkisch „Oğlum" für Deutsch „Sohn" (siehe Textzitat oben aus: Günyüz/Hemmatirad 2010, o. S.); ğ steht aber auch lautlos zwischen zwei Vokalen wie in türkisch „yitirdiğini" für Deutsch „(Gukki hat sie) verloren" (siehe Textzitat oben aus: Günyüz/Hemmatirad 2010, o. S.); türkisch ş ist deutsch sch ähnlich, türkisch ç klingt wie deutsch tsch – letzteres also nicht etwa wie ç im französischen garçon.

5.2.2 Unterrichtsvorschlag

Zum *Einstieg* in den Unterricht wird den Kindern das Bilderbuch auf Türkisch vorgelesen. Sofern die Lehrerin türkisch spricht, kann sie das selbst übernehmen. Alternativ ist eine türkischsprachige Person an dem Tag für die Unterstützung im Unterricht zu gewinnen, z. B. ein Elternteil oder ein älteres Geschwister eines der Kinder. Denkbar ist auch, im Vorfeld den Text auf Türkisch einlesen zu lassen und im Unterricht die Audiodatei abzuspielen. Die Erfahrungen aus der Praxis zeigen, dass mit etwas Kreativität gute Lösungen gefunden werden können, um den Schüler/-innen den türkischen Text zu Gehör zu bringen. Parallel zur Lesung des türkischen Textes betrachten die Schüler/-innen die Bilder. Es empfiehlt sich, hierfür vergrößerte Farbkopien der Doppelseiten herzustellen und diese den Kindern in einem Stuhl- oder Sitzkreis vorzuzeigen, sodass sie die Bilder alle gut sehen können.

Falls türkischsprachige Kinder in der Klasse sitzen, wird die Frage am Schluss der Geschichte nicht vorgelesen. Denn diese soll erst im zweiten Vorlesedurchgang, der auf Deutsch stattfindet, gestellt werden, um zur produktionsorientierten Aufgabe überzuleiten.

Nicht-türkischsprachige Kinder werden den auf Türkisch vorgelesenen Text nicht verstehen, können aber aufgrund der Bilder Vermutungen darüber anstellen, worum es in der erzählten Geschichte gehen könnte. Türkischsprachige Kinder sind in diesem Fall die Expert/-innen und können ihr Verständnis der Geschichte ins Gespräch einbringen. Die beiden Schrifttexte in unterschiedlichen Farben weisen sich auch durch teilweise unterschiedliche Buchstaben aus. Auch in homogen einsprachigen Klassen kann daher leicht gemeinsam darüber gerätselt werden, um welche Sprache es sich bei dem Vorgelesenen handeln könnte.

Es folgt ein zweiter Durchgang durch das Bilderbuch. Während die Kinder die Doppelseiten des Bilderbuchs ein zweites Mal betrachten, liest die Lehrerin nun den deutschen Text vor. Dieses Mal endet das Vorlesen mit der am Schluss der Geschichte gestellten Frage: „Was soll er jetzt nur machen?"

Diese Frage leitet über zur individuellen *Weiterarbeit und Vertiefung*. Jedes Kind erhält eine farbig und auf DIN A4 hoch kopierte querformatig angelegte Seite des Schlusses, auf dem Gukki „am Boden zerstört" zu sehen ist und worauf sowohl die letzten Zeilen der Geschichte in beiden Sprachen gedruckt sind als auch viel weißer Raum vorhanden ist, um eine eigene Antwort auf die gestellte Frage zu geben. Hierfür stehen Fingerfarben, Wasserfarben, Pinsel, Wackelaugen, Kleber und Schreibwerkzeuge zur Verfügung.

Der Reiz des Bilderbuchs *Gukki, der kleine Rabe* speist sich aus der Kombination von drei ästhetischen Komponenten, präsentiert in zwei unterschiedlichen Erzählmodi: Bilder in den Farben blau, schwarz, gelb, braun und rot, deutscher Text in blauer Farbe, türkischer Text in brauner Farbe mit vom deutschen Alphabet teils leicht abweichenden Buchstaben. Die Kinder können sich je nach sprachlichen und bildkünstlerischen Fähigkeiten entweder stärker auf die Text- oder auf die Bildproduktion konzentrieren, sollen aber grundsätzlich in beiden Erzählmodi (Verbaltext und Illustration) arbeiten.

Die Lehrerin (und eine potenzielle, türkischsprachige Begleitperson) unterstützen die Kinder in ihren Textproduktionen. Wird in der Klasse mit einer Anlauttabelle gearbeitet, so können die Kinder mit deren Hilfe sowohl deutsche als auch anderssprachige kurze Texte in ihrer eigenen Muttersprache generieren. Eventuell müssen einzelne Buchstaben aus dem lateinischen Alphabet für die in der Klasse vorhandenen Sprachen ergänzt werden (z. B. türkisch ş und ç). Alternativ kann für Schreibanfänger/-innen oder noch wenig versierte Schreiber/-innen auch die Lehrerin zur Verfügung stehen, um einen kurzen Begleittext vom Kind diktiert zu dessen Bild(ern) zu schreiben.

Zum *Abschluss* legen die Schüler/-innen ihre Schlussszenarien in die Mitte eines großen Stuhl- oder Sitzkreises auf den Boden, sodass alle alles einsehen können. Jedes Kind präsentiert daraufhin seine eigene Weitererzählung in Wort und Bild. Wichtig ist, dass den Kindern dabei genügend Zeit eingeräumt wird, sich über die unterschiedlichen Lösungsvarianten auszutauschen und darüber zu diskutieren.

Alternativ können die Arbeitsergebnisse der Schüler/-innen auch vorab von der Lehrerin gesichtet und zur Präsentation nach ähnlichen Schlussversionen gruppiert werden wie:

a) Gukki soll wieder so aussehen wie früher, wird die blaue Farbe auf irgendeine Art und Weise los und so wieder zum alten Gukki;
b) die anderen sollen sich verändern und Gukki bleibt, wie er nun ist, blau, ggf. sucht er sich eben neue Freunde;
c) es spielt keine Rolle, wie man aussieht, man findet so oder so wieder freundschaftlich zusammen.

In diesem Fall stellen die Kinder ihre Produkte nicht in zufälliger, selbst bestimmter Reihenfolge vor, sondern gebündelt nach vergleichbaren Lösungsvorschlägen; die Diskussionen kreisen so dann nacheinander um unterschiedliche Ideen rund um einen grundsätzlich identischen Ansatz wie etwa zu a) Gukki soll wieder so aussehen wie früher:

- Gukki wird die blaue Farbe durch Waschen los, beispielsweise durch Duschen oder im Regen;
- Gukki übertüncht die blaue Farbe durch schwarze, etwa indem er sich einen Eimer mit schwarzer Farbe überkippt;
- Gukki trifft auf ein Wesen mit Zauberkraft, das ihn in den schwarzen Gukki zurückverwandelt.

Auf diese Weise kann sich im Vergleich verschiedener Lösungsansätze am Ende ein Gespräch entfalten zu der Frage, wie wichtig es denn eigentlich ist, man selbst zu bleiben oder sich anderen anzupassen, sich Freunde im eigenen Clan zu suchen oder Neugier und Offenheit für Andersartige zu entwickeln.

Zum Schluss sammelt die Lehrerin die Arbeiten der Schüler/-innen ein und heftet sie mit den kopierten Bilderbuchseiten zu einem Buch, das jetzt viele unterschiedliche Enden der Geschichte hat. Dieses steht den Kindern der Klasse hinterher zur Verfügung zum beliebig oft wiederholten Reinschauen in Freiarbeitszeiten.

Ideen zur Weiterarbeit

Für eine potenzielle Weiterbeschäftigung mit Gukki ist ein weiteres türkisch-deutsches Bilderbuch mit zwei Gukki-Geschichten bei der Edition Orient erhältlich:

- Melike Günyüz (Text)/Reza Hemmatirad (Text und Illustration):
  Gukki, der kleine Rabe:
  Der König der Frösche
  Das Rabenland sucht den Superstar
  Gukki Küçük Karga: Kurbağaların Kralı
  Kargalar Ülkesi Süperstar Arıyor.
  Deutsche Übersetzung von Patrick Bartsch.
  Berlin: Edition Orient 2010 [türk. OA 2005].

5.2.3 Aus der Praxis

Die Erprobung fand in einer zweiten Klasse statt, gegen Ende des ersten Schulhalbjahres. Die Schule, in welcher der Unterricht durchgeführt wurde, ist im städtischen Raum lokalisiert und die Klassen sind aufgrund des Einzugsgebiets der Schule sozial und kulturell durchmischt: Ein Teil der Kinder kommt aus Akademiker- und Mittelschichtfamilien, zumeist ohne migrantische Herkunft, der andere Teil hat Migrationshintergrund und kommt überwiegend aus nicht akademischem Milieu. Die Doppelstunde wurde von einer Frühstückspause unterbrochen, welche die Produktionsphase stimmig von der Präsentationsphase absetzte. Der Unterricht wurde von einer studentischen Hilfskraft erteilt und fand im Beisein der Klassenlehrerin statt. Für die türkische Lesung konnte eine weitere Erwachsene gewonnen werden, die den Kindern auch während der Schreib- und Malphase als zusätzliche Helferin zur Verfügung stand. Insgesamt waren drei Erwachsene anwesend und konnten die Kinder bei Bedarf unterstützen.

Erarbeitung des Bilderbuchs auf Türkisch und auf Deutsch

Die Kinder fanden sich zu Beginn der Stunde in einem Stuhlkreis zusammen, sodass sie während der Lesungen die auf DIN A4 vergrößerten Farbkopien der Bilderbuch-Doppelseiten in ihrer Mitte gut einsehen konnten. Obwohl nur ein bis zwei Kinder (zumindest ansatzweise) Türkisch verstanden, hörten ausnahmslos alle Schüler/-innen der türkischen Lesung der Begleitperson in der ersten Bilderbuchbetrachtung gebannt zu. Beim zweiten Durchgang mit deutscher Lesung durch die Lehrerin behielten aber auch die Bilder ihren Reiz bei und wurden erneut von den Kindern aufmerksam angeschaut.

Das ist zum einen ein Hinweis darauf, dass ein unverständliches Sprachangebot in Kombination mit anregenden Bildern Kinder zu faszinieren vermag. Und zum anderen zeigt es an, dass man für die Bildbetrachtung beim Vorlesen eines Bilderbuchs kaum zu viel Zeit geben kann.

Beim Vortragen des türkischen Textes ließ die Vorleserin die Frage, mit der die Geschichte endet, „Gukki şimdi ne yapmalı?“, gezielt weg. Erst die deutsche Lesung stellte die Frage „Was soll er [Gukki] jetzt nur machen?“ in den Raum. Die Kinder wollten daraufhin sogleich Lösungsvorschläge einbringen. Denkbar wäre ein Austausch über die verschiedenen Ideen gewesen. Die Lehrerin wollte die Kinder jedoch zu mehr Lösungsvarianten anregen und bat die Schüler/-innen deshalb, zunächst für sich allein einen Lösungsvorschlag zu suchen.

Sie teilte die kopierten Arbeitsblätter aus und bat die Schüler/-innen zur individuellen Bearbeitung des Blattes an ihre Tische zurück. Dort verteilte sie weiteres Arbeitsmaterial (Fingerfarben, Wasserfarben, Pinsel, Becher mit Wasser).

Individuelle produktionsorientierte Weiterarbeit am offenen Ende der Geschichte

Ausnahmslos alle Kinder waren in der Schreib- und Malphase motiviert und suchten ohne Verständnisschwierigkeiten nach einer Lösung für Gukkis Problem. Das Erfinden einer passenden Antwort zu der Frage, was Gukki nun bloß tun soll, fiel ihnen leicht und sie waren alle überaus eifrig mit Schreibstiften und Farben beschäftigt. Wer am Ende wollte, erhielt zur letzten Ausschmückung der gemalten Vögel auch noch Wackelaugen zum Aufkleben. Vereinzelt gaben die drei Erwachsenen, die im Klassenraum anwesend waren, Hilfestellung, wenn diese gefragt war. Überwiegend waren die Kinder jedoch selbstständig mit der Gestaltung ihrer Lösungsfindung beschäftigt oder tauschten sich zur Ideenfindung mit ihren Sitznachbar/-innen aus.

Dem zweisprachigen Bilderbuch, das zur Ansicht im Raum zur Verfügung stand, begegneten sie in der kreativen Phase weiterhin mit Offenheit und Neugier. Manche gingen zwischendurch hin und nahmen es zur näheren Betrachtung in die Hand.

Präsentation der entstandenen Produkte

Nach einer Frühstückspause, welche die kreative Phase beendet hatte, durften die Schüler/-innen ihre Lösungsansätze vor der ganzen Klasse präsentieren. Die Kinder blieben hierfür an ihren Tischen sitzen und kamen einzeln in einer selbst gewählten Reihenfolge zum Vorlesen und Vorzeigen ihres Arbeitsergebnisses nach vorne.

Die Schüler/-innen präsentierten ihre Produkte mit viel Emphase und großem Stolz und in der Mehrheit auch sehr gekonnt vor der Klasse. Alle hörten und schauten aufmerksam zu. Durch die zufällige Abfolge der Präsentationen und den stakkatoartigen Ablauf (Kind kommt vor, liest vor, zeigt Bild in die Runde, Lehrerin lobt, Kind setzt sich hin, nächstes Kind geht vor etc.) kam jedoch kein Gespräch auf und es fand auch kein Vergleich der verschiedenen Lösungsvorschläge statt.

Es ist daher empfehlenswert, die entstandenen Produkte vor der Präsentation einzusammeln und nach vergleichbaren Lösungsansätzen zu sortieren und sie dann so gruppiert von den Kindern vorstellen zu lassen. So lässt sich nach der Präsentation der ersten Ergebnisse mit grundsätzlich vergleichbarem Lösungsansatz (z. B. Gukki soll wieder so aussehen wie früher, wird die blaue Farbe auf irgendeine Art und Weise los und so wieder zum alten Gukki) die Vorstellung kurz unterbrechen und die Lehrerin kann einen kurzen Austausch über diesen Lösungsvorschlag initiieren, bevor die nächste Gruppierung mit einer grundsätzlich anderen Problemlösungsvariante zur Präsentation schreitet (z. B. die anderen sollen sich verändern und Gukki bleibt, wie er nun ist, blau, ggf. sucht er sich neue Freunde). Am Ende kann die Lehrerin die grundsätzlich verschiedenen Lösungsansätze, die jetzt im Raum stehen, nochmals kurz benennen, indem sie auf die erste, zweite, dritte Präsentationsrunde mit je einem zusammenfassenden Satz zurückverweist, und die Schüler/-innen zu vergleichenden Stellungnahmen zu den im Grundsatz voneinander abweichenden Vorschlägen auffordern.

In der Schreib- und Malphase machte sich ein Junge, der sich selbst als des Türkischen mächtig bezeichnete, eifrig daran, in Analogie zum betrachteten Bilderbuch sowohl einen deutschen als auch einen türkischen Text aufs Papier zu bringen. Expert/-innenwissen in Bezug auf eine andere Sprache als die Schulsprache – in diesem

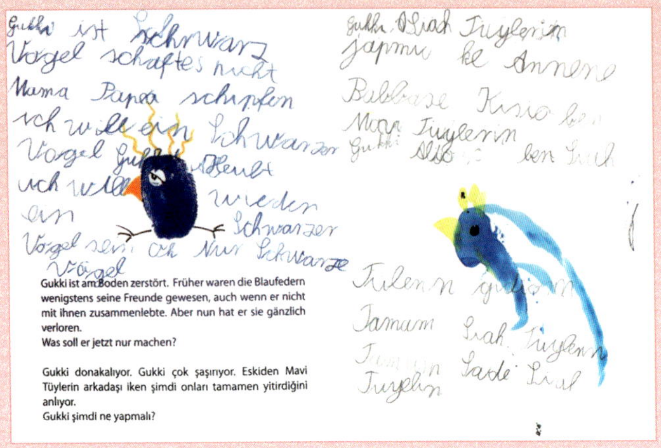

Abb. 5.2.1: Zweisprachiges Schreib- und Malprodukt eines Schülers (2. Klasse)

Abb. 5.2.2: Szenisch gestaltetes Schreib- und Malprodukt einer Schülerin (2. Klasse)

Fall Türkisch – präsentieren zu können, ist für die betreffenden Kinder ungewohnt. Es ist eine Kompetenz, über die sie verfügen, die sie aber normalerweise nicht als Vorteil ins Spiel bringen können. In der Präsentationsphase meldete sich der Junge dann auch gleich als Erster, um das entstandene Werk stolz vorzuzeigen. Den türkischen Text las der Schüler hierbei zuerst vor, danach seinen deutschen.

Seine beiden Texte, der deutsche ebenso wie der türkische, sind im Vergleich mit den meisten anderen Texterzeugnissen, die von seinen Mitschüler/-innen produziert wurden, lang geraten – und selbst für die Zeichnung eines blauen Vogels mit gelbem Schnabel und gelben Federn haben Zeit und Energie des Schülers noch gereicht! Die Wiedergabe der Texte erfolgt im weiteren Verlauf in der Originalschreibweise.

In seinem auf Deutsch geschriebenen Text ist Gukki als lauthals Klagender inszeniert: Gukki jammert darin über seine Unfähigkeit zur Rückverwandlung und wird von seinen Eltern ausgeschimpft; heulend wiederholt er deshalb den Wunsch, wieder schwarz wie der Rest seiner Artgenossen zu sein (siehe Abb. 5.2.1):

„Gukki ist schrwarz Vogel schaftes nicht Mama Papea schipfen ich will ein Schwarzer Vogel Gukki Heult ich will wieder ein Schwarzer Vogel sein Ok Nur Schwarze Vögel"

In seinem türkischen Text hat der Schüler inhaltlich Ähnliches verbalisiert; seine türkischen Sätze sind im Vergleich mit seiner auf Deutsch geschriebenen Fortsetzung der Geschichte allerdings unvollständiger, grammatikalisch weniger korrekt und wirken abgehackter, was darauf hindeutet, dass es sich möglicherweise um ein kurdisches Kind handelt, das zu Hause nicht türkisch spricht (siehe Abb. 5.2.1):

„Gukki O Siah Tüylerin japmi ke Annene Babbase Kisio ben Maav Tüylerin ben Siah Gukki Alio Tülenn guliom Tamam Siah Tüylenn Tamam Sade Siah Tuyelin"

Auf Deutsch übersetzt bedeutet dies in etwa:

Gukki diese schwarzen Federn Mama Papa schimpfen ich Blaue Federn ich schwarz Gukki weint Federn lachen Ok schwarze Federn Ok nur schwarz Federn"

Ein Mädchen legte sehr viel Wert auf die bildkünstlerische Gestaltung und formulierte einen vergleichsweise kurzen Text dazu. Sieht man allerdings genauer hin, harmoniert ihr dramatisch inszenierter Text (monologischer Ausruf gefolgt von dialogischem Zuruf) stupend mit der szenisch angelegten Bilderfolge (siehe Abb. 5.2.2):

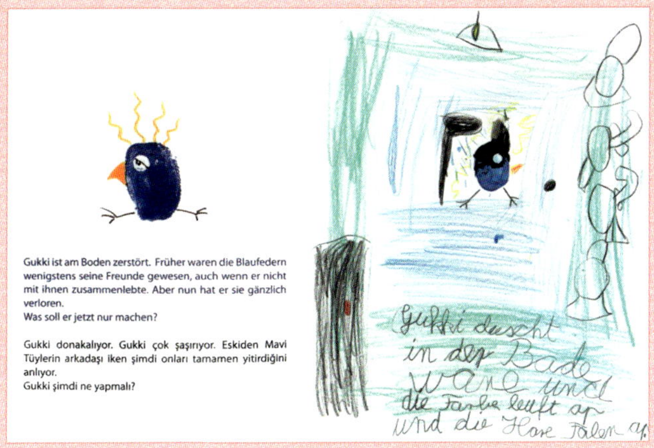

Abb. 5.2.3: Schreib- und Malprodukt eines Schülers mit ausdrucksvollem Bild (2. Klasse)

Abb. 5.2.4: Schreib- und Malprodukt eines Schülers mit bildlicher Abstrahierung (2. Klasse)

„Ah jetzt habe ich eine Idee ich wasche mich einfach. Gukki ist wider da rufen Gukkis Freunde."

Die beiden Sätze, die stimmig mit Schlusspunkten versehen sind, parallelisieren die Bildgestaltung, die als monoszenische Bilderreihe angelegt ist, grammatikalisch gekonnt: In der unteren gemalten Szene ist Gukki noch halb blau und schon halb schwarz gefiedert neben einem roten Eimer, der mit Wasser gefüllt ist, zu sehen und auch sein Schnabel ist noch halb gelb und schon halb wieder rot – dieses Bild illustriert ihren ersten Satz. Über diese Szene ist ein Ast mit Blättern ins Bild gesetzt, auf dem eine Vielzahl von gelbschnäbeligen, blauen Vögeln unterschiedlicher Größe sitzt, darunter ein schwarzer Gukki mit rotem Schnabel in abwartender Haltung in ihre Richtung blickend – der zweite Satz formuliert in stimmiger Erweiterung der Illustration, was Gukki in dieser Situation zu hören wünscht.

Dass einzelne Kinder bereits eine hohe Kompetenz im Gebrauch von Satzzeichen haben, zeigt ein Schreibprodukt, in dem eine Schülerin sehr viel Emphase in die Setzung eines deutlichen Schlusspunktes (Ausrufezeichen) hinter das gelöste Problem legte. Bei der Präsentation ihres Produkts hob diese Schülerin beim Vorlesen gestisch auch beinahe den Zeigefinger, während sie ihren Schlusssatz stimmlich und mimisch deutlich als Moral der Geschichte inszenierte:

„Gukki hat eine Idee er färbt sich wider schwarz und rot ein und tut die Federn ab. Die Blaufedern wollen mit im Spilen. Gukki hat etwas gelernt!"

Aber auch für längeres Erzählen, begleitet von einer passenden Zeichnung, war bei einzelnen Kindern ausreichend Ausdauer vorhanden, sehr anschaulich beispielsweise in einem Produkt wie diesem:

„Er geht zu einer Quelle und springt hinein. Dann macht er sich ganz sauber bis er wider der alte schwarze Gukki ist. Dan fligt er wieder zu den Nachban die Blaufeden. Die blaufedern sagen da ist ja der Gukki. sie sagen Gukki du must ja nicht so ausejen wie wir du kanst ja jeden Tag zu uns kommen."

Ein Schüler brachte umgekehrt sein Anliegen, dass Gukki einfach wieder der alte sein soll, in einem einzigen Satz treffend auf den Punkt; sein Bild aber füllt die ganze Seite aus und stellt Gukkis befreiendes Duschen in großer Anschaulichkeit dar (siehe Abb. 5.2.3):

„Gukki duscht in der Bade wane und die Farbe leuft ap und die Hare falen ap."

Die Idee, dass Gukki duschen könnte, wurde mehrfach ins Spiel gebracht. So auch in der

Version eines Schülers (siehe Abb. 5.2.4), die in Kombination mit seiner Illustration und deren Erläuterung bei der Präsentation zusätzlich an symbolischer Tiefe gewann:

„Gukki ist ute der Dusche.
Gukki ist der Alte Gukki.

Interessant an letzterem ist, dass die schriftliche Verknappung auf zwei mit Schlusspunkten korrekt markierte Sätze nicht nur, wie bei dem Produkt der Schülerin oben (siehe Abb. 5.2.2), von einer szenischen Bilderreihe korrekt parallelisiert wird – ein blauer Gukki unter der Dusche, ein schwarzer Gukki neben der Dusche –, sondern dass sie zusätzlich noch durch eine ausführlichere, abstrahierende Erzählung auf der Bildebene angereichert wird.

Die fünf Farbpunkte, die der Schüler an den unteren Bildrand gedruckt hat, zeigen gemäß seinen eigenen mündlichen Erläuterungen, die er in der Präsentation seines Produktes gab, an, wie sich Gukki in den alten Gukki zurückverwandelt: Der Vogel betritt die Dusche blau (erster Farbpunkt in blau), unter dem Wasserstrahl kommt zunächst sein roter Schnabel wieder zum Vorschein (zweiter Farbpunkt in rot), dann wird zusätzlich auch ein Teil seines schwarzen Gefieders sichtbar (dritter Farbpunkt in schwarz mit roten Schlieren), aber auch am restlichen Körper nimmt die Farbe blau allmählich ab (vierter Farbpunkt in blassem Blau, fast schon grün durch das eingemischte Schwarz) und schließlich ist Gukki wieder komplett schwarz wie zuvor (fünfter Farbpunkt in schwarz).

Die in der Erprobung entstandenen Produkte veranschaulichen allesamt, dass die Schüler/-innen die ihnen zur Verfügung stehenden Mittel sowie ihre unterschiedlichen Fähigkeiten optimal zu nutzen verstanden und auf das überzeugend einfache, in seiner Bild- und Schriftästhetik überaus ansprechende literarische Angebot mit sehr viel Einfühlung und Kreativität reagiert haben.

5.3 Das machen wir – hier und überall in der Welt

Ramesh Hengadi (Illustration) / Shantaram Dhadpe (Illustration):
Das machen wir. Ein Bilderbuch aus Indien
Konzeption und Text von Gita Wolf.
Basel: Baobab Books 2011
(Bilderbuch)

AUF EINEN BLICK

Klassenstufe: Eingangsstufe, 3 und 4
(sehr gut geeignet für jahrgangsübergreifende Klassen)

Zeitplanung:
Für den Unterricht mit dem Bilderbuch *Das machen wir* von Ramesh Hengadi und Shantaram Dhape sind zwei Doppelstunden anzusetzen. Folgende Zeitstruktur wird vorgeschlagen:

- In der ersten Doppelstunde erfolgt die Einführung in das Buch und die Bildsprache der Warli (ein indigenes Volk aus Indien). Die Schüler/-innen lernen die ersten Seiten des Buchs kennen und erhalten Informationen über die Lebensweise der Warli. Im Anschluss erarbeiten die Kinder in Gruppen exemplarisch weitere Doppelseiten des Buchs und übersetzen die Bildsprache in Schriftsprache.
- In der zweiten Doppelstunde erfolgt in Gruppenarbeit die Darstellung eigener Tätigkeiten im Stil der Warli-Bildsprache und eine Präsentation der Arbeitsergebnisse.

Materialien:

- Fotos der Warli aus dem Internet ausgedruckt oder digital projiziert
- DIN-A3-Kopien einzelner Doppelseiten
- DIN-A3-Klarsicht-Folien, um die DIN-A3-Kopien einzulegen (optional)
- wasserlösliche Folienstifte und weiße Buntstifte
- terracottafarbiger Fotokarton pro Gruppe

Ziele des Unterrichts:

- Die Schüler/-innen sollen das Bilderbuch *Das machen wir* kennenlernen und Einblick in das Leben eines fremden Volkes erhalten.
- Die Schüler/-innen vergleichen alltägliche Verrichtungen der Warli mit Tätigkeiten aus ihrem Alltag.
- Die Schüler/-innen erleben und können nachvollziehen, was es bedeutet, sich mit Bildern auszudrücken und mit Bildern zu erzählen.
- Die Schüler/-innen lernen, ihre Überlegungen einander mitzuteilen und sich über ihre Bild-Deutungen auszutauschen.

Abb. 5.3.1: *Das machen wir. Ein Bilderbuch aus Indien*

5.3.1 Vorstellung des Bilderbuchs *Das machen wir*

Das Bilderbuch *Das machen wir* ist 2011 bei Baobab Books erschienen und geht auf eine Konzeption von Gita Wolf zurück. Es ist von den Künstlern Ramesh Hengadi und Shantaram Dhadpe sowie unter Mitwirkung ihrer Ehefrauen Rasika Hengadi und Kusum Dhapi in der Bildsprache der Warli mit Siebdruck auf Recyclingpapier angefertigt worden. Der Umschlag besteht aus handgeschöpftem Papier.

Bei den Warli handelt es sich um ein indigenes Volk aus Indien, das eine eigene Sprache spricht, die aber nicht in Schriftform existiert. Die Warli vermitteln ihre Kultur in Bildern. Mit *Das machen wir* (siehe Abb. 5.3.1) handelt es sich um eine Sonderform der parallel zweisprachigen Bilderbücher. Parallele Zweisprachigkeit stellt sich hier in der Kombination von Schrift- und Bildzeichen dar.

Die Warli haben als Jäger und Sammler gelebt und sind erst vor etwa 100 Jahren sesshaft geworden. Sie sind immer noch eng mit der Natur verbunden, ernähren sich vom Reisanbau, Fischfang und von der Jagd. Die Warli leben im Westen Indiens nördlich von Mumbai im Bundesstaat Maharashtra.

Die Bilder der Warli hatten ursprünglich kultische Bedeutung und wurden hauptsächlich zu zeremoniellen Anlässen wie Hochzeiten und Erntefesten angefertigt. Mittels der bildnerischen Ausdrucksweisen wurden die Götter zur Feier eingeladen. Zur Vorbereitung wurde eine Hauswand mit einer Terracottafarbe – gemischt aus Kuhdung und rotbrauner Erde – eingestrichen. Auf diese Fläche wurden die Bilder mit einer weißen Farbe aus Reispaste, Wasser und Gummiharz mit Hilfe eines Bambusstabs aufgetragen. Die zentrale Darstellung der Götter und Göttinnen war nur den verheirateten Frauen vorbehalten. Den freien Raum darum herum durften auch unverheiratete Frauen, Männer und Kinder mitgestalten. Seit in den 1970er-Jahren die traditionellen Kunstformen von der indischen Regierung geschützt werden, sind die Bilder der Warli bekannt geworden. Mit der zunehmenden Kommerzialisierung wurden sie zu einer wichtigen Einnahmequelle. Die Bilderproduktion liegt nunmehr hauptsächlich in der Hand der Männer. Sie werden auch mit modernen Mitteln wie Acrylfarbe auf Stoff und Papier gemalt.

Die Bildsprache beruht auf den geometrischen Grundformen Dreieck, Kreis und Quadrat, aus denen Menschen, Tiere und deren Handlungen komponiert werden. Während ursprünglich die Götterdarstellungen, Schöpfungsmythen und religiöse Themen im Mittelpunkt standen, erzählen die Bilder mittlerweile auch vom alltäglichen Dorfleben. So stehen in dem Bilderbuch *Das machen wir* der Alltag und die dörfliche Lebensweise der Warli im Mittelpunkt. Im Vorwort des Bilderbuchs werden detailliert Informationen zu den Warli gegeben, auf diese kann im Unterricht und zur Vorbereitung des Unterrichts zurückgegriffen werden.

Besonderes Augenmerk gilt der Materialität des Bilderbuchs. Es ist in einem aufwendigen Herstellungsverfahren in einer indischen Werkstatt per Hand gefertigt worden. Der rotbraune Einband aus handgeschöpftem Papier erinnert an die rot eingestrichenen Wände, auf denen ursprünglich die Bilder mit weißer Far-

Abb. 5.3.2: Vignetten der Vorsatzseiten aus *Das machen wir*

be gemalt wurden. Die einzelnen Doppelseiten sind mittels eines kulturspezifischen Siebdruckverfahrens auf Recycling-Papier produziert. Der haptische Eindruck bestärkt die hohe Qualität der Materialien.

Schlägt man das Bilderbuch auf, finden sich auf den Vorsatzseiten auf der ganzen Fläche abwechselnd angeordnet zwei verschiedene Vignetten (siehe Abb. 5.3.2). Eine Vignette zeigt Menschen, die im Kreis tanzen, mit einer Person in der Mitte, die die traditionelle Trommel schlägt. Die zweite Vignette zeigt zwei Personen, die lesend unter einer Palme sitzen. Dieses Motiv des Lesens ist dem Gegenstand des Bilderbuchs geschuldet und entspricht nicht ursprünglich der oralen Kultur der Warli. Dass Bücher auch bei den Warli zunehmend eine Rolle spielen, lässt sich auf das Bilderbuch selbst beziehen.

Auf der Innentitelseite findet sich unter dem Titel ein Bild, auf dem Menschen in Kreisformation tanzen, begleitet von einer Person mit einer Tarpa. Bei der Tarpa handelt es sich um ein flötenartiges Instrument, bestehend aus einem getrockneten Kürbis, einem hohlen Bambusstängel und einem aus Palmenblättern gefertigten Trichter. Es folgen insgesamt 14 Doppelseiten, die jeweils unter einem oder zwei Begriffen verschiedene Tätigkeiten bildnerisch entfalten. Es werden in der Bildsprache der Warli – mittels der Grundformen Kreis, Dreieck und Quadrat und in weißer Farbe – pluriszenisch Situationen rund um das Arbeiten, Säen und Ernten, Essen, Trinken, Tanzen etc. präsentiert. Gemäß des Lebens im Einklang mit der Natur werden nicht nur Tätigkeiten der Menschen dargestellt; genauso sind auch Pflanzen und Tiere als Schaffende einbezogen. Wir erhalten so einen Eindruck von der Lebensweise, vom Miteinander der Menschen und Tiere, vom Leben im Dorf und in den Häusern, von Ackerbau und Fischfang. Detailreich sind verschiedene Arbeitsgeräte, Gefäße und Körbe, Pflanzen- und Tierarten zu entdecken. Dass der Reis neben den Früchten der Kokos- und Dattelpalmen zu den Hauptnahrungsmitteln gehört, spiegelt sich in den Bildern wider. Es handelt sich hier um ein Bilderbuch, das in die Gruppe zwischen einem erzählenden und einem Sachbilderbuch eingeordnet werden kann. Es wird kein narrativer Zusammenhang entwickelt, sondern es werden Traditionen und Kulturtechniken dargestellt. Die einzelnen Szenen laden jedoch zur narrativen Ausgestaltung ein. Die Betrachtenden können die dargestellten Ereignisse erzählerisch entfalten.

5.3.2 Unterrichtsvorschlag

Zum *Einstieg* in den Unterricht kommen die Kinder im Halbkreis zusammen, damit für alle gut sichtbar das Bilderbuch gezeigt oder auf die Wand projiziert werden kann. Zur Vorbereitung der Buchpräsentation bietet es sich an, zunächst Fotos von der Lebensweise der Warli zu präsentieren. Im Internet sind Text- und Bildmaterial über die Warli zu finden. Es sollten Zeichnungen auf den Hauswänden sowie die Motive des Tanzes und der Musikinstrumente vorgestellt werden, die bei der Erschließung des Bilderbuchs relevant sind. Mittels einer Karte wird gezeigt, wo die Warli leben. Informationen zur nicht-fixierten Sprache werden ebenso erläutert. Ein erster Austausch über Vertrautes und Neues kann sich anschließen. Eine Verknüpfung der Kenntnisse über andere indigene Völker oder mit der Felsmalerei in der Frühgeschichte ist möglich.

Nach der thematischen Annäherung wird das Bilderbuch vorgestellt. Die Kinder betrachten zuerst das Cover, schauen sich die Vorsatzseiten an und widmen sich dann intensiver der ersten Doppelseite, die unter der Überschrift „Tragen" verschiedene Szenen zeigt. Anhand der ersten Doppelseite können die Kinder den Bogen schlagen zu ihrem neuen Wissen über die Lebensweise der Warli. Sie entdecken bei der Betrachtung der einzelnen Szenen verschiedene Tätigkeiten von Tieren, Menschen und Pflanzen. Vielfältige Details geben Aufschluss über das Leben auf dem Land. Zudem kann der Zeichenstil thematisiert werden.

Im nächsten Schritt finden sich die Kinder in Kleingruppen zusammen. Zur *Weiterarbeit* erhalten sie jeweils eine Kopie einer Doppelseite, zur Wiederverwendung in eine DIN-A3-Folie eingelegt. Sie beschriften mit wasserlöslichen Folienstiften die einzelnen Szenen ihrer Doppelseite. Die Kinder notieren dabei, wer etwas macht und was gemacht wird. Alternativ ist es auch möglich, am Bildrand die Tätigkeiten zu beschreiben.

Schreibanfänger/-innen haben Gelegenheit, einzelne Wörter aufzuschreiben. Schreiberfahrene Kinder können einzelne oder mehrere Sätze auf die Folien zu den Szenen notieren. Auf diese Weise sind die Kinder am Übersetzungsprozess beteiligt und übertragen die Bildsprache der Warli in ihre Sprache. Im Anschluss daran kommt die Klasse wieder im Halbkreis zusammen. Gemeinsam erfolgt ein Durchgang durch das Bilderbuch, bei dem einzelne Gruppen ihre Doppelseite und ihre Übersetzungen vorstellen. Im Austausch miteinander verständigen sie sich über die Tätigkeiten der Warli. Auf diese Weise wird nach und nach das gesamte Bilderbuch betrachtet und erarbeitet. Mit der Bilderbuchbetrachtung wird die erste Doppelstunde abgeschlossen.

Die zweite Doppelstunde dient der *Vertiefung* und wird damit eröffnet, dass den Kindern verschiedene Satzanfänge an der Tafel oder auf Plakatstreifen zur Verfügung gestellt werden, die sie zur Wiedergabe ihrer Bilderbucheindrücke nutzen können. Mit der Methode des Blitz-Feedbacks kann jedes Kind mit einem Satz zum Ausdruck bringen, was es sich bei der Bilderbuchbetrachtung gefragt hat, was es komisch fand, was ihm aufgefallen ist, was es toll fand oder was es überrascht hat. Besonders zurückhaltende und sprachlich unsichere Kinder können durch die vorgegebenen Satzanfänge unterstützt werden. Zugleich dienen die Satzanfänge auch einer konzentrierten Aktivierung.

Nach dieser Aufwärmphase werden in der Klasse nun umgekehrt Oberbegriffe zu den eigenen Tätigkeiten gesammelt. Beispiele dafür können Essen, Spielen, Laufen oder Fahren sein. Es folgt nun eine Gruppenarbeitsphase, in der sich die Kinder in ihrer Kleingruppe für einen

Oberbegriff entscheiden und dazu im Zeichenstil der Warli eigene Szenen entwickeln. Ihnen stehen dafür je ein terracottafarbiger Fotokarton und weiße Buntstifte zur Verfügung. Gemeinsam zeichnen sie auf den Fotokarton verschiedene Szenen zu ihrem Oberbegriff. Die Anleitung zum Zeichnen findet sich am Ende des Buches. Da es sich um einfache geometrische Formen handelt, ist es selbst für Kinder im ersten Schuljahr gut möglich, wirkungsvolle Zeichnungen zu erstellen.

Den *Abschluss* der Einheit bildet eine kleine Ausstellung mit den Plakaten der Kinder, bei der jede Gruppe ihre Arbeitsergebnisse präsentiert.

5.3.3 Aus der Praxis

Die Unterrichtseinheit wurde von einer Grundschullehrerin in einer jahrgangsübergreifenden Klasse 1 bis 4 mit 20 Kindern zu Beginn des zweiten Schulhalbjahres durchgeführt. Die Schule liegt in einem kleinstädtischen Einzugsgebiet. Aufgrund der Jahrgangsmischung waren die Kinder mit selbstständiger Arbeit vertraut. Die aktive Beteiligung aller bestätigt, dass das Buch durchaus in allen Klassenstufen der Grundschule eingesetzt werden kann.

In der Unterrichtseinheit wechselten gemeinsame Klassengespräche im Halbkreis vor der Tafel und zwei Gruppenarbeitsphasen ab. In den Gruppen arbeiteten die Kinder an Tischen in der Klasse und im Flur. Der Halbkreis vor der Tafel bot den Vorteil, dass die Kinder die Bilder des Bilderbuchs, welche mittels eines Beamers auf eine Leinwand projiziert wurden, gut sehen konnten. Außerdem konnten weitere Materialien auf dem Boden ausgelegt werden und so für alle sichtbar werden.

Thematische Hinführung

Die Kinder wurden zunächst von der Lehrerin mittels einer Power-Point-Präsentation in das Bilderbuch eingeführt. Da die Klasse an dem Thema Steinzeit arbeitete, wollte die Lehrerin einen Bogen von dem aktuellen Projekt zum Bilderbuch der Warli schlagen. Ausgehend von den Kenntnissen der Kinder zu Steinzeitbildern versuchte die Lehrerin die kulturelle Bedeutung der Bilder für die Warli darzustellen. Dazu zeigte sie zuerst einige Fotos von bekannten Höhlenmalereien, welche die Kinder bereits kennengelernt hatten und zu denen sie sich unmittelbar äußerten.

Kayla: Das ist eine Höhle in Frankreich. Das ist die in Lascaux.

Kevin: Das mit den Händen haben wir nachgemacht.

Laura: In Kunst haben wir auch so Steinzeitbilder gemacht. Da hatten wir Matsch und da haben wir entweder die ganze Hand darein getan oder mit Fingern und dann Abdrücke davon gemacht und mit Kohle verschönert.

Lehrerin: Die Handabdrücke, die wir hier auf dem Bild sehen, sind in einer Höhle in Indonesien gefunden worden. Solche Abdrücke gibt es auch noch in anderen Höhlen. Es ist ganz erstaunlich, dass ungefähr zeitgleich in unterschiedlichen Gebieten die Menschen von ihren Händen auf die Höhlenwände Abdrücke angefertigt haben. Warum haben die Menschen damals die Bilder auf die Höhlenwände wohl gemalt? Es sind nur Vermutungen, wir können ja nicht mehr mit den Menschen damals sprechen.

Pedro: Die Bilder erklären uns auch, wie die gejagt haben, wie die etwas gemacht haben.

Laura: Vielleicht wenn ihre Höhle so leer war, dann hatten die einfach Lust, die Höhle ein bisschen zu gestalten.

Nina: Oder zum Beispiel, wenn die eine gute Jagd gemacht haben, dass die das dann aufzeichnen, um sich daran zu erinnern. Oder die mutigen Jäger machen Handabdrücke.

Lena: Ich glaube auch, dass die einfach so den Alltag aufgemalt haben.

Lehrerin: Ja, das sind gute Überlegungen. Bei der Jagd ist noch eine Vermutung zu nennen, dass sie sich eine gute Jagd gewünscht haben und daher einen Zauber herstellen wollten, damit die Jagd klappt. Wir machen nun einen großen Sprung in unsere Zeit. Wir gehen zu einem Volk, die heißen Warli.

Der Übergang von den Bildern aus der Steinzeit zu den Bildern der Warli erfolgte ohne Probleme. Die Lehrerin gab zunächst einige Informationen zur Geschichte und geografischen Verortung der Warli. Im weiteren Verlauf stellte sie dar, zu welchen Anlässen die Warli ihre Bilder bis heute gestalten. Sie erklärte auch, dass die Kunstwerke mittlerweile auch von Männern zum Verkauf gemalt werden und dass die Warli damit Geld verdienen. Im Anschluss an die Einführung wurde das Buch herumgegeben und die Kinder konnten den aufgerauten Einband befühlen. Danach wurden die Vorsatzseiten und die erste Doppelseite besprochen, die über den Beamer für alle sichtbar projiziert wurden. Das Gespräch über die Bilder des Buchs erwies sich als ein sehr niedrigschwelliges Angebot, an dem sich alle Kinder mit kurzen oder auch längeren Beiträgen gut beteiligen konnten. Besonders für die jüngeren Kinder war die Besprechung der Darstellungen ein geeigneter Zugang, sich aktiv in das Gespräch einzubringen. Der Auszug aus dem Gespräch kann das veranschaulichen.

Kayla: In Indien gibt es jedes Jahr ein Fest, da bespritzen sie sich mit Farbe und das heißt auch Dewarli.

Lehrerin: Du hast recht, es geht um Indien, auch wenn vermutlich das Fest, von dem du erzählst, nicht direkt etwas mit den Warli zu tun hat. Hier habe ich eine Weltkarte, da könnt ihr sehen, wo Indien liegt, und hier ist Indien noch ein bisschen größer dargestellt. Da könnt ihr sehen, wo die Warli heutzutage in Indien leben. Das Besondere an den Warli ist, dass sie noch bis vor 100 Jahren ähnlich wie die Menschen der Steinzeit gelebt haben, nämlich als Jäger und Sammler. Aber vor 100 Jahren wurde es ihnen verboten. Da hat die Regierung gesagt, sie sollen sesshaft werden, nicht mehr im Land herumziehen, sondern sollen Häuser bauen und so leben, wie es viele andere in Indien auch tun. Dennoch sind sie immer noch sehr verbunden mit der Natur, sie leben vom Fischfang, sie bauen Reis an und sie haben noch etwas bewahrt aus ihrer frühen Zeit, als sie noch Jäger und Sammler waren. Sie haben nämlich keine Schrift. Sie können sprechen und haben eine Sprache, sie können sich mündlich verständigen, aber sie haben keine Buchstaben und sie können das, was sie für andere mitteilen wollen, nur in Bildern erzählen. Das ist eigentlich ungewöhnlich. Wir haben auf der Welt viele unterschiedliche Schriften, aber die Warli schreiben das, was ihnen wichtig ist, nur mit Bildern auf.

Nora: Da ist eine Frau, glaube ich, in einem Kreis. Und sie bläst ein Instrument und darumherum tanzen ganz viele Frauen.

Lehrerin: Warum meinst du, dass es sich um Frauen handelt?

Nora: Weil die einen Dutt hat und einen Rock trägt.

Laura: Man sieht auch um den Kreis herum zwei Frauen tanzen und eine Frau sieht man noch so ein Instrument blasen, das ist vorne dünn und hinten dick. Und da ist eine Figur, die hat ein Rad in der Hand mit einem Stock.

Gil: Das ist eine Trommel.

Lehrerin: Ihr habt zwei wichtige Instrumente erkannt. In der Mitte das Blasinstrument, das nennt man Tapar, und zwar ist das hergestellt aus einem ausgehöhlten Kürbis, dazu kommen ein Bambusstab und noch Palmblätter. Alles zusammengesetzt ergibt dann dieses Instrument. Das zweite, die Trommel, ist auch ganz wichtig. Die seht ihr hier. Hier seht ihr Fotos von den Instrumenten. Das, was ihr hier im Buch seht, das zeigen euch auch die Fotos.

Mit ihren gezeichneten Bildern erzählen die Warli also das, was sie im Alltag machen. [...] Und darum geht es in diesem Buch.

Lena: Es fühlt sich so ein bisschen wie Leder an.

Timo: Ein bisschen weich.

Kinder: Kannst du das vorlesen?

Lehrerin: Einige möchten, dass ich das Buch vorlese, aber da werden wir ein Problem haben. Nämlich?

Pedro: Die haben ja nur gemalt.

Simon: Man kann sich nur die Bilder angucken und dazu Text rausfinden.

Kayla: Da ist ein Muster, das sind Bilder immer abwechselnd.

Timo: Auf diesem Bild [erste Doppelseite] kann man besser erkennen, ob es Männer oder Frauen sind. Die Frauen haben hier oben noch so Haare.

Kayla: Die malen ganz viel mit Dreiecken. Alle sind aus Dreiecken.

Lehrerin: Ja, es gibt die Grundformen Dreieck, Quadrat und Kreis und mit diesen Formen gestalten sie ihre Bilder.

Gil: Die Körper sind so aus zwei Dreiecken gemalt. Also das obere ist ein kleines und das untere ein größeres Dreieck.

Nora: Und die Arme und Beine sind nur gerade lange Striche. Eigentlich ist das ganz einfach gezeichnet. Ich glaube, die tragen nur weiße Kleider.

Lehrerin: Nun schauen wir uns diese Seite einmal genauer an. Da steht auf Deutsch tragen.

Jasper: Da sehe ich einen Kranken.

Nora: Und der wird getragen. Ja, und hier, die tragen ihre Samen.

Jamina: Ganz viele tragen etwas auf dem Kopf.

Nina: Da ist ein Vogel, der trägt einen Stock.

Miri: Ich sehe einen Mann, der trägt einen Korb.

Finn: Und da ist ein Skorpion, der trägt mehrere kleine Skorpione.

Timo: Ich sehe ein Pferd trägt auch etwas.

Lehrerin: Und was hat das mit dieser Überschrift zu tun?

Timo: Das Pferd trägt. Ich sehe noch einen Mann, der hat eine lange Stange, und da hängen so runde Teile dran.

Lehrerin: Was könnte das sein?

Kinder: Lampen

Kevin: Wassermelonen.

Aaron: Es könnten auch so Stangen sein, an denen Früchte hängen.

Die erste Gruppenarbeit

In altersgemischten Arbeitsgruppen von drei bis vier Kindern betrachteten die Schüler/-innen nun jeweils eine Doppelseite des Buchs. Sie waren gefordert, sich über die Deutungen auszutauschen und kurz ihre Übersetzungen der Bilder in Schrift umzusetzen. Dieser Schreibanlass bot die Möglichkeit, je nach Schreibkompetenz einzelne Wörter oder auch kurze Sätze zu notieren. Dass es sich um einen guten Schreibanlass in den altersgemischten Gruppen handelte, war daran zu erkennen, dass die Kinder durchgängig sehr motiviert bei der Sache waren, wie die schriftlichen Erklärungen zu ihren Bildern veranschaulichen (siehe Abb. 5.3.3).

Präsentation der Ergebnisse und Bilderbuchbetrachtung

Die Gruppenarbeit erwies sich auch als geeignet, die weitere Bilderbuchbetrachtung mit der ganzen Klasse vorzubereiten. So konnten die Gruppen federführend ihre Ergebnisse vortragen und damit das Klassengespräch aktiv steuern. Dabei war noch genug Offenheit gegeben, dass auch andere Kinder ihre Beobachtungen ergänzen konnten. Zudem zeigte sich, dass selbst die jüngeren Kinder in der jahrgangsübergreifenden Klasse ausreichend zum Zuge kamen, sich am Gespräch zu beteiligen. Insofern ist zu vermuten, dass auch in inklusiven Settings die Vorbereitung von Präsentationen in Gruppen und der gemeinsame Austausch über die Ergebnisse im Plenum eine geeignete Vorgehensweise ist.

Abb. 5.3.3: Übersetzungen zum Bild *tragen*

Reflexion der Bilderbucheindrücke

Um am nächsten Tag wieder an die Doppelstunde vom Vortag anknüpfen zu können, wurden den Kindern Satzanfänge vorgelegt, die sie ergänzen sollten. Diese wurden zur Einführung von einem Kind vorgelesen:

- Ich hab mich gefragt, …
- Ich fand komisch, dass …
- Mir ist aufgefallen, dass …
- Ich fand toll, dass …
- Mich hat überrascht, dass …

Die Kinder konnten kurz überlegen, ob ein Satzanfang zu ihren Eindrücken vom Vortrag passen würde. Zur Unterstützung wurden ihnen einige Doppelseiten des Bilderbuchs über den Beamer präsentiert. Im Anschluss daran nahmen sich die Kinder gegenseitig dran und trugen so ihre verschiedenen Eindrücke zusammen. Die im Folgenden ausgewählten Äußerungen veranschaulichen, was den Kindern zu dem Buch und zu den Bildern noch in Erinnerung geblieben ist und was für sie von Bedeutung war. Dabei wird auch deutlich, dass sie die Funktion der Bildsprache erkannten.

- Ich fand toll, dass sie so gerne malen und dass sie so gerne Muster malen.
- Ich fand toll, dass sie keine Schrift haben.
- Mich hat überrascht, dass sie auch ohne Schrift alles sehr gut ausdrücken können.
- Mir ist aufgefallen, dass auf jedem Bild zu der Überschrift alles genau passend war. Jedes kleine Bild im großen Bild gehört zu der Überschrift.
- Mir ist auch aufgefallen, dass sie nicht nur Menschen gemalt, sondern auch Tiere und Pflanzen gemalt haben. Die haben ja auch viel mit der Natur gemacht.
- Ich fand toll, dass die Tiere dabei sind.
- Ich finde schön, wie die malen. So die Körper in Dreiecken.
- Mich hat überrascht, dass sie alle Tiere nur aus den Grundformen malen können.
- Ich fand toll, was die malen.
- Mir ist aufgefallen, dass sie den Alltag so gut aufgemalt haben.
- Ich fand schön, dass sie nur mit den drei Grundformen ein ganzes Bild gestaltet haben.
- Eigentlich ist das Malen ja ihre Schrift.

Die zweite Gruppenarbeit

Im nächsten Schritt sollten die Kinder selbst zu ihren eigenen Tätigkeiten in Gruppen Plakate gestalten. In Vorbereitung darauf nannten sie zunächst noch einmal alle im Buch abgebildeten Tätigkeiten der Warli. Zur Visualisierung hatte die Lehrerin die entsprechenden Verben bereits auf Papierstreifen vorbereitet und konnte sie nun nach der jeweiligen Wortmeldung für alle sichtbar auf dem Boden auslegen. Von dieser Sammlung ausgehend wurde dann überlegt, welche Tätigkeiten die Kinder aus ihrem eigenen Alltag kannten. Dabei zeigte sich, dass viele Tätigkeiten in unserem Alltag auch vorkommen, wenngleich in anderen Situationen und mit anderen Objekten. Von den gesammelten Verben wurde dann eine Übersicht mit den eigenen Tätigkeiten zusammengestellt. Dadurch, dass die Kinder die Papierstreifen aufnehmen und verschieben konnten, war ein Handlungsbezug gegeben, der zur Auflockerung der Gesprächsphase beitrug. Die visuelle und handelnde Umsetzung kann daher sehr empfohlen werden. Die Kinder wählten zu dem Themenbereich *Das machen wir in der Klasse* folgende Tätigkeiten aus: Rennen, Ruhen, Ziehen, Arbeiten, Spielen, Essen, Reden, Lesen, Trinken, Klettern, Kämpfen, Tanzen, Tragen. Bei einzelnen Vorschlägen gab es Diskussionsbedarf. So meinten viele Kinder, dass Fischen nicht zu ihnen passen würde, ebenso wie Ernten und Säen. Andere konnten hingegen von entsprechenden Erfahrungen berichten. Da aber diese Tätigkeiten nicht als Klassentätigkeit verstanden werden konnten, wurden sie nicht in die Liste aufgenommen. Darüber hinaus wurden noch weitere spezifische Tätigkeiten der Kinder genannt, die nicht im Buch aufgeführt waren: Schreiben, Sport machen bzw. Sich Bewegen, Malen, Schwimmen, Singen, Turnen. Insgesamt zeigte sich, dass die Sammlung der Tätigkeiten auch ein guter Anlass war, um die Wortart Verb einzuführen.

Die Kinder kamen selbst auf die Idee, dass es besser wäre, auf Dopplungen für ihre eigenen Gruppenarbeiten zu verzichten, um so eine größere Vielfalt an Themen zu erhalten. Mit großer Motivation gingen die Kinder daran, eigene Tätigkeiten zeichnerisch umzusetzen. In den Gruppen, in denen die Kinder in der Zusammensetzung vom Vortag zusammenkamen,

Abb. 5.3.4: *Singen* in der Bildsprache der Warli (Produkt der jahrgangsübergreifenden Gruppenarbeit, Klasse 1 bis 4)

Abb. 5.3.5: *Lesen* in der Bildsprache der Warli (Produkt der jahrgangsübergreifenden Gruppenarbeit, Klasse 1 bis 4)

zeichneten sie gemeinsam auf den großen Plakaten kleine Szenen zu den ausgewählten Themen. Selbst für Kinder der ersten Jahrgangsstufe war die Anleitung der Figurengestaltung anhand der Grundformen, welche dem Buch beigelegt ist, einfach nachzuvollziehen und gut umzusetzen. Alle Gruppen kamen zu guten Ergebnissen, die am Ende gemeinsam betrachtet und besprochen wurden.

Präsentation der Arbeitsergebnisse

Die Kurzpräsentationen zeigten, dass die Kinder sehr stolz auf ihre Plakate waren und dass sie sich über die positiven Rückmeldungen ihrer Mitschüler/-innen freuten. Die Ergebnisse oben veranschaulichen exemplarisch die gelungene Darstellung der eigenen Tätigkeiten in der Sprache der Warli (siehe Abb. 5.3.4 und Abb. 5.3.5).

Die Gruppen mit dem Thema *Singen* erläuterte Folgendes:

Wir haben hier oben einen Chor und wir haben uns überlegt, dass man nicht nur im Chor singen kann, sondern auch singen kann, wenn man Musik macht. Außerdem kann man bei verschiedenen anderen Sachen singen, wenn es Spaß macht. Wir haben deshalb auch Musiker gemalt und verschiedene Sängerinnen und Sänger gemalt. Wir haben nicht mehr geschafft, das Singen bei verschiedenen Tätigkeiten zu malen.

Die Gruppe mit dem Thema *Turnen* verwies auf die verschiedenen einzelnen Tätigkeiten:

Hier spielen welche Tennis und hier macht jemand Kopfstand. Hier schwimmt gerade jemand. Hier stemmt jemand Gewichte und hier spielt jemand Baseball. Hier hängt jemand am Reck, hier trainiert jemand Eishockey. Hier macht jemand eine Rolle.

Die Gruppe mit dem Thema *Bewegen* erläuterte die Bildsprache:

Wir haben hier Bewegen. Also hier spielt jemand Tennis und der trainiert erstmal. Und hier spielt jemand Federball und hier spielt jemand Fußball. Hier joggt jemand.

Die Gruppe mit dem Thema *Lesen* erklärte ihr Plakat:

Wir haben Lesen genommen. Und hier sitzen Kinder in der Sternarena [Platz auf dem Schulhof] und lesen. Hier guckt jemand ein Buch an und jemand anderes guckt dabei zu. Hier sitzt ein Kind am Tisch und liest. Hier kniet jemand und liest und hier liest jemand im Stehen. Und hier im Baumhaus liest auch jemand. Und hier ist das Buch, was hier vorgestellt wurde.

Um mehr Vielfalt bei den Arbeitsergebnissen zu erreichen, sollten eher themenähnliche Gruppenarbeiten wie etwa Turnen und Bewegen vermieden werden. Insgesamt belegen die Ergebnisse, dass die Kinder sich gut die Technik der Zeichen aneignen konnten und auf diese Weise zu überzeugenden Ergebnissen gelangten. Zugleich wurde deutlich, dass es viele Gemeinsamkeiten hier und überall in der Welt gibt.

5.4 Geschichten erzählen im globalen Dorf

Anushka Ravishankar (Text)/Kanyika Kini (Illustration):
Ein Gerücht geht um in Baddbaddpur
Viersprachig Hindi-Bengali-Urdu-Deutsch.
Ins Hindi übersetzt von Vibha Surana, ins Bengali übersetzt von Pankaj Chattopadhyay, ins Urdu übersetzt von Amtul Manan Tahir, ins Deutsche übersetzt von Birgit Mader.
Berlin: Edition Orient 2013 [indische OA auf Engl. 2008)]
(Bilderbuch)

(Das Buch ist auch in einer anderen viersprachigen Ausgabe erhältlich: Englisch, Tamil, Malayalam, Deutsch.)

AUF EINEN BLICK

Klassenstufe: 1/2

Zeitplanung:
Für den Unterricht mit dem Bilderbuch *Ein Gerücht geht um in Baddbaddpur* von Anushka Ravishankar und Kanyika Kini sind drei Unterrichtsstunden anzusetzen, die auf eine Doppelstunde und eine Einzelstunde oder auf drei Einzelstunden aufgeteilt werden können. Folgende Zeitstruktur wird vorgeschlagen:

- In der ersten Unterrichtsstunde wird das Bilderbuch vorgelesen und dabei werden die Bilder gezeigt. Gesprächsmöglichkeiten und chorisches Mitsprechen werden integriert.
- In der zweiten Unterrichtsstunde wird die Geschichte des Bilderbuchs szenisch umgesetzt, und es werden weitere Unsinnsgeschichten entwickelt und gespielt.
- In der dritten Unterrichtsstunde erfolgt die bildnerische Weiterführung der eigenen Unsinnsgeschichte.

Materialien:

- blau- und gelbfarbige Fotokarton-Streifen in der Länge eines DIN-A3-Blattes mit Aufschriften der jeweiligen Äußerungen der musterhaften Dialogsequenz
- ggf. zur Veranschaulichung Umrisszeichnungen der einzelnen Gegenstände des Gerüchts
- Klassensatz mit einer Vorlage der Umrisszeichnung des Protagonisten (siehe Material 5.4.A zum Download)

Ziele des Unterrichts:

- Die Schüler/-innen sollen das Bilderbuch *Ein Gerücht geht um in Baddbaddpur* kennenlernen.
- Die Schüler/-innen sollen sich auf die spielerische Umsetzung der Geschichte einlassen und die verschiedenen Ausdrucksweisen (Sprache, Gestik, Mimik, Körperhaltung) erproben.
- Die Schüler/-innen sollen nach dem Muster der Bilderbuchgeschichte selbst Unsinnsgeschichten zu erfinden.
- Die Schüler/-innen sollen Einblick in eine andere Kultur und Sprache gewinnen.

5.4.1 Vorstellung des Bilderbuchs *Ein Gerücht geht um in Baddbaddpur*

Das Bilderbuch *Ein Gerücht geht um in Baddbaddpur* von Anushka Ravishankar (Text) und Kanyika Kini (Illustration) ist 2013 bei Edition Orient erschienen und liegt in zwei verschiedenen mehrsprachigen Textausgaben vor: Hindi, Bengali, Urdu und Deutsch (Abb. 5.4.1) sowie Englisch, Tamil, Malayalam und Deutsch. Die Originalausgabe erschien 2008 in Indien in englischer Sprache unter dem Titel *The Rumour*. Das Buch ist 2013 mit dem South Asia Book Award ausgezeichnet worden.

Anushka Ravishankar ist eine der bekanntesten Kinderbuchautorinnen in Indien. Die studierte Mathematikerin und Software-Programmiererin wurde in der Nähe von Mumbai geboren. Als die Suche nach geeigneten Büchern für ihre sechsjährige Tochter scheiterte, begann sie 1996 selbst mit dem Schreiben von Kinderbüchern. Seither hat sie etwa 25 Kinderbücher verfasst.

Ravishankars Bücher sollen dem reinen Spaß dienen. Sie möchte ihre Geschichten vom Lehrreichen befreien und daher schreibt sie vorzugsweise Nonsense-Literatur. Nonsense-Literatur oder auch Unsinns-Literatur bzw. Unsinns-Poesie ist dadurch gekennzeichnet, dass sie keine referenzielle Bedeutung hat. Sie will nicht etwas mitteilen, auf etwas verweisen oder zum Handeln auffordern. Es wird kein erkennbarer Sinn vermittelt, sondern Zusammenhänge und Dinge werden falsch oder gerade in verdrehter Weise miteinander verknüpft. Somit unterscheidet sich dieser poetische Sprachgebrauch von dem alltäglichen, der auf Mitteilung und Verständigung setzt. Das Spielerische und Assoziative entsteht durch Abweichen von Schreibregeln und Durchbrechen von Leseerwartungen sowie durch Wortspiele, Lautmalereien, Reim, Rhythmus und Klang. Ihren Ursprung hat die Nonsense-Literatur in sogenannten Kinderversen, literarischen Kleinformen wie Kniereiterspielen, Abzählver-

Abb. 5.4.1 *Ein Gerücht geht um in Baddbaddpur*

sen, Reimen oder gesprächsförmigen Spielhandlungen, die mündlich tradiert Kindern sinnliche Erfahrungen mit elementar-poetischen Strukturen ermöglichen.

Der Text im Bilderbuch *Ein Gerücht geht um in Baddbaddpur* kann insofern der Nonsense-Literatur zugeordnet werden, als sich ins Unsinnige steigernde Übertreibungen angehängt werden an den sich ständig wiederholenden Erzählkern. Über den verrückten Inhalt hinaus, zeichnet der Text sich durch eine Reihe der im Folgenden angeführten poetischen Merkmale aus und ist in sprachlicher Hinsicht besonders bemerkenswert. Die Geschichte geht zurück auf eine mündlich tradierte volksliterarische Erzählung, die in der Region Maharashtra in Zentralindien angesiedelt ist und in der dortigen Sprache Marathi weitergegeben wird. Die Protagonist/-innen tragen in der Region typische Namen wie etwa Pandurang, ebenso Sasubai für Schwiegermutter oder Babya für Bruder. Auch die grammatische Anpassung der Namen ist in der Sprache üblich, je nachdem, ob eine Person direkt angesprochen wird oder ob über sie gesprochen wird. So wird je nach Situation aus Ganghu Ganghubai oder aus Sakhu Sakhubai bzw. umgekehrt. Nicht nur die Namen, sondern auch ihre grammatischen Varianten sind in den Übersetzungen erhalten geblieben. Für die Erstausgabe in englischer Sprache ist die mündliche Erzählung erstmalig verschriftlicht worden (Telefonauskunft der Illustratorin).

Der Name des Dorfes Baddbaddpur, in dem das Gerücht entsteht und weiterverbreitet wird, spielt auf einen fiktiven Ort an, der im übertragenen Sinne so etwas wie Quatsch-Quatsch-Ort bedeutet. Es handelt sich also um einen Ort, in dem ohne Sinn und Verstand geplappert wird. *Pur* ist auf Marathi eine Ortsbezeichnung wie Mann*heim*, Duder*stadt* oder Allen*dorf*, während *baddbadd* dem *Einfach Plappern* entspricht (Telefonauskunft der Illustratorin). Insofern verweist die Bezeichnung des Dorfes auf den Unsinn der dort entstehenden Geschichte. Darüber hinaus erzeugt die Wiederholung von *badd, badd* eine klangliche Gleichförmigkeit und ist rhythmisch eingängig. Solche Wiederholungen sind in Kinderversen beliebt, man denke an *Hoppe hoppe Reiter, heile heile Segen* oder *backe backe Kuchen*. Die Dopplungen sind nicht unbedingt sinnhaft zu erklären, vielmehr steht der Spaß am Klang und Rhythmus im Vordergrund.

Charakteristisch für die tradierten Kinderverse sind altertümliche Ausdrücke, deren Bedeutungen heute nicht mehr direkt erfasst werden können, die aber das rhythmische Sprechen befördern. Dies gilt besonders für die Erzählung hier, welche ursprünglich – für diese Region typisch – in Reim- und Versform mündlich überliefert wurde, um die Memorierbarkeit zu erleichtern (Telefonauskunft der Illustratorin). Sowohl im Englischen als auch im Deutschen finden sich alte Ausdrücke wie „hanebüchen", „unwirsch", „entfleuchen" oder „vor Ehrfurcht erstarren", welche selbst für Kinder mit Deutsch als Erstsprache nicht immer genau zu definieren sein werden. Exotische bzw. im alltäglichen Sprachgebrauch ungewöhnliche Bezeichnungen wie „Masala Chai", „Hirtenstare" oder „Wiedehopfe" sind ebenfalls nicht unmittelbar verständlich, dennoch tragen sie zum ausdrucksstarken, klangvollen Sprechen bei und verstärken das spielerische Moment des (mündlich) Erzählten.

Als weiteres Merkmal dieser vielgestaltigen Erzählung sind die sprachlichen Bilder anzu-

Abb. 5.4.2: Pandurang hustet einen Wald aus

führen, welche die Geschichte bereichern und illustrieren: „Die Furche auf seiner Stirn wurde so tief, dass, wenn man sie mit Wasser füllte, man ein Schiff darauf segeln lassen könnte" (Ravishankar/Kini 2013, o.S.) oder „[…] er war so griesgrämig, dass Milch sauer würde, wenn er einen Blick auf sie würfe" (Ebd., o.S.). Gerade das letzte Zitat zeigt die Verwendung von grammatischen Formen, die in der Alltagssprache mitunter kaum gebräuchlich sind, aber den Kindern im Kontext der Geschichte zugemutet werden können.

Freude an den fantasieanregenden Geschichten und am Sprachwitz, was der Autorin selbst so wichtig ist, wird auch den Bewohnern des Dorfes Baddbaddpur zugeschrieben: „Einige ihrer Geschichten waren so versponnen, dass man daraus einen Faden bis zu den Sternen hätte spinnen können." (Ebd., o.S.) Im Mittelpunkt der hier erzählten Geschichte steht Pandurang, ein griesgrämiger Mann, der für die fantasieüberbordenden Geschichten seiner Nachbarn nichts übrig hat. Ohne es zu ahnen, gerät er aber selbst in so eine Geschichte hinein. Diese beginnt damit, dass Pandurang eines Tages auf dem Heimweg vom Obstverkauf einen Hustenanfall bekommt und eine Feder aushustet. Verwundert darüber erzählt er zu Hause seiner Frau davon, verpflichtet sie aber, nichts davon weiterzuerzählen. Die Frau verspricht es, nutzt aber die nächstbeste Gelegenheit, als ihr Mann schläft, die Geschichte ihrer Nachbarin zu erzählen. Und wie es bei Erzählinhalten so ist, die sich anreichern und zu Gerüchten weiterspinnen, bleibt es nicht bei der Feder, sondern der Gegenstand wird weiter ausgeschmückt. Nun hat Pandudrang gar einen Vogel ausgehustet. Und so geht das Gerücht weiter und weiter im Dorf herum. Aus dem Vogel wird ein Vogelschwarm, ein Baum mit Nestern und am Ende ein ganzer Wald voller Tiger, Affen, Wölfen, Bären und Elefanten (siehe Abb. 5.4.2). Von all dem ahnt Pandurang nichts. Immer noch erschöpft vom Ausspucken der Feder, schläft er tief und fest. Als das ganze Dorf vor seiner Haustür steht, um aus Pandurangs Mund einen Vogelschwarm entweichen zu sehen, reagiert dieser wie gewohnt mürrisch und will die Dorfbewohner fortschicken. Aber sie lassen sich nicht einschüchtern und fragen nach: „Wo ist der Wald?, Wo sind die Tiger?, Wo ist der Vogelschwarm […]." (Ebd., o.S.) Pandurang versteht gar nichts und bittet um Aufklärung. Und nun wird die ganze Geschichte von hinten nach vorne noch einmal erzählt. Das Ende ist überraschend und passt doch so gut zur Intention der Autorin: „Pandurang lachte. Er lachte und lachte, bis er sich am Ende auf dem Boden wälzte. Bald kreischte und brüllte und keuchte das ganze Dorf vor Lachen." (Ebd., o. S.) Mit einem formelhaften Schluss wird die Geschichte beendet: „Noch heute spricht in Baddbaddpur jeder über jenen Tag, an dem Pandurang eine Feder ausspuckte und lachte, bis ihm die Tränen kamen." (Ebd., o. S.)Dass die Geschichte als purer Spaß zu verstehen ist, wird auch in einem Nebenstrang erkennbar, der politisch wenig korrekt von dem Mann erzählt, der von der ganzen Geschichte nichts mitbekommen hatte, weil er taub war. An diesem Tag rief er auch vergeblich nach dem Abendessen, denn die Leute waren alle so in die Geschichte um Pandurang und die Feder verstrickt, dass sie gar nicht mehr an den Gehörlosen dachten.

Die Handlungsstruktur der Geschichte ist einfach. Sie ist als Ringerzählung angelegt. Die Ereignisfolgen werden reihend durch eine immer gleiche Dialogsequenz miteinander verknüpft, wobei jedes einzelne Ereignis weiter ausgeschmückt bzw. gesteigert wird. Auf dem Höhepunkt wird dann zeitraffend die Geschichte wieder bis zum Beginn zurückverfolgt. Die Dialogsequenz wird eingeleitet mit den Worten des jeweiligen Erzählers: „[...] etwas sehr Seltsames ist heute passiert." Das Gegenüber fragt nach: „Was denn?" Daraufhin wird die Begebenheit erzählt. Das Gegenüber versichert sich noch einmal, um welchen Gegenstand es sich handelt, der aus dem Mund geflogen ist, indem es alles wiederholt und mit der Frage „Wie das?" abschließt. Die Sequenz endet jedes Mal gleich mit der Antwort des Erzählers. „Ich weiß es nicht! Aber erzähl es keinem weiter." Auf diese Weise hören nach und nach fast alle Dorfbewohner von dem, was alles aus Pandurangs Mund geflogen kommt.

Der Verlag Edition Orient hat, wie erwähnt, zwei Ausgaben des Buchs publiziert. So ist eine Ausgabe mit den Sprachen Hindi, Bengali, Urdu und Deutsch sowie eine Ausgabe mit den Sprachen Englisch, Tamil, Malayam und Deutsch verfügbar. Der deutsche Text ist jeweils in die Illustrationen eingebunden. Jede Doppelseite kann auf der linken Seite noch einmal ausgeklappt werden. Auf diese Weise entfaltet sich insgesamt eine dreigeteilte Seite. Die linke Seite zeigt nun – aufgeklappt – vor einem weißen Hintergrund jeweils drei andere sprachliche Fassungen (siehe Abb. 5.4.3). Mit dieser Variante der parallelen Mehrsprachigkeit ist dem Verlag eine originelle Lösung gelungen. Jede verdeckte Hälfte der Doppelseite wird zweimal abgebildet, sodass auch die Illustrationen vollständig betrachtet werden können, wenn der Text in den indischen Sprachen gelesen wird.

Die Vielfalt und der Reichtum der Sprachen des indischen Subkontinents werden mit den beiden Bilderbuchausgaben repräsentiert. Hindi ist neben Englisch die zweite Amtssprache in Indien. Sie ist eine der meistgesprochenen Sprachen der Welt, an dritter Stelle nach Englisch und Chi-

Abb. 5.4.3: Textseite aus dem Bilderbuch *Ein Gerücht geht um in Baddbaddpur* mit den sprachlichen Fassungen in Hindi, Bengali und Urdu

Hindi

सहयाद्री की पहाड़ियों से घिरा एक गाँव था। नाम था बड़बड़पुर। गाँव के चारों ओर एक हरा-भरा जंगल था, जिसमें बहुत ही स्वादिष्ट फल व सब्जियाँ उगती थीं। इस कारण से गाँववाले प्रसन्न और संपन्न थे व अधिकतर समय उनके पास ज़्यादा कुछ करने को होता नहीं था। खाली निठल्ले बैठे उनका समय बातचीत, गपशप और कहानियाँ सुनने सुनाने में जाता। उनकी कुछ कहानियाँ तो इतनी लम्बी होतीं कि अगर उन्हें एक के ऊपर एक रख दिया जाता, तो वे तारों तक पहुँच जातीं।

Bengali

শাহিয়াদ্রি পাহাড়ের গভীরে বদ্‌বদপুর নামে একটি গ্রাম ছিল। গ্রামটি ছিল ঘন জঙ্গলে ঘেরা, যেখানে নানান রকমের সুস্বাদু ফল আর সবজি ফলত। তার ফলে গ্রামের মানুষের কোনো অভাব ছিল না। তারা খুব সুখেই দিন কাটাত আর দিনের বেশীরভাগ সময়ই তাদের কিছু করার থাকত না। সারাটা দিন তারা বেশ লম্বা গল্প করে আর পরচর্চা করেই কাটিয়ে দিত। ওদের বলা গল্পগুলো এমনই লম্বা হত যে মনে হত একটার উপর একটা জুড়ে দিলে, সেটা একেবারে সটান তারার দেশে পৌঁছে যাবে।

Urdu

سہیادری کی پہاڑیوں میں گھرا ایک گاؤں تھا، جس کا نام تھا بڑبڑ پور۔ اس گاؤں کے چاروں طرف سر سبز جنگل تھا، جس میں بہت مزے مزے کے پھل اور سبزیاں اُگتی تھیں۔ اس لئے گاؤں کے لوگ خوشحال اور مطمئن تھے۔ ان کے پاس کرنے کو زیادہ کام نہیں ہوتا تھا اس لئے ان کا زیادہ وقت باتیں کرنے، گپ شپ اڑانے اور من گھڑت کہانیاں سننے سنانے میں گزر جاتا۔ ان میں سے کچھ کہانیاں اتنی فضول ہوتیں کہ۔کوئی نہیں جانتا تھا کہ یہ سچی ہیں یا صرف گھڑی گئی ہیں۔

Abb. 5.4.4: Doppelseite aus dem Bilderbuch *Ein Gerücht geht um in Baddbaddpur*, o. S.

nesisch. Urdu ist mit Hindi eng verwandt. Urdu ist die Nationalsprache Pakistans, sie wird aber auch in Teilen Indiens, insbesondere von der muslimischen Bevölkerung, und auch in Afghanistan gesprochen. Bengali ist die Amtssprache von Bangladesh, sie gehört aber auch zu den 22 regionalen Amtssprachen Indiens. Hindi, Urdu und Bengali sind indoarische Sprachen, die zur indogermanischen Sprachfamilie gehören. Diese Sprachfamilie ist im nördlichen Teil Südasiens verbreitet, während Tamil und Malayam eher im Süden Indiens verortet sind. Tamil wird auch auf Sri Lanka und in Teilen Pakistans gesprochen. Tamil und Malayam sind dravidische Sprachen, die nicht mit den indoarischen Sprachen verwandt sind, diese jedoch beeinflusst haben (Wikipedia: Sprachen Indiens).

Die Vielgestaltigkeit, die sich in den Sprachen und in dem Ideenreichtum der Erzählung niederschlägt, zeigt sich auch in den Bildern (siehe Abb. 5.4.4). Die Illustratorin Kanyika Kini hat mit einer Kombination von Buntstift- und Aquarelltechnik die Landschaft und die Kleidung der Menschen in der Maharashtra bildnerisch eingefangen. So sehen wir die bergige Landschaft, typische Pflanzen und Früchte und traditionelle Gefäße und Körbe. Die Frauen tragen Saris und die Männer Dhotis, farbenfrohe Tücher mit Streifen-, Karomustern und Borten, die zwischen den Beinen zusammengebunden werden. Die Freude an den vielen Farben ist das, was auf den ersten Blick ins Auge fällt und laut Kini die bunte Kultur der Region spiegelt. Die Bilder sind farbenprächtig und kontrastreich gestaltet. Blau-gelbe Farbkontraste überwiegen. Ergänzt werden sie durch grüne Farbflächen und rote, orange-, pink- und lilafarbene Elemente. Die Farbflächen stoßen zum Teil in wellenförmigen Linien aneinander und verstärken die Dynamik der Geschichte. Die Größenproportionen und Perspektiven sind nicht realistisch gestaltet und visualisieren somit die verrückten Geschichten der Dorfbewohner. (Telefonauskunft der Illustratorin)

Die einzelnen fantasievoll ausgeschmückten Begebenheiten werden so überzeugend ins Bild gesetzt. Selbst der mürrische Pandurang ist auf der zweiten Doppelseite, die auch als Vorlage für das Cover diente, farbenfroh gestaltet. Er ist umgeben von einer Art lilafarbenen Hülle mit grünpinkfarbener Borte, die seine Isolation im Dorf symbolisiert. Dennoch wirkt er mit seinem gelben T-Shirt vor dem blauen Negativraum nicht so griesgrämig, wie es der Text erzählt. Die Komik der Erzählung spiegelt sich in Pandurangs Gesichtsausdruck. Er hat zwar heruntergezogene Mundwinkel, dennoch blitzen seine weißen

Augäpfel aus dem verschmitzten Gesicht hervor. Er schaut schräg an den Betrachter/-innen vorbei und vermeidet so den direkten Blickkontakt, was wiederum seine Unfähigkeit zeigt, mit den Mitmenschen in Kontakt zu treten. Nicht zuletzt wird das Bilderbuch als Spielangebot ganz konkret realisiert, indem auf den umzuklappenden Bildern jeweils ein Bildersuchrätsel eingebunden ist.

5.4.2 Unterrichtsvorschlag

Zum *Einstieg* in den Unterricht wird empfohlen das Cover des Bilderbuchs zu zeigen sowie die Autorin und die Illustratorin vorzustellen. Nach einem kurzen Austausch über den Titel und die Erwartungen der Kinder wird das Bilderbuch vorgelesen.

Sollte die Möglichkeit bestehen, dass ein Kind der Schule, ein Elternteil oder Bekannte eine der indischen Sprachen vorlesen könnte, so sollte die Lesung – zumindest in Ausschnitten des Buchs – in einer der indischen Sprachen vorangestellt werden. Der Klang, der Rhythmus und die Prosodie der für die meisten Kinder vermutlich fremden Sprache wird zusammen mit den bunten Bildern die Vorstellungstätigkeit der Kinder anregen und neugierig auf die Geschichte machen.

Zur *weiteren Heranführung* wird dann der deutsche Text vorgelesen. Dabei sollte die Lehrerin auf gute Betonung, Mimik und Gestik achten, um so in theatralischer Ausdrucksweise die Komik und den Sprachwitz der Geschichte hervorzuheben. Wird die zweite Dialogsequenz gelesen, bei der erzählt wird, was aus Pandurangs Mund geflogen kommt (Stufe 2 des Gerüchts), werden zur Unterstützung die Farbstreifen mit den jeweiligen Äußerungen an die Tafel geheftet oder im Halbkreis gut sichtbar auf den Boden gelegt. Auch wenn die Kinder in Klasse 1 die einzelnen Sätze nicht lesen können, können sie doch anhand der Farben gelb und blau die jeweiligen Sprecher/-innen erkennen. Die Farbe „blau" kennzeichnet die Person, die das Gerücht weiter ausgestaltet. Die Farbe „gelb" markiert die Person, die das Gerücht neu aufnimmt. So wiederholen sich die Farben im Buch auf den Pappstreifen. Beim Vortrag kann dann jedes Mal auf die Pappstreifen gezeigt werden und die Äußerungen sollten insbesondere hier mimisch verstärkt werden.

Das Spielerische der Geschichte kann so beim Vorlesen handelnd nachvollzogen werden. Bei jeder neuen Begebenheit kann der Dialog schließlich durch die Wiederholung von den Kindern chorisch mitgesprochen werden, auch mitunter in einer übertriebenen Darstellungsweise. Am Schluss dürfen alle Kinder sich lachend wie die Dorfbewohner/-innen auf dem Boden wälzen.

Nach dem Vorlesen wird die *Weiterarbeit* so gestaltet, dass die Kinder sich zunächst kurz über die Geschichte und das verrückte Gerücht austauschen können. Zur Festigung wird der Dialog noch einmal anhand der einzelnen Pappstreifen mit den Äußerungen wiederholt. Dabei werden zur Veranschaulichung die Gegenstände, die aus Pandurangs Mund geflogen kommen sollen, als Umrisszeichnungen neben die Pappstreifen gelegt. Nun können die Kinder die einzelnen Dialoge im Kreis nachspielen. Dazu werden die Rollen verteilt. Eingeleitet werden könnte das szenische Spiel mit den Worten der Lehrerin: Ihr seid alle die Dorfbewohner/-innen von Baddbaddpur …

Zur *Vertiefung* denken sich die Kinder zusammen eigene verrückte Geschichten um ein Gerücht herum aus und spielen sie im Kreis nach dem festen Dialogablauf gemeinsam nach. Alternativ könnten sie sich zunächst an den Vorschlägen der Lehrerin orientieren. Denkbar wären zum Beispiel folgende Steigerungen:

Schraube – Fahrrad – mehrere Fährräder – eine Straße mit Fahrrädern, Autos, Fußgänger/-innen – eine ganze Stadt mit Häusern, Hochhäusern, Brücken, Autos, Motorräder, Lastwagen, Bussen …

Blüte – Blume – Blumenstrauß – Wiese mit Blumen und Gräsern – eine ganze Landschaft mit Seen, Wald, Wiese und Tieren …

Ein Kind aus der Klasse spielt Pandurang und die anderen übernehmen die Rolle der übrigen Dorfbewohner/-innen. Die jeweiligen Kinder, die für die Weitergabe und Ausschmückung des Gerüchts verantwortlich sind, sprechen die vorgegebenen Äußerungen nach und setzen dabei jeweils ein neues, noch größeres Ereignis ein. Die ganze Klasse spricht den Dialog mit. Die Kinder verstärken die Äußerungen mimisch und gestisch; sie können durchaus übertreiben. Beim ersten Mal sollte die Lehrerin in die Dialogsequenz einführen und sie begleiten. Sind die Kinder vertrauter mit der Abfolge, können sie zunehmend selbstständig die Rollen ausführen. Am Schluss können sich alle lachend auf dem Boden wälzen. Denkbar sind insgesamt zwei und je nach Konzentrationsfähigkeit auch drei Durchgänge. Es ist zu überlegen, ob das szenisches Spiel als Klassenspiel in das Repertoire der Klasse eingeht und von Zeit zu Zeit gespielt wird.

Zum *Abschluss* erhält jedes Kind eine Umrisszeichnung, die Pandurangs aufgerissenen Mund zeigt (siehe Material 5.4.A zum Download). In diesen Mund kann nun jedes Kind das zeichnen, was zum Schluss als Höhepunkt des Gerüchts aus dem Mund von Pandurang kommen könnte, z.B. eine ganze Stadt oder ein bunte Landschaft mit Wiese, See und Wald. Die Kinder können zum Abschluss ihre Bilder präsentieren und dazu ihre ausgedachte Geschichte erzählen.

5.4.3 Aus der Praxis

Der Unterrichtsvorschlag wurde in einer ersten Klasse mit 20 Kindern im ersten Schulhalbjahr in einer städtischen Grundschule von einer Lehramtsanwärterin im Beisein der Klassenlehrerin durchgeführt. Die Kinder saßen während der Doppelstunde hauptsächlich in einem einreihigen Halbkreis. Die Erarbeitung des Bilderbuchs und zwei szenische Umsetzungen umfassten fast die gesamte Zeit der Doppelstunde. Erst am Ende konnten die Kinder einzeln an ihren Bildern arbeiten. Da die Kinder viel Freude an der bildnerischen Umsetzung hatten, durften sie über die geplante Einzelstunde hinaus noch eine weitere Stunde ihre Bilder ausgestalten.

Vorstellung des Bilderbuchs und Lesung auf Urdu

Die Durchführung des Unterrichts erfolgte mit Unterstützung eines Gastes aus Indien, der den urdu-sprachigen Text in Ausschnitten vorlesen konnte. Parallel zur Lesung wurden die entsprechenden Bilder über den Beamer an die Leinwand projiziert. Die Lehrerin wies zwischendurch auf die Bilder und erläuterte, dass es hier um den Mann mit Namen Pandurang gehen würde, dass gleich eine spannende Stelle gelesen würde oder dass die Kinder aufgrund der Bilder auf den Inhalt des Textes schließen sollten. Die Hinweise auf die Bilder erwiesen sich als förderlich für die Konzentration der Kinder. Die Kinder verfolgten die Lesung zum Einstieg in das Bilderbuchgespräch mit gespannter Aufmerksamkeit. Im Anschluss an die urdu-sprachige Lesung äußerten die Kinder spontan, dass sie beim Lesen den Namen Pandurang herausgehört hätten und dass sie außerdem das Wort King gehört hätten. Der indische Gast erklärte hingegen, dass das Wort King nicht vorgekommen sei. Der kurze Austausch zeigt, dass die Kinder sehr bemüht waren, etwas zu verstehen und Lautverbindungen mit Sinn verknüpfen wollten. Sie äußerten auch Vermutungen zum Inhalt der Geschichte. So glaubte ein Kind, dass Pandurang in ein Kissen gebissen hätte, weil eine Feder herumgeflogen sei.

Wechsel von Lesung und Bilderbuchgespräch

Nach der Einführung auf Urdu begann die Lehrerin den deutschen Text zu lesen. Dass der Text zum Mitsprechen geeignet ist, wurde bereits beim Vorlesen des Titels deutlich. Spontan wiederholten die Kinder den Namen des Dorfes. Nach der Lesung des Dialogs zwischen Pandurang und seiner Frau regte die Lehrerin an, zu überlegen, warum Pandurang wohl wollte, dass die Geschichte nicht weitererzählt werden sollte. Einige Kinder meinten, dass die Dorfbewohner Pandurang die Geschichte nicht glauben würden und dass er dann als Lügner dastehen würde. Ein Kind wandte ein, dass es passieren könne, Federn zu verschlucken, wenn man Hühner hätte, und dass die Geschichte durchaus glaubwürdig sei. Ein anderes Kind vermutete, dass er nicht als Hühnermörder verdächtigt werden wolle.

Zum Einstieg in die zweite Dialogsequenz (Frau von Pandurang und Nachbarin) ließ die Lehrerin antizipieren, was wohl gleich passieren würde. Alle Kinder vermuteten, dass die Frau das Versprechen brechen und Pandurangs Geheimnis weitererzählen würde. Als sie jedoch hörten, dass Pandurangs Frau eine ganz andere Geschichte erzählt, nämlich dass ein Vogel aus Pandurangs Mund geflogen sei, waren sie irritiert. Sie riefen in die Klasse hinein, dass es doch eine Feder gewesen sei, oder drückten ihren Unmut mit „Häh?" und „Was?" aus. Erst als die dritte Dialogsequenz vorgelesen wurde, verstanden sie nach und nach das Prinzip der Geschichte. Sie zeigten sich nun weniger verwundert, sondern begannen vielmehr, die Gesprächssequenzen chorisch mitzusprechen. Sie lachten und schienen die Steigerung des Ereignisses zu genießen. Von da an sprachen die Kinder den Dialog mit. Um den Einsatz zu geben, zeigte die Lehrerin jeweils kurz auf den ersten der farbigen Papierstreifen, auf dem der erste Satz notiert war, und sofort begannen die Kinder mitzusprechen. Besonders hilfreich schien das überbetonte Lesen und die begleitende Gestik der Lehrerin zu sein. Die Kinder ahmten es nach und verstärkten so spielerisch ihre Verarbeitung.

Die Abwechslung von Lesung und Gespräch erwies sich bei der Durchführung als hilfreich, um die Spannung und Konzentration bei den Erstklässler/-innen aufrechtzuerhalten. Zudem zeigte sich, dass die Kinder sich spontan zum Text und zu den Bildern äußern wollten. Diesem Wunsch konnte nachgekommen werden. Die Kinder antizipierten, wie die Geschichte wohl weitergehen könnte. Außerdem war es ihnen wichtig, sich über das Verhalten der Leute in Baddbaddpur auszutauschen. Denn bei allem Spaß, der sich durch Lachen und Nachsprechen äußerte, zeigten sich die Kinder auch irritiert über die Motivation, so eine Unsinnsgeschichte zu erfinden. Dass Kinder dieser Altersgruppe mitunter noch Schwierigkeiten haben, die Fiktionalität von Geschichten zu akzeptieren, wurde an Äußerungen deutlich, wie sie sich in der folgenden Dialogsequenz finden:

Lea: Sie lügen einfach.
Tim: Ich glaub, die vergessen das die ganze Zeit.
Rian: Der hat ja nur die Feder gesehen. Das andere ja nicht.
Gomez: Oder sie erzählen einfach ganz viele Geschichten.
Pablo: Das sind Lügengeschichten.
Lehrerin: Oder sie haben einfach ganz viel Spaß daran, so etwas zu erfinden.

Der Gesprächsausschnitt zeigt, dass die Kinder das Verhalten der Figuren erklären wollten. Sie legten ihre Vorstellung von Wirklichkeit dem Textverständnis zugrunde und hatten deshalb z.T. Mühe, sich auf den Als-ob-Status der Geschichte einzulassen und deren Fiktionalität zu akzeptieren.

Szenische Umsetzung und szenische Weiterführung

Zur Sicherung des Textverständnisses ließ die Lehramtsanwärterin die Geschichte noch einmal mündlich nacherzählen, bevor die Kinder die Geschichte szenisch umsetzen durften. Diese Wiederholung führte jedoch zu Unruhe; die Kinder waren müde und erkannten vermutlich auch nicht die Notwendigkeit der Aufgabe, da sie gerade erst die Geschichte gehört hatten. Hier wäre es sinnvoller gewesen, nach der Lesung zu unterbrechen und eine Pause einzulegen. Daher ist für die Durchführung der Unterrichtseinheit eine Aufteilung auf zwei Einzelstunden zu empfehlen. Für den Einstieg in die zweite Unterrichtsstunde würde sich die gemeinsame Rekonstruktion der Geschichte sinnvoll anbieten. Möchte man jedoch in einer Doppelstunde arbeiten, sollte direkt zur spielerischen Umsetzung der Geschichte übergegangen werden. Sollten inhaltliche Unsicherheiten auftreten, kann die Lehrerin jederzeit Tipps geben.

Das szenische Nachspielen der Geschichte war wiederum für alle Kinder motivierend. Sie sprachen unmittelbar die Dialoge chorisch mit. Die einzelnen Schauspieler/-innen wurden dabei zunehmend lockerer, verstärkten ihre Äußerungen mimisch und gestisch und zeigten viel Freude am Spiel. Die Inszenierung war vor allem auch deshalb so attraktiv, weil sich viele Kinder beteiligen konnten. Durch das reihende Erzählen wechselten die Sprecher/-innen, und alle waren zumindest als Dorfbewohner/-innen integriert. Zu bedenken ist, dass Mädchen und Jungen sich abwechseln sollten. In dieser Klasse wählten die Jungen sich gegenseitig und die Mädchen kamen nicht zum Einsatz. Es ist zu empfehlen, hier lenkend einzugreifen.

Im nächsten Schritt entwickelten die Kinder Ideen für eigene ausgedachte Gerüchte. Für die spielerische Vertiefung in eine eigene Geschichte forderte die Lehrerin die Kinder auf, das Spiel noch etwas echter zu gestalten. In dieser Runde sollten die Kinder sich nicht gegenseitig aufrufen, sondern einfach auf Mitschüler/-innen zugehen und diesen ein ausgedachtes Ereignis erzählen. Außerdem wurde ihnen aufgetragen, dass die einzelnen Steigerungen inhaltlich aufeinander abgestimmt sein sollten. Sie müssten daher alle aufmerksam sein, wenn jemand auf sie zukäme, um das Gehörte dann einem anderen Kind weitererzählen zu können. Die Lehrerin führte erzählerisch in das Spiel ein und zeigte auf ein Kind, welches das Spiel eröffnen sollte.

Lehrerin: Du hast gehustet [ahmt Husten nach] und hast plötzlich … [streckt die Hand vor und zeigt auf die Hand] eine Schraube ausgehustet. Eine Schraube! Erstmal nur eine kleine Schraube. Jetzt bin ich mal gespannt, was daraus wird. Wem willst du es erzählen, was dir passiert ist?

Sinan: Etwas sehr Seltsames ist heute passiert … Mein Mann hat zwei Schrauben ausgehustet.

Robert: Etwas sehr Seltsames ist heute passiert … Pandurang hat fünf Schrauben ausgehustet.

Lehrerin: Jetzt sind wir gespannt, wie es weitergeht. Es müssen nicht immer nur Schrauben sein. Ihr könnt mal überlegen, was noch zu Schrauben passen würde. Was größer ist und noch ein bisschen spannender ist.

Max: Etwas sehr Seltsames ist heute passiert … Pandurang hat eine Maschine ausgespuckt.

Tristan: Etwas sehr Seltsames ist heute passiert … Pandurang hat heute ein Auto ausgespuckt.

Murat: Etwas sehr Seltsames ist heute passiert … Pandurang hat einen Werkzeugkasten ausgespuckt.

Silvio: Etwas sehr Seltsames ist heute passiert … Pandurang hat einen Roboter ausgespuckt.

Höhepunkt des Spiels bildete das große Lachen, bei dem alle Kinder sich vor dem fiktiven Haus von Pandurang auf dem Boden lachend wälzen durften. Die Dialogsequenzen zeigen, dass es nicht allen Kindern gelang, den Gegenstand des Gerüchts zu steigern. Das kann von Erstklässler/-innen auch nicht unbedingt erwartet werden. Deutlich geworden ist aber, dass alle am Spiel beteiligt werden konnten und viel Spaß daran hatten. Die vorgegebenen Sequenzen gaben ih-

Abb. 5.4.5:
Bild von Elisa mit Rosettenmeerschweinchen (1. Klasse)

nen Sicherheit bei der Umsetzung der Dialoge, sodass sie ihre Äußerungen mimisch und gestisch unterstützen konnten. Zu empfehlen ist auch die Variante, dass die Kinder sich nicht melden, sondern einander direkt ansprechen, so wären alle stärker gefordert, sich etwas auszudenken und für das eigene Spielen bereit zu sein.

Bildnerische Weiterführung

Nach der gemeinsamen Lesung und Inszenierung genossen die Kinder die Einzelarbeit, bei der sie sich selbst eine Geschichte ausdenken und bildnerisch im Mund von Pandurang umsetzen konnten. Die Ergebnisse veranschaulichen, wie kreativ und engagiert die Kinder ihre Ideen ins Bild gesetzt haben (siehe Abb. 5.4.5).

Elisa diktierte der Lehrerin zu ihrer bildnerischen Weiterführung Folgendes: *Ein Vogel, ein bisschen von einer Palme, ein Rosettenmeerschweinchen.*

Silvio diktierte der Lehrerin zu seiner bildnerischen Weiterführung Folgendes: *Zuerst kam ein Bonbon aus dem Mund, dann kam eine Smartiepackung, danach kam Pizza mit Süßigkeiten und dann kam ein Pizzaladen und dann wurde seine Nase ganz rot, weil er die Nase voll hatte.*

Max diktierte der Lehrerin zu seiner bildnerischen Weiterführung Folgendes: *Einen Werkzeugkasten, eine kleine Maschine, ein Auto, ein Haus, zwei Häuser, eine Stadt mit Straßen. Der Mann ist grün und gelb im Gesicht, weil ihm ein bisschen übel ist.*

Die Beispiele veranschaulichen, dass bereits Schüler/-innen der ersten Klasse zu beeindruckenden Ergebnissen gekommen sind. Hinsichtlich des szenischen Spiels ist in dieser Altersgruppe noch mehr Übung wichtig. Zum Einstieg in das szenische Spiel kann das Buch gut eingesetzt werden. Nicht zuletzt wird mit Spiel und Spaß Zugang zu einer Region des indischen Subkontinents eröffnet.

5.5 Wer wen trifft, hat's gut! – Begegnungen der etwas anderen Art

Nadia Budde (Text und Illustration):
Unheimliche Begegnungen auf Quittenquart
Wuppertal: Peter Hammer 2010
(Bilderbuch)

AUF EINEN BLICK

Klassenstufe: 1/2

Zeitplanung:
Für den Unterricht mit dem Bilderbuch *Unheimliche Begegnungen auf Quittenquart* von Nadja Budde ist eine Doppelstunde anzusetzen, ggf. kann eine weitere Einzelstunde zur Vertiefung dienen (siehe unten Ideen zur Weiterarbeit). Folgende Zeitstruktur wird vorgeschlagen:

- Im ersten Teil der Doppelstunde wird das Bilderbuch *Unheimliche Begegnungen auf Quittenquart* über Bilderbuchkino und Bilderbuchgespräch erarbeitet.
- Im zweiten Teil der Doppelstunde erfinden die Schüler/-innen eigene Geschichten in Anlehnung an das Bilderbuch.
- Wenn die Textproduktion schriftlich erfolgt, können die Schüler/-innen ihre erfundenen Geschichten in einer zusätzlichen Einzelstunde für die Veröffentlichung überarbeiten und illustrieren (siehe unten Ideen zur Weiterarbeit).
- Wird mündlich gearbeitet, erzählen die Schüler/-innen einander ihre Geschichten zunächst in Kleingruppen. Zum Ausklang der Doppelstunde darf jede Gruppe eine Geschichte aus ihrem Erzählkreis der ganzen Klasse präsentieren.

Materialien:

- Bilderbuchkino: gescannte und in eine animierte Power Point-Präsentation eingefügte Bilderbuchseiten
- Computer und Beamer zur Präsentation
- für die schriftliche Textproduktion: liniertes Papier, Stifte zum Schreiben und Zeichnen
- für das mündliche Sprachhandeln: vergrößerte Farbkopie des hinteren Buchdeckels

Ziele des Unterrichts:

- Die Schüler/-innen sollen das Bilderbuch *Unheimliche Begegnungen auf Quittenquart* kennenlernen und seiner Komik auf die Spur kommen.
- Die Schüler/-innen sollen eigene Geschichten in Anlehnung an das erarbeitete Bilderbuch erfinden; dies kann mündlich oder schriftlich in Kombination mit dem Erstellen von Illustrationen geschehen.

5.5.1 Vorstellung des Bilderbuchs *Unheimliche Begegnungen auf Quittenquart*

Das Bilderbuch *Unheimliche Begegnungen auf Quittenquart* von Nadia Budde ist 2010 erschienen.

Die Bilder in diesem querformatigen Bilderbuch sind ausgesprochen witzig. Der sparsame Begleittext trägt sowohl zur Erhöhung der Komik als auch zum innehaltenden Nachdenken bei. Nicht nur dank des geringen Anteils an Lesetext in Großbuchstaben, sondern auch wegen der einfachen, aber nichtsdestotrotz mit Überraschungen aufwartenden Erzählweise ist *Unheimliche Begegnungen auf Quittenquart* für den Anfangsunterricht sehr gut geeignet. Von den skurrilen Figuren und fantastischen Wesen dürften sich sowohl Jungen als auch Mädchen angesprochen fühlen, erinnert deren Aussehen doch teils an außerirdische Superhelden, teils an schräge Kuscheltiere und teils an liebenswerte Monster. Bis auf eine Doppelseite, auf der eine fremde Sprache in Fantasieschrift geschrieben steht, ist das Bilderbuch einsprachig.

Die schriftliche Erzählung beginnt mit dem Satz: „Wir sind nicht allein." (Budde 2010, o.S.) Diese Worte sind auf der ersten Doppelseite in ein gelbes Rund hineingeschrieben, das vermutlich eine Sonne darstellen soll. Darum herum steht eine Vielzahl einem überwiegend freundlich entgegenblickender Kreaturen, die außerirdisch anmuten bzw. aus einer fantastischen Spielzeugkiste herausgeklettert sein könnten. Die verschiedenen Arten sind in Gruppen von bis zu sieben Wesen auf der Doppelseite platziert. Um sie herum schwirren unterschiedliche Raumschiffe, das kleinste davon ist mit einem einzigen extraterrestrischen Wesen besetzt, das größte hingegen zeigt dreizehn Passagiere auf der Flugbahn. Beim Umblättern auf die zweite Doppelseite kommen drei einnehmende grüne Gestalten in den Blick, die wie Menschen auf zwei Beinen stehen und zwei Arme, zwei Augen, eine Nase sowie zwei (menschenunähnlich spitz nach oben zulaufende) Ohren haben. Diese tragen ein pullunderartiges, schwarzes Kleidungsstück, das mit einem Gürtel verziert ist, auf dessen Schnalle ein Q (wie Quittenquart) prangt. Sowohl die Gürtelschnallen als auch die spitzen Ohren sind deutliche Reminiszenzen an die US-amerikanische Fernsehserie *Raumschiff Enterprise* (engl. *Star Trek*). Aus dem Kopf wächst jedem der drei ein Stift, der an eine Antenne erinnert. Sie stehen auf gelbem Boden in einem Raum, der mit drei weißen Stühlen und einem altmodischen kleinen Fernseher karg möbliert ist und in dessen Hintergrund fliegende Untertassen, Planeten und Milchstraßen auszumachen sind. Der Text auf der linken Seite besagt: „Aber Besuch kommt eher selten." (Ebd., o.S.)

Beim erneuten Umblättern kommt Bewegung ins Spiel: Jetzt erblickt man eine dreiteilige monoszenische Bilderreihe, die zeigt, wie die drei Grünlinge sich auf den Weg machen, um soziale Kontakte zu anderen Wesen aufzunehmen und so auf Andersartige stoßen. Im Begleittext zu den drei Bildszenen steht erstens: „Manchmal muss man los." (Ebd., o.S.) Zweitens: „Und gelegentlich begegnet man sich." (Ebd., o.S.) Drittens und als Atem stocken lassender Cliffhänger gestaltet: „Was passiert dann?" (Ebd., o.S.) Die folgende Doppelseite zeigt: Die fröhlichen dicken Gesellen, auf welche die Grünlinge als erstes stoßen, sind zwar offenbar gefräßig (davon zeugen nebst ihrer gedrungenen Dickleibigkeit auch die kleinen gelben Löffelchen in ihren Patschhändchen sowie die weißen Esslätzchen), aber überaus gut gelaunt! Über den drei Grünlingen steht linkerhand zu lesen, was sie sich vermutlich beim Anblick der Dicken denken: „Es könnte eng werden." (Ebd., o.S.) Rechterhand sieht man sie sich ihren Weg bahnen durch die dicht gedrängte Menge der freundlichen Kugelrunden und man liest: „Da muss man durch!" (Ebd., o.S.)

Dieses Gestaltungs- und Erzählprinzip wird nun beibehalten: Auf den nachfolgenden Doppelseiten wird linker Hand jeweils eine weitere Begegnung mit neuen fremden Wesen dargestellt und im Schrifttext eine zu deren Aussehen passende Vermutung angestellt, wie dieses Aufeinandertreffen verlaufen könnte. Rechter Hand zeigt das Bild die Begegnung, die bereits stattgefunden hat, und der kurze Begleittext kommentiert sie abschließend. Manchmal ist auch noch eine dritte Szene mittig dazwischengesetzt, die den Ablauf verzögert.

Zunächst folgen rote Vielarmige mit drei Augen, aus deren Rüsseln eine fremde Sprache in Fantasieschrift schallt. Im Begleittext steht: „Es kann laut werden." „Aber man muss das verstehen!" (Ebd., o.S.) Danach kommen vierarmige weiße Pelzwesen mit blauen Augen und zwei Fühlern ins Blickfeld, die mit ihren nackten, runden und geradezu schreiend gelben Pobacken für Kinder garantiert zum Schieflachen aussehen, zumal knapp über ihren Pobacken auch noch ein langer Haarschwanz sprießt, dessen Ende eine Schleife ziert. Diese mit ihren nackten Hintern glänzenden Lachnummern drehen Spieß und Spott jedoch spielend um: Sie binden den Grünlingen ihre Schwanzschleifen um deren Kopfantennen und amüsieren sich dabei köstlich: „Denn Lachen steckt an!" (Ebd., o.S.) Auf der nächsten Seite erblickt man haarige Monster, die gefährlich aussehen, aber beim Näherkommen mit Küssen und Herzen nicht geizen – „Oder gefährlich …" „Wie man sich täuschen kann!" (Ebd., o.S.) Beim Weiterblättern reihen sich verwirrend Vieläugige, unangenehm Feurige, unbequem Stachlige, gestreifte Langweiler sowie bunte Knalltüten an. Und dann wird es „plötzlich ganz unheimlich …" (ebd., o.S.): Fußspuren und eine abgestürzte Rakete künden im Bild von Unheil.

Nochmaliges Umblättern zeigt: Die drei Grünlinge vom Planeten Quittenquart treffen auf drei Astronauten vom Planeten Erde (als Erdenwesen erkennbar am großen E auf den Gürtelschnallen über ihren Astronautenanzügen). „Vielleicht wäre man doch lieber zu Hause geblieben?" (ebd., o. S.) fragen sich offenbar sowohl die einheimischen Außerirdischen als auch die fremden Irdischen beim Anblick der je anderen. „Aber ..." trompetet eines der bereits bekannten roten Wesen in Fantasieschrift und deutscher Übersetzung vor dem Umblättern ins Bild: „Wer was wissen will, geht los." / „Wer wen trifft, hat's gut." (Ebd., o. S.) Auf den beiden Doppelseiten mit diesen beiden Schriftzügen sieht man alle möglichen Fantasiegestalten beim Zusammenflicken der abgestürzten Rakete helfen und eine Ahnung von harmonischer Völkerverständigung kommt auf beim Anblicken dieser Bilder. Die letzte Doppelseite zeigt, wie die drei grünen Wesen zusammen mit den drei Astronauten in der reparierten Rakete den Planeten Erde ansteuern. Der Schlusssatz lautet: „Weiter geht's!" (Ebd., o. S.) Dies eröffnet weitere potenzielle Erzählrunden. Der hintere Buchdeckel präsentiert die drei grünen Außerirdischen dann nämlich als auf der Erde angekommene Fremdkörper. Mit neugierigen Mienen stehen sie dort inmitten einer Vielzahl unterschiedlicher Menschen, die an ihnen vorbeieilen, ohne sie zu beachten; einzig ein blassgrüner Junge hat offenbar von ihnen Notiz genommen und sein Ohr leuchtet rot vor Freude. Ob man hier wohl eine angedeutete Verwandtschaft mit den drei Grünlingen vom Planeten Quittenquart vermuten darf?

Nadia Buddes Umgang mit dem Fremden und Andersartigen in seinen vielfältigen Gestaltungen ist erfrischend. Zum einen stolpert man in *Unheimliche Begegnungen auf Quittenquart* nicht ständig über den erhobenen Zeigefinger der political correctness: Man darf ungestraft vermuten, dass es zwischen fröhlichen Dicken eng werden könnte; und man darf auch ungeniert über mit Schleifen verzierte nackte Hinterteile anderer lachen, muss dann aber eben in Kauf nehmen, dass diese den Spieß umdrehen und man selber Anlass zu Gelächter gibt. Zum anderen werden angedeutete Vorurteile nicht durchweg als falsch abgewiesen, sondern teils ohne viel Aufheben als stimmig dargestellt und teils mit einem nur kichernd gezeigten Zeigefinger als unberechtigte Voreingenommenheit aufgelöst: Im engen Kontakt mit Feuerwesen holt man sich eben verbrannte Finger und rauchende Ohrläppchen, stachlige Kreaturen hinterlassen einen nach Umarmungen eben mit Dornen in Fuß, Nase und Ohr. Aber haarige Monster sind nicht zwingend gefährlich – wenn man sich ihnen trotz ihres grimmigen Aussehens zu nähern getraut, kann es durchaus sehr herzlich werden!

5.5.2 Unterrichtsvorschlag

Für den Unterricht wird eine Doppelstunde empfohlen, die jedoch knapp bemessen ist. Will man die Erarbeitung des Bilderbuchs und die Anschlusshandlung zeitlich zugunsten der Textproduktion gewichten, so empfiehlt es sich, einige Seiten des Bilderbuchs mit den Kindern intensiver zu betrachten, andere hingegen nur zu überfliegen. Das Prinzip der immer wieder anderen, den eigenen Erfahrungsschatz bereichernden Begegnung mit sehr unterschiedlichen Andersartigen bleibt im Kern verständlich, auch wenn man zur didaktischen Reduktion vereinzelte Episoden bei der Bilderbuchpräsentation nur kurz streift.

Zum *Einstieg* wird den Kindern das Bilderbuch als Bilderbuchkino gezeigt. Hierfür scannt man in Vorbereitung des Unterrichts die Einzelseiten des Bilderbuchs ein und fügt diese in einer animierten Power Point-Präsentation so zu Doppelseiten, dass (mit einer Ausnahme, siehe Abb. 5.5.1) zunächst stets die linke Seite der Doppelseite ins Bild kommt und die Kinder aus deren Betrachtung heraus zum Sprechen angeregt werden können (Bsp. siehe Abb. 5.5.3). Das Bilderbuchgespräch dient der Antizipation und

Abb. 5.5.1:
Die drei Außerirdischen auf Quittenquart kommen rechter Hand ins Bild!

soll die Kinder auf die Spur der Komik bringen, die sich beim Anblick der rechten Seite in Kombination mit dem Schrifttext einstellt (Bsp. siehe Abb. 5.5.4).

Stehen einem die technischen Möglichkeiten zum Scannen nicht zur Verfügung, dann arbeitet man *alternativ* im Sitzkreis mit dem Bilderbuch selbst. Wichtig ist, dass die Kinder beim Vorlesegespräch die Bilder gut einsehen können und dass die rechten Seiten der Doppelseite beim Umblättern zunächst abgedeckt werden. Nur so kann man den Kindern Vorhersagen ermöglichen. Die Erfahrung des Komischen ist mit dem Überraschungseffekt verknüpft, der sich aus dem Abgleich mit den eigenen Vermutungen, wie es weitergehen könnte, und dem tatsächlichen Fortgang der Geschichte ergibt!

Die Lehrerin liest die kurzen Sätze selbst vor. Dabei gestaltet sie Vorlesen und Blättern dramatisch und spannungsreich, entlang den im Text gegebenen Vermutungen, unerwarteten und aufgeschobenen Auflösungen. Mittels gezielter Impulse und Fragen kommt so ein Gespräch über die unterschiedlichen Begegnungen in Gang, die alle nur auf den ersten Blick mehr oder weniger „unheimlich" sind.

Als Impuls bieten sich beispielsweise mit Blick auf das Cover Äußerungen wie diese an: „Ich finde die haarigen Wesen rechts besonders lustig, sie schauen so fröhlich drein und wirken neugierig, außerdem finde ich ihre Wollpullover chic." Aber auch eine Frage folgender Art kann den Austausch über das betrachtete Titelbild in Gang setzen: „Welches dieser Wesen gefällt dir am besten und warum?"

Hat die Lehrerin die erste Doppelseite gezeigt und den Text „Wir sind nicht allein." vorgelesen, so kann ein möglicher Frageimpuls nun lauten: „Was sind denn das für Wesen und wo könnten die wohnen – was meinst du?"

Beim Weiterblättern wird nun zum einzigen Mal im Bilderbuchkino zunächst die rechte statt wie sonst die linke Seite (siehe Abb. 5.5.1) gezeigt. Denn hier kommen nun die eigentlichen Helden der Geschichte ins Bild. Ein passender Impuls seitens der Lehrerin wäre der belustigt intonierte Ausruf: „Wie sehen die denn aus? Beschreibe!" – Kommen die Kinder nicht von selbst auf die Idee, bei ihren Beschreibungen auch den Gürtelschnallen Beachtung zu schenken, kann man sie darauf aufmerksam machen und an den Titel des Buches erinnern, das sie gerade vorgelesen und vorgezeigt bekommen.

Hier bietet es sich an, mit den Kindern Überlegungen darüber anzustellen, was man tun kann, wenn es unter Seinesgleichen zu Hause etwas öde wird und auch der Fernseher nicht mehr gegen die Langeweile ankommt. Das führt mög-

Abb. 5.5.2:
Die drei Außerirdischen auf Quittenquart sind in ihrem Wohnzimmer zu sehen (doppelseitige Ansicht)

licherweise zur Antizipation dessen, was folgt (siehe Abb. 5.5.3).

Eine Verständnis sichernde Frage lautet hier: „Weshalb beschließen die grünen Kerlchen, dass sie losmüssen?" – Die Antwort ergibt sich aus der vorhergehenden Doppelseite mit der Aussage: „Aber Besuch kommt eher selten." Zur Verdeutlichung blättert die Lehrerin einfach nochmals zurück.

Abb. 5.5.3: Die drei Grünlinge gehen los!

Im Fortgang präsentiert das Bilderbuch selbst die Frage „Was passiert dann?" Das ist ein Cliffhänger, den die Lehrerin vor dem erneuten Umblättern bestens zur Ermunterung von Antizipationen nutzen kann (siehe Abb. 5.5.4).

Die Kinder sollen Vermutungen darüber anstellen, was sich bei der Begegnung der Wesen von Quittenquart mit den sichtlich freundlichen Rundgesichtern so alles ereignen könnte. Nach dem Umblättern liest die Lehrerin auf der linken Seite vor: „Es könnte eng werden." Diese Aussage ist im Bild selbst mit dem Überraschungseffekt verbunden, dass die Pausbäckigen nicht nur im Gesicht, sondern am ganzen Körper überaus rundlich sind. Vielleicht reagieren die Kinder hier nun nicht nur mit Lachen, sondern von selbst auch mit eigenen Vorschlägen, wie es jetzt weitergehen könnte. Falls nicht, kann die Lehrerin sie auch einfach kurz staunen und stumm rätseln lassen, was wohl folgen mag.

Die Aussage auf der rechten Seite „Da muss man durch", welche die Lehrerin nun präsentiert, stellt das Rätseln für einen kurzen Moment still.

Es folgt die Seite mit den lauten Tröten, die Unverständliches in die Welt posaunen. „Es kann laut werden", steht im Bild auf der linken Seite zu lesen. Bevor die Lehrerin die rechte Seite präsentiert, gibt sie den Kindern wiederum Gelegenheit, Vermutungen darüber anzustellen, wie die drei Grünlinge aus Quittenquart mit die-

Abb. 5.5.4: Die drei Grünlinge treffen auf die Rundgesichter – „Was passiert dann?“ (doppelseitige Ansicht)

ser Situation umgehen bzw. welche neue Erfahrung sie dabei möglicherweise machen. Bei der Betrachtung von Bild und Text der rechten Seite regt die Lehrerin die Schüler/-innen dazu an, sich zu äußern, was ihrer Ansicht nach bei dieser Begegnung passiert ist. Die Impulsfrage, ob die Begegnung wohl für alle Beteiligten schiefgegangen ist oder ob die trötenden Wesen das Aufeinandertreffen vielleicht anders erlebt haben als die Quittenquartianer, kann hierbei anregend wirken.

Im Wechsel von Antizipationen herausfordernder Präsentation von immer wieder neuen seltsamen Wesen auf den linken Hälften der Doppelseiten („bestimmt wird es lustig“, „oder gefährlich“, ...) und Nachschieben der mit Überraschungseffekten aufwartenden rechten Seiten („denn Lachen steckt an“, „wie man sich täuschen kann“, ...) schreitet die Lehrerin bis ans Ende des Bilderbuchs voran. Wie bereits erwähnt, ist es nicht nötig, alle Doppelseiten eingehend zu betrachten und die Kinder zu jedem der Bilder zu Äußerungen zu animieren. Wichtig ist jedoch, dass die Lehrerin die Bilderbuchgeschichte so erzählt und präsentiert, dass sie gekonnt mit Mimik, Gestik und Intonation arbeitet und durch die Art und Weise, wie sie die Seiten im dialogischen Austausch mit den Schüler/-innen umblättert, Spannungsmomente aufbaut. Zum Gelingen des Bilderbuchgesprächs trägt darüber hinaus auch bei, wenn die Lehrerin das Gespräch so moderiert, dass die Kinder in ihren Gesprächsbeiträgen nicht nur auf die erzählte Geschichte und deren lustige Bilder Bezug nehmen, sondern auch die Äußerungen ihrer Mitschüler/-innen aufgreifen und ihre eigenen Überlegungen daran anknüpfen.

Zur *Weiterarbeit und Vertiefung* ist es sinnvoll, das Interesse der Kinder an den vielgestaltigen Monstern aufzugreifen, die ihnen im Lauf der Erzählung begegnet sind. Welchen Fantasiewesen die Außerirdischen von Quittenquart noch begegnen könnten und was sie mit diesen erleben, dürfen die Kinder nunmehr selbst erfinden. Ihre Geschichten schreiben sie auf (oder diktieren sie schreibstarken Mitschüler/-innen bzw. der Lehrerin). Hierbei ist wichtig, im Vorfeld zu klären, dass von ihnen keine Nacherzählung der Episoden aus dem Bilderbuch erwartet wird, sondern eine neue, nur in ihren Grundzügen ähnliche Fantasieerzählung wie die eben gehörte und betrachtete.

Im Schreiben noch ungeübte Kinder können sich an Nadia Buddes Erzählweise orientieren und ihre schriftliche Textproduktion eher kurz halten. Stattdessen zeichnen sie. Im Bilderbuch selbst ist den Bildern sehr viel Raum gegeben und die ins Bild geschriebenen kurzen Sätze sind dort überwiegend zur Verstärkung der Komik der ohnehin schon lustigen Bilder eingesetzt. Denkbar ist deshalb auch, dass die Kinder zunächst ein Bild oder eine Bildersequenz malen und dann Comic-Sprechblasen in ihre Zeichnungen setzen, in die sie kurze Sätze schreiben.

Zum *Abschluss* der Doppelstunde präsentieren die Kinder ihre auf Papier mit Schreib- und Zeichenstiften fixierten Geschichten zunächst in Kleingruppen. Jede Gruppe wählt daraufhin eine Erzählung aus, die anschließend im Sitzkreis vor der ganzen Klasse vorgelesen werden darf. Zur Auswahl der Geschichte gibt die Lehrerin den Gruppen Kriterien wie die folgenden an die Hand:

- Über welches Fantasiewesen habt ihr am meisten lachen müssen?
- Bei welcher Geschichte habt ihr voller Spannung auf den Ausgang gewartet?
- Welcher Geschichte konntet ihr am besten folgen?
- Welcher Schluss hat euch am meisten überrascht?

Dieses gegenseitige Vorlesen und Vorzeigen der entstandenen Produkte rundet den Unterricht stimmig ab.

Alternativ kann auch das Schlussbild zum Ausgangspunkt für eigene Geschichten werden. Es zeigt die Wesen vom Planeten Quittenquart in der zusammengeflickten Rakete gemeinsam mit den Astronauten im Anflug auf die Erde. Sollten die Kinder diesen Erzählzusammenhang nicht von sich aus erkennen, so ist hier eine Verständnisfrage folgender Art angezeigt: „Worauf steuern die denn jetzt zu? Was denkst du?“ – Vermutungen, dass die Landung auf der Erde unmittelbar bevorsteht, führen zum Umblättern. Dies gibt den Blick auf den hinteren Buchdeckel frei, was die alternative Weiterarbeit und Vertiefung mit mündlichen Anschlusshandlungen auf Basis des offenen Schlusses der Bilderbuchgeschichte einleitet. Die Kinder sollen nun selbst Begegnungen zwischen den drei Fremdlingen mit den Erdbewohner/-innen erfinden.

Zur Inspiration und Unterstützung wird der hintere Buchdeckel als Bildimpuls präsentiert (falls nicht mit einer Power Point-Präsentation, sondern direkt mit dem Bilderbuch gearbeitet wird, heftet die Lehrerin eine vergrößerte Farbkopie des hinteren Buchdeckels an die Tafel.) Daneben werden Sätze aus den Episoden auf Quittenquart aufgelistet, welche die Schüler/-innen zum Erfinden von Begegnungen der Außerirdischen mit Menschen auf der Erde einladen. Diese Aussagen trägt die Lehrerin nochmals mündlich vor. So wird fokussiert, dass es eine positive Erfahrung ist, neue Menschen bzw. Arten kennenzulernen:

- Es könnte eng werden …
  (Da muss man durch!)
- Es kann laut werden …
  (Aber man muss das verstehen!)
- Bestimmt wird es lustig …
  (Denn Lachen steckt an!)
- Oder gefährlich …
  (Wie man sich täuschen kann!)
- Vielleicht wird es verwirrend, unangenehm, unbequem, zu bunt …

Jedes Kind überlegt zunächst kurz für sich allein, welcher Mensch in seiner Geschichte vorkommen soll und was die drei Fremdlinge mit diesem erleben könnten. Bei Bedarf unterstützt die Lehrerin einzelne Schüler/-innen bei der Ideenfindung. Zur Steuerung sollte sie der Klasse jedoch auf jeden Fall vorweg den Paratext auf dem hinteren Buchdeckel vorlesen. Hierbei ist dem Schlusssatz ausdrücklich Bedeutung beizumessen: „Drei neugierige Typen vom Planeten Quittenquart wollen was erleben. Sie gehen los und lernen bald: Wer wen trifft, hat's gut.“ Die Aufforderung an die Kinder lautet hiernach: „Suche dir einen Menschen auf dem Bild aus und erzähle, was die drei Außerirdischen vom Planeten Quittenquart auf der Erde beim Zusammentreffen mit dem Menschen deiner Wahl erleben! Wenn du magst, kannst du auch selbst die Person sein, der die Außerirdischen auf der Erde begegnen.“

Eventuell können sich die Kinder ein paar Stichpunkte zu ihren Einfällen notieren, das gestaltet das anschließende freie Erzählen einfacher. Nach ihrer individuellen Ideensuche setzen sie sich nämlich in Kleingruppen zusammen und erzählen einander nun ihre erfundenen Geschichten, in denen die drei Außerirdischen einen Menschen näher kennenlernen.

Erzählen im Unterricht kennt vier verschiedene Grundformen: 1. die produktive, faktische Erlebniserzählung, 2. die produktive, fiktive Fantasieerzählung, 3. die reproduktive Nacherzählung einer sprachlich vermittelten Vorlage und 4. die reproduktive Nacherzählung einer Bildergeschichte (vgl. Naugk/Ritter 2018, 5).

Mit der produktiven, fiktiven Fantasieerzählung kommen Kinder normalerweise besser zurecht als mit der Anforderung, eine Bildergeschichte reproduktiv nachzuerzählen. Letzteres ergibt häufig eher Bildbeschreibungen als Erzählhandlungen. Das im vorliegenden Unterrichtsvorschlag anvisierte Erzählen soll sich daher am zweiten Typus der genannten vier Grundformen orientieren: Die Erzählhandlungen der Kinder sollen in produktive, fiktive Fantasieerzählungen münden. Das Erzählen erfolgt hierbei in Nachahmung (Imitation) – nicht Nacherzählung (Reproduktion) – der Geschichten im betrachteten Bilderbuch. Das muss den Kindern vorab deutlich gemacht werden.

Grundsätzlich gilt außerdem: Geschichten erzählen lernen ist ein mimetischer Prozess; es verlangt ein modellhaftes Vorbild. Für erzählförderliche Lernszenarien im mündlichen Sprechhandeln ist es von besonderer Bedeutung, dass sich die Lehrerin selbst gut vorbereitet als Erzählerin einbringt. Dazu gehört hier, dass sie bei der Präsentation des Bilderbuchs *Unheimliche Begegnungen auf Quittenquart* darauf achtet, den Schüler/-innen mit ausdrucksvoller Stimmführung, Mimik und Gestik einen modellhaften Orientierungsrahmen zu bieten für deren nachfolgendes, produktives Erzählhandeln.

Zu beachten ist außerdem, dass die Anforderungen, die das mündliche Erzählen stellt, komplex sind: „Handlungssequenzen [müssen] in eine nachvollziehbare, sprachlich und inhaltlich schlüssige (kohärente) Struktur gebracht werden." (Ebd.) Für literarisches Erzählen hat sich formal eine besondere Textsortensprache herausgebildet; dazu gehört u. a. das Erzähltempus. Das ist üblicherweise Präteritum/Imperfekt; in Nadia Buddes Bilderbuch liegt jedoch szenisches Erzählen vor und dadurch wird hier im Präsens erzählt. Zur Präsentation als Bilderbuchkino oder als Bilderbuchbetrachtung im Sitzkreis ist diese Zeitform vollkommen einleuchtend. Zum Erfinden einer eigenen Fantasieerzählung ist Präsens formal anspruchsvoll, da es sich nicht um das für Geschichtenerzählen gewohnte Tempus handelt. Das muss vermutlich vorweg mit den Schüler/-innen geklärt werden.

Für Kinder im 1./2. Schuljahr ist auch das mündliche Erzählen eine Herausforderung. Mit der hier vorgeschlagenen Aufgabenstellung müsste es zugänglich werden. Wichtig ist es, die Schüler/-innen darauf hinzuweisen, dass sie ein ungewöhnliches Ereignis in ihre Geschichten einbauen müssen. Die oben aufgeführten Satzanfänge sind eine zusätzliche Hilfe, das mündliche Erzählen zu fördern.

Zum *Abschluss* wird jede Gruppe aufgefordert, eine Geschichte aus ihrem Erzählkreis auszuwählen. Das Kind, das diese erfunden hat, darf sie nochmals der ganzen Klasse erzählen. Damit sie die Auswahl kooperativ treffen können, gibt die Lehrerin den Schüler/-innen einen Kriterienkatalog an die Hand. Kriterien könnten z.T. ähnliche sein, wie sie oben bei der Auswahl der Schreibprodukte bereits erwähnt worden sind:

- lustige Geschichte
- nachvollziehbare, verständliche Handlung
- „gut" erzählt (langsam, deutlich und mit Pausen und Betonungen, welche die Spannung erhöhen)

Was „gutes" Erzählen ausmacht, versteht sich nicht unbedingt von selbst, sondern erschließt sich über gemeinsame Reflexion. Zum Nachdenken über „gute" Erzähltechnik gehört auch, sich die Wirkung von Mimik, Gestik, Intonation und Blickkontakt auf die Zuhörer/-innen bewusst zu machen. Was die Lehrerin modellhaft während der Bilderbuchpräsentation tut, soll sie daran anschließend ruhig auch explizit thematisieren. Zur Veranschaulichung kann sie den Schüler/-innen dabei eine Doppelseite des Bilderbuchs nochmals in zwei Varianten erzählen: Einmal in sich gekehrt und ohne Blickkontakt zu den Kindern, vollkommen ausdruckslos in Stimmführung und Körpersprache; und dann nochmals in der bereits gehabten, auf die Zuhörer/-innen hin ausgerichteten Inszenierung und Theatralik. Bei aller Komplexität, die mündlichem Erzählen eigen ist, soll es dabei – in stimmiger Anlehnung an das Bilderbuch von Nadia Budde und dessen Komik – unbedingt durchaus vergnüglich zugehen!

Ideen zur Weiterarbeit

Will man die Kinder die Episode, die sie erzählen möchten, mit Zeichnungen und Schönschrift gestalten lassen, so nimmt das eine weitere Unterrichtsstunde in Anspruch.

Dann sammelt die Lehrerin die Schreibprodukte am Ende der Doppelstunde ein. Möglich ist, dass die Lehrerin selbst sprachliche Korrekturen anbringt oder ggf. auch inhaltliche (auf vermehrte Kohärenz zielende) Änderungen anregt. In einer späteren Unterrichtsstunde gibt sie den Kindern die korrigierten Texte zur Abschrift sowie zeichnerischen Ausschmückung zurück.

Alternativ könnte auch eine kriterienbezogene Überarbeitung mit den Kindern besprochen werden. Mit etwas mehr Zeit würden die Schüler/-innen so aktiver einbezogen. Bei diesem Vorgehen arbeiten die Schüler/-innen prozessorientiert an ihren Geschichten: Sie überarbeiten ihre Schreibprodukte hinsichtlich korrekter Rechtschreibung und Grammatik, ggf. auch hinsichtlich Kohärenz, schreiben sie in Schönschrift ab und illustrieren sie. Die einzelnen Seiten werden anschließend zu einem eigenen Fortsetzungsbuch der Klasse zusammengeführt.

5.5.3 Aus der Praxis

Der Unterrichtsvorschlag wurde in den zwei angeregten Varianten – schriftliches bzw. mündliches Erzählen – in zwei verschiedenen Klassen ausprobiert. Beide Erprobungen fanden gegen Ende des zweiten Schuljahres statt. In einer Klasse lag der Schwerpunkt der Weiterarbeit auf schriftlicher Textproduktion und Illustration, in der anderen auf mündlichem Erzählen. Für die erste Erprobung mit Schreiben und Weiterarbeit an der korrigierten Textfassung mit Schönschrift und Zeichnen stand eine kleine städtische Grundschulklasse mit 14 Kindern zur Verfügung. Hier wurde im Rahmen einer Doppelstunde und einer weiteren Einzelstunde gearbeitet. Die zweite Erprobung mit mündlichem Erzählen als Anschlusshandlung erfolgte im ländlichen Raum mit 17 Zweitklässler/-innen. Eine Doppelstunde war in diesem Fall ausreichend. In beiden Fällen wurde der Unterricht von einer Lehramtsstudentin in Anwesenheit der Klassenlehrerin erteilt. In beiden Klassen saßen einige mehrsprachige Kinder.

Erste Erprobung mit schriftlichem Erzählen

Die erste Stunde wurde für die Erarbeitung des Bilderbuchs auf der Basis von Bilderbuchkino und Bilderbuchgespräch gebraucht, die Weiterarbeit mittels schriftlicher Textproduktion erfolgte dann nach der Pause im zweiten Teil der Doppelstunde. Eine weitere Einzelstunde wurde für die Überarbeitung der Texte und Illustrationen genutzt.

Die Lehrerin präsentierte das Bilderbuch im Bilderbuchkino in seiner ganzen Länge auf einem Computerbildschirm. Die Kinder saßen im Sitzkreis vor dem Bildschirm und waren durchgängig sehr aufmerksam und interessiert bei der Sache. Es herrschte von Beginn an eine Gesprächsatmosphäre, die dem einander Zuhören und auf die Gesprächsbeiträge der anderen Eingehen sehr förderlich war. Die Kinder analysierten die Bilder während der Erarbeitungsphase sehr genau und beteiligten sich fast alle sehr aktiv und von sich aus mit Äußerungen. Den Aufforderungen zu antizipieren, was passieren könnte, kamen sie außerdem eifrig mit vielen Vorschlägen nach. Die Erzählspannung wurde dadurch sehr gut aufrechterhalten.

Durch die geduldige, aufmerksame Erarbeitung des gesamten Bilderbuchs in einem den Gesprächsbeiträgen der Schüler/-innen sehr zugewandten Bilderbuchgespräch wurde die Zeit für die Weiterarbeit mittels eigener Textproduktion und Präsentation der erfundenen Geschichten jedoch etwas knapp. Daher ist bei gesprächsbereiten Klassen möglicherweise eine didaktische Reduktion überlegenswert. Bei der Erarbeitung des Bilderbuchs kann in diesem Fall an einzelnen Doppelseiten etwas länger verweilt werden, während man andere nur kurz betrachtet. So bleibt am Ende mehr Zeit übrig für die Präsentation der von den Kindern erfundenen Geschichten, falls die Unterrichtseinheit nach der Doppelstunde abgeschlossen werden soll.

Erarbeitung des Bilderbuchs mittels Bilderbuchkino und Bilderbuchgespräch im Sitzkreis vor dem Bildschirm

Beim gemeinsamen Betrachten des Covers bot ein Schüler sehr schnell das Wort „Alien" an zur Beschreibung der grünen Kerlchen. Und auch die Antizipation der Handlung gelang den Kindern problemlos. Dass man der Eintönigkeit zu Hause entgehen kann, indem man hinausgeht und andere zum Spielen trifft, war für die Kinder ein probates Heilmittel gegen Langeweile in den eigenen vier Wänden.

Über die ersten Wesen, auf welche die Grünlinge beim Umblättern der Seite dann treffen – das sind die fröhlichen Dicklinge –, entspann sich folgende Dialogsequenz. Dieser Ausschnitt ist typisch für das gesamte Gespräch, das zur Erarbeitung des Bilderbuchs geführt wurde: Die in dem Gesprächsauszug erkennbar genaue Beobachtung und unverstellte Offenheit der Kinder sowie ihr Amüsement angesichts der Komik in Bild und Text sind exemplarisch für ihr Verhalten und ihre Äußerungen in Reaktion auf die ihnen präsentierten Bilderbuchseiten.

Lehrerin: Wenn du die jetzt sehen würdest, würdest du direkt mit denen Freunde werden wollen?

(Allgemeines Gekicher.)

Alysha: Also ich würde erstmal denken „Wie seh'n die denn aus?", voll komische Ohren …

Lehrerin: Aha …

Alysha: … und dann würd ich mir denken „Warum haben die nur ein Haar auf dem Kopf?"

Lehrerin: Mhm, das könnte man sich denken.

Alysha: Aber wenn man …, aber man kann ja auch mit jemandem spielen, der Ohren hat, die nicht so aussehen wie seine, und der nicht so viele Haare hat!

Lehrerin: Das stimmt, da hast du Recht. Tiiu?

Tiiu: Die sehen so wie Roboter aus … und die könnten ja zusammen spielen?

Lehrerin: Mhm, ja genau. Aber wie die Alysha gesagt hat, sie hätte gedacht, die haben so komische Ohren … Die drei grünen Wesen, die denken jetzt, wenn sie sie sehen (blättert um und liest vor): „Es könnte eng werden."

(Allgemeines Gelächter.)

Lehrerin: Wieso denken die das?

Paul: Die haben ja auch so einen dicken Kopf. Da kann man auch denken, dass sie auch dick sind. Und da kann man auch fragen, wie viel essen die denn am Tag?

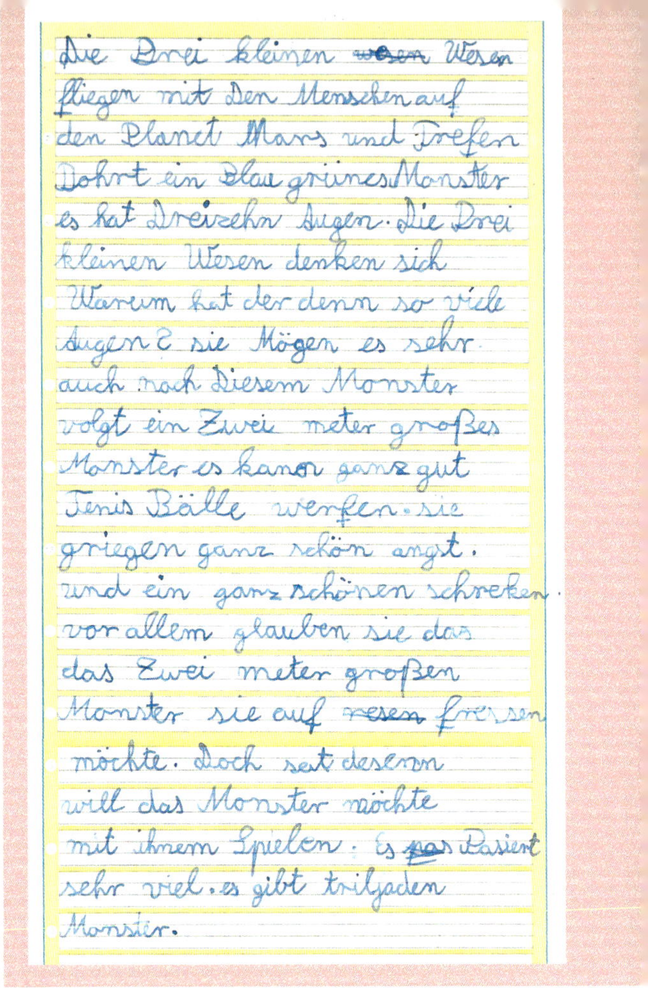
Die Drei kleinen ~~wesen~~ Wesen
fliegen mit Den Menschen auf
den Planet Mars und Trefen
Dohrt ein Blau grünes Monster
es hat Dreizehn Augen. Die Drei
kleinen Wesen denken sich
Warum hat der denn so viele
Augen? sie Mögen es sehr
auch nach Diesem Monster
volgt ein Zwei meter großes
Monster es kann ganz gut
Tenis Bälle werfen. sie
griegen ganz schön angst.
und ein ganz schönen schreken.
vor allem glauben sie das
das Zwei meter großen
Monster sie auf ~~wesen~~ fressen
möchte. Doch seit deserm
will das Monster möchte
mit ihnem Spielen. Es ~~pas~~ Pasiert
sehr viel. es gibt trilgaden
Monster.

Abb. 5.5.5: Schriftliche Erstfassung der Geschichte, die von der Begegnung der Außerirdischen mit einem Monster auf dem Mars erzählt (Alysha, 2. Klasse)

Zusammenfassend lässt sich festhalten, dass die Kinder durchweg auf die Komik der Bilder reagierten. Bei aller Belustigung begegneten die Kinder den seltsamen Wesen jedoch immer auch mit respektvoller Empathie.

Die Komik der Bilder entfaltet sich bei diesem Bilderbuch in Kombination mit den kurzen Sätzen. Damit die Entfaltung gelingt, muss die Lehrerin hier deshalb zwingend ein Vorlesegespräch mit antizipierendem Innehalten und aufgeschobenen Überraschungsmomenten führen; und sie muss auch das Vorlesen stimmlich und mimisch gekonnt gestalten. Genau das ist in dieser Erprobung vorbildlich geschehen.

Weiterarbeit mittels eigener Textproduktion

Nach der Pause leitete die Lehrerin die zweite Stunde mit der Frage ein: „Was haben die grünen Wesen denn vielleicht jetzt gelernt durch die ganzen Begegnungen?" Von den Kindern wurden Antworten folgender Art angeboten:

- Dass man sich anfreunden soll.
- Dass man nicht über die anderen lacht. Das fanden die mit dem gelben Popo nicht gut, dann haben die nämlich umgekehrt auch über die grünen Wesen gelacht.
- Und da soll man auch nicht Angst haben; und es passiert auch nichts, wenn man denkt, dass ein Monster Jagd auf einen macht, dann passiert da nichts und es macht auf einmal wieder Spaß.

Daraufhin formulierte die Lehrerin den Arbeitsauftrag: „Jetzt sollst du dir eine eigene Geschichte ausdenken mit einem Wesen, auf das die drei grünen Kerlchen treffen. Diese Begegnung und die Wesen dürfen ähnlich sein wie diejenigen, die wir schon kennengelernt haben."

Eine der ersten Reaktionen der Kinder auf diese Aufforderung bestand in der Frage, ob sie dabei auch ein bisschen malen dürften. Die Lehrerin bejahte dies. Sie forderte jedoch dazu auf, zunächst etwas zu schreiben und erst hinterher ein Bild dazu zu malen. Als Vorgabe für die zu schreibende Geschichte gab sie die Anweisung aus: „Die Geschichte darf kurz sein, sie darf auf der Erde stattfinden oder auf einem anderen Planeten, aber die Wesen, auf welche die Außerirdischen treffen, müssen beschrieben werden." Bevor sich die Schüler/-innen an die Niederschrift ihrer Ideen setzten, konnten sie sich von der Lehrerin mündlich ein Feedback dazu einholen.

Die Texte, die daran anschließend in einer Schreibphase von rund 20 Minuten entstanden, zeugen davon, dass die Kinder sehr vom vorausgehenden Bilderbuchgespräch profitiert haben und selbst in der Kürze der Zeit die ihnen präsentierte Bilderbucherzählung mit Wesen ihrer eigenen Fantasie zu variieren verstanden. Ein paar Beispiele:

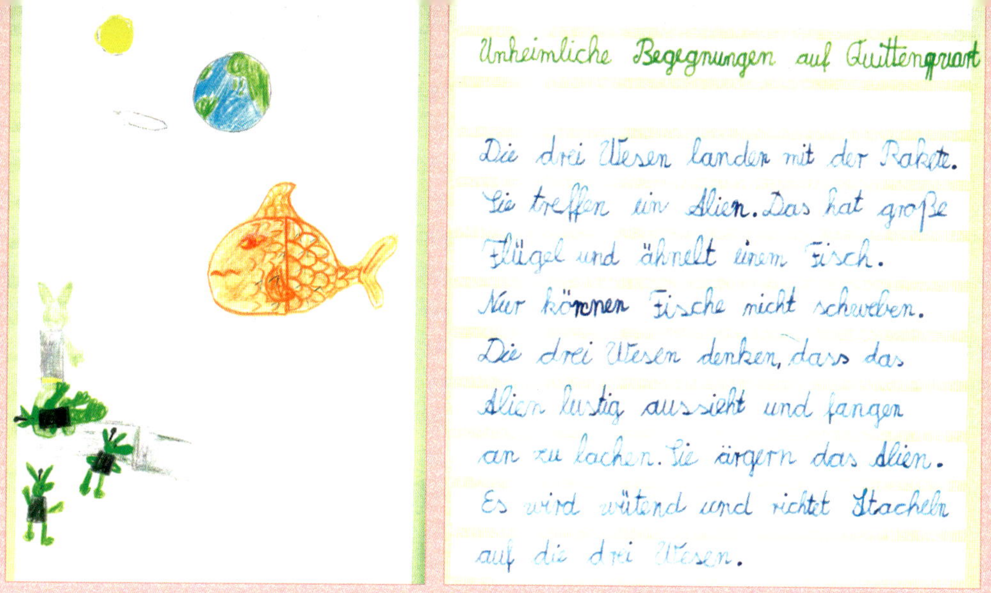

Abb. 5.5.6: Korrigierte und illustrierte Abschrift der Geschichte, die von der Begegnung der Außerirdischen mit einem fischartigen Wesen auf der Erde erzählt (Jakob, 2. Klasse)

Die drei kleinen Wesen fliegen mit den Menschen auf den Planeten Mars und treffen dort ein blaugrünes Monster. Es hat dreizehn Augen. Die drei kleinen Wesen denken sich: „Warum hat der denn so viele Augen?" Sie mögen es sehr. Nach diesem Monster folgt ein zwei Meter großes Monster. Es kann ganz gut Tennisbälle werfen. Die drei kleinen Wesen bekommen einen großen Schreck und kriegen ganz schön Angst. Vor allem glauben sie, dass das zwei Meter große Monster sie auffressen möchte. Doch stattdessen will das Monster mit ihnen spielen. Es passiert noch sehr viel. Es gibt Trilliarden Monster. (Alysha)

Auf Abb. 5.5.5 ist Alyshas schriftliche Erstfassung im Original zu sehen.

Die drei grünen Wesen und die drei Menschen fliegen mit einer Rakete auf die Erde. Als sie ankommen, steigen sie aus und auf einmal kommen sieben Monsterspinnen. Sie hatten 28 dunkelrote Augen, vier Münder und acht Nasen. (Constantin)

Den drei grünen Wesen ist langweilig. Sie gehen los und sehen viele andere Wesen vor der Tür. Manche gucken sehr komisch. Ein Wesen sieht aus wie ein Monster. Die drei grünen Wesen gehen weiter. (Joanna)

Die drei grünen Wesen übernachten bei weißen Menschen. Sie finden sie lustig und lachen sie aus. Die Menschen wollen das nicht und werden traurig. Die drei grünen Wesen denken: „Wir wollen nicht auslachen, sondern lieber verstecken spielen oder malen oder vor das Haus gehen und spielen." (Tiiu)

Die drei grünen Aliens haben ein Einhorn getroffen. Das Einhorn war kitzlig. Auf einmal waren es 30 Einhörner und die Aliens mussten an ihnen vorbeigehen. Dabei wurde auch den drei Aliens kitzlig. Die Einhörner wollten mit den drei Aliens spielen, aber die Aliens wollten nicht. (Sandra)

Die drei Wesen landen mit der Rakete. Sie treffen ein Alien. Das hat große Flügel und ähnelt einem Fisch. Nur können Fische nicht schweben. Die drei Wesen denken, dass das Alien lustig aussieht und fangen an zu lachen. Sie ärgern das Alien. Es wird wütend und richtet Stacheln auf die drei Wesen. (Jakob)

Auf Abb. 5.5.6 ist Jakobs illustrierte Abschrift des korrigierten Textes zu sehen.

Die drei grünen Wesen fliegen mit der Rakete zur Erde. Sie treffen ein fremdes Wesen. Es ist pink mit lila Streifen. Sie hat Superkräfte und

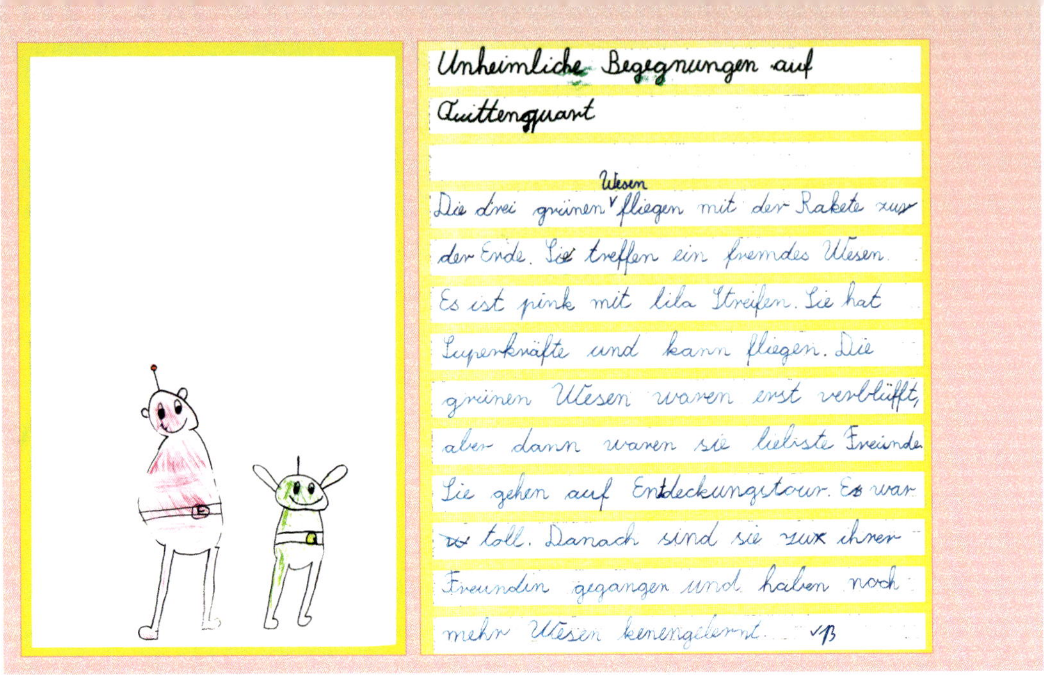

Abb. 5.5.7: Korrigierte und illustrierte Abschrift der Geschichte, die von der Begegnung der Außerirdischen mit einem pinkfarbenen Wesen auf der Erde erzählt (Leyla, 2. Klasse)

kann fliegen. Die grünen Wesen waren erst verblüfft, aber dann waren sie liebste Freunde. Sie gehen auf Entdeckungstour. Es war toll. Danach sind sie zu ihrer Freundin gegangen und haben noch mehr Wesen kennengelernt. (Leyla)

Auf Abb. 5.5.7 ist Leylas illustrierte Abschrift des korrigierten Textes zu sehen.

Die drei grünen Wesen haben eine Schnalle mit einem „Q". Sie begegnen Menschen, die eine Schnalle mit „E" haben. Zusammen begegnen sie einem Monster mit wenig Haar und einem gelben Popo. Am Popo hat das Monster viele Haare und eine Schleife bei den Po-Haaren. Das Monster hat ein gelbes Auge und rotes Fell. Es knuddelt mit ihnen und ist lieb. Es küsst die grünen Wesen und die Menschen. (Nasrin)

Auf Abb. 5.5.8 ist eine von Nasrins Illustrationen zu ihrem Text zu sehen.

Die drei grünen Wesen sind jetzt auf der Erde. Sie treffen viele Menschen und Tiere. Ein paar Menschen erschrecken sich. Die drei grünen Wesen verstehen keine Sprache auf der Erde. Sie wundern sich, was die Menschen ihnen sagen wollen. Sie wissen auch nicht, was die Menschen essen. Sie treffen Schmetterlinge. Sie sind schön. Dann gehen sie ans Meer und sehen viele Boote. Es ist schön am Meer. (Maike)

Auf Abb. 5.5.9 ist Maikes Illustration zu ihrem Text zu sehen.

Die Originaltexte der Kinder, die in der ersten Schreibphase entstanden, sehen alle dem oben abgedruckten handschriftlichen Schreibprodukt von Alysha ähnlich (siehe Abb. 5.5.5).

Abschluss der Doppelstunde: Vorlesen der entstandenen Geschichten

Die Kinder lasen einander ihre Geschichten zunächst in Dreier- und Vierergruppen vor und wählten dabei die Geschichte aus, die anschließend vor der ganzen Klasse präsentiert werden sollte. Mit der Aufgabenstellung, selbstständig auszuwählen, taten sich die Gruppen jedoch schwer, da ihnen eine Richtschnur fehlte, an der orientiert sie ihre Auswahl treffen sollten. Es ist bei einem Vorgehen mit Auswahlverfahren daher empfehlenswert, den Kindern einen kleinen Kriterienkatalog an die Hand zu geben, der ihnen bei der Entscheidung hilft, welches Schreibprodukt vor der Klasse vorgelesen werden soll. Auswahlkriterien bei schriftlich fixierten Erzählungen könnten wie oben im Unterrichtsvorschlag erwähnt folgender Art sein: Über welches Fantasiewesen habt ihr am meisten lachen müssen? Bei welcher Geschichte habt ihr voller Spannung auf den Ausgang gewartet? Welcher Erzählung konntet ihr am besten folgen?

Weiterarbeit und Vertiefung: Abschrift des korrigierten Textes und illustrative Gestaltung

Die Lehrerin sammelte die in der Doppelstunde entstandenen Schreibprodukte ein und korrigierte sie. In einer anschließenden Einzelstunde setzten sich die Kinder ans Abschreiben ihrer korrigierten Texte. Daraufhin zeichneten sie mit viel Enthusiasmus ein Bild zu ihrer Geschichte und gestalteten die sorgfältige Abschrift ihres überarbeiteten Schreibprodukts damit aus (siehe die Abbildungen in diesem Kapitel). Dies brachte die Unterrichtseinheit zum Bilderbuch *Unheimliche Begegnungen auf Quittenquart* stimmig zum Abschluss. Buddes Bilder laden durchaus offensiv zu kreativer Nachahmung ein.

Zweite Erprobung mit mündlichem statt schriftlichem Erzählen

Die Präsentation von Nadia Buddes Bilderbuch *Unheimliche Begegnungen auf Quittenquart* erfolgte auch hier als Bilderbuchkino, allerdings visualisiert über Smartboard. Die Kinder saßen in zwei Reihen vor der interaktiven Tafel, in der vorderen Reihe auf Sitzkissen am Boden, in der zweiten Reihe dahinter auf Stühlen.

Auch in dieser Unterrichtseinheit wurde die Geschichte sehr langsam entfaltet, aber durch die Art und Weise, wie sie präsentiert wurde, entspann sich kein Vorlesegespräch. Die Lehrerin arbeitete zwar ebenfalls mit Fragen, die auf Antizipation und Einfühlung zielten, stellte zudem aber zu jedem Bild zahlreiche Fragen, die der genauen Bildbetrachtung und Texterschließung galten. Letzteres retardierte die Erzählung derart, dass keine Spannung aufkam. Und auch

Abb. 5.5.8:
Eine der Illustrationen zur Geschichte, die u. a. von der Begegnung der Außerirdischen mit einem Knuddel-Monster mit rotem Fell erzählt (Nasrin, 2. Klasse)

Abb. 5.5.9:
Illustration zur Geschichte, die von der Begegnung der Außerirdischen mit Schmetterlingen auf der Erde erzählt (Maike, 2. Klasse)

die Komik der Geschichte erschloss sich den Kindern so nicht. Anders als in der ersten Erprobung wurde während der Bilderbuchpräsentation in der zweiten Erprobung kaum gelacht.

Die Kinder reagierten fast alle sehr verhalten, waren aber in der Mehrheit durchgängig aufmerksam bei der Sache, während die Bilderbuchgeschichte erarbeitet wurde. Auf die Fragen der Lehrerin meldete sich allerdings höchstens ein Viertel der Klasse, die meisten Kinder beteiligten sich kein einziges Mal aktiv an der Erschließung der Geschichte mittels Frage-Antwort-Technik. Nur vereinzelte Kinder äußerten sich nach dem Umblättern der Seiten spontan, etwa indem sie unaufgefordert den kurzen Text laut vorlasen. Amüsiert zeigten sich die Kinder, wie erwähnt, eher selten, vielmehr machte sich bei fast allen zunehmend verhaltenes Gähnen bemerkbar.

Dies ist ein Hinweis darauf, dass Erzählen – wie im Unterrichtsvorschlag oben ausgeführt – in der Tat etwas ist, das nicht nur von Grundschüler/-innen gelernt und geübt sein will. Eine Bilderbucherzählung muss wie reine Vorlesegeschichten auch von der Lehrerin mit ausdrucksvoller Intonation, Mimik und Gestik vorgetragen werden, damit Neugier erzeugt wird, Spannung aufkommen kann und die Komik einer Bild-Text-Erzählung wie dieser zur Geltung kommt. Wenn die Lehrerin außerdem stärker mit offenen Impulsen statt mit engen Fragen arbeitet und die Kinder auch zur Bezugnahme auf die Äußerungen ihrer Mitschüler/-innen auffordert, kann sich ein Bilderbuchgespräch einstellen, wie es in der ersten Erprobung sehr eindrucksvoll stattfand.

Die Weiterarbeit und Vertiefung erfolgte in der zweiten Erprobung über mündliches Erzählen. Jedes Kind suchte sich zunächst für sich allein einen Menschen aus dem Bild auf der Rückseite des Bilderbuchs aus und überlegte kurz, was passieren könnte, wenn dieser den drei Fremdlingen begegnen würde. Danach wurden die Kinder in Kleingruppen eingeteilt. Hierfür zogen die Schüler/-innen Bildkarten, auf denen Figuren aus Buddes Bilderbuch zu sehen waren, und fanden so zu fünf zufällig gemischten Gruppen à vier bzw. fünf Kindern zusammen. Jedes Kind erzählte nun den anderen in seiner Gruppe, was die drei Außerirdischen vom Planeten Quittenquart mit dem von ihm ausgesuchten Menschen auf der Erde erleben.

Zum Abschluss der Doppelstunde bestimmte jede Gruppe ein Kind, das seine Geschichte der Klasse erzählen durfte. Die Zuhörer/-innen verhielten sich auch in diesem letzten Erzählkreis durchgängig aufmerksam und ruhig, obwohl die Fähigkeiten, eine Geschichte spannend zu erzählen, bei den Erzähler/-innen sehr unterschiedlich ausgeprägt waren. Ein Schüler beispielsweise trug seine Geschichte ohne Blickkontakt zu den Zuhörer/-innen vor, da er in voller Konzentration auf die zu entwickelnde Erzählung versunken war; damit gingen eine komplett ausdruckslose Stimmführung sowie ungewöhnlich lange Sprechpausen einher. Aber niemand verlor die Geduld und alle blieben still und hörten zu. Dennoch wäre hier ein Ansatzpunkt gegeben, um mit den Kindern in Folgestunden an ihren mündlichen Erzählkompetenzen weiterzuarbeiten und so ihre Fähigkeiten auszubauen, ihr Erzählen mittels Blickkontakt und Intonation verstärkt auf die Zuhörenden hin orientiert zu gestalten.

Die eindrucksvollste Fantasieerzählung gelang dem Jungen, der sich bereits in der Erarbeitungsphase während der Bilderbuchpräsentation mit vielen Äußerungen eingebracht hatte. Hier war ersichtlich, dass er vom Modellcharakter des in der ersten Hälfte der Doppelstunde gemeinsam betrachteten Bilderbuchs profitiert hatte. Seine auf der Basis des rückseitigen Buchdeckels erfundene Geschichte lautete folgendermaßen:

„Ich hab mir diesen Mann da mit Stoppelbart ausgesucht. Also der Mann findet auf der Straße die Aliens und die fliegen oder fahren dann nach Paris und gehen, besteigen den Eiffelturm und genießen dann da die Aussicht vom Eiffelturm.

Und dann gehen sie wieder runter und kriegen ein bisschen Geld von dem Mann und kaufen sich dann da was zum Essen. Sie wussten jetzt nicht, was das ist, aber der Mann hat es ihnen dann erklärt. Und dann ging es halt nach Hause und er zeigt ihnen da noch einen Rasenmäher."

Die Geschichte des Schülers orientiert sich deutlich an der Anforderung, dass das Erzählte aufgrund seiner Ungewöhnlichkeit des Erzählens wert ist. Außerdem arbeitet er erkennbar mit Überraschungseffekten und Handlungslogik. Nimmt man seine Erzählung als literarischen Text ernst, so stellt sich die Frage, ob der Rasenmäher am Schluss seiner Geschichte möglicherweise als komisierendes Echo auf den Stoppelbart des Mannes zu verstehen ist. Dass dieser sich den Aliens gegenüber als routinierter Reiseführer und großzügiger Gastgeber verhält, ist unmittelbar einsichtig. Was jedoch an dem Rasenmäher erzählwürdig ist, erschließt sich nicht sogleich. Man kann dieses Erzählelement jedoch in Anschauung des Stoppelbärtigen als lustiges Detail empfinden.

Würde man an den mündlichen Texten der Schüler/-innen weiterarbeiten wollen (wie dies in der ersten Erprobung mit den schriftlichen Texten der Kinder gemacht wurde), so müsste man hier die Kindern unter anderem fragen, in welcher Zeitform Geschichten denn normalerweise erzählt werden. Der Schüler, dessen Fantasiegeschichte oben wiedergegeben ist, wechselt in seiner Erzählung nicht zufällig vorübergehend ins Präteritum – dieses Tempus hat er innerlich bereits automatisiert für das Textformat „Geschichten erzählen". Dass er im Präsens beginnt und am Ende auch wieder ins Präsens zurückfindet, hängt unter anderem damit zusammen, dass die Vorlage von Nadia Budde, an der sich die Kinder orientieren sollten, die Gegenwartsform für szenisches Erzählen benutzt. Die Ereignisse usw., von denen die Kinder in ihren eigenen Geschichten erzählen sollen, sind ihrem Empfinden nach zudem auch noch nicht geschehen. Dass sie nicht auf das von ihnen bereits automatisierte Erzähltempus der Vergangenheit für ihre Geschichten zugreifen, ist daher auch der Aufgabenstellung geschuldet. Darüber darf man nicht zu leicht hinwegsehen.

Fantasieerzählungen sind im Vergleich mit Erlebnisberichten mündlich schwerer zu präsentieren, da sie anders als diese nicht dialogisch auf inhaltliche Nachfragen oder emotionale Rückmeldungen aus dem Kreis der Zuhörenden angelegt sind (vgl. Stude/Wildemann 2018, 9). Fantasiegeschichten sind monologisch organisiert und richten die Aufmerksamkeit des erzählenden Kindes stärker auf Formales (Einführung von Figuren, Handlungsaufbau); im Vergleich mit Erlebnisberichten gehen Fantasieerzählungen deshalb während des Erzählprozesses mit größerer Planung und verstärktem Monitoring einher (was sich beim oben genannten Schüler, der seine Geschichte in sich gekehrt und mit langen Sprechpausen vortrug, sehr deutlich zeigte).

Das alles ist zu bedenken. Aber gerade für Schreibanfänger/-innen bieten mündliche Textproduktionen in Auseinandersetzung mit einem literarischen Text großes Potenzial für den Ausbau ihrer literarischen und sprachlichen Kompetenzen, da Schreibanforderungen hier nicht zur Hürde werden. Mündliches Erzählen erfordert keine Voraussetzungen im Kompetenzbereich Schreiben – dadurch bietet sich mündliches Erzählen gerade im Anfangsunterricht für sehr unterschiedliche Kinder als literarisches Sprachhandeln an (vgl. auch Naugk/Ritter 2018, 7). Dennoch muss auch mündliches Formulieren und Erzählen vor der Klasse geübt werden.

„Erzählen lernen Kinder durch Erzählen." (Stude/Wildemann 2018, 10) Um Lernfortschritte im Bereich des mündlichen Erzählens zu befördern, müssen die individuellen Voraussetzungen der Schüler/-innen wahrgenommen und ihre Entwicklungspotenziale im Unterricht verstärkt werden. Nur so kommt auch die Freude am Fabulieren und Erfinden von Geschichten nicht zu kurz.

5.6 Briefe schreiben gegen Langeweile und dabei Freunde finden

Megumi Iwasa (Text)/Jörg Mühle (Illustration):
Viele Grüße, Deine Giraffe
Ins Deutsche übersetzt von Ursula Gräfe.
Frankfurt am Main: Moritz 2017 [japan. OA 2001]
(Kinderbuch)

AUF EINEN BLICK

Klassenstufe: 1/2/3

Zeitplanung:
Für den Unterricht mit dem Kinderbuch *Viele Grüße, Deine Giraffe* von Megumi Iwasa und Jörg Mühle sind flexibel in Abhängigkeit von den zeitlichen Ressourcen unterschiedliche Zeitumfänge anzusetzen. Es sollen hier zwei Basis-Einheiten mit je einem eigenen inhaltlichen Schwerpunkt vorgestellt werden. Eine Kombination von beiden ist denkbar und darüber hinaus bieten sich weitere Vertiefungsaufgaben an (siehe unten Ideen zur Weiterarbeit).
Unterrichtsvorschlag 1 setzt am Ende der Lektüre des Buchs an und umfasst eine Doppelstunde. Folgende Zeitstruktur wird vorgeschlagen, einschließlich des Vorlesens des Buchs:

- Das Buch wird von der Lehrerin vorgelesen. Es bieten sich dafür vier Einheiten im Umfang von etwa 20 Minuten an, die dem Vorlesen mit Gesprächseinlagen gewidmet ist. Das Buch kann auch in kleineren Einheiten vorgelesen werden, etwa in kurzen ritualisierten Vorleseeinheiten am Tag oder in der Frühstückspause.
- Zum Abschluss der Lektüre verfassen die Kinder Briefe für eine Flaschenpost an den Wal. Hierfür ist eine Doppelstunde einzuplanen.
- Gibt es ein Gewässer in der Nähe, so kann die Flaschenpost eingeworfen werden. Aus Gründen des Umweltschutzes empfiehlt sich die Verwendung einer Glasflasche.

Bei **Unterrichtsvorschlag 2** wird auf das Vorlesen des gesamten Buchs verzichtet. Stattdessen wird das Buch mittels Erzählen und Vorlesen von ausgewählten Abschnitten präsentiert (siehe Kap. 4.2 zur Segmentierung). Der Schwerpunkt liegt im weiteren Verlauf auf dem szenischen Nacherzählen der Geschichte mit Hilfe einer Bauchladenbühne. Für die Unterrichtseinheit sind eine Einzelstunde und zwei Doppelstunden mit folgender Zeitstruktur einzuplanen:

- In einer Einzelstunde werden das Buch, Titel und Cover vorgestellt und der Handlungsverlauf der Geschichte erzählt sowie ausgewählte Szenen vorgelesen (Vorschlag zur Segmentierung siehe Material 5.6.A zum Download). Die Kinder können dabei aktiv einbezogen werden, indem sie sich über das Gehörte im Klassengespräch austauschen und die Briefe von Giraffe und Pinguin vorlesen. Gegebenenfalls können einzelne Szenen zur Auflockerung spielerisch umgesetzt werden.
- Eine Doppelstunde ist dem Bau der Bauchladenbühnen in Gruppenarbeit gewidmet. Gegebenenfalls können die Tiere mit Modelliermasse von den Kindern selbst gestaltet werden.
- In der zweiten Doppelstunde erproben die Kinder in Gruppen ausgewählte Szenen aus dem Buch für die Bauchladenbühne. Sie überlegen sich, wie sie den vorgegebenen Text szenisch nacherzählen möchten und üben ihren Vortrag ein. Im Anschluss präsentieren alle Gruppen ihre Ergebnisse in der Klasse.

Materialien für Unterrichtsvorschlag 1:
- eine Kopie des Briefes vom Wal oder eine Abschrift in Druckschrift
- eine Glasflasche mit Verschluss für die Flaschenpost
- Blanko-Blätter oder Blätter mit Lineatur für die Briefe der Kinder

Materialien für Unterrichtsvorschlag 2:
- Vorschlag zur Segmentierung (siehe Material 5.6.A zum Download)
- Kartons für die Bauchladenbühnen mit einer Länge von etwa 40 cm mit abgeschrägten Seitenteilen und Gummibändern oder Kordel zum Befestigen und Umhängen der Bühne (alternativ: Bauchladenbühne aus Laptophaltern siehe Material 5.6.B zum Download)
- für die Landschaftsgestaltung: Styroporstücke, Stücke von blauen Müllsäcken, braunes und grünes Krepppapier, gelbe und braune Schulmalfarbe
- zum Basteln von Akazienbäumen: die erhöhten Mittelteile von Eierkartons, Äste, grüne Watte für das Laub, Wassermalfarbe zum Anmalen
- Spielzeugpflanzen (z. B. Akazienbäume), Spielzeugtiere (Giraffe, Pelikan, Seehund, Pinguin, Wal u. a.)
- Kopien der Textausschnitte und Briefe als Grundlage für das szenische Erzählen
- Scheren und Klebstoff, evtl. Modelliermasse und Wasserfarbe

Ziele des Unterrichts:
- Die Schüler/-innen sollen das Kinderbuch *Viele Grüße, Deine Giraffe* kennenlernen.
- Die Schüler/-innen lernen, selbstverständliche Vorstellungen des Eigenen und Fremden zu hinterfragen und andere Perspektiven einzunehmen.
- Die Schüler/-innen sollen lernen, adressatenbezogen Informationen über sich in einem Brief an den Wal zu verfassen. (optional)
- Die Schüler/-innen sollen zentrale Aspekte des Handlungsverlaufs eines Ausschnitts der Geschichte bestimmen und erzählerisch mit Hilfe der Bauchladenbühne umsetzen. (optional)

5.6.1 Vorstellung des Kinderbuchs *Viele Grüße, deine Giraffe*

Welches Kind kennt das nicht: Langeweile und manchmal auch das Gefühl von Einsamkeit? An diese Kinder jedenfalls ist das Buch adressiert, aber auch an Kinder, die viel zu tun haben und die gern zwischendurch eine Pause einlegen. So ist es dem Vorwort des Kinderbuchs *Viele Grüße, Deine Giraffe* von Megumi Iwasa zu entnehmen. Die japanische Originalausgabe erschien bereits 2001 unter dem Titel *Boku wa Africa ni Sumu Kirin to Iimasu*. 2017 wurde dann die deutsche Übersetzung beim Moritz Verlag publiziert (siehe Abb. 5.6.1). Ursula Gräfe hat die Übersetzung aus dem Japanischen vorgenommen und Jörg Mühle hat das Buch illustriert. Das Buch hat in Deutschland bereits zwei Auszeichnungen erhalten: 2017 den Leipziger Lesekompass und 2018 den Deutschen Jugendliteraturpreis in der Sparte Kinderbuch. Mittlerweile liegt eine Fortsetzung vor: *Viele Grüße vom Kap der Wale* (2018).

Viele Grüße, Deine Giraffe kann als Briefroman betrachtet werden, der vorwiegend aus der Korrespondenz besteht, die zwischen der Giraffe, die in der Savanne des südlichen Afrikas lebt, und dem Pinguin vom Walsee hin- und hergeht. Gerahmt werden die Briefe durch eine heterodiegetische Erzählung, in welcher der Erzähler aus der Übersicht von den Erlebnissen der Tiere erzählt. Wir erfahren zunächst einiges über die Giraffe, die keinen richtigen Freund hat und sich deshalb auch langweilt. Eigentlich kann sie sich über ihr Leben nicht beschweren, das Wetter ist gut und es gibt genug Akazienblätter zum Knabbern, aber dennoch wünscht sie sich, dass die Gleichförmigkeit ihrer Tage durch etwas Lustiges unterbrochen wird. Sie wartet aber nicht darauf, dass etwas passiert, sondern ergreift selbst die Initiative. Der Pelikan, der sich ebenfalls langweilt, hat einen Postdienst eröffnet. Und daher kommt die Giraffe auf die Idee, einen Brief zu schreiben, den der Pelikan auf die andere Seite des Horizonts bringen soll. Für den Pelikan ist es der erste Auftrag dieser Art, und er ist deshalb ziemlich aufgeregt. Die Giraffe weist ihn an, dass er dem ersten Tier, das ihm hinter dem Horizont begegnet, den Brief übergeben soll. Obwohl der Pelikan damit gerechnet hatte, zum Sonnenuntergang desselben Tages wieder zurück zu sein, dauert es doch bis zum Mittag des nächsten Tages, bis der lang Ersehnte zurückkehrt. Umso größer ist die Freude der Giraffe, dass der Pelikan von einer erfolgreichen Mission berichten kann. Der Brief war von Robbe, der Postbotin im Walsee entgegengenommen und dem Pinguin überbracht worden, weil er der einzige ist, der dort Briefe bekommt. Pinguin erhält Briefe von seiner Familie und seiner Freundin, da er von ihnen getrennt die Schule bei Professor Wal besucht. Und dort erreicht ihn nun der Brief der Giraffe. Von einer Giraffe hat er noch nie etwas gehört, wie auch umgekehrt die Giraffe nicht weiß, was ein Pinguin ist. Die beiden Postboten können auch nicht zur Aufklärung beitragen, weil sie den jeweiligen Adressaten nicht kennen und folglich dem Absender nicht beschreiben können. Aus den ungenauen Kenntnissen heraus entwickelt sich ein interessanter Briefwechsel, der mit den Vorstellungen vom Eigenen und Fremden spielt.

Abb. 5.6.1: *Viele Grüße, Deine Giraffe*

Selbstverständlichkeiten werden dabei kritisch hinterfragt und neue Perspektiven gewonnen. So versuchen die Protagonist/-innen in den

Abb. 5.6.2: Freude der Giraffe über den Erhalt des Briefes, 54f.

Briefen ihre Fragen aufzuklären, zum Beispiel, was ein Hals ist, welche Farben sie haben, was sie tun, ob sie sitzen oder schwimmen können usw. Als es dann schließlich zum Besuch kommt, sind beide doch überrascht, dass der bzw. die andere anders aussieht, als sie es sich vorgestellt haben. Aber trotz aller Unterschiede werden sie gute Freunde. Der Wal erkennt, dass er dem Pinguin nun nichts mehr beibringen kann, und schlägt ihm vor, auf der Pinguininsel eine eigene Schule aufzumachen. Der Wal aber langweilt sich im Ruhestand nicht, denn er beginnt nun auch, Briefe an diejenigen auf der anderen Seite des Horizonts zu schreiben.

Es handelt sich hier um eine Tiergeschichte, in der die Tiere mit menschlichen Eigenschaften ausgestattet werden (vgl. Haas 2000; Rathmann 2012). Die Tiere leben zwar zunächst noch in ihrem artgerechten Lebensraum, erst am Ende überschreitet die Giraffe die natürliche Grenze, sie haben aber von Anfang an menschenähnliches Bewusstsein, sie können denken, sprechen und fühlen. Aus der Übertragung der menschlichen Eigenschaften auf die Tiere ergeben sich in Tiergeschichten oft komische Elemente. Komik ist auch hier zu finden, so etwa bei der Darstellung einer gelangweilten Giraffe oder durch die Darstellung eines alten Walprofessors. Das erzählerische Komikmotiv wird insbesondere durch die bildnerische Umsetzung aufgegriffen und verstärkt.

Die wichtigste Gattung der sogenannten Tierliteratur ist die Fabel, in der Tiere Verweisfunktion für menschliches Verhalten erhalten. Auch diese Tiergeschichte kann als Form der Uneigentlichkeit gedeutet werden, und zwar insofern, als dass sie im übertragenen Sinne zu verstehen ist. So wird für die Idee der Interkulturalität geworben, welche die Begegnung mit dem Fremden als Gewinn versteht. Denn hier wird vom Zusammentreffen, dem interkulturellen Austausch und der wechselseitigen Bereicherung erzählt. Zugleich wird ein positives Beispiel dafür gegeben, wie sich Fremde annähern können, nämlich indem sie über sich und ihr Leben berichten und ihr Interesse am anderen durch gezielte Nachfragen zeigen können. Über die geografischen Grenzen hinaus ist Freundschaft möglich. Und nicht zuletzt ist das gemeinsame Postunternehmen ein Beispiel dafür, dass Ergänzung in einem Team mit unterschiedlichen Kompetenzen sehr gewinnbringend sein kann.

Eine weitere Lesart ist auch diese, Kinder zu ermutigen, gegen die eigene Langeweile und Einsamkeit etwas zu tun und selbst aktiv zu werden. In diesem Sinne zeigt das offene Ende, dass der Wal mit seinen Briefen keinen langweiligen Ruhestand verlebt, sondern auf neue Begegnungen gespannt sein kann. Mit dem Gestus des Pädagogischen wird hier eine Aufforderung zum eigenen Tätigwerden vermittelt. Dazu passt, dass mittlerweile die Fortsetzung vorliegt: *Viele Grüße vom Kap der Wale.*

Die Illustrationen von Jörg Mühle setzen den Text kongenial ins Bild. Es ist erstaunlich, wie mit wenigen Strichen und Punkten eine Mimik erzeugt wird, welche die jeweilige emotionale Befindlichkeit der Protagonist/-innen eindrucksvoll vermittelt. So etwa spiegelt der Gesichtsausdruck der Giraffe die freudige Erwartung auf den Inhalt des Briefes wider, verstärkt wird dies durch die Art und Weise, wie sie den Brief mit den Vorderpfoten an den Hals presst (siehe Abb. 5.6.2). Auch die Irritation der Pinguine über das Aussehen der Giraffe ist durch die Körperhaltung, die Gestaltung der Schnäbel und der Position der Augen bemerkenswert umgesetzt.

Die Illustrationen nehmen unterschiedlichen Raum ein. So wird jedes neue Kapitel durch ein ganzseitiges Bild auf der linken Hälfte der Doppelseite eingeführt, welches die jeweilige Situation der Protagonist/-innen in Szene setzt. Darüber hinaus reichern größere Zeichnungen oder einzelne Vignetten den Text auf jeder Doppelseite an. Weitere Vignetten sind auf den Vorsatzseiten und der Titelei zu finden. Im Inhaltsverzeichnis ist jeder Kapitelüberschrift eine Figur aus dem jeweiligen Kapitel zugeordnet und spielt auf den entsprechenden Inhalt an.

Die Bilder geben nicht nur den Text symmetrisch wieder, sondern setzen eigene Akzente, indem sie mit Witz und Komik spielen. Dass die Geschichte nicht nur ernsthaft und pädagogisch zu lesen ist, sondern eine humorvolle Wirkung hat, ist den Bildern zu verdanken. So hat das Bild von dem Pinguin, der mit seinem gelben Schnabel und den weit auseinander stehenden Augen über den Rand des roten Eimers schaut, einen witzigen Ausdruck, während der Text bloß erzählt, dass er seine Farbe testen will. Als eines von vielen weiteren komischen Beispielen kann der am Ast eines Baumes hangelnde Pelikan genannt werden, der sich ganz dem Spaß seiner Turnübung hingibt und dabei augenscheinlich verkennt, mit welcher ernsthaften Vorfreude die Giraffe nebenan auf den Inhalt des Briefes harrt (siehe Abb. 6.6.2). Vielleicht als Reminiszenz an die Sonne auf der japanischen Flagge ist auf vielen Bildern die rote runde Sonne zu finden, die an das Symbol auf der japanischen Flagge erinnert.

Wesentlich für das Buch ist die typografische Gestaltung der Briefe, die jeweils eine individuelle Handschrift simuliert. Die Schrift der Giraffe zeichnet sich durch leicht nach rechts geneigte, steile Großbuchstaben aus. Davon weichen die Minuskeln von i, e und t ab. Auch das R ist herausgehoben, da sein Abstrich in einer spiralförmigen Linie endet. Der Name „Giraffe" ist hervorgehoben durch die Größe, die aufsteigende Linienführung nach rechts oben sowie durch einen Unterstrich. Als Schriftfarbe wurde ein Rosabraun-Ton gewählt, der mit den Flecken der Giraffe übereinstimmt. Die Schriftart und die Akzentuierung der Buchstaben durch die uneinheitliche Verwendung der Groß- und Kleinschreibung lässt auf die Individualität der Schreiberin schließen. Die Briefe des Pinguins sind hingegen in eine Schreibschrift gesetzt, die den Eindruck eines jungen Schreibers erweckt. Die einzelnen Buchstaben sind ordentlich, ähnlich wie bei einer Schulausgangsschrift, ausgeführt und weisen keine Abweichungen auf. Der

Eindruck von der Sorgfalt der Ausführung wird durch die Einhaltung der Lineatur verstärkt. Abweichend davon ist auch hier wieder der Name „Pinguin" durch die aufsteigende Linienführung herausgestellt. Als Schriftfarbe wurde Blau gewählt. Jeder Brief ist durch eine schwarze Linie umrandet, die wie von Hand gezogen wirkt und dadurch den persönlichen Charakter der Briefe hervorhebt. Dies gilt auch für den letzten Brief im Buch, für den Brief des Wals. Hier lässt die Nachahmung einer persönlichen Handschrift – gekennzeichnet durch die schwungvoll wirkenden, leicht nach rechts geneigten Buchstaben und den individuellen Charakter der Initialen – auf einen erwachsenen, mit dem Schreiben vertrauten Autor schließen.

5.6.2 Unterrichtsvorschlag

Für Unterrichtsvorschlag 1 wird folgendes Vorgehen empfohlen: Das Kinderbuch eignet sich sehr gut zum Vorlesen und für Vorlesegespräche in der Klasse. Für eine tägliche Vorleseeinheit mit Gesprächseinlagen sind jeweils 20 Minuten zu veranschlagen. Für starke Leser/-innen ist in Klasse 1/2 auch eine selbstständige Lektüre möglich, die gegebenenfalls mit dem Vorlesen der Lehrerin variiert werden kann.

Im Anschluss daran sollen die Schüler/-innen Briefe an den Wal verfassen. Hierfür ist eine Doppelstunde einzuplanen. Das offene Ende des Buchs mit dem Brief des Wals motiviert die Kinder, mit eigenen Briefen dem Wal zu antworten. Das Schreiben von Briefen gehört zu den traditionellen Themen des Deutschunterrichts und kann im Rahmen dieser Unterrichtsreihe sinnvoll aufgegriffen werden.

Zum *Einstieg* in die Textproduktion betrachten die Kinder eine Flasche, in deren Innerem sich ein eingerollter Brief befindet. Es werden zunächst im Gespräch Assoziationen zu der Flasche gesammelt. Vermutlich werden die Kinder schnell eine Verbindung zu den Briefen im Buch bzw. zur Flaschenpost des Wals herstellen können. Im Anschluss daran wird die Flasche geöffnet und der Brief herausgeholt. Dabei sollte es sich um eine Kopie des Briefes vom Wal handeln. Alternativ ist es auch möglich, dass der Brief des Wals von der Lehrerin noch einmal in Druckschrift abgeschrieben wurde, damit die Kinder den Brief selbstständig erlesen können.

In der *nächsten Phase* soll die Aufforderung des Wals, etwas von sich selbst zu erzählen, von den Schüler/-innen umgesetzt werden. Es ist anzunehmen, dass selbst Schreibanfänger/-innen mit begrenzten Schriftkenntnissen und mit Hilfe einer Laut-Buchstabentabelle eine Aussage über sich selbst formulieren können. Wer dazu noch nicht im Stande ist, kann einen Brief diktieren und auf diese Weise die Funktion der Schrift entdecken (vgl. Merklinger 2012). Gemeinsam werden Ideen für die Briefe gesammelt. Ähnlich wie es Giraffe und Pinguin umgesetzt haben, können die Kinder über ihr Aussehen, ihre Vorlieben und ihre Fähigkeiten schreiben. Informationen zur Briefform wie Angaben zum Ort und zum Datum, die Anrede, Abschlussformel und Grüße können beiläufig vermittelt werden. Je nach Klassensituation kann entschieden werden, ob die Briefe zuerst vorgeschrieben und nach einer Überarbeitung noch einmal abgeschrieben werden. Die Überarbeitung vor allem in rechtschriftlicher Hinsicht kann mit der Lesbarkeit begründet werden. Da das Schreiben für Anfänger/-innen mit großer Anstrengung verbunden ist und um die Motivation zu erhalten, kann ggf. eine Erstfassung ausreichen. Möglich ist auch, dass eine korrigierte Abschrift am nächsten Tag durchgeführt wird.

Auf eine Flaschenpost kann im Grunde nur mit einer Flaschenpost geantwortet werden. *Zum Abschluss* der Einheit stecken die Kinder ihre Briefe in die Flasche des Wals. Gemeinsam soll dann die Flasche in ein Gewässer geworfen werden. Eine Flaschenpost zu verschicken, wird sicherlich ein attraktives, gemeinsames Erlebnis für alle Kinder sein. Schulen, die in der Nähe eines Flusses oder sogar eines Meeres liegen, haben hier einen großen Vorteil. Alternativ kann die Flaschenpost auch einem der Kinder in den Urlaub mitgegeben werden, damit es die Flasche im Urlaubsort ins Meer wirft. Schön wäre es, wenn das Kind ein Foto von der Flasche im Wasser machen könnte, um so alle teilhaben zu lassen.

Für *Unterrichtsvorschlag 2* wird folgendes Vorgehen empfohlen: Das Buch kann auch wie in Unterrichtsvorschlag 1 über eine längere Zeit hinweg vorgelesen oder im Rahmen einer Unterrichtsstunde (45 min) präsentiert werden. Für die Form der kürzeren Darbietung, so wie hier in Unterrichtsvorschlag 2 vorgesehen, eignet sich zur Orientierung die Segmentierung der Erzähl- und Vorleseabschnitte (Vorschlag zur Segmentierung siehe Material 5.6.A zum Download). Diese Art der Präsentation kann auch gut mit der selbstständigen Lektüre der Kinder verknüpft werden. Je nach Lesefähigkeit können die Kinder zumindest die Briefe der Figuren selbst lesen bzw. einander vorlesen. Die Vorlese- und Erzähleinheiten können so durch die Schüler/-innen-Aktivitäten aufgelockert werden. Ebenfalls kann es sinnvoll sein, spielerische Elemente zu integrieren, bei denen sich die Schüler/-innen in die Situation der Tiere und in ihre Empfindungen einfühlen können.

Im Mittelpunkt dieser Unterrichtsreihe steht die Förderung des mündlichen Erzählens mit Hilfe von Tierfiguren und einer Bauchladenbühne (Bauanleitung Material 5.6.B im Downloadbereich). Dafür wählen die Kinder gemeinsam Szenen aus, die sie erzählerisch umsetzen wollen. Es empfiehlt sich, dass die Lehrerin vorab eine Vorauswahl der Szenen, welche sich gut zum Nacherzählen eignen, vorbereitet. So könnten direkt Kopien der entsprechenden Textausschnitte in die Gruppen gegeben werden. Um den gesamten Handlungsbogen der Geschichte spielerisch nachzuvollziehen, sollte die Szenenauswahl die Geschichte im Wesentlichen abdecken. Die Kinder lesen zunächst in ihren Gruppen die Szenen und überlegen sich, in welcher Landschaft ihre Szene spielt, welche Figuren und Requisiten sie benötigen. In Verbindung mit dem Fach Kunst können die Kinder dann in der folgenden Doppelstunde in kleinen Gruppen die entsprechenden Landschaften gestalten.

Als Grundlage für die Landschaftsgestaltung kann ein fester Karton mit abgeschrägten Seitenteilen dienen. Mit Styroporstücken und Stücken von blauen Müllsackfolien kann das Eismeer nachgestaltet werden. Für die afrikanische Savanne wird für den Bodenbelag eine braungelbliche Farbe aufgetragen. Darauf können Gras und Bäume befestigt werden. Aus aufgerollten grünen und braunen, ca. 3 cm langen Krepppapierstreifen können Grasbüschel geschnitten und auf die Fläche geklebt werden. Akazienbäume sind eventuell in einem Spielzeugsortiment erhältlich oder können aus den erhöhten Teilen von Eierkartons erstellt werden. Die gestalteten Lebensräume können zur Veranschaulichung der Präsentationen dienen. Mit einer solchen Bauchladenbühne lassen sich ausgewählte Szenen aus dem Buch allein oder in einer kleinen Gruppe szenisch aufbereiten und erzählerisch nachgestalten, wobei Kompetenzen im Bereich Sprechen und Zuhören gefördert werden können. Für die Tiere können Spielfiguren aus dem Spielwarensortiment mitgebracht oder aus Modelliermasse selbst erstellt und angemalt werden.

Sind die Vorbereitungen getroffen, spielen die Kinder einen Abschnitt der Geschichte mit ihren Spielfiguren in der Bauchladenbühne nach. Dabei üben sie das Nacherzählen der Szene ein. Zur Förderung des mündlichen Erzählens sind folgende Kriterien hilfreich: Die Kinder sollten laut und flüssig sprechen und auf eine ausdrucksstarke Intonation achten.

Zum *Abschluss* präsentieren alle Gruppen ihre Ergebnisse und erzählen die Geschichten nach.

Ideen zur Weiterarbeit

Zur Weiterarbeit bietet es sich fächerübergreifend im Deutsch- und Sachunterricht an, Tiersteckbriefe über die Handlungsträger/-innen des Buchs zu verfassen. Ausgewählt werden Giraffe, Pinguin, Pelikan, Robbe und Wal. Gegebenenfalls können weitere Tiere des südlichen Afrikas einbezogen werden wie z. B. Elefant und Löwe. In einem ersten Schritt werden gemeinsam Fragen für den Steckbrief entwickelt. Dafür werden Fragen an das ausgewählte Tier gestellt wie beispielsweise zur Größe, zu Nahrung, zum Lebensraum, zu Aufzucht des Nachwuchses und zu den Feinden. Erste Erfahrungen in der Recherche von Informationen können gewonnen werden. Die Lehrerin stellt den Kindern dazu einfache Tierlexika oder Sachbilderbücher über die entsprechenden Tiere zur Verfügung. Es werden Gruppen in der Größe von vier bis sechs Kindern gebildet, welche jeweils für ein Tier die entsprechenden Informationen zusammentragen. Da Leseanfänger/-innen nur über begrenzte Kapazitäten für die Textverarbeitung verfügen, ist ein arbeitsteiliges Vorgehen in den Gruppen zu empfehlen. So bleiben die Lesetexte für sie überschaubar. Einzeln oder in Gruppen können sich die Schüler/-innen ihrem Unterthema widmen und einen einfachen Sachtext dazu lesen. Mitunter ist eine intensive Begleitung der Kinder erforderlich. Dies ist leichter möglich, wenn mehrere Lehrpersonen zur Verfügung stehen (z. B. Förderlehrer/-in, Referendar/-in, Praktikant/-in). Eventuell können auch sogenannte Lesemütter oder -väter angesprochen werden. Die gewonnenen Informationen setzen die Schüler/-innen dann in eigene Texte um. Die kurzen Sachtexte werden nach einer rechtschriftlichen Überarbeitung auf entsprechende Lernplakate geklebt und auch mit Bildern der Tiere angereichert. Zum Abschluss üben die Kinder in ihren Gruppen einen Vortrag über ihr gewähltes Tier ein. Durch die Präsentation wird die fiktionale Geschichte durch zoologische Informationen ergänzt.

Die Unterrichtsreihe kann mit weiteren Pinguin- und Giraffen-Geschichten zum Vorlesen, Erzählen und Selberlesen (freie Lesezeiten, Buchausstellung) abgerundet werden.

Literatur zur Weiterarbeit

Christine Denis-Hout: *Die Giraffe*
Reihe: Die große Tierbibliothek.
Esslingen: Esslinger Verlag 2010.

Philipp Hunt: *Lost and Found*
Edel Studio (DVD) 2008.

Oliver Jeffers: *Lost and Found*
London: Harper Collins 2006
(die deutsche Ausgabe aus dem Jahre 2010 im Aufbau Verlag, Berlin, erschienen, ist nur noch antiquarisch erhältlich).

Oliver Jeffers: *Rauf und Runter*
Berlin: Aufbau Verlag 2011.

Hannah Kastenhuber: *Der Pinguin*
Reihe Mein kleines Tierlexikon.
Nürnberg: groß & klein Verlag 2017.

Daniela Prusse/Anne Ebert: *Der Pinguin*
Reihe: Wieso? Weshalb? Warum?
Ravensburg: Ravensburger Buchverlag 2016.

5.6.3 Aus der Praxis

Die beiden Unterrichtsvorschläge wurden in zwei Klassen erprobt. Unterrichtsvorschlag 1 (Abschluss der Klassenlektüre und Verfassen eigener Briefe für die Flaschenpost) wurde in einer Klasse mit Kindern der 2. Jahrgangsstufe umgesetzt, Unterrichtsvorschlag 2 in einer jahrgangsübergreifenden Klasse mit den Stufen 1 bis 3.

Für die Erprobung von *Unterrichtsvorschlag 1* hatte die Klassenlehrerin einer 2. Klasse einer städtischen Grundschule das Buch den Kindern in einer jeweils verlängerten Frühstückspause vorgelesen. Pro Einheit wurden zwei Kapitel vorgestellt. Im Anschluss an die Lektüre setzte nun die oben vorgeschlagene Doppelstunde an, die von einer Lehramtsstudentin durchgeführt wurde.

Die Entdeckung der Flaschenpost

Die Kinder kamen zunächst zu Beginn des Unterrichts im Kreis zusammen. Sehr überzeugend berichtete die Lehrerin (studentische Lehrkraft), dass sie heute Morgen am Fluss entlanggefahren sei und dabei etwas Besonderes entdeckt habe. Die Kinder waren gespannt und staunten, als sie aus ihrer Tasche eine Flaschenpost holte. Sofort begannen die Kinder Vermutungen anzustellen und von eigenen Flaschenpostfunden zu erzählen. Als Absender der Flaschenpost hatten sie den Wal zunächst nicht im Blick. Sie vermuteten, dass die Flaschenpost von einem anderen Menschen und aus einem anderen Land kommen könnte. Ein Kind allerdings gab zu bedenken, dass die Flaschenpost auch vom Pinguin stammen könne. Einige Kinder lachten zunächst, vermutlich weil sie sich nicht vorstellen konnten, dass die Fiktionalität der Geschichte in ihre wahrgenommene Realität hineinreichen könne, aber dann ließen sie sich auf das gedankliche Experiment ein und überlegten, ob der Brief in der Flasche auch von der Giraffe, von der Robbe, vom Pelikan oder vom Wal verschickt worden sein könnte. Mit großer Spannung wurde die Glasflasche geöffnet und der Brief herausgeholt. Vorsichtig wurde der Brief (eine vergrößerte Kopie des Briefs im Buch) entrollt. Als erstes informierte das Kind, welches den Brief öffnete, dass der Brief auf Deutsch geschrieben sei. Im Anschluss daran zeigte es ihn im Kreis herum. Alle Kinder wollten den Brief gerne vorlesen und meldeten sich dafür. Nachdem ein Kind den Brief vorgelesen hatte, erkannten sie den Zusammenhang mit der Lektüre. Die Mimik der Kinder ließ erkennen, dass sie sich über den Brief freuten. Aber diese Flaschenpost gab ihnen auch Rätsel auf. Das Spiel mit der Fiktionalität war spannend und bot Anlass für verschiedene Überlegungen. So vermuteten einige, dass die Lehrerin für den Wal den Brief geschrieben habe. Andere meinten auch, dass ein Wal gar nicht schreiben könne. Ein Kind erläuterte, dass der Wal ein Lehrer sei und deshalb schreiben können müsse. Sie waren sich aber auch nicht einig darüber, ob dieser Brief tatsächlich von dem Walprofessor geschrieben sei, da der Absender des Briefes sich nur als Wal bezeichnet habe. Im weiteren Verlauf überlegten sie, wie es nun mit der Flaschenpost weitergehen könne. Der Vorschlag der Lehrerin, auch mit einer Flaschenpost zu antworten, wurde freudig und zugleich auch etwas zurückhaltend aufgenommen. Vermutlich konnten sich die Kinder nicht so richtig vorstellen, was sie dem Wal antworten sollten.

Ideen für eigene Briefe entwickeln

Zur Vorbereitung der eigenen Briefe erwies es sich als günstig, dass gemeinsam auf einem Papier mit großem Format der Aufbau eines Briefes erarbeitet und visualisiert wurde. Die Kinder einigten sich darauf, den Wal mit „Lieber Wal" anzureden und nicht „Walprofessor" zu sagen, obwohl einige der Meinung waren, dass es sich ja auf jeden Fall um den Walprofessor aus dem Buch handeln müsse. Die Lehrerin bot an, dass die Kinder über die Anrede selbst entscheiden könnten und im eigenen Brief auch Walprofessor sagen könnten. Auf die Frage, was sie denn dem Wal schreiben könnten, ließ die Lehrerin ein Kind vorlesen, was denn der Wal von ihnen wissen wolle: „Erzähl mir etwas von dir." Weitere Überlegungen betrafen den Abschluss des Briefes. Ein Kind konnte weiterhelfen und erläuterte, dass man am Ende „liebe Grüße" und „dein" oder „deine" schreiben könne und dann den Namen einsetzen müsse. Im Mittelpunkt der weiteren Überlegungen stand aber die Frage, was die Kinder von sich erzählen sollten. Es entwickelte sich ein Gespräch, bei dem die Kinder verschiedene Vorschläge einbrachten:

Elisa: Wir könnten schreiben, dass wir auch Kinder sind und auch in einer Schule sind und auch eine Lehrerin haben.
Lehrerin: Ihr müsst euch vorstellen, dass der Wal gar nicht weiß, wie ihr ausseht. Der lebt ja nur im Ozean, der hat ja gar keine Vorstellung davon, wie Kinder aussehen.
Nina: Wir könnten z. B. schreiben, dass wir zwei Beine haben und zwei Arme und einen Bauch und einen Kopf und zwei Augen.
Ben: Und einen Hals …
Nina: Ja, und einen Hals, weil der Hals ist richtig wichtig.
Lara: Wir können auch schreiben, dass wir auch Haare haben.
Betty: Man kann sich auch hinmalen.
Leila: Wir könnten auch schreiben, dass wir Klamotten haben, weil die das ja nicht haben.
Hanna: Kann man auch schreiben, welche Farbe man mag?
Lehrerin: Ja, klar, darfst du das schreiben. Ihr dürft alles über euch schreiben, damit der Wal sich euch vorstellen kann.
Nils: Dürfen wir auch über unsere Hobbys und so schreiben?

Sehr wichtig war den Kindern die Frage, ob ihre Briefe denn auch mit der Flaschenpost verschickt würden. Die Aussicht darauf war für sie sehr motivierend. Im nächsten Schritt ging es dann um die Vorbereitung der Briefe. Dazu gehörten Überlegungen, mit welchem Stift sie schreiben dürften, in Schreibschrift oder Druckschrift, auf welchem Papier und ob sie die Briefe auch noch einmal abschreiben müssten. Je nach Klassensituation sind verschiedene Möglichkeiten zu empfehlen. Hier bewährte sich die Variante, dass die Kinder mit Bleistift schrieben und nach der Korrekturdurchsicht der Lehrerinnen ihre Texte mit Füller überschrieben.

Die eigentliche Schreibphase umfasste insgesamt einen Zeitraum von etwa 60 Minuten, was durch die große Motivation und konzentrierte Arbeit der Kinder realisiert werden konnte. Es wäre durchaus denkbar gewesen, das Schreiben früher zu beenden. Die Kinder waren jedoch mit viel Elan und Ausdauer bei ihrer Arbeit. Einige Kinder waren früher fertig, deren Briefe konnte die Lehrerin mit den Kindern bereits besprechen und so die Abschrift bzw. das Überarbeiten vorbereiten. Andere Kinder brauchten länger und begannen erst später, an der Gestaltung zu arbeiten. Am Ende waren alle sehr stolz auf ihre Briefe. Wenn das Arbeitstempo und die Arbeitsdauer unterschiedlich sind, muss ggf. ein Puffer eingebaut werden.

Zur Auflockerung: sich bewegen wie die Tiere in der Geschichte

Bevor die Kinder zur Besprechung der Briefe wieder im Kreis zusammenkamen, entschied die Lehrerin, zur Auflockerung ein Bewegungsspiel passend zu den Tieren im Buch anzubieten. Das wurde von den Kindern sehr gerne angenommen. Sie standen dazu an ihren Plätzen, reckten und schüttelten zunächst ihre Arme und Beine aus. Dann durften sie sich strecken wie Giraffe, sich so lang machen wie sie, als sie nach Pelikan Ausschau hielt. Die Kinder durften watscheln wie ein Pinguin, sich groß und breit machen wie ein Wal und wie er durch das Meer schwimmen, der sich mal schneller und mal langsamer und sich mal nach oben und nach unten bewegt.

Vorstellen der Briefe und die Flaschenpost füllen

Im Anschluss daran erhielten die Kinder im Sitzkreis die Möglichkeit, ihre Briefe vorzulesen. Der Fokus der Texte lag auf der Beschreibung des menschlichen Aussehens, ähnlich wie es auch in den Briefen von Giraffe und Pinguin vermittelt wurde. Einige Kinder hatten zusätzlich noch etwas Persönliches ergänzt, Hobbys, Lieblingsessen und Besonderheiten eingefügt.

Nach der Vorstellung rollten alle Kinder ihre Briefe zusammen und steckten sie in die Flasche. Der Tipp der Lehrerin, zunächst das Blatt einmal zu falten und dann den Brief zusammenzurollen, war hilfreich, denn insgesamt war das

Zusammenrollen doch mit einer gewissen Herausforderung verbunden. Der Brief musste so eng eingerollt werden, dass er gut durch den Flaschenhals passte. Ist die Rolle wirklich schmal, kann ein Klebestreifen der Befestigung dienen. Nach und nach wurden alle Briefe in die Flasche gesteckt. Bei großen Klassen müssen evtl. zwei Glasflaschen verwendet werden.

Die folgenden Abschriften der Briefe von den Kindern der 2. Klasse konnten durch die Videodokumentation rekonstruiert werden, da die Originalbriefe per Flaschenpost mittlerweile schon vom Neckar in Richtung des großen weiten Meeres schwimmen. Um Plastikmüll in den Ozeanen zu vermeiden, wurde eine Glasflasche für den Versand verwendet.

Lieber Wal,
ich wohne in Dossenheim und ich kann Russisch, Deutsch, Englisch, Ukrainisch. Ich bin ein Mensch. Ich habe einen Kopf, einen Hals, 2 Beine, 2 Arme, Zähne und einen Bauch. Ich bin 7 Jahre und bin in der Schule und am Samstag gehe ich in die russische Schule. Ich weiß, wie du aussiehst. Mein Geburtstag ist am 12. Juni.
Viele Grüße deine Lydia

Lieber Wal,
ich habe zwei Beine und zwei Arme. Ich habe auch zwei Hände und Haare auf dem Kopf. Ich habe auch einen Bauch. Ich habe auch Klamotten. Ich spiele gerne mit Puppen. Die Puppen haben Haare und sind nicht lebendig.
Viele Grüße, deine Nina

Lieber Wal,
wir sind Menschenkinder und haben zwei Arme und zwei Beine und einen Hals und einen Kopf und einen Bauch. Ich persönlich mag gerne Basteln und Spielen. Gekitzelt werden, mag ich auch. Am liebsten esse ich Tortellinis, Pizza und Waffeln und Crepes. Menschen leben an Land und nicht im Wasser. Wir sind auch in der Schule. Und was ich vergessen habe zu sagen, ist, dass wir zwei Füße haben.
Viele Grüße, deine Ella

Lieber Wal,
ich habe zwei Beine und einen Hals. Ich habe auch zwei Arme. Ich gehe auch in die Schule wie Pinguin. Und die Schule macht Spaß. Ich habe kurzes Haar, blond-braun. Und ich habe viele Freunde.
Viele Grüße, dein Fynn

Unterrichtsvorschlag 2 wurde in einer jahrgangsgemischten Klasse 1 bis 3 mit insgesamt 15 Kindern von einer Lehramtsstudentin im Beisein der Klassenlehrer/-innen in einer großstädtischen Grundschule durchgeführt. Die Kinder saßen zunächst im Sitzkreis auf dem Boden. Die Lehrerin stieg mit der Frage ein, ob die Kinder Langeweile kennen würden. Unter großer Beteiligung meldeten sich die Kinder und bestätigten, dass diese ihnen sehr wohl bekannt sei. Gerne wollten sie Auskunft über ihre Maßnahmen bei Langeweile geben. Mit diesem Einstieg gelang es gut, den Bogen zum Anfang der Geschichte zu schlagen und damit die Ausgangssituation der Giraffe nachzuempfinden.

Erzählen und Vorlesen des Buchs

Die Kinder durften eine bequeme Position einnehmen, um dem Erzählen und Vorlesen der Lehrerin zu lauschen. Die Kinder waren während der gesamten Buchpräsentation sehr aufmerksam, meldeten sich aber zwischendurch immer wieder zu Wort, um sich mit Ideen und Überlegungen einzubringen und von eigenen Erfahrungen zu erzählen. Die Impulsfragen der Lehrerin, die an den Vorschlägen der Segmentierung orientiert waren, wurden von den Kindern interessiert aufgenommen und von vielen beantwortet.

So etwa brachten sie sofort Vorschläge ein, was die Giraffe wohl auf der anderen Seite des Horizonts erwarten könnte.

Carla: Sie wanderte durch das ganze Land und wollte die Tiere und die Pflanzen auf der anderen Seite kennenlernen.
Jakob: Vielleicht findet sie Freunde, wenn sie auf die andere Seite geht.
Lina: Oder sie sucht noch nach einer anderen Giraffe.

Die Zuversicht des Pelikans, vor Sonnenuntergang mit dem ersten Brief zurück zu sein, belustigte die Kinder sehr. Sie konnten zwar nicht genau erläutern, was ein Horizont ist, sie ahnten aber, dass sich der Pelikan sehr täuschen und nicht so schnell zurückkehren würde.

Zora: Wenn man auf einem Berg ist, dann sieht alles gar nicht weit entfernt aus, aber in Wirklichkeit ist alles meilenweit weg.
Anni: Der Horizont, der kann immer woanders sein.

Als erzählt wurde, dass der Pelikan mit einem Brief zurückkam, konnten sie sich gut in die Giraffe einfühlen, welche die Vorfreude auf den Brief noch ein bisschen länger erleben wollte und daher den Brief nicht sofort öffnete. Viele berichteten, dass sie so etwas auch kannten, etwa vom Auspacken von Geburtstagsgeschenken. Manchmal wollten sie das Öffnen der Geschenke auch herauszögern. Sie vermuteten, dass eine andere Giraffe oder ein Elefant der Giraffe geantwortet hätte. Einige hatten jedoch auf der Rückseite des Buchs einen Pinguin entdeckt und daher lag es nahe, dass der Pinguin der Brieffreund würde. Um den Überraschungseffekt zu nutzen, sollte deshalb auch die Abbildung auf der Rückseite des Buchs verdeckt werden.

In Abschnitt 4 der Segmentierung integrierte die Lehrerin den Textausschnitt, in dem Pinguin und Wal über den Hals nachdenken. Die Lehrerin las das Gespräch zwischen Pinguin und Wal vor, bei dem es darum ging, was ein Hals sei und ob der Wal wohl einen Hals habe. Dieser Vorleseabschnitt belustigte die Kinder sehr. Die Erfahrung aus dem Unterricht belegt, dass es durchaus möglich ist, die vorgeschlagene Segmentierung je nach eigener Schwerpunktsetzung zu erweitern. Der Erzählton der Geschichte sollte den Kindern nicht vorenthalten werden, da er besonders anregend ist.

Schnell durchschauten die Kinder auch, dass Giraffe und Pinguin sich jeweils in ihrem Lebensraum auskennen, aber nichts über den Lebensraum der anderen wissen und daher auch zu falschen Vorstellungen kommen.

Henning: Die leben ja in einem anderen Land. Der Pinguin weiß über sein Land ganz schön viel und die Giraffe weiß über ihr Land ganz schön viel.

Im Gespräch tauschten sich die Kinder noch weiter darüber aus, welche Vorstellungen sich die beiden voneinander machen. Über die Größe, Aussehen sowie verschiedene Körperteile hinaus wurde auch der Lebensraum („Untergrund") von den Kindern benannt. Sie erläuterten, dass die beiden Tiere sich vom jeweiligen Partner Vorstellungen machten, die ihrem eigenen Aussehen und Lebensraum ähnlich seien. Die Kinder lachten viel über die Vorstellungsbilder der Giraffe vom Pinguin und malten sich im weiteren Verlauf aus, wie wohl die Begegnung zwischen den beiden ausfallen würde. Sie benannten auch die Schwierigkeiten, zueinander zu kommen, und zeigten damit, dass sie sich auf die spielerische Ausgestaltung ihrer Vorstellungen einließen.

Clara: Vielleicht sehen sie sich gar nicht, weil die Giraffe so groß ist und der Pinguin so klein.
Alex: Ich frag mich, ist da Wüste oder ist da Meer.
Lehrerin: Am Kap der Wale?
Alex. Ja.
Lehrerin: Da ist Meer. Meer und Eisschollen.
Anni: Da kommt die ja gar nicht rüber.
Lehrerin: Da müssen sie sich was überlegen, wie sie sich begegnen können.

Abb. 5.6.3: Pinguin wartet auf Post (Produkt der jahrgangsübergreifenden Gruppenarbeit, Klasse 1 bis 3)

Mira: Vielleicht mit einem Floß.
Carla: Oder mit einem Tiertransporterschiff.
Lehrerin: Denen wird schon etwas einfallen.

Modellieren von Figuren und Bau der Bauchladenbühnen

Nach der Vorstellung des Buchs blieb in der ersten Unterrichtsstunde noch etwas Zeit, um in die nächste Phase überzuleiten. Die Lehrerin erläuterte den Kindern, welche Aufgabe auf sie warte und wie sie die Landschaften in den Bauchladenbühnen gestalten und die Tiere modellieren können. Beispielhaft hatte sie ein Modell vorbereitet, an denen sich die Kinder orientieren konnten. Die folgende Doppelstunde war dem Landschaftsbau und dem Modellieren der Tiere gewidmet.

Die Unterrichtserprobung bestätigte, dass es sinnvoll ist, alle Materialien übersichtlich zu arrangieren und die einzelnen Arbeitsschritte zu erläutern, damit die Kinder sich gut bei den vielseitigen Aufgaben orientieren können. Als günstig erwies es sich, dass die Lehrerin einen Materialtisch vorbereitet hatte, auf dem die Kinder sich Pappen, Folien u.Ä. für ihren Landschaftsbau aussuchen konnten. Jedes Kind modellierte eine Figur für die szenische Nacherzählung (siehe Abb. 5.6.3 und 5.6.4). Da auf die Modellierung eine Trocknungsphase folgt, begannen die Kinder zuerst mit der Gestaltung der Figuren. Danach bauten sie die Bauchladenbühnen, während in dieser Zeit die Figuren trocknen konnten. Zu empfehlen ist, dass pro Gruppe eine Bauchladenbühne gemeinsam gestaltet wird. Das spart Zeit und ermöglicht die Identifikation mit der eigenen Szene. In dieser Klasse entschied die Lehrerin, dass jedes Kind seine eigene Bauchladenbühne bauen durfte. Zur großen Freude der Kinder, was nicht zu vernachlässigen ist, konnte jedes Kind seine eigene Bühne mit nach Hause nehmen.

Eigenes szenisches Nacherzählen

In der zweiten Doppelstunde beschäftigten die Kinder sich mit ihren Szenen, teilten die Rollen den Sprecherinnen und Sprechern zu und übten die Erzählung ein. Für die Rollenverteilung boten sich i.d.R. Dreiergruppen an. Nach einer Phase der Gruppenarbeit wurde eine Zwischenpräsentation eingebaut, welche dazu diente, erste Rückmeldungen und Tipps zum Aufbau der Erzählung und zur Sprechweise der Figuren einzuholen. Die Kinder regten sich gegenseitig an, betonter zu sprechen, um die Gefühls-

Abb. 5.6.4: In der Savanne (Produkt der jahrgangsübergreifenden Gruppenarbeit, Klasse 1 bis 3)

regungen der Figuren deutlicher zu vermitteln oder auch die Übergänge zwischen den Szenen klarer zu gestalten. Die Empfehlungen wurden von den Kindern dann in einer zweiten Gruppenarbeitsphase in ihren Erzählungen weitgehend verarbeitet. Zum Schluss wurden der Reihenfolge entsprechend alle Szenen erzählerisch vorgestellt und passend dazu die Figuren in der Bauchladenbühne gespielt. Die meisten Gruppen gestalteten die Aufführung so, dass ein Kind die Bauchladenbühne trug und die Figuren entsprechend führte. Ein Kind oder zwei Kinder – je nach Gruppengröße – übernahmen das Erzählen.

Exemplarisch kann das für die erste Szene wiedergegeben werden.

Giraffe: Njam, njam, njam, njam, njam …

Erzählerin 1: Es lebte eine Giraffe in der Savanne. Ihr war so langweilig. Dann ist sie zu ihrem Lieblingsbaum gegangen. Und da sah sie, dass da ein Schild hängt. Sie fragte den Pelikan: Kannst du mir das vorlesen? Dann hat der Pelikan ihr das vorgelesen,

Pelikan: „Postdienst eröffnet. Befördere alles überall hin. Gebühr nach Vereinbarung. Euer gelangweilter Pelikan." (Iwasa/Mühle 2017, 17)

Erzählerin 1: Dann hat die Giraffe gefragt. Kannst du den Brief zu dem nächsten Tier bringen? Dann ist sie wieder nach Hause gegangen und hat einen Brief geschrieben.

Erzählerin 2: Dann ist die wieder zum Pelikan gegangen und hat ihn gefragt: Kannst du den Brief dem nächsten Tier geben, das du triffst, zum Horizont? Dann sagte der Pelikan: Kein Problem, der Horizont ist ja dahinten. Dann sagte der Pelikan: Bestimmt komme ich vor Sonnenuntergang wieder zurück.

Erzählerin 1: Dann ging Giraffe wieder nach Hause und aß wieder ihre Lieblingsblätter.

Giraffe: Njam, njam, njam, njam, njam, njam, njam …

Die Vorführungen bestätigten, dass es den Kindern schwerfiel, sich tatsächlich auf die Sprecher/-innenrollen zu beschränken. So wurden die wörtlichen Reden meist auch von den Erzähler/-innen übernommen. Dennoch war bei allen Gruppen erkennbar, dass der Einsatz der Bauchladenbühne sehr motivierend ist. Das Spiel mit den Figuren wurde als eine wichtige Unterstützung beim Erzählen wahrgenommen, wenngleich das Erzählen mit verschiedenen Erzähler/-innen im Vordergrund stand und weniger das szenische Spiel mit verteilten Rollen. Das Material erfüllt zur Unterstützung des Erzählens eine wichtige Funktion und kann daher empfohlen werden. Sollte jedoch mehr Wert auf die verteilten Rollen gelegt werden, dann ist vermutlich mehr Übung für die Aufführung erforderlich.

6 Literatur- und Unterrichtsvorschläge für die Klassen 3 bis 5

6.1 Überblick

Die fünf folgenden Unterrichtsvorschläge eignen sich für die Klassenstufen 3, 4 und 5. Bei den dafür ausgesuchten literarischen Texten handelt es sich um sechs Bilderbücher, um eine Kurzgeschichte in ungewöhnlicher Bild-Text-Kombination sowie um ein illustriertes Kinderbuch. Fünf der Bilderbücher liegen in parallel mehrsprachigen Fassungen vor: Die Bilderbücher *Busfahrt ins Ungewisse* und *Der große Schneemann* sind zweisprachig auf Persisch und Deutsch verfasst. *Prinzessin Sharifa und der mutige Walter* ist auf Arabisch und Deutsch, *Schlaf gut* auf Georgisch und Deutsch, *Kleiner Spaziergang* auf Chinesisch und Deutsch veröffentlicht. Bei *Herr Schnuffels* handelt es sich um ein nahezu textloses Bilderbuch, wenn man von den beiden Fantasiesprachen absieht und nur die einem Menschen zugeschriebenen Sprechblasen am Anfang und am Ende der Erzählung in den Blick nimmt. *Eric* ist aus dem Englischen ins Deutsche übersetzt und das Kinderbuch *33 Bogen und ein Teehaus* ist in deutscher Sprache verfasst.
In allen im Folgenden vorliegenden Kapiteln geht es um die Auseinandersetzung mit verschiedenen Sprachen und Schriften, wobei sich Kap. 6.5 dem Thema besonders widmet. Darüber hinaus werden grundlegende Fragen des Zusammenlebens angesprochen. Es werden Fragen nach Freiheit und Gerechtigkeit (Kap. 6.2), nach Verantwortung und Schuld (6.3) und zum kulturellen Miteinander (Kap. 6.4) thematisiert. In Kapitel 6.6 kommen in der Auseinandersetzung mit einer Fluchtgeschichte diese Fragen ebenso zur Sprache.

6.2 Vom Mut für Freiheit und Gerechtigkeit

Mehrdad Zaeri (Illustration)/Anne Richter (Text):
Prinzessin Sharifa und der mutige Walter
Zwei alte Geschichten neu erzählt
Zweisprachig Arabisch-Deutsch.
Ins Arabische übersetzt von Mahmoud Hassanein.
Basel: Baobab Books 2013
(Bilderbuch)

AUF EINEN BLICK

Klassenstufe: 3/4/5

Zeitplanung:
Für den Unterricht mit dem Bilderbuch *Prinzessin Sharifa und der mutige Walter* von Mehrdad Zaeri und Anne Richter sind flexibel in Abhängigkeit von den zeitlichen Ressourcen unterschiedliche Zeitumfänge anzusetzen. Jede einzelne Geschichte des Bilderbuchs kann in einer Unterrichtseinheit von zwei Doppelstunden erarbeitet werden (Basis-Einheit). Für die Weiterarbeit ist mehr Zeit zu veranschlagen (siehe unten Ideen zur Weiterarbeit). Wenn man beide Geschichten des Buchs in einer überschaubaren Zeit bearbeiten möchte, dann ist zu empfehlen, eine Geschichte intensiver in der Basis-Einheit von zwei Doppelstunden zu bearbeiten und zusätzlich ein Bilderbuchgespräch für die zweite Geschichte im Umfang von einer Doppelstunde anzusetzen. Folgende Zeitstruktur wird für die Basis-Einheit vorgeschlagen:

- In der ersten Doppelstunde wird über den Entstehungsprozess des Buchs berichtet und erste Eindrücke von dem Bilderbuch werden ausgetauscht. Exemplarisch wird die erste Doppelseite gemeinsam besprochen und der Text (zweisprachig) vorgetragen. Der Schwerpunkt liegt auf der Erarbeitung der Bilder in themenverschiedenen Arbeitsgruppen und der Zusammenführung der Ergebnisse in einem Bilderbuchvorlesegespräch.
- In der zweiten Doppelstunde erfolgt die produktive Vertiefung des Verstehensprozesses in Gruppen- und Einzelarbeit.

Materialien:

- Tippkarte zur Bilderbuchbetrachtung (siehe Material 6.2.A zum Download)
- Vorlagen für Schablonen (siehe Material 6.2.B zum Download)
- Elemente mit zentralen Bildmotiven z. B. aus Trittschalldämmplatten (kostengünstig aus dem Baumarkt)
- weiße blanko DIN-A3-Zeichenpapiere (Zeichenblock)
- Klebestifte
- Schulmalfarben in rot, blau, schwarz, weiß, Pinsel
- Bunt- oder Filzstifte
- Handabzugspresse oder Nudelholz
- mehrere Exemplare mit Übersichttabellen des arabischen Alphabets
- ggf. Unterlagen und Teppichmesser
- ggf. Abspielgerät/Computer mit Lautsprecher zum Abspielen einer zuvor erstellten Audiodatei mit arabischer Lesung

Ziele des Unterrichts:

- Die Schüler/-innen sollen das Bilderbuch *Prinzessin Sharifa und der mutige Walter* kennenlernen.
- Die Schüler/-innen sollen sich über ihre Deutungen von Bildern und Text austauschen.
- Die Schüler/-innen sollen den Klang und die Prosodie des Arabischen erleben und gegebenenfalls selbst Textabschnitte auf Arabisch vorlesen. (optional)
- Die Schüler/-innen sollen das für sie Bedeutsame in produktiver Vertiefung gemeinsam und individuell zum Ausdruck bringen.

6.2.1 Vorstellung des Bilderbuchs *Prinzessin Sharifa und der mutige Walter*

Das deutsch-arabische Bilderbuch *Prinzessin Sharifa und der mutige Walter* von Mehrdad Zaeri, Anne Richter und Mahmoud Hassanein ist 2013 bei Baobab Books erschienen und 2014 von STUBE mit der Kröte des Monats ausgezeichnet worden.

Es handelt sich um eine sogenannte Parallelschöpfung (Eder 2009, 16), eine Sonderform des parallel zweisprachigen Bilderbuchs. Sie ist dadurch gekennzeichnet, dass die beiden Textfassungen in Deutsch und Arabisch für das Bilderbuch von Anfang an parallel konzipiert wurden (siehe Kap. 2.3). Das Bilderbuch enthält zwei Geschichten: die eine mit europäischer und die andere mit arabischer Tradition (siehe Abb. 6.2.1). Die Geschichten werden jeweils in ihrer Leserichtung von vorn bzw. von hinten bis zur Mitte erzählt. In der Mitte befindet sich eine gelbfarbige Doppelseite, die auf Deutsch und Arabisch die Entstehung des Buchs erläutert.

Abb. 6.2.1: *Prinzessin Sharifa und der mutige Walter. Zwei alte Geschichten neu erzählt*

Der Idee für das Bilderbuch ging eine deutsch-ägyptische Theaterkooperation zwischen dem Schnawwl am Nationaltheater Mannheim und dem ägyptische I-act in Alexandria voraus, die im Arabischen Frühling 2011 möglich war. Jedes Ensemble wählte eine Erzählung aus dem Kulturgut des Partnerlandes aus und inszenierte dazu ein Theaterstück. Unter dem Motto „Mit den Augen der Anderen" wurde durch die Neuinterpretation der Kooperationspartner ein neuer Zugang zur eigenen Erzählung und Kultur eröffnet. Die Theatergruppen erkoren mit dem mündlich überlieferten arabischen Märchen *König Hamed bin Bathera und das furchtlose Mädchen* und mit der Legende von *Wilhelm Tell* Geschichten aus, die sich aus aktuellem Anlass mit den Themen Freiheit und Mut gegenüber den Machthabern beschäftigen. Angesichts der politischen Situation in vielen Ländern dieser Welt haben diese Geschichten nichts von ihrer Relevanz verloren.

Im Bilderbuch werden die Geschichten von der Schnawwl-Dramaturgin Anne Richter und dem ägyptischen Übersetzer Mahmoud Hassanein für Kinder auf Deutsch und Arabisch neu erzählt. Der persische Illustrator Mehrdad Zaeri hat beide Geschichten bebildert. Die enge Zusammenarbeit der drei Beteiligten mit ihren jeweils deutschsprachigen, ägyptischen und persischen Wurzeln kennzeichnet die Qualität des Bilderbuchs als interkulturelles Gesamtkunstwerk.

Das arabische Märchen erzählt zunächst von König Hamed, der willkürlich herrscht und alle Frauen aus seinem Land verbannt. Im Mittelpunkt steht Prinzessin Sharifa aus dem Nachbarland. Sie will sich mit eigenen Augen von dieser Ungerechtigkeit überzeugen und schleicht sich unter Lebensgefahr als Mann verkleidet an den Hof des Königs. Am Ende verlieben sich die Gegenspieler ineinander, und Sharifa kann Hamed von der Unsinnigkeit seines Gesetzes überzeugen. Die Neuinterpretation von Prinzessin Sharifa lässt sich durchaus als Ermutigung für die reformwilligen arabischen Frauen zu Gleichberechtigung und Gerechtigkeit lesen, wenn Sharifa am Ende erklärt: „Frauen und Männer gehören zusammen wie Tag und Nacht, wie Gerechtigkeit und Gnade, wie Freiheit und Gleichheit." (Zaeri/ Richter 2013, o. S.)

Die Geschichte vom mutigen Walter, die aus der Perspektive von Wilhelm Tells Sohn die Entstehung einer der ersten Demokratien in Europa erzählt, war für die Ägypter eine Schlüsselgeschichte, um den Wunsch nach mehr Freiheit und gerechten Gesetzen zum Ausdruck zu bringen. Im Mittelpunkt stehen dabei vor allem die berühmte Apfelschuss-Szene und die Flucht Wilhelm Tells vom Boot des Landvogts. Der Vater, Wilhelm Tell, soll bestraft werden, weil er sich nicht vor dem Hut, den der Landvogt als Symbol für den Kaiser hatte aufstellen lassen, verbeugt

Abb. 6.2.2:
Erste Doppelseite aus
Prinzessin Sharifa

hat. Der Landvogt macht ihm jedoch das Angebot, ungestraft davonzukommen, wenn er seine Bogenschuss-Kunst unter Beweis stellt und mit einem Pfeil einen Apfel trifft, der auf den Kopf seines Sohnes gesetzt wird. Tell gelingt es, den Apfel und nicht seinen Sohn zu treffen. Doch auf die Frage, warum er zugleich einen zweiten Pfeil gezogen habe, antwortet er, dass er den Landvogt getötet hätte, falls der Pfeil seinen Sohn getroffen hätte. Daraufhin wird Tell doch gefangen genommen und auf das Boot des Landvogts gebracht. Von dort gelingt ihm die Flucht, als ein Gewitter aufkommt und die Soldaten dem Boot nicht mehr Herr werden. Tell nimmt es in Kauf, das Boot auf die Felsen zu steuern, sich selbst zu retten, aber das Boot kentern zu lassen. Die Geschichte erzählt weiter, dass Tell erst nach langer Zeit wieder zu Hause auftaucht. Die Freude der Familie ist groß, doch Wilhelm Tell sagt, dass er für die Freiheit teuer bezahlt und sich schuldig gemacht habe. Er werde nie wieder eine Waffe anrühren.

Beide Geschichten sind auf Deutsch und Arabisch für das Bilderbuch neu aufbereitet und in das moderne Hocharabisch übersetzt worden, der länderübergreifenden arabischen Bildungssprache. Das moderne Hocharabisch ist eine Weiterentwicklung des klassischen Arabisch, in dem der Koran oder klassische Texte verfasst sind. Die moderne Weiterentwicklung ist auf die Einflüsse des Englischen und Französischen zurückzuführen. Sie schlagen sich nieder in Veränderungen von Satzstrukturen, in neuen Bedeutungen klassischer Wörter, in neuen Wörtern und Textmustern. Die arabische Schrift ist eine Alphabetschrift mit 28 Buchstaben. Seit etwa einem Jahrhundert enthält sie auch Kommas und Punkte. Zur Kennzeichnung unterschiedlicher Phoneme dienen Markierungen unter bzw. über den Buchstaben. Eine weitere Besonderheit der Schrift besteht darin, dass die Buchstabenform je nach Position – am Anfang, in der Mitte oder am Ende des Wortes – variiert. Die Verständlichkeit ließ der Übersetzer von verschiedenen

Abb. 6.2.3: Erste Doppelseite aus *Der mutige Walter*

Kolleg/-innen in Jordanien, Katar, Marokko und Algerien prüfen. Dass der arabische Text in unterschiedlichen Ländern gelesen werden kann, zeichnet das Arabische als Weltsprache aus (siehe Kap. 8.3.1).

Das Bilderbuch integriert verschiedene Leserichtungen. So folgt gemäß der deutschen Neuinterpretation die Geschichte von Prinzessin Sharifa im Bilderbuch der lateinischen Leserichtung von links nach rechts. Umgekehrt wird die Geschichte vom mutigen Walter orientiert an der arabischen Leserichtung von rechts nach links gelesen. Beide Sprachfassungen sind zudem auf jeder Doppelseite abgedruckt. Der parallelen Konzeption entspricht es zudem, dass die deutschen und arabischen Textabschnitte jeweils rechts- bzw. linksbündig am oberen Seitenrand platziert und auch typografisch annähernd im gleichen Textsatz realisiert sind.

Auffällig ist auf jeder Doppelseite der große Negativraum, der weiße Hintergrund, vor dem die Texte und Bilder platziert sind. So frei in den Raum gestellt, ohne die Zuweisung eines bestimmten Ortes, vermitteln Text und Bild in ihren Aussagen eine gewisse Allgemeingültigkeit. Der Bildraum umfasst die untere Hälfte der Doppelseiten bis in die Mitte der Seiten hinein. Jedes Bild ist auf einer Art Bühne platziert, die je nach Bildinhalt etwa als abstrakter Farbstreifen, eine Mauer oder ein Boot gestaltet ist. Der bühnenartige Aufbau wird durch die Hervorhebung von Vordergrund und Hintergrund verstärkt. Die Betrachtenden nehmen so eine Perspektive ein, als wenn sie selbst im Theaterraum frontal gegenüber der Bühne sitzen würden. Auf diese Weise erinnert die bildnerische Gestaltung an das Ursprungsprojekt der Theaterkooperation. Bild und Text eröffnen im Zusammenspiel mit ihrer je eigenen Akzentuierung Deutungsmöglichkeiten.

Dem Künstler Mehrdad Zaeri ist es bei diesem Bilderbuch für Kinder gelungen, Tradition und Moderne, orientalisch-arabische Symbolik und moderne Gestaltungselemente harmonisch zu verbinden. Symbole aus seiner persischen Kultur sind stimmig mit den anderen kulturellen Traditionen verknüpft. Bei seinen Bildern handelt es sich um Zeichnungen, die mit dem Computer so bearbeitet sind, dass monochrome Farbflächen, mit scherenschnitt- und collagenartigen Effekten, erzielt werden. Während in den Bildern zu Prinzessin Sharifa eine hellblaue Grundfarbe überwiegt, die durch rote und schwarze Farbakzente unterbrochen wird, vermitteln in den Bildern zum mutigen Walter die Farben Beige und Schwarz eine triste, dunkle Stimmung, die durch das zarte Grün des Frühlings am Ende aufgelockert wird. Von besonderer Bedeutung sind die Farben sowie die Symbole und Motive. Blau als Farbe des Himmels und des Wassers kann als Symbol für die Ferne und die Sehnsucht nach Glück und Harmonie gedeutet werden. In der Geschichte von Sharifa kann mit dieser Farbe auch die Vision von der Gleichberechtigung der Geschlechter assoziiert werden, welches ein Anliegen für die Aufbereitung des traditionellen arabischen Märchens war. Symbole wie rote Fische in einem Brunnen, goldene Fische im Meer und eine schwarze Katze auf der Mauer und ein roter Apfel eröffnen eine Fülle von Deutungsmöglichkeiten. Fische etwa haben in der persischen Kultur eine wichtige Bedeutung. Als Zeichen für den Neubeginn werden rote Fische zu Beginn des neuen Jahres in einem Aquarium überall aufgestellt. Hier im Buch versteht Zaeri sie als Symbol für einen neuen Anfang und für neues Glück (vgl. Zaeri zit. n. Börner 2018, XXIII). Der Mond ist ebenfalls ein wichtiges Symbol in der persischen Kultur, und auch hier fungiert er als Begleiter Sharifas: „Er ist ein Symbol für die Schönheit. Ich vermute, dass der Mond, zu dem Sharifa spricht, aus meiner Kindheit im Iran kommt. Ein Mensch sitzt nachts einsam am Fenster und der Mond ist der einzige, mit dem er reden kann" (ebd., XXV). Auch dem Apfel gibt Zaeri in der Geschichte eine Bedeutung: „[...] für mich ist das [der Apfel] ein Symbol für das Leben: für das Leben, das Glück, den Genuss, die Liebe und eine gute gemeinsame Zukunft. Das ist das, was ich in diesem Bild empfunden habe, in dem sie ihm den Apfel gibt" (ebd.). Über diese Deutungszuweisungen hinaus ist auch die Freude des Künstlers an der spielerischen Gestaltung spürbar. Mehrdad Zaeri sagt im Interview mit Franziska Börner, dass er wahnsinnig gern Tiere zeichne und wenn er Geschichten über das Leben zeichnen würde, dann gehörten Tiere mit dazu (ebd., XXIV). „Und ich gehöre zu denen [Illustratoren], die sehr gerne herumspielen, frei arbeiten und ein bisschen herumspinnen. [...] Ich versuche oft meine eigenen Parallelgeschichten zu erzählen, während im Text etwas anderes erzählt wird. [...] ich arbeite nur mit Verlagen, bei denen ich wirklich ganz frei und mit meinen Bücherillustrationen ein bisschen verrückter sein darf" (ebd., XXIV).

Auf der ersten Doppelseite *von Prinzessin Sharifa* (siehe Abb. 6.2.2) fällt das rote Tuch ins Auge, das am einen Ende in der Krone der Königsmutter verschlungen über alle verbannten Frau hinwegweht. Rot als Farbe der Frauen im alten Ägypten signalisiert hier die Verbundenheit, die Stärke und Lebensenergie aller Frauen. Sie müssen zwar weichen, aber sie unterliegen nicht der Macht des Königs, denn sein ausgestreckter Arm reicht nicht so weit wie die rote Flagge der Frauen.

Auf der ersten Doppelseite von *Der mutige Walter* (siehe Abb. 6.2.3) sticht links eine übergroße Voliere aus einem burgartigen braunen (Gefängnis-)Turm hervor. Ein schwarzer Trauerflor auf der Voliere kündigt Leid und Gefahr an. Die bunten Vögel als Symbol für geistige Freiheit sind darin eingesperrt. Nur eine Elster konnte sich mit ihrer Klugheit und List dem Machthaber entziehen. Einige wenige Köpfe verängstigter Menschen schauen vorsichtig hinter den farblosen Häusern ihres Dorfes hervor. Es ist kein Leben im Dorf zu sehen. Von den maskenhaften Schergen des Vogts geht eine bedrohliche Wirkung aus. Sie sind scherenschnittartig durchgehend schwarz gestaltet, nur unterbrochen durch die weißen Augenschlitze. Ihnen werden keine Persönlichkeit, keine Emotion und kein Gesichtsausdruck zugesprochen. Im Gespräch über den Symbolgehalt seiner Darstellungen sagt Zaeri, dass er in Phasen seines Schaffens bestimmten Vorlieben hatte: „Zum Beispiel Käfige, Teekannen, Fische, den Mond, Sterne, Häuser kamen sehr oft in meinen Zeichnungen vor“ (ebd., XXIII).

In der Mitte des Bildes zwischen den eingesperrten bunten Vögeln und den verängstigten Dorfbewohnern ist ein roter Hut positioniert. Nach der Legende ist er der symbolische Stellvertreter des Tyrannen. Hier vermittelt der Hut eher den Eindruck eines kecken Hütchens mit weißer Feder, der das Machtgehabe des Landvogts ins Lächerliche zieht. Dennoch symbolisiert die rote Farbe die Farbe des Machthabers, wenn auch seine Macht hier nicht besonders groß erscheint. Das Fundament des Bildes ist braun koloriert und betont die Erdverbundenheit der Menschen. Braun kann als Farbe der Tragkraft, der Hartnäckigkeit und der Durchsetzungskraft gedeutet werden. Damit klingt bereits schon am Anfang der Ausgang der Geschichte an: Der Widerstand gegen den Machthaber wird letztlich zum Erfolg führen. Die Menschen werden frei sein und nach ihren Gesetzen leben, so lesen wir es im letzten Textabschnitt. Dass die Protagonisten Wilhelm und Walter Tell hier mit den Augen der Anderen nicht als Schweizer, sondern mit orientalischem Aussehen gezeichnet sind, deutet an, dass die Geschichte der Eidgenossen auch in anderen Zeiten und Ländern nichts von ihrer symbolischen Bedeutung verloren hat.

6.2.2 Unterrichtsvorschlag

Für die Praxis wird vorgeschlagen, eine der beiden Geschichten des Bilderbuchs in zwei Doppelstunden zu bearbeiten (Basis-Einheit). Möchte man den Kindern mehr Zeit für ihre produktive Auseinandersetzung geben, so ist eine zeitliche Erweiterung um eine zusätzliche Doppelstunde sinnvoll. Für die zweite Geschichte des Bilderbuchs könnte eine weitere Doppelstunde eingeplant werden.

Im Mittelpunkt der hier vorzustellenden Unterrichtseinheit steht die Geschichte von Prinzessin Sharifa. Für den *Einstieg* empfiehlt es sich, dass die Kinder zunächst das Cover, die Vorsatzseiten und die erste Doppelseite gemeinsam betrachten. Die Kinder lernen die Protagonist/-innen kennen, stellen erste Überlegungen zur Bedeutung der Farben und Symbole an und überlegen, wie die Geschichte weitergehen könnte.

Im nächsten Schritt erhalten sie in Kleingruppen mit drei bis vier Kindern jeweils eine kopierte Doppelseite des Bilderbuchs im DIN-A3-Format, die sie gemeinsam betrachten und besprechen. Für die Gruppenarbeit können etwa 15 Minuten veranschlagt werden. Wichtig ist, dass jede Doppelseite des Bilderbuchs vergeben wird. Es handelt sich um fünf Doppelseiten. Die erste Doppelseite wird nicht ausgegeben, ebenso nicht die Doppelseite, die vorwiegend Text enthält. Bei Bedarf können die Kinder auch eine Tippkarte mit Fragen zur Doppelseite nutzen (siehe Material 6.2.A zum Download). Jede Gruppe erarbeitet somit einen Teil der Geschichte und wird zur selbstständigen Analyse des Bildes angeleitet. Die Tippkarte hilft ihnen, das Bild auf der Doppelseite genau und systematisch zu betrachten. Die Kinder sollen zunächst feststellen, was auf den Bildern zu sehen ist und wer mit wem in Beziehung steht: Wer tut was mit wem? Im nächsten Schritt können sie sich darüber austauschen, was ihnen sofort ins Auge gefallen ist. Hier geht es darum, die Bildgestaltung besonders in den Blick zu nehmen, also z. B. den Vordergrund und Hintergrund zu betrachten, die Größenverhältnisse zu bewerten und sich ggf. über die Farbsymbolik auszutauschen. Den abgebildeten Figuren gilt eine intensive Betrachtung. Je nach Blickrichtung der Figuren können unterschiedliche Wirkungen ausgelöst werden. Der direkte Blick zu den Betrachtenden kann den Eindruck erwecken, dass die Betrachtenden selbst einbezogen werden und zum Geschehen Stellung nehmen sollten. Nehmen die Figuren nur Kontakt untereinander auf, dann haben die Betrachtenden eher eine außenstehende Beobachtungsposition. Wie nah oder fern die Betrachtenden zum Geschehen auf der Doppelseite stehen, hat auch mit der Größe der Darstellung zu tun. Die Bildwirkung wird durch die Perspektive unterstützt: So hat die Normalperspektive den Effekt, dass die Betrachtenden sich eher als vis-à-vis zum Abgebildeten empfinden. Die Untersicht kann eine unterlegene Wirkung auslösen: Das Dargestellte wirkt mächtig. Im Gegensatz dazu kann die Übersicht die Betrachtenden in eine bedeutendere Rolle versetzen. Sie haben den Überblick und schauen aus dieser Position auf das Abgebildete herab. Über diese konkreten Betrachtungsaufträge hinaus lässt die Tippkarte noch Spielraum für eigene Wahrnehmungen. Die Kinder sollten sich darüber austauschen, was ihnen noch aufgefallen ist und was ihnen wichtig erscheint. Nicht zuletzt müssen die Gruppen ihre Bilduntersuchungen mit dem Inhalt des Textes auf der Doppelseite verbinden und sich mit dem Abschnitt der Geschichte auseinandersetzen.

Nach der Gruppenarbeitsphase kommen die Kinder wieder im Kreis zusammen und besprechen die weiteren Doppelseiten bis zum Ende der Geschichte *(zweite Erarbeitung)*. Dadurch, dass jeweils mindestens eine Gruppe für die Doppelseite verantwortlich ist, kann das Gespräch weniger lehrer/-innenzentriert erfolgen. Zudem haben alle Kinder die Möglichkeit, auf die Ergebnisse ihrer Gruppenarbeit zurückzugreifen und sich aktiv zu beteiligen. Durch die Vorbereitung des Unterrichtsgesprächs ist es leichter, sprachliche Hürden zu überwinden und sich aktiv einzubringen.

Zur *produktiven Vertiefung* der Geschichte fertigen die Kinder in ihren Gruppen jeweils eine Druckvorlage an. Dazu stehen ihnen aus Trittschalldämmung vorbereitete Elemente mit zentralen Bildmotiven (Häuser, Brücke, Fische, Apfel, Brunnen …) der Geschichte zur Verfügung. Das Material aus Trittschalldämmung ist günstig anzuschaffen (Baumarkt) und lässt sich gut für Druckwerke verarbeiten. Von der Lehrerin verlangt es etwas Vorbereitungszeit, die Elemente in ausreichender Anzahl vorab herzustellen (Schablonen siehe Material 6.2.B zum Download). Die Elemente lassen sich aber problemlos wiederverwenden, sodass die Unterrichtseinheit auch in anderen Klassen oder Vertretungsstunden umgesetzt werden kann. Alternativ ist denkbar, dass die Lehrerin die Motive mit Bleistift auf die Trittschalldämmung überträgt und die Kinder schneiden sie selbst aus. Dazu würden in der Klasse Unterlagen und Teppichmesser benötigt. Die zweite Variante ist von den zeitlichen Bedingungen und der Zuverlässigkeit der Kinder, mit scharfen Gegenständen umzugehen, abhängig. Im nächsten Schritt wählen die Kleingruppen gemeinsam Motive aus, die sie auf einem DIN-A3-Bogen arrangieren und aufkleben. Als Kleber eignen sich Klebestifte. Die Elemente können später vom Papier leicht abgelöst und wiederverwendet werden. Danach entscheiden die Kinder über die Farben ihrer Bildelemente und malen diese ein. Hier stehen entsprechend der zentralen Farben der Geschichte die Farben blau, rot und schwarz auf jedem Gruppentisch bereit. Der gemeinsame Austausch in den Gruppen dient zur Klärung dessen, was den Kindern in der Geschichte besonders wichtig erscheint: Diese Elemente fixieren sie für den Druck und entscheiden über die Farbgebung.

Im Anschluss daran wird die Vorlage entsprechend der Anzahl der Gruppenmitglieder mit einer Handabzugspresse mehrfach gedruckt. Alternativ kann der Druckvorgang auch mit einem Nudelholz durchgeführt werden. Jedes Kind aus der Gruppe erhält einen Druck der gemeinsam erstellten Vorlage, die es nach eigenen Schwerpunkten weiter ausgestalten kann. So können einzelne Szenen aus der Geschichte nachgezeichnet, neue Figuren oder Elemente eingefügt oder neue narrative Schleifen entfaltet werden. Es bietet sich auch an, arabische Schriftzeichen und besondere Wörter wie Freiheit und Gerechtigkeit auf Arabisch aufzuschreiben. Auf diese Weise können die eigenen Bilderbucheindrücke vertieft werden. Es ist davon auszugehen, dass es in vielen Klassen Kinder gibt, die mit dem Arabischen in Berührung gekommen sind. Teilweise gibt es auch Schüler/-innen, die die arabische Schrift lesen und dadurch aktiv zum Vorlesen beitragen können. Sie können das Schreiben in arabischer Schrift aktiv unterstützen. Zusätzlich werden Kopien mit dem arabischen Alphabet bereitgelegt, sodass auch Kinder ohne arabische Schriftkenntnisse Wörter auf Arabisch festhalten und so zweisprachig schreiben können.

6.2.3 Aus der Praxis

Die Unterrichtseinheit wurde in einer jahrgangsübergreifenden Klasse 3 und 4 in einer Großstadt von einer Grundschullehrerin durchgeführt. Von den 22 Kindern waren drei Kinder mit Deutsch als Erstsprache aufgewachsen, die meisten von ihnen sprachen zu Hause Türkisch, einige sprachen auch Albanisch, Serbisch und Arabisch. Das Mehrsprachige und Mehrkulturelle war hier gar nichts Außergewöhnliches, und dennoch begegneten alle Kinder diesem zweisprachigen Text mit besonderem Interesse. Möglicherweise war es für sie neu, dass ein arabischer Text zum Gegenstand des Unterrichts gemacht wurde.

Die Kinder saßen in einem zweireihigen Halbkreis (Kinositz) vor der Tafel, vor der eine Leinwand stand, auf welche die Doppelseiten des Bilderbuchs projiziert wurden. Die Einführung in das Bilderbuch, die Besprechung der Cover und der ersten Doppelseite sowie die Lesungen auf Arabisch und Deutsch umfasste eine zeitliche Dauer von etwa 35 Minuten. Im Anschluss daran wurde der Arbeitsauftrag für die Gruppenarbeit gestellt und die Besprechung der einzelnen Doppelseiten in Gruppen angeschlossen. Zum Schluss wurden die Arbeitsergebnisse in einem gemeinsamen Durchgang durch das Bilderbuch zusammengeführt. Dafür kam die Klasse wieder im Halbkreis vor der Tafel zusammen. Aufgrund der vielen Gesprächsbeiträge reichte die Zeit nicht aus, die Geschichte in der zweiten Hälfte der ersten Doppelstunde vollständig zu besprechen. Möglich wäre das jedoch mit einer etwas gestraffteren Gesprächsführung. Die Kinder ausführlich zu Wort kommen zu lassen, ist auch zu empfehlen, weil sie so ihre Entdeckungen und Überlegungen mitteilen können. In diesem Falle kann in der zweiten Doppelstunde die Besprechung des Bilderbuchs fortgesetzt werden.

Kritisch ist sicherlich einzuwenden, dass der gesprächsförmige Schwerpunkt der Doppelstunde von den Kindern viel Konzentration abverlangt hat und methodisch ungewöhnlich erscheint. Alternativ wäre es denkbar, die Doppelstunde auf zwei Einzelstunden aufzuteilen, sodass zwischen der Einführung in das Bilderbuch mit Besprechung der ersten Doppelseite einerseits und den Gruppenarbeiten sowie dem gemeinsamen Durchgang durch das Bilderbuch andererseits ein zeitlicher Abstand liegen würde. Bei der Erprobung der Unterrichtseinheit hat sich jedoch gezeigt, dass die meisten Kinder bis zum Schluss die Geschichte mit Interesse verfolgten. Wie also die Erarbeitung organisiert werden soll, ist von der Zusammensetzung der Klasse und ihrer Konzentrationsfähigkeit und Ausdauer abhängig.

Bei der hier erfolgten Erprobung wurde den Kindern zuerst das Cover des arabischen Buchteils vom mutigen Walter gezeigt, um die Aufmerksamkeit direkt auf das Arabische zu lenken. Sofort meldeten sich einige mit der Erkenntnis, dass der Text auf Arabisch aufgeschrieben sei. Zwei Kinder erklärten sich bereit, den Text laut vorzulesen. Der Titel wurde langsam erlesen, allerdings mussten die Kinder zugeben, dass sie zwar die Buchstaben kannten, aber die Bedeutung des Titels nicht verstanden hatten. Trotzdem war bei allen das Interesse geweckt. Nun wurde das Wissen über die arabische Schrift zusammengetragen. Die Kinder wussten, dass von rechts nach links gelesen bzw. geschrieben wird.

Austausch über das Cover

Zum Einstieg berichtete die Lehrerin von dem Theaterprojekt, an dem Menschen aus Deutschland und Ägypten beteiligt gewesen waren und aus dem schließlich das Bilderbuch hervorgegangen war. Mit Projekt und Zusammenarbeit konnten die Kinder viel anfangen, weil diese Begriffe in ihrem Unterrichtsalltag vorkommen. Aufmerksam hörten sie zu, als die Lehrerin erläuterte, wer an der Produktion des Buches beteiligt gewesen war: eine deutsche Autorin, die die beiden Geschichten aufgeschrieben hat, ein ägyptischer Übersetzer, der die Texte ins Arabische übersetzt hat, und ein Künstler, der mit 14 Jahren aus dem Iran nach Deutschland gekommen ist und die Bilder für das Buch gestaltet hat. Außerdem hatte ein Bekannter der Lehrerin aus Marokko das Buch auf Arabisch gelesen und aufgenommen. Es waren also vier Personen aus verschiedenen Ländern für die nachfolgende Präsentation aktiv geworden.

Im Anschluss an die Einführung wurde dann gemeinsam das Cover auf der Leinwand betrachtet und die Beobachtungen wurden zusammengetragen. Die Lehrerin forderte die Kinder auf, all das zu nennen, was sie sehen konnten. Auf diese Weise versuchte sie, möglichst niedrigschwellig mit den Kindern ins Gespräch zu kommen.

Nike: Die Prinzessin Sharifa trägt als einzige ein rotes Kleid. Alles andere ist schwarzweiß.

Fatih: Und die Prinzessin sitzt auf einem Haus.

Merve: Da ist auch ein Schiff.

Janis: Das eine Haus, wo die Sharifa drauf sitzt, ist mit einem anderen Haus verbunden. Ich hab so eine Ahnung, was das sein könnte. Das Haus, wo die Sharifa drauf sitzt, schwimmt im Meer.

Seyma: Die Häuser sind alle nur schwarz.

Fatih: Das Schiff ist auch schwarz, nur mit weißen Fenstern.

Sven: Es ist auch komisch, das Haus hat nur drei Fenster.

Merve: Mir ist aufgefallen, dass das Mädchen oben so ein glattes Haar hat. So abgeschnitten.

Anita: Da ist so etwas Komisches im Wasser. Ein Baum.

Nur: Das ist die Marke, von welcher Firma das Buch ist.

Dilan: Das heißt Verlag.

Die Kinder antizipierten aufgrund des Covers, dass Sharifa keine Freunde habe, weil sie so allein auf dem Haus sitze, weil keine andere Person zu sehen sei und weil sie so traurig aussehe. Ein Kind begründete die Vermutung, dass Sharifa einsam sei, mit der Farbzusammenstellung. Es seien dunkle Farben abgebildet, die auch eine dunkle Stimmung wiedergeben würden. Ein paar Kinder nahmen wahr, dass Sharifa zum Mond schaue, und deuteten dies so, dass Sharifa wissen möchte, wann es wieder Tag wird, oder dass sie gern zum Mond reisen möchte. Die Idee der Reise wurde auch mit dem Schiff begründet, welches am Kai liegt.

Nach dem ersten Austausch wurde die Lesung des Titels auf Arabisch eingespielt. Die Kinder wirkten sehr konzentriert und gaben im Anschluss an, in welchen Zusammenhängen sie selbst das Arabische bereits erlebt hatten. Einige nannten den Koran, der auf Arabisch gelesen würde. Dennoch konnten die arabischkundigen Kinder die Bedeutung des Titels nicht verstehen.

Ein Mädchen erklärte dies damit, dass es verschiedene Dialekte im Arabischen geben würde und dass es sich hier um einen anderen arabischen Dialekt handeln müsse. Vermutlich ist es aber so, dass die Kinder von zu Hause her eher nur die dialektalen Sprachvarianten kannten und daher weniger mit der modernen arabischen Hochsprache vertraut waren. Im Laufe der weiteren Lesungen wurde aber auch erkennbar, dass die Kinder sich besser eingehört hatten und so auch Passagen inhaltlich aufnehmen konnten.

Betrachtung und Austausch über die erste Doppelseite

Das Gespräch über die erste Doppelseite wurde zunächst mit der arabischen Lesung eingeleitet. Mit hoher Konzentration lauschten die Kinder den Lauten und dem Klang der arabischen Sprache. Einzelne lächelten sich an, so, als würden sie sich besonders freuen, die Sprache zu hören. Den Namen Sharifa konnten die Kinder heraushören. Die Arabisch sprechenden Kinder erklärten nun, mehr verstanden zu haben, und gaben eine Kurzfassung des Abschnitts wieder. Im Unterrichtsgespräch wurde jetzt das Bild der ersten Doppelseite erarbeitet.

Aaron: Der König guckt so böse, und guckt zum Schiff.

Lehrerin: Ja, guck nochmal genau. Es wirkt so, als ob er zum Schiff gucken würde, aber was macht er?

Aaron: Er zeigt zum Schiff.

Lehrerin: Ja, er zeigt zum Schiff.

Merve: Er guckt auf die Menschen.

Fatih: Und ich denke, er sagt, dass die auf das Schiff sollen.

Hakan: Er kann auch auf die Prinzessin zeigen. Alle gehen, außer die Prinzessin, und er zeigt, dass die Prinzessin auch auf das Schiff gehen soll.

Nike: Da ist so ein rotes Tuch, an der Krone befestigt.

Seyma: Der König hat nur rote Sachen an, und die Menschen haben nur hautfarbige Sachen an. Und deshalb ist seine Flagge auch rot.

Sven: Im Hintergrund kann man auch diese Häuser vom Anfang sehen.

Lehrerin: In welcher Farbe sind die dargestellt?

Sven: So grau, blau.

Lehrerin: Hast du eine Idee, was das bedeuten könnte?

Merit: Die Häuser sind weiter weg.

Janis: Ja, der König hat einen bösen Grund, und deshalb ist alles so blau, grau. Die Häuser sind deshalb nicht knallbunt.

Nur: Vielleicht ist die Sharifa auch traurig, weil der Vater nicht nett zu den Menschen ist. Und sie möchte gern nett zu den Menschen sein.

Lehrerin: Wo siehst du denn die Sharifa?

Nur: Ich sehe sie nicht, ich glaube sie sitzt noch da [auf dem Haus wie auf dem Cover].

Dilan: Die Sharifa könnte die sein, die hier oben aus dem Haus guckt und so traurig ist.

Janis: Mir ist aufgefallen, dass die meisten, die in dem Turm von dem König sind, nur Männer sind und die meisten in der Schlange sind nur Frauen. Und der eine weint. Vielleicht ist das so, dass er traurig ist, dass die weggehen müssen, und er muss bleiben.

Anita: Ich glaube, dass Sharifa im Schiff drin ist, und der König sagt, die Leute sollen sie holen.

Lehrerin: Da müssen wir mal schauen, wie die Geschichte weitergeht. Das sind nun zwei verschiedene Ideen. Entweder ist Sharifa im Schiff und die Leute sollen sie rausholen, oder die Leute müssen alle ins Schiff gehen.

Fatih: Ich wollte nochmal was fragen: Warum haben die alle die Augen zu?

Lehrerin: Wer kann uns denn da mal weiterhelfen? Wer hat denn eine Vermutung dazu?

Mona: Vielleicht schlafen die.

Dilan: Die geschlossen Augen zeigen, dass sie so enttäuscht gucken, weil die da weg müssen.

Abb. 6.2.4: Zweite Doppelseite aus *Prinzessin Sharifa*

Seyma: Der König sagt ja, dass die Frauen weggehen sollen, und da sind sie alle traurig. Der Mann weint, weil seine Frau auch weggehen soll.

Merit: Der König sieht auch irgendwie böse aus.

Janis: Ja, die Augenbrauen sind so hoch. Ich hab noch was. Die haben die Augen vielleicht zu, weil die alle beten, dass sie das Land nicht verlassen müssen. So in Gedanken beten, so hoffen.

Fatih: Ja, die beugen sich auch vor [wie beim Gebet].

Lehrerin: Wir gucken uns noch drei Sachen an: Wir haben hier das rote Tuch, da wissen wir noch nicht so richtig, was es bedeuten könnte. Bei der Frau auf dem Turm waren wir uns noch nicht sicher, wer das sein könnte. Einige meinten, das könnte Sharifa sein. Und dann haben wir hier noch so ein schwarzes Fundament. Also schauen wir zuerst auf das rote Tuch. Hat jemand eine Idee dazu?

Seyma: Das könnte die Königsflagge sein, da wo der König wohnt.

Merit: Es könnte auch Trauer bedeuten.

Nike: Vielleicht könnte es auch bedeuten, weil die Fahne so lang ist, dass der König weniger Trauer hat als die.

Anita: Oder die Dorfbewohner haben das aufgehängt. Sie brauchen Hilfe, sie wollen nicht mehr dableiben.

Fatih: Das Schwarze kann auch eine Schutzmauer sein, wenn das Wasser höher steigt.

Janis: Ich wollte auch was zu der Mauer sagen. Vielleicht ist das eine Mauer, dass keiner abhauen darf. Und dann sind viele rübergeklettert und dann hat er alle weggeschickt.

Die Lehrerin las nun den Abschnitt der deutschen Sprachfassung vor.

Seyma: Der König hat gesagt, wenn die Frauen zurückkommen und das Land wieder betreten, dann werden sie getötet.

Sven: Ich glaube nicht, dass Sharifa über die Mauer klettern kann und in das Land kommt.

Nur: Also die Prinzessin Sharifa gehört gar nicht zu diesem Dorf, die gehört zu einem anderen.

Merve: Ich wollte noch was zu dem Bild fragen. Da hängen so Bilder an dem Turm.

Janis: Das sind die Männer, die mit den Frauen gewohnt haben, und die sind ganz traurig, dass die Frauen und die Kinder, also die Mädchen alle weggehen. Und die schauen aus den Fenstern.

Dilan: Im Text hieß es ja auch, dass die Mutter immer noch bei ihm ist. Und das ist dann die Mutter da oben.

Nike: Unter dem Tuch ist auch wieder ein Mond.

Fatih: Ich glaube, der König hat die Männer eingesperrt, damit die nicht mit den Frauen mitgehen.

Seyma: Der hat die Mutter auch eingesperrt. Der hat eine Mauer um sie gemacht.

Erarbeitung der Doppelseiten und Zusammenführung der Ergebnisse

Die Besprechung der Doppelseiten dauerte etwa 15 Minuten. Alle Kinder traten in einen intensiven Austausch ein. Einige waren ganz selbstständig, andere brauchten Unterstützung durch die Tippkarte und arbeiteten an den Bildern die einzelnen Fragen ab. Auf diese Weise kamen alle zu guten Ergebnissen, die bei der Zusammenführung des Erarbeiteten sichtbar wurden. Die Vorbereitung der einzelnen Doppelseiten in Gruppen erwies sich zudem als sehr produktiv für das gemeinsame Unterrichtsgespräch. Ein solches Vorgehen empfiehlt sich, um die Kinder zu aktivieren und an der Gesprächsführung zu beteiligen. Damit die Erarbeitung des Buches sich nicht allein auf eine Präsentation von Gruppenergebnissen beschränkte, wurden alle Kinder von der Lehrerin ermuntert, ihre Entdeckung bei der Projektion der Doppelseiten mitzuteilen, um so miteinander über die verschiedenen Deutungen ins Gespräch zu kommen. Um die Rückbindung an den Text zu gewährleisten, wurde der entsprechende Textabschnitt jeweils vorgelesen. Im Austausch konnten die Informationen aus Text und Bild in Verbindung gesetzt werden. Als schwierig erwies sich die Darstellung, die Sharifa in verschiedenen Männlichkeitsposen zeigt (siehe Abb. 6.2.4). Hier gingen die meisten Kinder davon aus, dass es sich um mehrere Männer und nicht um Sharifa in mehreren Posen handelte. Dass im Bild kein zeitlicher Verlauf dargestellt wird, sondern gleichzeitig verschiedene Ereignisse präsentiert werden, war für einige Kinder kaum nachvollziehbar. Hier kam zudem die Genderkonstruktion als weitere Verstehenshürde hinzu. Ein Auszug aus dem trankribierten Gespräch soll dies veranschaulichen:

Janis: Also ich und Merit hatten dieses Bild und ich vermute, dass neben dem Brunnen rechts, das ist die Prinzessin Sharifa und links, das sind die Prinzen. Und die Prinzessin Sharifa versucht sich als Prinz zu verkleiden. Da haben wir auch den Text dazu gelesen. Sie versucht sich wie die Prinzen zu benehmen und zu kleiden.

Fatih: Die Män- … die Prinzen haben eine richtige Hose an und die Sharifa hat einen Rock. Und die haben keine Toilette.

Lehrerin: Ja, was macht der hier?

Fatih: Der pinkelt da hin.

Lehrerin: Das ist der Inbegriff des Mannseins. Im Stehen pinkeln … [Die Kinder lachen.] Das ist richtig schlimm, wenn man so etwas in der Öffentlichkeit sieht.

Fatih: Das ist ja eklig, dass die keine Toiletten haben. [flüstert]

Nur: Wir hatten auf unserer Doppelseite auch so einen. Wir haben erstmal gerätselt, wer das sein könnte. Chiara meinte, das wäre der König, aber …

Nike: Die Leute, die nicht so gekleidet sind wie Sharifa, die gucken so. So als würden sie sich wundern, dass sie sich verkleidet. Das muss die Familie von Sharifa sein. Der Mann hat auch eine Krone auf.

Lehrerin: Ja, wir hatten ja gehört, dass die Eltern Sharifa gewarnt haben. Sie haben gesagt, dass sie nicht in das Nachbarreich gehen solle.

Arda: Mir ist noch aufgefallen, dass überall Menschen sind, aber dass hier zum ersten Mal ein Hund ist.

Lehrerin: Das stimmt. Es kommt nochmal ein Tier vor, aber das sehen wir gleich.

Seyma: Manche sind rot gekleidet, manche sind blau gekleidet. Vielleicht sind das zwei verschiedene Dörfer.

Fatih: Ich finde es komisch, dass der Brunnen viel größer als die Leute ist.

Lehrerin: Das stimmt. Ihr habt ja vor der Schule auch einen Brunnen, aber wenn ihr da am Rand steht, dann könnt ihr immer über den Rand schauen. Das ist hier nicht möglich. Der Brunnen ist riesig. Ich lese euch mal den Text vor. [liest vor]

Abb. 6.2.5: Übersicht über die Druckabzüge (Produkte der jahrgangsübergreifenden Gruppenarbeiten, Klasse 3/4)

Arda: Die Menschen gucken, wieso sie ein Junge geworden ist.
Fatih: Die Sharifa hält ihre Hand so hin. Sie will, dass ein Mann ihre Hand hält. Das ist der Bruder von Sharifa.
Janis: Nein, das ist die Sharifa selber und sie macht so mit der Hand, weil sie ihrer Familie zeigen will, wie sie sich so benehmen will.
Nur: Ich glaube, das ist die Sharifa, weil bei unserem Bild war ja auch so ein Mann und der Mann hat so zugeguckt, wie die anderen alles so machen.

Im Austausch miteinander verstanden die meisten Kinder nach und nach, dass nicht verschiedene Figuren abgebildet werden, sondern dass Sharifa in verschiedenen Posen gezeigt wird. Allerdings beharrte Fatih darauf, dass es sich nicht um Sharifa handelt, sondern um andere Männer. Selbst nach der Unterrichtsstunde kam er noch einmal zur Lehrerin und fragte nach, dass das doch jemand anderes als Sharifa sein könne. Möglicherweise lässt sich diese Darstellung nicht mit seinen genderspezifischen Vorstellungen vereinbaren.

Insgesamt zeigt das Gespräch über das Bilderbuch, dass die Kinder sich darauf einließen, dem Abgebildeten eine Bedeutung zuzuschreiben. Vermutlich ist es auf die Vorbereitung im Team zurückzuführen, dass sie die Bilder nicht nur als mimetische Abbildungen verstanden, sondern auch deren Zeichenhaftigkeit erkannten. So wurden etwa den Farben symbolische Bedeutung zugeschrieben. Ein Junge meinte, dass es sich bei den roten Fischen um Glücksfische handeln müsse, da Sharifa auf ihrer Reise Glück brauche. Auch die Größenverhältnisse waren Gegenstand verschiedener Vermutungen.

Produktive Vertiefung

Die produktive Weiterverarbeitung der Bilderbucheindrücke wurde von den Kindern als sehr anregend erlebt. Die Schüler/-innen waren überaus motiviert und selbst weniger motorisch geschickte Kinder erlangten mit den Druckvorlagen gute Ergebnisse (siehe Abb. 6.2.5). Zudem zeigte sich, dass die gemeinsame Arbeit den friedlichen Umgang miteinander förderte.

Nach der Erstellung der Druckabzüge ließen sich die Kinder sehr gern auf die individuelle Ausgestaltung ein. Da die Kinder sehr motiviert waren, Figuren aus dem Bilderbuch in den Abzug hinein zu zeichnen, Sprechblasen zu ergänzen oder arabische Wörter zu schreiben, stellte die Lehrerin den Kindern spontan eine Unterrichtsstunde mehr zur Verfügung (siehe Abb. 6.2.6 und Abb. 6.2.7). Von großem Vorteil war es dabei, dass ein paar Kinder Arabisch schreiben konnten, sodass sie Vorlagen für arabische Wörter erstellten, die dann von den anderen abgeschrieben werden konnten. Nicht zuletzt war es für die Kinder mit arabischem Hintergrund eine überaus wichtige Erfahrung, dass sie mit ihren Sprachkenntnissen im Mittelpunkt standen und auch die Lehrerin unterstützen mussten.

Abb. 6.2.6: Beispiele für die individuelle Ausgestaltung mit arabischer Schrift (Klasse 3/4)

Abb. 6.2.7: Arbeitsergebnis einer Schülerin (Klasse 3/4)

Ideen zur Weiterarbeit

Im Sinne des Embodiment-Ansatzes, der die Bedeutung der sinnlich-leiblichen Erfahrung bei Lernprozessen betont (vgl. Kap. 4.4), sind verschiedene spielerische Übungen zu empfehlen, die aus der Theaterpädagogik stammen. Sie fördern eine intensivere Einfühlung in Figuren und Situationen, regen die Vorstellungstätigkeit an und ermöglichen über die sprachliche Auseinandersetzung hinaus alternative Formen dafür, eigene Empfindungen zum Ausdruck zu bringen. Im Rahmen einer wissenschaftlichen Hausarbeit hat Franziska Börner (2018) unterschiedliche theaterpädagogische Vorschläge für die Geschichte von Prinzessin Sharifa adaptiert und mit Schüler/-innen einer vierten Jahrgangsstufe klassenübergreifend im Rahmen einer Theater-AG erprobt. Die im Folgenden in Anlehnung an Börner angeregten Übungen können in das Vorlesegespräch implementiert werden, um Aspekte zu vertiefen, Verstehensprozesse ganzheitlich anzuregen oder die Gesprächssituationen spielerisch aufzulockern. Die Übungen können auch nach der Erarbeitung des Bilderbuchs zur Vorbereitung eines Theaterstücks eingesetzt werden. Auf der Basis der Übungen wird es für die Kinder leichter sein, sich an der Entwicklung des Theaterstücks aktiv zu beteiligen, Gestaltungsideen einzubringen und die Geschichte mit den spielerischen Mitteln umzusetzen. Dies bestätigen die Ergebnisse aus der Theater-AG Börners. Zusammenfassend lässt sich festhalten, dass die Übungen je nach Unterrichtsituation, Zielsetzung und zeitlicher Ressourcen unterschiedlich eingesetzt werden können.

Übungen zu Haltung und Auftreten, zum Erkunden von Atem und Stimme: Arabische Wörter nachmalen

Die Kinder verteilen sich im Raum. Die Lehrerin hält Karten hoch (siehe Abb. 6.2.8), auf denen Wörter auf Arabisch mit deutscher Übersetzung geschrieben stehen: Hallo, Tschüss, Herzlich Willkommen, Danke, Entschuldigung,

Abb. 6.2.8: Karten mit den arabischen Begriffen

Nein und Ja. Alle Wörter werden gemeinsam gesprochen. Die Lautschrift zu den arabischen Wörtern gibt eine Orientierung über die Aussprache.

Die Kinder schreiben nun die arabischen und deutschen Wörter zunächst mit dem Finger in der Luft nach. Im Anschluss daran schreiben sie die Wörter mit dem ganzen Körper nach und bewegen sich dazu durch den Raum. Nach der Übung kann über die spielerische Umsetzung nachgedacht werden, ebenso über die Wirkung der Schreibrichtungen der Schriften auf die Bewegungsrichtungen. In der Theater-AG wurde diese Übung sehr positiv von den Kindern aufgenommen und fand sogar später in einer Szene des Theaterstücks ihren Platz.

Zeit und Raum in der Bewegung erleben und mit dem Körper ausdrücken: Raumlauf und Variationen

Die Kinder laufen zunächst durch den Raum, ohne miteinander in Kontakt zu kommen. Der Schwierigkeitsgrad der Aufgabe wird dadurch erhöht, dass die Kinder auf eine gleichmäßige Raumaufteilung achten sollen, ähnlich wie bei Gegenständen auf einem Tablett. Die Gegenstände müssen auf dem Tablett gleichmäßig aufgestellt sein, damit das Tablett nicht kippt. Im nächsten Schritt werden zusätzlich verschiedene Geschwindigkeiten vorgegeben von -5 bis +10 sowie Bewegungsrichtung (Minuszahlen = rückwärts; Pluszahlen = vorwärts). Klatscht die Lehrerin in die Hände, frieren die Kinder ein und bewahren ihre aktuelle Haltung bei.

Zur Variation nehmen die Kinder beim Raumlauf bestimmte Rollen ein. So kann zum Beispiel ein Kind die Rolle des Königs einnehmen, während die anderen die Diener sind und dem König folgen. Nach einer Zeit wird ein neuer König durch Handzeichen bestimmt. Die Entscheidung über die Rollenwechsel können die Kinder selbst oder die Lehrerin übernehmen. Die spielerische Auseinandersetzung kann auch erweitert werden, indem weitere Rollen individuell erprobt werden. So versuchen die Kinder durch den Raum wie ein Mann, eine Frau, ein Kind oder ein alter Mensch zu gehen.

Eine interessante Anregung ist es, die Bewegung durch den Raum an Farben zu orientieren. Die Kinder sollen nach gelb, schwarz, rot, blau und grün gehen. Dabei dürfen sie ihre Bewegung, Körperhaltung und Gestik nach ihren Farbassoziationen individuell gestalten.

Zur Vertiefung der Bilderbucheindrücke kann der Raumlauf so gestaltet werden, dass den Kindern für das Einfrieren (Freeze) ein Bild einer Figur aus dem Bilderbuch gezeigt wird, deren Mimik, Gestik und Körperhaltung sie im Freeze darstellen. Vorlagen wären z. B. das Bild des Königs, als er die Frauen aus dem Land verweist, Sharifa, wie sie sich die Männlichkeitsposen ausdenkt, Sharifa, wie sie mit dem Mond spricht, oder die Königsmutter, die die Augen traurig verschließt.

Die Kinder lernen durch diese Übungen, ihren Körper als Instrument wahrzunehmen und sich durch Bewegung und Körperhaltung auszudrücken. Zusätzlich kann die Wahrnehmungsfähigkeit durch die Rollenübernahmen gefördert werden. Interessant ist die anschließende Reflexion, wie sie sich in den verschiedenen Rollen und in die Figuren der Geschichte eingefühlt haben oder welche Assoziationen durch die Farben entstanden sind. In der Theater-AG assoziierten die Kinder Gelb mit frei, groß, glücklich und wach, Schwarz mit traurig, leblos und schreckhaft, Rot mit machtvoll und wütend, Blau mit frei und kalt sowie Grün mit Wachsen und Leben.

Entspannung üben: Fantasiereise

Die Kinder suchen sich einen guten Platz im Raum, setzen oder legen sich bequem hin, schließen die Augen und versuchen nach Anregung durch eine Fantasiereise ihre Vorstellungen zu entwickeln. Hier bietet es sich an, eine Fantasiereise zu wählen, welche Vorstellungen zum arabischen Königreich anreichert und sinnliche Ausgestaltungen fördert (siehe Material 6.2.C zum Download).

Rollen und Beziehungen ausgestalten: verschiedene Übungen

Zur Vorbereitung der Inszenierung eines Theaterstücks kann auf den Raumlauf zurückgegriffen werden, bei dem die Kinder im Freeze Posen einzelner Figuren aus dem Bilderbuch nachgestellt haben. Ergänzend dazu können auch menschliche Figurenmaschinen gebaut werden.

Figurenmaschinen bauen

Ein Kind beginnt nach Festlegung einer bestimmten Figur eine dazu passende Bewegung auszuführen und einen Ton zu äußern. Dies wird in Anlehnung an das Motiv der Maschine kontinuierlich fortgesetzt. Ein zweites Kind kommt hinzu, berührt das erste Kind und setzt eine andere, aber ebenfalls passende Bewegung und einen Ton um. Dies wird weitergeführt, bis vier oder fünf Kinder zur vorgegebenen Figur eine Maschine fertiggestellt haben. Bei der Durchführung in der Theater-AG hat etwa ein Mädchen damit begonnen, fortwährend auf den Boden zu stampfen und dabei zu rufen „der grimmige König". Ein zweites Kind schaute böse und wiederholte den Laut „grrrh". Ein drittes Kind streckte den Finger aus und rief immer wieder „Diener" und das vierte Kind streckte den Arm immer wieder aus und ergänzte dazu die Aufforderung „Raus mit euch."

Diese Übung fördert die Auseinandersetzung mit den Figuren. Zugleich dient sie auch dazu, dass die Kinder sich mehr zutrauen und ihre Assoziationen und Empfindungen auf der Bühne zum Ausdruck bringen. Außerdem trainiert es die Kinder, sich auf ihre Rolle zu konzentrieren und in der Rolle zu bleiben.

Bilder improvisieren

Zur Vorbereitung der Theaterinszenierung kann auch die Umsetzung eines Bildes aus dem Bilderbuch genutzt werden. Dazu kommen kleine bis größere Gruppen nach vorne, während die anderen im Publikum bleiben. Die Lehrerin zeigt der Gruppe das Bild einer Doppelseite aus dem Bilderbuch und fordert sie auf, sich entsprechend zu positionieren und eine Minute lang das Bild spielerisch umzusetzen. Das Publikum muss die Szene erraten, gibt aber auch Rückmeldung zu Verständlichkeit und Bühnenpräsenz. Die schauspielenden Kinder versuchen in einer zweiten Runde ihre Improvisation zu verbessern.

Leerstellen improvisieren

Anspruchsvoller wird es sein, Leerstellen des Text-Bild-Zusammenhangs auszugestalten. Dazu wird den Gruppen ein Satz vorgegeben, zu dem die Kinder ein szenisches Spiel improvisieren. In der Theater-AG wurde intensiv zu dem Satz gearbeitet: „König Hamed hatte aus Zorn ein neues Gesetz verkünden lassen." (Zaeri/Richter 2015, o.S.) Alternativ ist es auch sinnvoll, den

Kindern einen Textabschnitt zu geben, den sie entsprechend improvisierend umsetzen. Wichtig ist es, dass die Kinder nur kurz Zeit haben, die Improvisationen zu entwickeln und auch nur jeweils eine Minute spielen. So wird deutlich, dass es sich tatsächlich nur um eine Improvisation handelt. Die Auswertung der Erprobung zeigt, dass der Wechsel vom eigenen Spiel und zur Beobachtung sich als sehr fruchtbar erwies. So konnten die Kinder in der Theater-AG ein sehr gutes Verständnis füreinander und für die Herausforderung des Theaterspiels entwickeln. Die Einübung von konstruktiver Kritik war für alle hilfreich. Sie konnten dadurch für die spätere Aufführung profitieren.

Standbilder nach Themen

Standbilder zu gestalten ist im handlungsorientierten Literaturunterricht sehr gängig. Zu oft eingesetzt, verspricht dieses Format allerdings keine besondere Inspiration mehr. In der Theater-AG erwies es sich jedoch zur Vorbereitung auf das Theaterstück als sehr anregend, dass die Kinder Standbilder zu verschiedenen Begriffen umgesetzt haben. Zur Veranschaulichung des Begriffs Königreich imitierten zwei Kinder mit nach oben gestreckten Armen ein großes Haus, in dessen Mitte ein Kind auf Zehenspitzen stand und nach oben blickte, um seinen besonderen Status zu betonen. Vor dem Haus nahmen zwei Kinder eine dienende Position ein. Zum Begriff Gerechtigkeit assoziierte eine andere Gruppe, dass es Länder in der Welt gebe, wo die Menschen glücklich seien, und andere, in denen Gewalt herrsche. Zur Veranschaulichung bildeten drei Kinder einen Kreis, um ihren Zusammenhalt zu zeigen. Daneben imitierte ein Kind eine drohende Geste, während seine Partnerin sich duckte, um den Schlag abzuwehren. Den Begriff Freiheit setzten die Kinder so um, dass sie ihre Arme weit ausstreckten und mit ihrer Körperhaltung das Fliegen symbolisierten. Fliegen assoziierten sie mit Freiheit.

6.3 Umgang mit Regeln und Verantwortung

Farideh Chalatbarie (Text)/Schurareh Chosrawani (Illustration):
Busfahrt ins Ungewisse
Zweisprachig Persisch-Deutsch.
Ins Deutsche übersetzt von Wolfgang Steinke.
Berlin: Edition Orient 2012 [pers. OA 2007]
(Bilderbuch)

AUF EINEN BLICK

Klassenstufe: 3/4/5

Zeitplanung:
Für den Unterricht mit dem Bilderbuch *Busfahrt ins Ungewisse* von Farideh Chalatbarie und Scharareh Chosrawani sind zwei Doppelstunden anzusetzen, ggf. kann eine weitere Einzel- oder eine Doppelstunde zur Vertiefung eingeplant werden. Folgende Zeitstruktur wird vorgeschlagen:

- In der ersten Doppelstunde wird das Bilderbuch bis einschließlich Seite 25 vorgestellt. Danach erfolgt in Zweierteams die produktive Vertiefung der Erzählkonstruktion.
- In der zweiten Doppelstunde werden zunächst die Arbeitsergebnisse präsentiert. Im Anschluss wird das Buch gesprächsförmig zu Ende erarbeitet. Die begonnene Teamarbeit wird fortgesetzt, indem die Schüler/-innen die Bildsprache des Bilderbuchs produktiv nachgestalten und weiterführen.
- Je nach zeitlichen Ressourcen kann für die bildnerische Auseinandersetzung eine weitere Einzel- oder eine Doppelstunde herangezogen werden.

Zusätzliche Materialien:

- weiße DIN-A3-Vorlagen mit einem verkleinerten Bildausschnitt eines Fahrgastes sowie zwei leeren Panels (siehe Material 6.3.A, 6.3.B, 6.3.C, 6.3.D zum Download)
- Wachsmalstifte
- ggf. Abspielgerät/Computer mit Lautsprecher zum Abspielen einer zuvor erstellten Audiodatei mit persischer Lesung

Ziele des Unterrichts:

- Die Schüler/-innen sollen das Bilderbuch *Busfahrt ins Ungewisse* kennenlernen.
- Die Schüler/-innen sollen durch gesprächsförmige und bildnerische Arbeitsformen die komplexe Erzählkonstruktion nachvollziehen und eigene Deutungen entwickeln.
- Die Schüler/-innen sollen lernen, die Perspektiven einzelner Figuren einzunehmen und deren Handeln nachvollziehen.

6.3.1 Vorstellung des Bilderbuchs *Busfahrt ins Ungewisse*

Bei dem persisch-deutschen Bilderbuch *Busfahrt ins Ungewisse* der Autorin Farideh Chalatbarie und der Illustratorin Scharareh Chosrawani handelt es sich um ein parallel mehrsprachiges Bilderbuch (siehe Abb. 6.3.1). Es ist zuerst 2007 im Iran in persischer Sprache erschienen. Wolfgang Steinke hat den Text für die deutsche Publikation übersetzt. 2012 wurde dann die deutsche Ausgabe mit beiden Sprachfassungen – mit der ursprünglich persischen und der deutschen – vom Verlag Edition Orient veröffentlicht. Die parallele Mehrsprachigkeit ist durchgehend realisiert, denn beide Sprachfassungen sind auf jeder Doppelseite nebeneinander oder untereinander gesetzt. Persisch *(Fārsī)* wird nach der Islamisierung Persiens in der arabischen Schrift geschrieben. So wird der arabischen Leserichtung entsprechend das Buch von rechts nach links aufgeschlagen und gelesen.

Die Geschichte erzählt von einem jungen Busfahrer, der zum ersten Mal eine Busfahrt antreten muss und vier Fahrgäste zu befördern hat. Er bekommt eine Einweisung von einem alten Mann. Das Fahrtziel ist ungewiss. Der junge Busfahrer erfährt nur, dass am Ende eine Weggabelung ist und hier eine Entscheidung für die Abzweigung ins Paradies oder in die Hölle erfolgen muss. Bei Fahrtantritt ist der Fahrer unsicher. Eigentlich soll er nicht mit den Fahrgästen sprechen, aber entgegen der Vorschriften entwickelt sich ein Gespräch, bei dem ihm jede/-r erzählt, warum sie/er schuldig geworden ist. Alle vier Fahrgäste – zwei Männer, eine Frau und ein Mädchen – waren an einem Autounfall beteiligt, bei dem sie zu Tode gekommen sind. Jede/-r von ihnen betrachtet sich selbst als Unfallverursacher/-in. Im Laufe des Gesprächs wird jedoch deutlich, dass jede/-r von ihnen mit guten Motiven gehandelt hat, und daher kann nicht von einem wirklichen Verschulden gesprochen werden. So sieht es vermutlich auch der junge Busfahrer, der sich am Ende für die Abzweigung ins Paradies entscheidet.

Abb. 6.3.1: *Busfahrt ins Ungewisse*

Das Mädchen hatte keinen Platz zum Spielen und ist deshalb – entgegen des Verbots auf das (Flach-)Dach gestiegen und dort Seil gesprungen. Dabei ist es heruntergefallen. Der Vater wollte sein Kind retten und ist deshalb auf dem Weg ins Krankenhaus zu schnell gefahren. Der andere Mann wollte seiner Nachbarin helfen, die für ihre Schwägerin rechtzeitig Medizin zum Zug bringen sollte. Die Bremsen des Autos waren jedoch defekt und so konnte der Mann nicht mehr rechtzeitig bremsen.

Der persische Titel heißt wörtlich übersetzt *Der falsche Bus*. Damit wird angedeutet, dass die Passagiere möglicherweise in den falschen Bus gestiegen sind bzw. dass der Bus in die falsche Richtung fährt (vgl. Kümmerling-Meibauer 2013, 61). Der deutsche Titel setzt andere Akzente. Er vermittelt, dass das Ziel der Busfahrt nicht klar ist.

Das Bilderbuch entfaltet eine für seine Gattung ungewöhnliche Thematik. Es geht um Fragen des Umgangs mit Normen, Verantwortung und Schuld. Nicht zuletzt werden die Themen Tod und Jenseits bzw. Hölle und Paradies gestreift. Der Fahrer unterhält sich trotz des Verbots mit den Fahrgästen. Dass die Fahrgäste überhaupt in diesem Bus sitzen, hat damit zu tun, dass sie z.T. Regeln und Gebote nicht eingehalten haben. Dies gilt auch für den Busfahrer, der entgegen des Gebots, nicht mit den Passa-

Abb. 6.3.2: Doppelseite aus dem Bilderbuch *Busfahrt ins Ungewisse*, 6f.

gieren zu sprechen, sich ins Gespräch einbeziehen lässt. Der junge Fahrer hätte sich gern mehr Information zum Bestimmungsort der Fahrt gewünscht, denn er muss am Ende darüber eine Entscheidung treffen. Eigentlich sollte der Bus in die Hölle führen. Dies erfährt man durch die Äußerung eines Fahrgasts, der sich und seine Mitreisenden als „Höllenmenschen" bezeichnet.

Auch hinsichtlich der Erzählkonstruktion und der symbolischen Gestaltung handelt es sich um ein sehr komplexes Bilderbuch. In Rückblenden wird multiperspektivisch das Geschehen um den Unfall aufgerollt. Die Komplexität des Zusammenspiels von Text und Bild wird noch gesteigert, da viele Bildelemente nicht durch den Text erschlossen werden und die Bilder zwei Handlungsebenen nebeneinander visualisieren – die Ereignisse während der Busfahrt sowie vor und während des Unfalls.

Auf den ersten Blick hingegen erweckt das Buch in seiner künstlerischen Ausführung einen eher kindlich naiven Eindruck. Die Bilder sind mit Wachsfarben und Acryl gestaltet, Konturen und Umrisse von Figuren und Gegenständen mit einer Schabtechnik herausgearbeitet. Besonders die Figuren bleiben eher schemenhaft und erinnern an Bilder junger Kinder (siehe Abb. 6.3.2). Beim näheren Betrachten ist jedoch eine Fülle von Symbolen und Elementen zu entdecken wie Schlüssel, Schmetterlinge, ein Flügelpferd, weiße und rote engelartige Wesen, Fratzengesichter von Fischwesen, übergroßer Löwenzahn in verschiedenen Entwicklungsphasen und andere Blumen. Viele Bildelemente sind nicht maßstabsgetreu dargestellt, sondern oftmals viel größer präsentiert. Insgesamt wird eine surreale Atmosphäre mit hohem Bedeutungspotenzial evoziert. Die Atmosphäre wird durch die großen Farbflächen verstärkt. Auf keiner der Doppelseiten bleibt eine ungestaltete Fläche. Die Bilder reichen bis zu den Seitenrändern und integrieren die Texte.

Auf dem Cover fällt zuerst der große bunte Fisch ins Auge, der einen kleinen weißen Bus mit Friedensfahne trägt und der sich auf einer schwarzen Straße den Weg durchs Wasser zu bahnen scheint. Rote Goldfische spielen in der persischen Tradition eine wichtige Rolle. Beim Newroz, dem persischen Neujahrs- bzw. Frühlingsfest, werden in der Regel zwei Goldfische gekauft und in einem Wasserglas auf den Tisch gestellt. Sie sollen Glück, Gesundheit und Wohlstand bringen. Insofern kann der große Fisch als Glücksbringer und Retter der Businsassen betrachtet werden: Der Fisch bahnt sich den Weg und bringt die Menschen zu ihrem eigentlichen Bestimmungsort, dem Paradies. Eine ähnliche Bedeutung hat auch das Flügelpferd, das in der persischen Kultur als Retter in höchster Not gilt. Auch die weißen engelartigen Wesen tauchen immer dann auf, wenn den Menschen besondere Gefahr droht.

Neben der Bildgestaltung fordert auch die Erzählkonstruktion das Sinnverstehen heraus. Es handelt sich zunächst um eine lineare Erzählung, die dann unterbrochen wird, als die einzelnen Fahrgäste jeweils aus ihrer Sicht die Vorgeschichte des Unfalls erzählen. Im Anschluss an die multiperspektivischen Rückblenden wird die Geschichte wieder linear fortgesetzt. Die Erzählung ist anspruchsvoll, da sich weder unmittelbar erschließt, in welchem Verwandtschafts- und Bekanntschaftsverhältnis die vier Fahrgäste zueinander stehen, noch dass sie am selben Unfall beteiligt waren und dabei zu Tode gekommen sind. Während der Text im eher neutralen Modus von den Ereignissen erzählt, bringen die Bilder das Erschrecken, die Angst und Freude der Betroffenen trotz der schemenhaften Darstellung deutlich zum Ausdruck.

6.3.2 Unterrichtsvorschlag

Die Auseinandersetzung mit dem Bilderbuch kann in vier Schritten erfolgen, für die jeweils ein bis zwei Unterrichtsstunden anzusetzen sind. Alle Kinder sollten die einzelnen Seiten des Bilderbuchs gut sehen können, daher bietet sich eine Projektion per Beamer oder Dokumentenkamera an, bei der die Kinder im Halbkreis zur Projektionsfläche schauen. Gerade für die Erschließung ist es erforderlich, dass die einzelnen Bildelemente für alle erkennbar sind. Dabei können das Vorlesen der Texte und die Besprechung der einzelnen Doppelseiten variieren. Manchmal kann es wichtig sein, dass Kinder ihre Irritationen und Überlegungen unmittelbar zum Ausdruck bringen. Mitunter bietet es sich aber auch an, zuerst den Text zu hören und in Verbindung mit den Bildern Bedeutungen zu konstruieren.

Zum *Einstieg* wird das Bilderbuch bis einschließlich Seite 25 vorgestellt. Die Kinder lernen dabei die Protagonist/-innen kennen und erfahren, was bei den einzelnen Fahrgästen zum Unfall geführt hat. Das Bilderbuchgespräch ist recht anspruchsvoll, weil die Kinder vermutlich viele Ideen zu den Bildern haben werden, die zum großen Teil auf Mutmaßungen beruhen. Hier muss die Lehrerin mit Geschick die Balance halten zwischen einem freien Gespräch und lenkenden Hinweisen, die die Bedeutungskonstruktion voranbringen. Um die Konzentration der Kinder aufrechtzuerhalten, muss darauf geachtet werden, dass die Besprechung nicht zu kleinteilig erfolgt. Gegebenenfalls können einzelne Seiten auch zügiger besprochen werden. Spannend wird es für die Kinder sein, in dem Buch zu blättern, sich die Leserichtung zu erschließen und die persische (Schrift-)Sprache wahrzunehmen. Wenn möglich, sollten zumindest einzelne Texte auf Persisch vorgetragen werden, damit die Kinder den Klang und die Prosodie der Sprache erleben können. Wenn keine Eltern oder Kinder in der Klasse sind, die *Fārsī* lesen können, bietet es sich auch an, eine persische Audiolesung abzuspielen, deren Aufnahme man sich ggf. zuvor von einer Persisch sprechenden Person im Bekanntenkreis organisiert hat. Sollte eine solche Möglichkeit nicht bestehen, ist die Erschließung des Bilderbuchs dennoch auf jeden Fall zu empfehlen.

Am Ende der ersten Gesprächsphase erfolgt die Überleitung zur produktiven *Erarbeitung* der Erzählkonstruktion. Ziel ist es, dass alle Kinder die verschiedenen Erzählebenen in Bild und Text durchschauen sollen. Dafür erhalten sie zu zweit eine vorbereitete DIN-A3-Vorlage zu einer/einem der vier Fahrgäste (siehe Material 6.3.A, 6.3.B, 6.3.C, 6.3.D zum Download). Im Team sollen sie sich noch einmal gezielt mit der Vorgeschichte ihrer Figur beschäftigen und diese im Rahmen der vorgegebenen Panels sprachlich und bildlich entfalten. Wichtig ist hier die Vorstellungstätigkeit, da die Kinder die jeweilige Rückwendung imaginativ ausgestalten sollen. Die Arbeit zu zweit trägt zur wechselseitigen Unterstützung bei. Auf diese Weise können die Schüler/-innen die Motive und das Handeln einer Figur klären, die in guten Absichten einen tödlichen Unfall verursacht hat. Zugleich können sie so Partei für eine Figur einnehmen und aus deren Perspektive das weitere Handlungsgeschehen besser nachvollziehen.

Zu Beginn der zweiten Doppelstunde wird erneut die Doppelseite 18 und 19 präsentiert. Auf dieser Doppelseite ist der Zusammenprall der beiden Autos abgebildet. Die Kinder können sich das Geschehen noch einmal vergegenwärtigen und dann mit Hilfe ihrer Vorlagen erzählen, wie die jeweiligen Protagonist/-innen an dem Unfall beteiligt sind und was im Einzelnen zu dem Unfall geführt hat. Gemeinsam werden die vier Perspektiven zusammengetragen und besprochen. Denkbar ist es auch, hier den Begriff Rückblick oder Rückwendung einzuführen, den die Kinder aus Filmen vermutlich kennen. Über die Rekapitulation der Ereignisse hinaus bietet es sich an, die Kinder anzuregen, über den weiteren Fahrtverlauf nachzudenken. Dabei werden die Gewichtung der Schuld, die Motive des Handelns und die Verantwortung dafür zur Sprache kommen. Die Kinder werden auch Vermutungen anstellen, wie sich der junge Fahrer verhalten wird. Perspektivenübernahme und Fremdverstehen sind hier gefordert. Im Anschluss an die Antizipationen wird der letzte Teil des Bilderbuchs vorgelesen und vorgestellt. Hier erfahren die Kinder nun, dass trotz allem das Gute der Menschen den Fahrer zur Entscheidung für das Paradies veranlasst hat. Die Phase kann mit einem Austausch über das Ende der Geschichte abgeschlossen werden.

Der *Abschluss* der Unterrichtseinheit ist der produktiven Weiterarbeit und Vertiefung gewidmet. Die Kinder können mit Wachsmalstiften im Stil der Illustrationen ihre Vorlage weiter ausgestalten. Im Team kann ein intensiver Interaktionsprozess entstehen, indem die Kinder mit Farben, Schriftzeichen, Symbolen und Bildelementen kreativ spielen. Nicht nur Kinder, die sich an den Gesprächen weniger aktiv beteiligen, haben so die Möglichkeit, die Geschichten nachzuerleben und wirken zu lassen. In der produktiven Auseinandersetzung kann die Geschichte vergegenwärtigt und vertieft werden. Je nach Situation in der Klasse kann hierfür eine weitere Unterrichtsstunde oder Doppelstunde eingeplant werden.

6.3.3 Aus der Praxis

Die Unterrichtseinheit wurde in einer jahrgangsübergreifenden Klasse 3 und 4 mit 24 Kindern von einer Grundschullehrerin im Beisein der Klassenlehrerin durchgeführt (vgl. Vach 2016). Die Schule war in einer Großstadt lokalisiert. Die meisten Kinder der Klasse wuchsen zweisprachig auf, vorwiegend mit den Sprachen Deutsch und Türkisch. Kein Kind sprach Persisch. Es bestand aber eine gespannte Vorerwartung im Hinblick auf die neue Sprache, die zumindest bei der Leserichtung mit dem Arabischen übereinstimmt, welches einigen Kindern aus dem islamischen Religionsunterricht vertraut war.

Die Kinder saßen im Halbkreis in zwei Reihen, sodass alle die Doppelseiten des Bilderbuchs, die auf die Leinwand vor der Tafel projiziert wurden, gut sehen konnten. Der Wechsel zwischen Klassengespräch und produktiver Vertiefung in Partnerarbeit erwies sich als anregend.

Annäherung an das Buch

Die Kinder betrachteten zunächst das Cover des Buchs und stellten zuerst fest, dass das Buch „falsch herum" sei. Sie erklärten, dass deutsche Bücher von links nach rechts aufgeschlagen würden und hier sei es genau andersherum. Kinder mit Vorerfahrungen mit der arabischen Schrift konnten erklären, dass im Arabischen von rechts nach links gelesen würde und dass es hier genauso sei.

Sie stutzten jedoch, als sie die Schriftzeichen des persischen Titels betrachteten. Denn obwohl sie die Buchstaben als arabisch identifizierten, konnten sie nicht deren Bedeutung erschließen. Ein Kind vermutete, dass es die Schrift aus dem Iran sein könne. Die Lehrerin bestätigte, dass es sich hier um Buchstaben aus dem arabischen Alphabet handeln würde, allerdings nicht für die arabische Sprache. Die Sprache hieße Fārsī und würde im heutigen Iran gesprochen. Zur Veranschaulichung schlug die Lehrerin den Bogen zur lateinischen Schrift, mittels derer auch verschiedene Sprachen wie Deutsch, Englisch oder Türkisch wiedergegeben werden können. Das war den Kindern verständlich, für die arabische Schrift waren ihnen diese Zusammenhänge aber neu, weil sie arabische Schriftzeichen bislang nur mit Arabisch in Verbindung gebracht hatten.

Da eine Freundin der Lehrerin den gesamten Text des Bilderbuchs für die Audio-Aufnahme eingesprochen hatte, konnte die Lesung abschnittweise vorgespielt werden. Die Kinder konnten so einen Höreindruck von der persischen Sprache gewinnen. Nach dem Hören des arabischen Titels stellten sie fest, dass zwischen dem Deutschen und Persischen auch Ähnlichkeiten bestünden. So etwa konnten sie das deutsche Wort „Bus" im persischen Titel *(Utubus awazi)* heraushören, was für die Kinder sehr überraschend war. An diesem Beispiel konnte die Lehrerin die gemeinsamen sprachlichen Wurzeln der indogermanischen Sprachen erklären. In Annäherung an das Buch erläuterte die Lehrerin anhand einer projizierten Weltkarte, wo das Buch ursprünglich erschienen sei, nämlich im Iran. Die Autorin und die Illustratorin wurden mit Namen genannt, auch der Übersetzer. Die Freundin der Lehrerin wurde ebenfalls bei der Einführung namentlich erwähnt, weil sie den Text für die Kinder gelesen hatte.

Die Kinder antizipierten aufgrund des deutschen Titels und der Bildelemente auf dem Cover und des Innentitels die Handlung der Geschichte. Dabei fand Berücksichtigung, dass einzelne Bildelemente nicht maßstabsgetreu umgesetzt worden sind. Der Fisch, die Samen des Löwenzahns und der Schmetterling seien viel größer gezeigt, als sie in der Realität sind. Daraufhin vermuteten sie, dass es sich um eine Busfahrt in eine Fantasiewelt, wo es alles geben könnte, handeln würde. Ein Kind meinte, dass es sich auch um einen Traum handeln könnte.

Erschließung des Bilderbuchs

Nach dem ersten Austausch versuchten die Kinder zunächst, die Geschichte anhand der Bilder und Bildelemente zu erschließen. Die Lehrerin ermutigte die Kinder, alles zu benennen, was ihnen auffallen würde. Die Rezeption der ersten beiden Doppelseiten erfolgte durch Wahrnehmen und Benennen einzelner Elemente. Per Meldekette trugen die Kinder unterschiedliche Motive wie Fische, Schlüssel, Blumen zusammen, tauschten sich auch über die schemenhaften Figuren und die unrealistischen Größenverhältnisse aus. So wurde der Bus im Vergleich zu den Figuren viel kleiner wahrgenommen. Auch die Menschen seien nicht „echt" dargestellt. Die

Bilder wirkten sehr fremd und in ihrem Bedeutungszusammenhang wenig verständlich. Daher brauchte ihre Erfassung viel Zeit. Ein schneller Blick reichte nicht aus.

Trotzdem erfolgte die Annäherung mit großer Beteiligung. Besonders das Benennen einzelner Bildelemente war selbst für Kinder mit geringen Deutschkenntnissen ein niedrigschwelliger Zugang zum Gespräch, was zu einer produktiven Auseinandersetzung führte. Einige Kinder hoben hervor, dass der Text in zwei Sprachen abgedruckt sei: auf Deutsch und auf Persisch. Sie waren sehr interessiert daran, den persischen Text vorgelesen zu bekommen, und baten darum, noch einmal die Sprache zu hören. Bevor die zweite Doppelseite gezeigt wurde, las die Lehrerin den Text auf Deutsch vor. Sie nahm im Anschluss den Begriff einweisen auf und fragte nach dessen Bedeutung. Ayse erklärte: *„Der alte Mann soll mit dem jungen mitkommen auf die erste Reise, damit sie zusammen sind, wenn schwer was kommt."* Einweisen war aber ein Begriff, der für die meisten Kinder nicht verständlich war. Ein Junge verwechselte einweisen und erweisen. Er erläuterte, dass man einem Herrscher etwas erweist. Weiterführend war für das Verständnis die Übersetzung eines Kindes durch die Begriffe zeigen und erklären.

Auf den nächsten Doppelseiten ging es zunächst unmittelbar mit der Aufzählung der Bildelemente weiter. Dann aber begannen einzelne Kinder, narrative Zusammenhänge zwischen den Bildelementen herzustellen und Informationen aus dem Text einzubeziehen. Einige von ihnen vertexteten für einige Bildelemente kurze Ereignisfolgen. Besondere Aufmerksamkeit galt den weißen, engelhaften Wesen und der Fahrt des Busses. Bei letzterem beschäftigten sie sich vor allem mit dem Ziel der Fahrt, von dem sie durch den Titel wussten, dass es ungewiss sei. Dieses Wissen bezogen sie in ihren Deutungsprozess ein.

Farid: In dieser Fantasiewelt gibt es vielleicht auch ganz andere Lebewesen, so wie die da.

Büsra: Die sind ja mit dem Bus gefahren und vielleicht sind jedes Jahr einmal diese Feen gekommen.

Selma: Ich glaube, der Bus verfährt sich und dann sind die in die Hölle gefahren. Und da ist das Paradies und dann fährt der Bus aus Versehen zur Hölle.

Farid: Es könnte auch ein bisschen so gemischt sein. Ein bisschen gut und bisschen Albtraum.

Alenka: Der da hat eine Tröte.

Fatih: Vielleicht ruft der mit der Tröte die anderen Feen, dass sie alle zusammenkommen sollen.

Tom: Es kann auch sein, dass das Teufelsengel sind, und die greifen gerade den Bus an. Der sieht so aus, als ob der auf den Bus draufschlägt.

Farid: Der mit der Tröte holt – glaube ich – den Stamm oder die Siedlung zusammen. Das sieht man auch an der Fahne. Vielleicht haben die da oben im Baum eine kleine Siedlung oder einen Stamm und dann werden die alle zusammengerufen.

Jerome: Die Höllenmenschen sind ja lieb. Es kann auch sein, dass sie vom Paradies kommen und dann sind sie in die Hölle geflogen.

Ena: Ich glaube, dass der mit der Tröte den anderen auch etwas erklärt. Oder irgendwie sieht es auch so aus, als wollen die Feen, dass denen im Bus nichts passiert.

Alenka: Vielleicht warnen die auch, dass der Bus nicht in die falsche Richtung fährt. Damit er nicht in die Hölle fährt. Deshalb sind die vielleicht rot.

Lukas: Ja, vielleicht sind die aus der Hölle die Lieben und die aus dem Paradies die Bösen.

Ayse: Der Alte konnte ja mitkommen, vielleicht hat er dann den Feen gesagt, passt auf den Bus auf, damit sie nicht in die falsche Richtung gehen, damit die denen helfen. Und dann haben die Feen den Leuten im Bus geholfen.

Jerome: Ich weiß, warum die Feen den Bus verfolgen. Vielleicht haben die Feen Superkräfte und die beschützen den Bus mit den Superkräften.

Alenka: Es sieht für mich so aus, als ob die Feen sich verstecken, aber nach dem Bus gucken. Vielleicht fühlen die so, der Bus hat sich ja verirrt, vielleicht wollen die dann so helfen, dass die dann nicht in die falsche Richtung gehen. Aber die roten Engel, die flüstern dem Busfahrer so was ein, dann sagen die so leise: Komm mit, komm mit. Die wollen, dass er in die Hölle fährt. Und die weißen, die heben die Hände. Das heißt so … die sorgen sich so: Oh, nein, die gehen in die falsche Richtung.

Pedro: Ja, sie sollen den Bus beschützen.

Farid: Warte. Ich glaube, dass die rechte Seite die gute ist, und die linke Seite ist die schlechte. Ich glaube nicht, dass sich der Fahrer verirrt hat, weil der alte Mann hat ihm ja gesagt, dass er nur geradeaus fahren soll. Das ist eher so wie in einem Cartoon. Die rufen so und die anderen überlegen: Soll ich kommen. Und die anderen sagen: Ja, tu es, tu es.

Ihre Minimalerzählungen leiteten die Kinder meist mit Begriffen wie *Vielleicht, kann auch sein, irgendwie, Ist ein bisschen so* oder *Ich glaube* ein. Damit markierten sie einen abgeschwächten Geltungsanspruch bei ihren vorsichtigen sinnstiftenden Annäherungen. Dass der Normalisierungsbedarf des Bilderbuchs hoch ist, wird an der hohen Virulenz der aktivierten Ideen, medienbezogenen und literarischen Muster deutlich. Mit ihren vielfältigen Vorschlägen versuchten die Kinder sich der Bedeutung der Geschichte anzunähern. Allerdings lösten sie sich bisweilen von der Textgrundlage und experimentierten mit teilweise abwegigen Vermutungen. Hier war die Lehrerin gefordert, die Balance zu halten zwischen ganz freien Überlegungen und solchen mit Rückbezug auf den Text. In dem Maße, wie es der Lehrerin gelang, das Gespräch zu moderieren, konnte die Ko-Konstruktion von Bedeutungen gelingen.

Erarbeitung der nicht-linearen Erzählkonstruktion

Die gesprächsförmige Bilderbuchbetrachtung führte an der Stelle zum Innehalten, als ein Kind bemerkte, dass im Bild möglicherweise verschiedene Zeitebenen miteinander verschränkt seien. Das suchende Formulieren des Kindes zeigt, dass die bildliche Darstellung das Kind irritierte. Der Beitrag hatte Initialfunktion für den weiteren Verstehensprozess, da nun die Kinder gezwungen waren, ihre freien Assoziationen aufzugeben. Sie mussten bei ihren Überlegungen die Beziehungen der Fahrgäste zueinander und deren Beteiligung am Unfall berücksichtigen.

Deniz: Aber das, das hier … aber das … das ist ja danach passiert wie das andere.

Lehrerin: Genau, der Unfall war ja eigentlich später, und wir sehen hier eine Stelle, die eigentlich zeitlich vorher war. Das hast du richtig erkannt.

Deniz: Und da, wo die auf dem Dach war, das war ja auch durcheinander. Das war ja auch vor dem Unfall. Wo die auf dem Dach war, das müsste ja vorher kommen.

Tom: Jetzt müsste eigentlich der Unfall sein. Alles ist verkehrt herum. Die erzählen das, aber das ist nicht in der richtigen Reihe.

Wäre die nicht-lineare Erzählkonstruktion nicht von einem Kind aufgedeckt worden, so hätte die Lehrerin bei der Deutung der Doppelseite (22f.) die Kinder selbst auf die Verschränkung der Erzählgegenwart und Rückwendung im Bild hinweisen und damit den nächsten Erarbeitungsschritt einleiten müssen.

Das Aufbrechen der Chronologie in den Bildern wurde allerdings nicht von allen Schüler/-innen angesprochen und vermutlich auch nicht von allen wahrgenommen. Daher erwies es sich als sinnvoll, dass die Kinder sich die Vorgeschichten der einzelnen Figuren bis zum Unfall vergegenwärtigten. Sie wählten für eine der dargebotenen Figuren (Vater, Tochter, Nachbar, Nachbarin) eine vorbereitete DIN-A3-Vorlage mit je zwei Panels und gestalteten zu zweit deren Vorgeschichten. Der Produktionsprozess erfolgte mit hoher Konzentration. Die Kinder waren motiviert, das bereits Besprochene in die Panels einzuzeichnen und mit eigenen Bildmotiven anzureichern. Die Produkte der Kinder geben einen Einblick in ihren Schaffensprozess (siehe Abb. 6.3.3). Interessanterweise übernahmen viele Teams die arabische Leserichtung und erzählten in den Panels auch von rechts nach links. Am Ende der Doppelstunde waren die Kinder mit dem Zeichnen und Malen fertig. Die Besprechung der Ergebnisse und die Weitererzählung der Geschichte erfolgte am nächsten Tag.

Am nächsten Tag kamen die Kinder wieder im Halbkreis zusammen. In der Mitte lag eine kopierte Doppelseite mit der Abbildung des Unfalls, rechts daneben lagen die Papierbögen der Kinder, auf denen sie für jeweils eine Figur eine Vorgeschichte in zwei Panels eingezeichnet hatten. Die Papiere fungierten als stummer Impuls, denn die Kinder reagierten unmittelbar auf das Präsentierte und rekonstruierten gemeinsam die Geschichte. Selbst Kinder wie Nico, der am Vortag weniger aktiv im Gespräch war, meldeten sich zu Wort und äußerten sich zum Bilderbuch:

Abb. 6.3.3: Die Nachbarin gibt dem Nachbarn die Medizin für ihre Schwägerin (Produkt der jahrgangsübergreifenden Teamarbeit, Klasse 3/4)

Nico: Vier Personen waren beteiligt.
Lehrerin: Woran?
Alenka: An einem Unfall.
Farid: Der Mann, der die Bremsen kaputt hatte, das Mädchen, der Vater und die Nachbarin.
Esma: Wir haben uns eine Person ausgesucht und haben zu der Stelle gemalt.
Alenka: Wir haben uns die Blätter ausgesucht und haben dann gemalt, z. B. zu der Frau, die hat immer gesagt, das ist meine Schuld. Ich hab dem Autofahrer gesagt, dass er schneller fahren soll und ich hab ihm auch dafür Geld gegeben, weil meine Schwägerin krank ist.
Tom: Der Hof, wo das Kind wohnt, war zu klein, und es wollte Seilspringen und ist auf das Dach gegangen. Aber es durfte nicht, aber es ist dahingegangen, als die Mutter gekocht hat.
Ayse: Das Buch handelt auch von einem Mann, der hat ein Auto, aber die Bremsen sind kaputt, und er hat kein Geld sie zu reparieren.
Edgar: Die haben sich ja auch abgesprochen. Die Frau hat ihm Geld gegeben, damit er Medizin für die Schwägerin bringt. Damit er schnell fährt.
Nico: Der Vater von der Tochter ist zu schnell gefahren, weil seine Tochter vom Dach gefallen ist. Er wollte die retten und schnell zum Krankenhaus fahren.
Tom: Und das wird in dem Bilderbuch aber nicht in der richtigen Reihenfolge erzählt, weil die Menschen im Bus erzählen, was sie gemacht haben. Der Vater hat erklärt, wie der Unfall

entstanden ist. Und die Frau hat das auch erzählt. Der andere Mann und dann das Mädchen, die haben das auch erzählt.

Lehrerin: In welcher Reihenfolge müsste es denn eigentlich erzählt werden? Wo müssten eigentlich eure Bilder in Bezug auf den Unfall liegen.

Alenka: Es könnte beides sein. Der Unfall [Abbildung des Unfalls] könnte hier sein [links von den Panels zur Vorgeschichte], dann würde er erzählen den Grund, wie der Unfall passiert ist und wieso er so schnell gefahren ist mit seiner Tochter. Es kann hinten sein, wenn er den Grund erzählt. Es kann auch davor sein, wenn es dann passiert [chronologische Reihenfolge].

Zur Veranschaulichung schob die Lehrerin parallel zu Alenkas Erläuterung das Bild des Unfalls einmal vor die Vorgeschichten und einmal hinter diese.

Khan: Also erst fällt das Mädchen runter, und dann passiert der Unfall.

Lehrerin: Ja, aber in dem Buch wird es anders gemacht. Da wird erst der Unfall gezeigt und dann erfahren wir, dass das Mädchen vom Dach gefallen ist.

Nico: Das nennt man Rückblende.

Lehrerin: Wow! Woher kennst du das Wort?

Nico: Ich kenne das aus einem Zeichentrickfilm.

Lehrerin: Und genau das wird hier in dem Buch gemacht. Nach dem Unfall gibt es vier Rückblenden und dann wird erzählt, wie es zu dem Unfall gekommen ist.

Zentral in dem Gespräch waren auch Überlegungen zum Ziel der Busfahrt. Hier versuchten die Schüler/-innen mit viel Engagement, die Handlungsmotive der Figuren zu erklären.

Tom: Ich möchte eins dazu noch sagen. Hier … das ähm … die da im Bus sind, das sind Höllenmenschen, aber nur liebe Höllenmenschen.

Farid: Sie haben etwas Schlechtes getan, sie haben ja den Unfall gemacht. Deshalb sind das Höllenmenschen.

Lehrerin: Aber Tom hat gesagt, das sind keine bösen, sondern gute Höllenmenschen.

Besma: Ja, sie wollten nichts Böses. Die Frau zum Beispiel wollte der Schwägerin sehr schnell helfen.

Nico: Das war ja aus Versehen, dass sie einen Unfall gemacht haben. Weil die wollten ja alle ihre Familie retten.

Lehrerin: Und was bedeutet der Titel Busfahrt ins Ungewisse?

Büsra: Dass sie nicht so richtig wissen, den Verlauf … wo es hingeht.

Lehrerin: Ihr hattet gesagt, die sollen in die Hölle.

Esme: Sie könnten auch in die gute Seite gehen.

Tom: Ins Paradies.

Lehrerin: Genau, wir wissen nicht genau, welches Ziel sie haben.

Ena: Der junge Busfahrer entscheidet, wohin die fahren.

Tom: Oder die Feen oder der Pegasus führen sie zum Paradies.

Um aufzuklären, wohin der Busfahrer seine Fahrgäste bringt, schauten sich die Kinder gemeinsam die letzten drei Seiten an und sprachen darüber. Im Anschluss daran rückten die Kinder die Frage nach der Botschaft des Bilderbuchs in den Horizont der Überlegungen. Die Kinder vergewisserten sich darüber, was das Bilderbuch mitteilen könnte. Indem sie aufzeigten, welche Entwicklung der Busfahrer gemacht hat, brachten sie ihre eigene Entwicklung der Geschichte zur Sprache. Sie entfalteten und erklärten, wie der Busfahrer zu einer eigenen Entscheidung gegen den vermeintlichen Auftrag gekommen sei. Indem die Kinder dessen Entscheidungsfindung nachvollzogen, sie als sinnhaft und mutig zum Ausdruck brachten, nahmen sie auch Stellung zur Frage nach der Schuld der Fahrgäste.

Büsra: Dieses, dieses Buch will erzählen … also dieses Buch … will erzählen, dass manche Leute in die … die Hölle gehen können, aber die können auch was Gutes machen. In ihnen steckt bestimmt auch etwas Gutes. Die Leute haben doch immer gesagt: Ich war schuld, ich war schuld. Die haben doch immer so … gesagt … die haben sich …

Lehrerin: … die haben die Schuld auf sich aufgenommen.

Alenka: Er hat doch Angst, er hatte bestimmt Angst, weil es doch sein Bus war. Er dachte so: Jetzt Entscheidung, ich hör besser auf ihn [den alten Mann]. Aber dann hat er gemerkt während der Busfahrt, wie die Menschen nett sind. Dann hat er sich so Gedanken gemacht, warum sollten die Leute in die Hölle kommen, warum gehen die nicht ins Paradies. Dann hat er eine eigene Entscheidung getroffen, dann hat er sie ins Paradies gebracht.

Abb. 6.3.4: Gestaltung von Bus und Fisch (jahrgangsübergreifende Teamarbeit, Klasse 3/4)

Lehrerin: Aber was meinte denn der Junge mit: „Ich meinte nicht den Weg" bei der Frage nach der Einweisung?

Pedro: Er meinte nicht so richtig den Weg, sondern so und so. Was muss ich machen? Er hat das dann selbst entschieden, weil sie auch etwas Gutes machen.

Tom: Der alte Mann hat die Menschen ja nicht so kennengelernt wie der junge Mann. Der junge Mann hat die Menschen kennengelernt, deshalb hat er sie nicht in die Hölle gebracht. Eigentlich haben die ja gar nichts Böses getan. Die sind ja nur so schnell gefahren, weil sie jemanden retten wollten.

Die sehr aktive Mitarbeit der Kinder lässt vermuten, dass die Bewertung menschlichen Verschuldens ein Thema ist, das Kinder anspricht, und sei es nur, wenn es darum geht, mit eigenen Konflikten umzugehen. Auffällig war in dieser Klasse, dass vor allem Kinder mit türkisch-arabischem Hintergrund sich aktiv in das Gespräch eingebracht haben. Vielleicht hatte es damit zu tun, dass die Themen des Buchs, die Frage nach Schuld, Paradies und Hölle, Anknüpfungspunkte zum eigenen Glauben und zur religiösen Sozialisation boten. Nicht zuletzt ist dieses Buch auch im religiösen und politischen Kontext entstanden (vgl. Kümmerling-Meibauer 2013, 38).

Produktive Weitergestaltung

Die abschließende Produktionsaufgabe eröffnete die Möglichkeit, einzelne Aspekte des Rezeptionsprozesses zu vertiefen und ihnen im dialogischen Austausch mit Mitschüler/-innen nachzugehen. Die Kinder durften an ihren Plakaten mit den Comicpanels weiterarbeiten und sie im Stil des Bilderbuchs ausgestalten (siehe Abb. 6.3.4). In der mimetischen Nachgestaltung spielten sie mit Farben, Schriftzeichen, Symbolen und Motiven und antworteten so auf ihre Weise auf das künstlerische Angebot des Bilderbuchs. Dass die

Visualität des Bilderbuchs eine bildnerische Verarbeitung nahelegte, wurde in der konzentrierten Abschlussphase sichtbar. Über Zeichnen und Malen konnten sich die Kinder im Team miteinander verständigen, ohne dass das Wahrgenommene sprachlich ausgedrückt werden musste. So zeigte etwa der Malprozess zweier Jungen, dass sie mit Farben und Motiven nahezu tänzerisch auf dem Papier interagierten, ohne miteinander zu sprechen. Aufgrund der Intensität der Prozesse wurde sichtbar, dass diese Verarbeitungsformen von den Kindern gerne angenommen wurden und zugleich der Multimodalität des Bilderbuchs gerecht wurden.

Abgeschlossen wurde die Einheit schließlich mit einer Ausstellung der Bilder in der Klasse (siehe Abb. 6.3.5). Die ausdrucksstarken Ergebnisse beeindruckten die Kinder selbst. Die Klassenlehrerin meldete zurück, dass sie sehr überrascht von der aktiven Beteiligung aller Kinder gewesen sei. Sie führte dies auf den Gegenstand des Bilderbuchs zurück, der das Interesse der Kinder geweckt hätte. In einem solchen Falle – folgerte sie – sei es durchaus angebracht, länger im Gespräch zu verweilen und auf unnötige Methodenwechsel zu verzichten. Die Intensität einer solchen Auseinandersetzung käme im normalen Schulalltag leider viel zu kurz.

Abb. 6.3.5: Übersicht über die Ergebnisse

6.4 Der Austauschschüler – Fremdheit im Kulturkontakt

Shaun Tan (Text und Illustration):
Eric
Ins Deutsche übersetzt von Eike Schönfeld.
Hamburg: Carlsen Verlag 2011 [austral. OA 2008]
(Bilderbuch)

Shaun Tan (Text und Illustration):
Geschichten aus der Vorstadt des Universums
Ins Deutsche übersetzt von Eike Schönfeld.
Hamburg: Carlsen 2008 [austral. OA 2008]
(illustriertes Kinderbuch)

AUF EINEN BLICK

Klassenstufe: 3/4/5

Zeitplanung:
Für den Unterricht mit der Kurzgeschichte *Eric* von Shaun Tan ist eine Doppelstunde anzusetzen. Folgende Zeitstruktur wird vorgeschlagen:

- In der ersten Hälfte der Doppelstunde wird die in vielerlei Hinsicht eigenartige Kunstfigur Eric aus Shaun Tans gleichnamiger Kurzgeschichte eingeführt; danach nähern sich die Schüler/-innen der Kurzgeschichte *Eric* produktionsorientiert.
- Im zweiten Teil der Doppelstunde schließen die Schüler/-innen ihr schreibendes und zeichnendes Herantasten an den Protagonisten Eric ab. Nun liest die Lehrerin die ganze Kurzgeschichte vor und zeigt parallel dazu deren Bilder. Die Schüler/-innen bringen ihre Ergebnisse aus der Vorbereitungsphase an passender Stelle in die Lesung ein und tauschen sich darüber aus. Der Unterricht kommt mit der gemeinsamen Betrachtung des ungewöhnlichen Geschenks zu Ende, das der Austauschschüler Eric seiner Gastfamilie zum Abschied hinterlässt.

Materialien:

- kopierte Arbeitsblätter für eine Materialtheke (von der Lehrerin selbst erstellt, Anregungen siehe unten Kap. 6.4.2 und Kap. 6.4.3)
- großformatig kopiertes erstes Bild aus *Eric*
- Stifte zum Schreiben und Zeichnen

Ziele des Unterrichts:

- Die Schüler/-innen sollen die Kurzgeschichte *Eric* kennenlernen.
- Die Schüler/-innen sollen Erfahrungen, die der Austauschschüler Eric und seine Gastgeberfamilie in der erzählten Geschichte miteinander machen, ansatzweise mit Erfahrungen aus ihrem eigenen Alltag in Beziehung setzen.
- Die Schüler/-innen sollen in der Auseinandersetzung mit Shaun Tans Kunstfigur Eric eine Ahnung davon erhalten, dass gegenseitiges Befremden ein Aspekt interkultureller Begegnungen ist.

6.4.1 Vorstellung der Kurzgeschichte *Eric*

Eric von Shaun Tan ist 2008 in dessen Sammelband *Geschichten aus der Vorstadt des Universums* auf Englisch in Australien und in deutscher Übersetzung beim Carlsen Verlag erschienen. Die deutsche Übersetzung stammt von Eike Schönfeld. Der Sammelband erhielt 2009 den Deutschen Jugendliteraturpreis. 2011 brachte der Carlsen Verlag eine Buchaussonderung der deutschen Übersetzung von *Eric* als kleinformatiges Bilderbuch auf den Markt.

Eric ist ein multimodaler Text in einer ungewöhnlichen Bild-Text-Kombination. Teils illustrieren die Zeichnungen den Schrifttext, aber nicht alles, wovon der Verbaltext erzählt, ist von einer bildlichen Darstellung flankiert. Umgekehrt fungieren jedoch auch die Bilder zwischendurch als alleinige Informationsträger und kommen stellenweise ohne Verbaltext aus. Im Ganzen gesehen ist *Eric* so auf eine Art und Weise erzählt, die von den Leser/-innen nicht nur Sinn gestaltendes Zusammenfügen von Text und Bildern erfordert, sondern auch eigene imaginative Ausgestaltung und verbale Ergänzungen an offensiven Leerstellen im Bild-Text-Gefüge verlangt. Mit Ausnahme des farbigen Schlussbildes sind die Bilder durchweg alle in warmen, leicht ins Braun schimmernden Grautönen gezeichnet.

Das Vorsatzpapier der kleinformatigen Einzelausgabe von *Eric* zieren eine Vielzahl interessanter Blüten und Samen. Dargeboten wie in einer Schautafel rekurriert dieser pflanzliche Zierrat auf das Geschenk, das der Titelheld der Geschichte – ein Austauschschüler aus einem fremden, nicht weiter spezifizierten Land – zum Abschied als Dank in der Speisekammer seiner Gastfamilie hinterlässt. Bei dem ungewöhnlichen Abschiedsgeschenk handelt es sich um eine wundersame Ansammlung von bunt schillernden Pflänzchen, die in winzigen Sammelstücken aller Art kultiviert sind.

Letztere hat der Austauschschüler während seines Aufenthalts in dem ihm fremden Land zum Erstaunen des Kindes der Gastfamilie unaufhörlich vom Boden aufgesammelt. Was man am Ende im doppelseitigen, farbigen Schlussbild erblickt, ist eine große Variation farbig leuchtender Blüten, die aus Kronkorken, Bleistiftspitzern, Kaugummieinwickelpapieren, Streichholzschachteln, Nussschalen, Muttern, Schraubverschlüssen, Würfeln, Murmeln und ähnlichen kleinen Dingen wachsen. In der Version, die im Sammelband abgedruckt ist, ist in der rechten Bildseite eine kleine Notiz an eine Tasse gelehnt, auf der man in Großbuchstaben geschrieben entziffern kann: „VIELEN DANK ES WAR SEHR SCHÖN BEI IHNEN" (Tan 2008, 18f.). In der Einzelausgabe ist in diesem Bild keine Notiz an der Tasse zu sehen; hier muss man vielmehr umblättern, um so in einem wie herangezoomt wirkenden Schlussbild in die Tasse hineinschauen zu können: In dieser blickt einem dann eine Notiz mit eben diesen Dankesworten entgegen, hier jetzt in Groß- und Kleinbuchstaben und farbig geschrieben sowie von Schattenwürfen von Pflanzen umgeben, die an Erics Aussehen erinnern.

Die Mutter der Gastfamilie nimmt das eigentümliche Abschiedsgeschenk ihres Gastes mit Gelassenheit hin, vermischt mit einer Prise Desinteresse. Denkbar wäre etwa ja auch, dem vielfältigen Blühen in der Speisekammer mit Abwehr und Putzmitteln zu Leibe zu rücken, unterstellend, dass es sich um eingeschleppte Schimmelpilze aller Art handeln könnte, was da in allen Farben funkelt und sprießt. Sie jedoch belässt den eigenartigen, neuen Garten in ihrer Vorratskammer, wie er ist, sodass er über Jahre im Dunkeln weiter gedeihen kann. Allen Besucher/-innen wird er fortan als etwas Besonderes vorgeführt, begleitet von den Worten der Mutter: „Das ist bestimmt was Kulturelles" (ebd., 17).

Um diesen Schluss zu verstehen, muss man sich die Fremdheit vor Augen führen, die in Shaun Tans Geschichte mit dem Titel *Eric* zwischen dem Austauschschüler und der Gastfamilie von Anfang bis Ende vorhanden ist und über die ganze Zeit des Gastbesuchs bestehen bleibt. Der Erzähleingang spiegelt die Alteritätserfahrung, die alle an diesem Kultur- und Sprachaustausch Beteiligten machen, zunächst aus der Perspektive des Kindes der Gastfamilie:

„Vor ein paar Jahren wohnte ein Austauschschüler bei uns. Wir fanden es alle sehr schwer, seinen Namen korrekt auszusprechen, aber das machte ihm nichts.
Er meinte, wir sollten ‚Eric' zu ihm sagen.
Wir hatten das Gästezimmer frisch gestrichen, neue Teppiche und Möbel dafür gekauft, damit auch alles schön und bequem für ihn war. Daher weiß ich nicht, warum Eric die meiste Zeit in unserer Speisekammer schlief und lernte.
‚Das ist bestimmt was Kulturelles', sagte Mama. ‚Solange er nur glücklich ist.' Also verstauten wir Lebensmittel und Küchensachen nach und nach in anderen Schränken, damit wir ihn nicht störten. Aber manchmal fragte ich mich doch, ob Eric wirklich glücklich war; er war die ganze Zeit so höflich, dass er uns wohl nicht gesagt hätte, wenn ihn etwas störte. Ein paarmal sah ich ihn durch den Spalt in der Speisekammertür, wie er mit stummer Hingabe lernte, und stellte mir vor, wie es für ihn wohl in unserem Land war." (Ebd., 8f.)

Die den Verbaltext begleitenden Bilder zeigen den ankommenden Gast mit fremdartig anmutenden Gepäckstücken, die in der Form von Nüssen seinen vergleichsweise kleinen Wuchs verdeutlichen. Weitere Zeichnungen stellen das winzige Gastkind bei seinen ungewöhnlichen Schlaf- und Lerngewohnheiten dar: Es schläft in einer Tasse in der Speisekammer, wo es sich offenbar heimisch fühlt, und studiert dort eingehend Bücher. Dies jedoch macht die Vorbereitungen, die vor dessen Ankunft für den Gast im Gästezimmer getroffen worden sind, auf eine dem Kind der Gastfamilie unverständliche Art obsolet. Die Gastgeberseite ist darüber hinaus auch noch mit der Peinlichkeit konfrontiert, den fremdartigen Namen ihres Gastes nicht aussprechen zu können. Die ausgesprochen große Höflichkeit des Gastes gestattet ihnen jedoch, ihn bei einem Namen zu rufen, den sie aussprechen können: „Eric" (ebd., 8). Eric ist aber nicht sein richtiger Rufname.

Aus den Bildern ist außerdem ersichtlich, dass der Fremde sich buchstäblich in die Welt seiner Gastgeber einzulesen versucht: Sie zeigen ihn in einem aufgeschlagenen Buch stehend, wo er wie ein Entdecker auf dem Text seiner neuen Lebenswelt herumspaziert und das ihm Neue genau inspiziert.

Auf Seiten des Gastgeberkindes ist Höflichkeit mit Neugier und Einfühlungsvermögen gepaart: Es beobachtet Eric heimlich bei dessen ungewöhnlichen Tun und fragt sich, wie es wohl Eric mit ihren Gewohnheiten gehen mag, die umgekehrt ja auf ihn genauso befremdlich wirken mögen wie seine Gewohnheiten auf die Gastfamilie.

In der Folge führt einem die Erzählung das Fremdartige, mit dem sich der Austauschschüler konfrontiert sieht, bildlich vor Augen. Mit welch kindlichem Staunen man das Gewöhnliche in der Fremde befragen kann, ist durchaus verblüffend, wenn man die nicht verbalisierten Fragen selber zu stellen sich anschickt: Wieso hat das Abflussblech die Form einer Blume? Welche Geheimbotschaft verbirgt sich unter einem Aufkleber mit Blumen? Wieso stehen vier Zahlen auf einem dreipoligen Stromstecker? Hier ist eine naive Haltung des Hinterfragens ins Bild gesetzt, die nicht nur eine kulturelle Dimension hat, sondern durchaus auch philosophisch anmutet und natürlich auch ästhetisches Programm ist. Dazu gehört beispielsweise auch, dass der dreipolige Stecker eine verblüffende Ähnlichkeit mit Erics dreizackiger Frisur aufweist.

Der höflich interessierten Perspektive des Gastkindes auf der Bildebene steht die höfliche Auskunftshaltung des Gastgeberkindes im Schrifttext gegenüber:

„Zum Glück war Eric sehr neugierig und stellte immer viele Fragen. Allerdings waren es nicht die Fragen, die ich erwartet hatte. Meistens konnte ich nur sagen: ‚Genau weiß ich das nicht' oder ‚Das ist eben so'. Sehr hilfreich fand ich mich nicht." (Ebd., 11 f.)

Im kongenialen Zusammenspiel von Bildern und Sprache wird ohne zu moralisieren deutlich, dass es bei allem guten Willen manchmal eben gar nicht so einfach ist, das Selbstverständliche in der eigenen Umgebung Fremden zu erklären. Auch gegenseitiges Interesse vermag Befremden nicht vollständig aufzulösen und ein sich dabei einstellendes Gefühl von Ungenügen auf Seiten des Gastgebers macht die interkulturelle Begegnung nicht einfacher.

Dennoch wäre es verkehrt zu behaupten, Shaun Tans Kurzgeschichte *Eric* veranschauliche den in der Bild-Text-Erzählung inszenierten Kulturkontakt als misslungen. Vielmehr ist die Ehrlichkeit erfrischend, mit der hier nicht übertüncht wird, dass trotz allseits gutwilligem Interesse an Verständigung zuweilen manch Fremdkulturelles unauflösbar fremdartig bleibt. Es ist die Akzeptanz, dass dies so ist, die in den Worten der Mutter der Gastfamilie mitschwingt („Das ist bestimmt was Kulturelles"), die in dieser Geschichte den Nährboden bereitet für einen in großer Anschaulichkeit gezeigten, ersprießlichen Austausch mit dem Fremden – unabhängig davon, dass dieser auch eine Prise Ignoranz beigemischt sein mag.

6.4.2 Unterrichtsvorschlag

Zum *Einstieg* schreibt die Lehrerin ein paar als Vornamen erkennbare Wörter als stummen Impuls an die Tafel, die in der Klasse nicht vorkommen und für Deutschsprachige nicht leicht auszusprechen sind (entsprechende Beispiele für männliche Vornamen wären etwa polnisch Andrzje, portugiesisch João, für weibliche Vornamen isländisch Hrafntinna, bosnisch Dzevdeta usw.). Nach den ersten spontanen Äußerungen der Schüler/-innen zu diesem ungewöhnlichen Tafelanschrieb klärt die Lehrerin ggf., dass es sich hierbei um Jungen- und Mädchennamen aus anderen Ländern, Sprachen und Kulturen handelt.

Im weiteren Verlauf der *Heranführung an Eric* entspinnt sich durch entsprechende Fragen der Lehrerin ein Austausch darüber, ob den Schüler/-innen in ihrem Alltag auch schon Namen begegnet sind, deren korrekte Aussprache ihnen Mühe bereitet hat, beispielsweise von Kindern in ihrer Nachbarschaft, evtl. auch von Mitschüler/-innen in der Klasse oder von Figuren in Büchern, die sie gelesen haben.

Dabei soll auch zur Sprache kommen, wie man sich fühlt, wenn man Namen von Menschen, mit denen man zu tun hat, nicht richtig auszusprechen vermag, weil einem die Laute von deren Sprache zu fremd sind. Und auch über das Gefühl, welches das Gegenüber vermutlich hat, wenn sein Name falsch verlautet wird, kann über entsprechende Impulssetzung durch die Lehrerin nachgedacht werden.

Dies leitet über zur Präsentation der ersten Seite von *Eric*. Am besten ist es, man hat das Bild, das Eric mit seinen Nusskoffern bei seiner Ankunft im Gastland zeigt, großformatig kopiert; dieses Bild hängt man an die Tafel in die Mitte der dort zum Einstieg notierten schwierig auszusprechenden Vornamen. Dazu liest die Lehrerin die ersten Sätze aus der Geschichte vor, die das Bild in Shaun Tans Erzählung begleiten:

„Vor ein paar Jahren wohnte ein Austauschschüler bei uns. Wir fanden es alle sehr schwer, seinen Namen korrekt auszusprechen, aber das machte ihm nichts.
Er meinte, wir sollten ‚Eric' zu ihm sagen."

(Ebd., 8)

Jetzt kann über Erics Herkunft gerätselt werden und auch sein Aussehen gibt Anlass zu Kommentaren. Nach einer Weile gibt die Lehrerin bekannt, dass es sich bei dem an die Tafel gehefteten Bild und den vorgelesenen Sätzen um den Anfang einer Geschichte handelt, die in Bild-Text-Kombination erzählt ist. Sie erklärt, dass der Protagonist dieser Geschichte, also Eric, sich in seinem Gastland über manches wundert und manches sein Interesse erweckt, was den Leuten dort alltäglich erscheint. Dass aber auch Eric manch Seltsames macht, worüber sich umgekehrt das Gastgeberkind wundert, teilt sie ebenfalls mit. Und sie erwähnt auch, dass Eric mit seiner Gastfamilie natürlich auch touristische Ausflüge in seinem Gastland unternimmt. Danach weist die Lehrerin die Schüler/-innen auf die Materialtheke hin, an der verschiedene Arbeitsblätter zur selbstständigen Erschließung von Erzählteilen aus *Eric* zur Auswahl stehen.

Die Schüler/-innen sollen sich der Kunstfigur Eric zunächst über die eingehende Betrachtung einzelner Bilder und Textausschnitte nähern und ihre individuelle Auseinandersetzung dabei in Schreibhandlungen und Zeichnungen fließen lassen. Diese Vorgehensweise weicht von der üblichen Heranführung an Bild-Text-Erzählungen in unterrichtlichen Settings ab. Sie ist deswegen sinnvoll, weil *Eric* den Rezipient/-innen sowohl auf der Bild-, als auch auf der Verbaltextebene viele offensive Leerstellen zur Füllung offeriert. Manche Bilder in *Eric* erzählen ohne begleitenden Verbaltext von Erics Erkundungen im Gastland und nicht wenige davon sind mehrdeutig. Der Interpretationsspielraum wird besser genutzt und kommt anschaulicher zur Geltung, wenn erst nach einer individuellen Erschließung ein Austausch über verschiedene Deutungsoptionen stattfindet. Manche Illustrationen zum Verbaltext sind zudem überraschend. Dies können eigene Illustrationsversuche verdeutlichen. Die selbstständige Auseinandersetzung mit Bild und Text fördert außerdem genaues Betrachten und aufmerksames Lesen, was beides nicht nur für das Verständnis dieser Bild-Text-Erzählung bedeutsam ist, sondern eine allgemeine Rezeptionsanforderung multimodaler Texte darstellt.

Die *Weiterarbeit* erfolgt also zunächst in Einzelarbeit. Die dafür zur Verfügung stehenden Arbeitsblätter sind mit Bildern und Textteilen aus *Eric* bedruckt. Die mit ihnen verbundenen Aufgaben sind unterschiedlich in Anspruch und Schwierigkeitsgrad.

- Es gibt Arbeitsblätter, die zum Schreiben eines kurzen Textes als verbale Ergänzung der darauf kopierten Bilder auffordern. Zum Beispiel: „Worüber wundert sich Eric? Schreibe seine Fragen zu den Bildern!" Als Bilder eignen sich: Eric und das blumenförmige Abgussblech, Eric und die Briefmarke, Eric und der dreipolige Stecker. – Das ist eine mittelschwere Aufgabe.
- Andere Arbeitsblätter bieten leere Sprech- bzw. Denkblasen zu den kopierten Bildern an, sodass die Schüler/-innen darin Gedanken oder Fragen von Eric notieren können, die ihnen als sinnvolle verbaltextliche Ergänzung zu den Bildern in den Sinn kommen. Etwa: „Eric liest viele Dinge vom Boden auf. Schreibe in die Denkblasen zu den Bildern, was er dabei denkt!" Als Bilder eignen sich: Eric mit Kronkorken, Eric mit Bonbonpapier, Eric mit Knopf. – Das ist eine mittelschwere Aufgabe.
- Drittens gibt es Arbeitsblätter, die zu weiteren Zeichnungen auffordern in Analogie zu einem Bild, das Eric auf einem seiner touristischen Ausflüge darstellt (z. B. neben dem Elefantenbein im Zoo) oder das Eric bei seinem ungewöhnlichen Tun zeigt (z. B. beim Aufsammeln von für ihn ungewöhnlichen, im Grunde jedoch ganz alltäglichen Gegenständen wie Kronkorken, Bonbonpapierchen etc.). Die entsprechenden Arbeitsaufträge könnten lauten: „Die Gastfamilie unternimmt viel mit Eric. Zeichne Eric bei einem weiteren Ausflug!" bzw. „Wofür interessiert sich Eric? Zeichne etwas Normales, das Eric vom Boden aufsammelt!" – Das ist eine leichte Aufgabe.
- Und die vierte Art von Arbeitsblättern sieht so aus, dass darauf nur Verbaltextauszüge aus *Eric* kopiert sind, zu denen die Schüler/-innen eine eigene Illustration zeichnen sollen. Etwa folgender Textauszug: „Wir hatten das Gästezimmer frisch gestrichen, neue Teppiche und Möbel dafür gekauft, damit auch alles schön und bequem für ihn war. Daher weiß ich nicht, warum Erich die meiste Zeit in unserer Speisekammer schlief und lernte." Passend hierzu wäre die Handlungsanweisung: „Zeichne Eric beim Schlafen in der Speisekammer!" oder „Zeichne Eric beim Lernen in der Speisekammer!" – Das ist eine vergleichsweise schwierige Aufgabe.

Für diese Arbeitsphase stehen ca. 30 Minuten zur Verfügung. Die Schüler/-innen sollen möglichst zwei bis drei unterschiedliche Arten von Arbeitsblättern bearbeiten, um sich unterschiedlichen Anforderungen zu stellen und verschiedene Zugangsweisen zu erproben.

Die gemeinsame *Erarbeitung* von *Eric* als zusammenhängende Erzählung findet anschließend in einem Vorlesegespräch statt. Die Lehrerin liest die Geschichte langsam und ausdrucksstark vor und zeigt parallel dazu die Bilder. Dafür kann die Klasse zu einem Sitzkreis zusammenkommen, damit alle die Bilder im Buch gut einsehen können. Die Schüler/-innen können mit ihren Stühlen aber auch einen Halbkreis zum Kinositz bilden und die Lehrerin projiziert die Bilderbuchseiten über eine Dokumentenkamera an eine Leinwand, während sie den Text vorliest. Wichtig ist, dass sie jeweils bei denjenigen Textstellen einhält, die von den Kindern zuvor auf den Arbeitsmaterialien zeichnerisch oder schriftlich ergänzt werden konnten. Die Schüler/-innen füllen die so entstehenden Sprechpausen der Lehrerin mit Vorlesen bzw. Vorzeigen ihrer eigenen Texte und Bilder, die bei ihrer Auseinandersetzung mit Eric entstanden sind, und tauschen sich darüber aus. Arbeitet man nicht im Stuhlkreis, dann ist für die Präsentation der Zeichnungen der Kinder hier eine Dokumentenkamera ebenfalls hilfreich.

Das Ende der Erzählung darf auf den Arbeitsblättern nicht vorkommen! Dieses liest die Lehrerin nun zum *Abschluss* der Unterrichtseinheit vor und zeigt parallel dazu das Bild, auf dem das Tischgedeck zu sehen ist, das auf Erics Weggang hinweist (Teller mit einer einzigen, kleinen Erdnuss darauf, Gabel, Messer sowie ein halb gefülltes Wasserglas):

„Abends beim Essen wurde viel spekuliert. Hatte Eric verärgert gewirkt? Hatte es ihm bei uns gefallen? Würden wir je wieder von ihm hören? Ein Unbehagen hing in der Luft, wie etwas Unvollendetes, Ungeklärtes. Es beschäftigte uns noch über Stunden, mindestens aber so lange, bis einer von uns entdeckte, was in der Speisekammer war. Aber schaut es euch selbst an; es ist noch immer da, nach all den Jahren, und gedeiht dort im Dunkel. Es ist das Erste, das wir neuen Besuchern bei uns zu Hause zeigen. ‚Seht nur, was unser Austauschschüler uns dagelassen hat', sagen wir ihnen. ‚Das ist bestimmt was Kulturelles', sagt Mama."

(Ebd., 17)

Bevor die Lehrerin daraufhin nun das letzte Bild der Geschichte präsentiert (wenn mit der Einzelausgabe gearbeitet wird: die beiden letzten Bilder), dürfen die Kinder Vermutungen darüber anstellen, was Eric wohl als Abschiedsgeschenk in der Speisekammer hinterlassen hat. Erst nach einer Weile wird das Rätsel gelöst und das farbige Schlussbild gezeigt. Arbeitet man mit der Einzelausgabe von *Eric* und hat dadurch zwei Schlussbilder zur Verfügung, kann die Dramatik zugespitzt werden, indem man erst die Illustration der blühenden Speisekammer zeigt und dann das Bild mit der Tasse nachschiebt, das die Dankesnotiz zeigt.

Wenn noch genügend Zeit vorhanden ist, kann man sich zum *Ausklang* der Doppelstunde noch kurz über dieses ungewöhnliche Gastgeschenk und seine mit schillernden Blüten bewachsenen Gegenstände mit Rückblick auf die erzählte Geschichte unterhalten. Darauf sind die kleinen Dinge wiederzuerkennen, die Eric zum Befremden des Gastgeberkindes bei ihren gemeinsamen Ausflügen ständig vom Boden aufgesammelt hat.

Ideen zur Weiterarbeit

Jüngere Schüler/-innen werden sich auf jeden Fall imaginativ und emotional auf die Geschichte einlassen können und dabei kann man es auch gut bewenden lassen. Arbeitet man mit etwas älteren Schüler/-innen, kann man darüber hinaus erwägen, in einer zusätzlichen Einzelstunde in eine Reflexion über potenzielle Früchte und Hürden im Kulturkontakt einzusteigen. Unter Rückgriff auf konkrete Episoden der in *Eric* erzählten Geschichte kann die Lehrerin die Schüler/-innen zu weiterem Nachdenken darüber anregen, was mit einem selbst geschieht, wenn man als Leser/in im Wechsel einmal die Perspektive von Eric und einmal diejenige des Gastgeberkindes einnimmt. Ein anderer guter Ausgangspunkt für ein Gespräch über Eigenartiges und Befremdliches in der interkulturellen Begegnung bietet auch die in Shaun Tans Kurzgeschichte wiederkehrende und trotz ihres freundlichen Gestus leicht irritierende Formel der Mutter: „Das ist bestimmt was Kulturelles." Die so angestoßene Diskussion wird keine ganze Unterrichtsstunde füllen. Es bietet sich daher an, sie als Hinführung an einen Büchertisch zu nutzen, den man thematisch passend zum selbstständigen Schmökern in Partnerarbeit für die Schüler/-innen aufbaut. Ein paar Anregungen, was auf dieser Bücherauslage Platz finden könnte, sind im vorliegenden Band in Kapitel 9 unter den dort versammelten Buchempfehlungen gegeben.

6.4.3 Aus der Praxis

Die Erprobung fand während einer Doppelstunde gegen Ende des 5. Schuljahres statt, in einer städtischen Gemeinschaftsschule in einer inklusiven Klasse. Der Unterricht wurde von einer Referendarin in Anwesenheit der Klassenlehrerin erteilt. Die Schüler/-innen saßen während des gesamten Unterrichts an Tischen im Klassenraum verteilt. Die Klasse bestand aus 17 Schüler/-innen, davon 4 Mädchen. Etwa die Hälfte der Schüler/-innen ist nicht migrantischer Herkunft. Einer der Schüler hatte gerade erst vom Sprachvorbereitungskurs für Flüchtlinge in den regulären Unterricht dieser Klasse gewechselt.

Einstieg in die Unterrichtseinheit

Nach der Begrüßung der Klasse eröffnete die Lehrerin den Unterricht mit einem stummen Impuls. Sie schrieb die Vornamen Kveta, Toivo, João, Dzevdeta, Zvijezdan, Andrzje und Srejžana an die Tafel. Die Schüler/-innen schauten ihr dabei interessiert zu. Nun wendete sich die Lehrerin der Klasse zu und blickte ermunternd in die Runde.

Müjde: Also ich denke, das sind die Namen von irgendwelchen.
Mali: Könnten die französisch sein? Ich kann gar kein Französisch. Ich habe nur verstanden, dass das vielleicht französische Namen sein könnten.
Tim: Vielleicht sind es spanische Namen, weil das a da bei João sieht so ein bisschen aus wie Spanisch.
Lehrerin: Versucht mal diese Namen hier auszusprechen (tippt auf verschiedene Namen).
Zeynep (liest den Namen buchstabierend vor): Zvijezdan.
Niko (liest den Namen buchstabierend vor): Srejžana.
Lehrerin: Ja, vielleicht. Gibt es noch weitere Namen, die jemand zu lesen ausprobieren möchte?
Dunja: Kveta.
Lehrerin: Wem fällt an den Namen etwas auf?
Leonie: Da sind ganz viele Buchstaben, die wir so gar nicht benutzen. Die Namen sind halt anders. Von einer Fremdsprache zum Beispiel.
Tim: Das sind auf jeden Fall keine deutschen Namen und außerdem sind da auch ein paar Buchstaben von normalen Namen vertauscht. Weil drzje klingt auf jeden Fall irgendwie seltsam.

Nachdem nun mehrere Schüler/-innen nacheinander vermuteten, dass es vielleicht Namen seien, bei denen aus Versehen die Buchstaben vertauscht wurden, erklärte die Lehrerin, dass sie die Namen durchaus richtig an die Tafel geschrieben habe, diese jedoch Vornamen aus anderen Ländern seien, wie Polen, Kroatien und Portugal.

Lehrerin: Ist es dir schon mal passiert, dass du jemanden kennengelernt hast, der einen Namen hatte, der schwer auszusprechen war?
Mali: Mein Name zum Beispiel ist schwer.
Einige Mitschüler/-innen raunen: Das stimmt nicht.
Mali: Eigentlich heiße ich Nguvumali.
Lehrerin: Aber wir kennen dich unter welchem Namen?
Mali: Nguvumali.
Lehrerin: Genau. Aber wie nennen dich deine Mitschüler?
Mali: Mali.
Lehrerin: Ja, also eine Abkürzung oder eine Abwandlung von deinem Namen. Und unter welchem Namen stellst du dich dann vor? Wenn du jemanden begrüßt oder neu kennenlernst, wie sagst du dann, wie du heißt?
Mali: Dann sage ich erst meinen richtigen Namen Nguvumali und sage dann, dass sie mich Mali nennen können.
Lehrerin: Und wie geht es dir dabei? Wenn du merkst, dass es manchen Leuten schwerfällt, deinen Namen auszusprechen, wie fühlst du dich dann dabei, wenn du das merkst?
Mali: Macht nichts, finde ich lustig.
Müjde: Also mein Name ist auch schwer, manche können meinen Namen nicht so gut aussprechen. Und ich kann auch sagen, wie man ihn richtig ausspricht.

Cengiz: Mein Name ist auch schwer auszusprechen.

Die Kinder migrantischer Herkunft zeigten nun alle großes Interesse, sich zu ihren eigenen Namen äußern zu dürfen, die ebenfalls nicht dem in der Mehrheitsgesellschaft Üblichen entsprechen.

Einstieg in die Kurzgeschichte *Eric*

Die Lehrerin heftete nun eine auf DIN A5 vergrößerte Kopie von Eric aus Shaun Tans *Eric* an die Tafel, auf der dieser bei seiner Ankunft bei seiner Gastfamilie mit Koffern in den Händen zu sehen ist. Daraufhin setzte sie sich vor die Klasse auf einen Stuhl und begann aus der kleinen Sonderausgabe von *Eric* vorzulesen:

„Vor ein paar Jahren wohnte ein Austauschschüler bei uns. Wir fanden es alle sehr schwer, seinen Namen korrekt auszusprechen, aber das machte ihm nichts.
Er meinte, wir sollten ‚Eric' zu ihm sagen."

(Ebd., 8)

Hier unterbrach die Lehrerin ihre Lesung und klärte nun zunächst mit den Schüler/-innen, was ein Austauschschüler ist. Daraufhin forderte sie die Schüler/-innen auf, das Bild des Austauschschülers Eric an der Tafel genau zu betrachten und Vermutungen darüber anzustellen, woher er kommen könnte. Es gab Vorschläge wie:

- Der kommt aus dem Weltraum.
- Der ist so total klein, vielleicht ist das ein Ostfriese.
- Vielleicht kommt er aus Afrika.
- Er sieht aus wie ein Blatt, vielleicht ist er von einem Baum heruntergefallen.
- Er hat Koffer aus Nüssen, vielleicht kommt er aus einem Land mit vielen Nüssen.

Nun leitete die Lehrerin zum produktionsorientierten Arbeitsauftrag über mit den Worten: „Wir wissen es nicht. Es steht nicht in der Geschichte, woher der Austauschschüler kommt. Und es steht auch nicht drin, wie Eric richtig heißt. Was ich euch vorgelesen habe, ist der Anfang einer Geschichte, die von einem Austauschschüler handelt, der zu seiner Gastfamilie kommt."

Produktionsorientierte Erschließung von *Eric*

Nach dieser Überleitung machte die Lehrerin die Schüler/-innen auf die Arbeitstheke aufmerksam, die sie vor Beginn des Unterrichts aufgebaut hatte. Sie erklärte, dass es darauf drei Stationen gebe, an denen die Schüler/-innen nun zu arbeiten beginnen würden:

1. Was möchte Eric bei seiner Gastfamilie in dem fremden Land wohl sehen?
2. Eric findet viele kleine Dinge, über die er sich wundert. Was für Dinge sind das wohl?
3. Eric findet viele kleine Dinge, die er schön findet. Was für Dinge sind das?

Sie erläuterte außerdem, dass es drei verschiedene Arten von Arbeitsblättern gebe:

- solche, auf denen ein kurzer Text geschrieben werden könne,
- solche, die für eine Zeichnung zur Verfügung stünden,
- solche, auf denen Gedanken von Eric in eine Sprechblase notiert werden könnten.

Jede/-r Schüler/-in durfte sich daraufhin ein Blatt an der Theke aussuchen und sich damit zur individuellen Bearbeitung an den eigenen Tisch zurücksetzen. Die Motivation der Kinder war hoch. Die Lehrerin bot Unterstützung an, wenn sich vereinzelt Bedarf hierfür zeigte.

Wer fertig war mit der Bearbeitung des ersten Arbeitsblattes, ging damit zu einem als „Austauschstation" bezeichneten Tisch hinter einer kleinen Stellwand und wartete dort darauf, bis ein anderes Kind mit einem ebenfalls fertig bearbeiteten Blatt dazukam. Die Austauschstation gab den Kindern Gelegenheit, einander ihre Zeichen- und Schreibprodukte zu zeigen und eine erste Rückmeldung von einem/-r

Mitschüler/-in darauf zu erhalten. Danach holte sich jedes Kind je ein neues Arbeitsblatt an der Theke zur individuellen Weiterarbeit.

Die unterschiedlichen Zugangsweisen und der Austausch an der Station wurden von den Schüler/-innen gut angenommen. Nach rund 20 Minuten beendete die Lehrerin die Arbeitsphase und ging zur weiteren Erarbeitung der Kurzgeschichte *Eric* über.

Vorlesegespräch mit Gesprächseinlagen und Ergebnispräsentation

Die Lehrerin las die Geschichte nun langsam sowie mimisch und gestisch eindrucksvoll vor. Parallel dazu zeigte sie der Klasse über Projektion auf eine Leinwand die eingescannten Seiten mit Bild und Text. Die Schüler/-innen hörten und schauten der Lesung alle aufmerksam zu. Bei dem Bild, auf dem Eric in einer Tasse in der Speisekammer zu sehen ist, unterbrach die Lehrerin ihre Lesung und fragte die Schüler/-innen, was Eric denn hier machen würde. Darauf kamen Antworten wie folgt:

- Vielleicht versteckt er sich hier vor den Menschen.
- Vielleicht schläft er in der Tasse.
- Das ist sein Zimmer! Denn auf dem Unterteller liegen Nüsse und das sind seine Koffer.
- Es könnte sein, dass das seine Badewanne ist.

Folgende Sequenz zum Bild, auf dem Eric ein Stromkabel in der Hand hält und mit fragender Mimik auf den Stecker zeigt, ist exemplarisch für den weiteren Verlauf des Vorlesegesprächs:

Lukas: Ich hab ein Arbeitsblatt dazu. Ich hab geschrieben: „Warum sieht es aus wie mein Kopf?" Er hat so wie diese drei Stacheln etwas auf seinem Kopf.

Nach Aufforderung ging Boris ging zur Leinwand vor und erläuterte dort mit einem Zeigestab die Vergleichbarkeit von Erics Kopfzacken mit dem dreipoligen Stecker, auf die Lukas mit seinem Interpretationsangebot hingewiesen hatte. Daraufhin meldeten sich weitere Kinder mit ihren Arbeitsergebnissen zu Wort:

Leonie: Ich habe geschrieben: „Für was sind die Zacken?"
Niko: Auf meinem Blatt steht: „Was bedeuten diese Nummern?"

Auf die Frage, wer etwas zu den Bildern aufgeschrieben habe, auf denen Eric dabei zu sehen ist, wie er unter eine aufgeklebte Briefmarke schaut bzw. seine Zeichnung einer Abgussblume in die Höhe hält, die er mit einem Fragezeichen versehen hat, meldeten sich wiederum mehrere Kinder und trugen ihre Fragen mit eigenen Erläuterungen dazu vor (Beispiele in Auswahl siehe Abb. 6.4.1 und 6.4.2):

Lukas: Zum Bild mit der Briefmarke habe ich geschrieben: „Sind die Blumen echt"? Und zum Abflussblech: „Warum sieht das aus wie eine Blume?"
Leonie: Da, wo Eric unter die Marke schaut, habe ich geschrieben: „Was ist das für ein Klebeteil? Warum klebt das so?" Und beim Abfluss: „Warum sind dort Löcher?"
Mali: Ich habe geschrieben: „So, ich bin fertig mit meinem Brief! Wie kann ich das hochheben?" Und: „Ist das eine Blume? Riecht nach schmutzigem Wasser!"
Cengiz: Ich habe etwas gezeichnet zu dem Bild mit der Blume! Ich habe Eric und ein rundes Ding mit zwei Löchern gezeichnet, das ihm ähnlich sieht. Eric fragt: „Was ist das?". Die Löcher sehen aus wie seine Augen. Die Antwort ist „Steckdose".

Die Lehrerin nahm die Lektüre wieder auf und las weiter vor bis zur Textstelle, die von Erics Ausflügen berichtet. Hier präsentierten die Schüler/-innen wiederum zu den Bildern das,

Abb. 6.4.1: Eric wundert sich über alltägliche Dinge: Fragen aus seiner Perspektive von einem Schüler (5. Klasse, inklusive Gemeinschaftsschule)

Abb. 6.4.2: Eric kennt alltägliche Dinge nicht: Gedanken und Fragen aus seiner Perspektive von einem Schüler (5. Klasse, inklusive Gemeinschaftsschule)

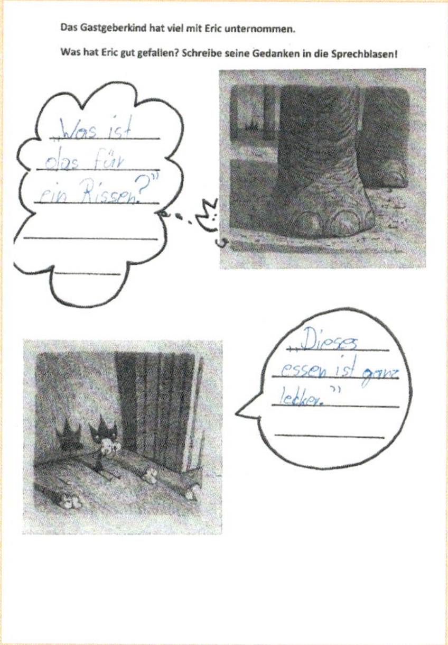

Abb. 6.4.3: Eric äußert sich zu Zoo- und Kinobesuch: Frage und Kommentar aus seiner Perspektive von einem Schüler (5. Klasse, inklusive Gemeinschaftsschule)

was sie sich auf ihren Arbeitsblättern dazu notiert hatten (siehe exemplarisch Abb. 6.4.3). Zum Elefantenbein las ein Schüler folgende Frage Erics vor: „Was ist das für ein Riese?" Und das Popcorn im Kino kommentierte er aus Erics Perspektive so: „Dieses Essen ist ganz lecker." Von einem anderen Schüler wurde zum Zoobesuch Erics angeboten: „Die Elefanten sind richtig groß." Und zum Kinoerlebnis: „Der Film ist gut."

Die folgende Unterbrechung des Vorlesens bei Bildern, zu denen die Schüler/-innen in der vorbereitenden Arbeitsphase etwas schreiben oder zeichnen konnten, diente dann der Präsentation von Zeichnungen, die dabei entstanden waren. Dieses Mal forderte die Lehrerin die Schüler/-innen auf, die etwas gezeichnet hatten, was Eric findet und aufliest, ihre Zeichnung in eigenen Worten zu beschreiben (exemplarische Zeichnungen siehe Eric mit Blume in der Hand auf den Abb. 6.4.4). Danach durften sich erneut auch diejenigen einbringen, die etwas dazu aufgeschrieben hatten (siehe exemplarisch Abb. 6.4.5). Passend zu Erics Körpergröße las eine Schülerin die von ihr notierten Gedanken Erics zum Kronkorken vor: „Damit kann man einen kleinen Tisch bauen." Und zum Bonbonpapier: „Das kann man fürs Dach benutzen für ein Haus." In Anspielung auf Erics Weltfremdheit präsentierte ein Schüler außerdem eine gewitzte Frage zum Bonbonpapier: „Auf dieser Karte steht nichts. Wie kann ich irgendwohin gehen [damit]?"

Nun las die Lehrerin die Geschichte ausdrucksstark und ohne weitere Unterbrechung bis kurz vor Ende vor. Die Schüler/-innen hörten gebannt zu und betrachteten die parallel dazu auf die Leinwand projizierten Bilder interessiert. Bevor die Lehrerin die letzte Bildseite zeigte, auf der die blühende Speisekammer zu sehen ist, die Eric zurückgelassen hat, forderte sie die Schüler/-innen auf zu spekulieren, was Eric wohl hinterlassen haben könnte. Die Schüler/-innen stellten Vermutungen wie folgt an:

Abb. 6.4.4:
Eric sammelt alltägliche Dinge vom Boden auf und überlegt, was man damit machen kann: Gedanken Erics in Sprechblasen von einer Schülerin (5. Klasse, inklusive Gemeinschaftsschule)

Abb. 6.4.5:
Eric sammelt alltägliche Dinge vom Boden auf: Zeichnung von einer Schülerin (5. Klasse, inklusive Gemeinschaftsschule)

- einen Brief oder einen Zettel, auf dem steht, „Danke, ich komme bald wieder“
- kleine Erdnüsse
- vielleicht ein Geschenk

Daraufhin präsentierte die Lehrerin den Schüler/-innen das Bild und fragte: „Was hat er dagelassen? Was könnte das denn bedeuten?“

Ben: Es könnte sein, er hat in der Schule kleine Blumen eingepflanzt und sie haben sie jetzt da gefunden.
Tim: Er hat ja verschiedene Sachen gefunden, also zum Beispiel ein Blatt oder den Deckel da und noch ein paar andere Sachen …

Auf der Leinwand tippte Tim mit dem Zeigestab nacheinander auf verschiedene Gegenstände auf dem Schlussbild, die er aus der zuvor präsentierten Geschichte wiedererkannte und erläuterte diese.

Die Lehrerin projizierte nun die letzte Seite (der Miniausgabe) mit der Tasse, in der die Dankesnotiz von Eric liegt.

Tim: Da liegt ein Zettel drin, auf dem steht: „Danke, es war sehr schön bei Ihnen.“
Boris: Da sind auch noch so Schatten zu sehen, die sehen aus wie die Zacken von Eric.
Lehrerin: Sehr schön, zeig mal.

Boris ging nach vorn und tippte mit dem Zeigestab auf die dreigliedrigen Zacken, die als Schattenwurf auf dem Tassenrand zu sehen sind.

Boris: Das ist der Kopf von Eric.
Lehrerin (zu Tim gewandt, der sich gemeldet hat): Und was denkst du, was es sein könnte?
Tim: Eine Pflanze, das da ist der Stängel.
Cengiz: Schatten, ein Schattenwurf.
Boris: Da ist Eric nicht zu sehen. Da sind nur Blumen.

Die Schüler/-innen waren bis zum Ende alle interessiert, sehr eifrig und ausgesprochen gesprächsbereit bei der Sache. Durch die Pausenklingel kam die Doppelstunde hier zum Abschluss. Deutlich erkennbar war, dass sich die Schüler/-innen gerne noch eine Weile weiter über die beiden Schlussbilder der Sonderausgabe unterhalten hätten.

6.5 Die Welt der Schrift ist vielfältig

Tatia Nadareischwili (Text und Illustration):
Schlaf gut
Ein Bilderbuch aus Georgien
Zweisprachig Georgisch-Deutsch.
Ins Deutsche übersetzt von Rachel Gratzfeld.
Basel: Baobab Books 2017
(Bilderbuch)

Seyyed Ali Shodjaie (Text)/Elahe Taherian (Illustration):
Der große Schneemann
Ein Bilderbuch aus dem Iran
Zweisprachig Persisch-Deutsch.
Ins Deutsche übersetzt von Nazli Hodaie.
Basel: Baobab Books 2016 (2. Aufl.)
[dt.-pers. EA 2013, pers. OA 2010]
(Bilderbuch)

Chen Chih-Yuan (Text und Illustration):
Kleiner Spaziergang
Ein Bilderbuch aus Taiwan
Zweisprachig Chinesisch-Deutsch.
Ins Deutsche übersetzt von Johannes Fiederling.
Basel: Baobab Books.
2. Auflage 2016 (2. Aufl.)
[dt.-chin. EA 2010, chin. OA 2001]
(Bilderbuch)

David Wiesner (Text und Illustration):
Herr Schnuffels
Ins Deutsche übersetzt von Paula Hagemeier.
Hamburg: Aladin 2014 [amerik. OA 2013]
(Bilderbuch)

AUF EINEN BLICK

Klassenstufe: 3/4/5

Zeitplanung:
Für den Unterricht mit den Bilderbüchern *Schlaf gut* von Tatia Nadareischwili, *Der große Schneemann* von Seyyed Ali Shodjaie und Elahe Taherian, *Kleiner Spaziergang* von Chen Chih-Yuan und *Herr Schnuffels* von David Wiesner ist eine Doppelstunde anzusetzen. Optional kann man zwei weitere Einzelstunden zur Vorarbeit sowie für die thematische Weiterbeschäftigung nutzen. Folgende Zeitstruktur wird vorgeschlagen:

- Optional kann in einer Einzelstunde auf die Auseinandersetzung mit verschiedenen Schriftsystemen vorbereitet werden, indem unterschiedliche Schriftstücke (Bücher, T-Shirts mit Schriftaufdruck, Fotos von Beschriftungen fremdländischer Restaurants oder von Schrifttattoos etc.) betrachtet werden, welche die Lehrerin und/oder die Kinder in den Unterricht mitbringen. Alternativ ist die Betrachtung der mitgebrachten Schriftstücke auch für den Einstieg in die Doppelstunde hilfreich.
- Im ersten Teil der Doppelstunde erarbeiten die Schüler/-innen eines der vier Bilderbücher selbstständig und kooperativ in Gruppenarbeit, angeleitet durch ein Arbeitsblatt.
- Die zweite Hälfte der Doppelstunde steht für die Vorstellung der Bilderbücher zur Verfügung und dient zugleich dem Austausch über die verschiedenen Schriftsysteme, die dabei präsentiert werden.
- Eine thematische Weiterarbeit am Thema Bilderschrift ist in einer zusätzlichen Einzelstunde denkbar (siehe unten Ideen zur Weiterarbeit).

Materialien:
- Schriftstücke mit fremden Sprachen und Schriftsystemen
- auf DIN A3 hochkopierte Arbeitsblätter für die Gruppenarbeit (je eines pro Gruppe und Bilderbuch, siehe AB 6.5.A, 6.5.B, 6.5.C und 6.5.D zum Download)
- Tippkarte (siehe Material 6.5.E zum Download, nur zum Bilderbuch *Der große Schneemann*)
- ggf. Abspielgerät/Computer mit Lautsprecher oder mit Mehrfachstecker für mehrere Kopfhörer zum Abspielen der mp3-Datei (Download von der Verlagshomepage zum Bilderbuch *Der große Schneemann*)
- ggf. ein Globus

Ziele des Unterrichts:
- Die Schüler/-innen sollen das georgisch-deutsche Bilderbuch *Schlaf gut*, das persisch-deutsche Bilderbuch *Der große Schneemann*, das chinesisch-deutsche Bilderbuch *Kleiner Spaziergang* und das mit Fantasieschriften gestaltete Bilderbuch *Herr Schnuffels* kennenlernen.
- Die Schüler/-innen sollen sich eines der vier Bilderbücher in einer Kleingruppe kooperativ und selbstständig erschließen.
- Die Schüler/-innen sollen das Bilderbuch, mit dem sie sich auseinandergesetzt haben, der Klasse vorstellen und dabei die darin verwendete fremde Schrift in den Mittelpunkt ihrer Präsentation stellen.
- Die Schüler/-innen sollen verschiedene Zeichensysteme zur schriftlichen Codierung von Informationen kennenlernen.

6.5.1 Vorstellung der Bilderbücher *Schlaf gut, Der große Schneemann, Kleiner Spaziergang* und *Herr Schnuffels*

Schlaf gut

Das parallel zweisprachige, georgisch-deutsche Bilderbuch *Schlaf gut. Ein Bilderbuch aus Georgien* von Tatia Nadareischwili ist 2017 bei Baobab Books erschienen. Die deutsche Übersetzung stammt von Rachel Gratzfeld.

In Tatia Nadareischwilis Bilderbuch mit dem Titel *Schlaf gut* wird die Geschichte eines Jungen erzählt, der nicht einschlafen kann. Die deutsche Übersetzung des georgischen Textes ist quasi als Untertitel ins Bilderbuch gesetzt, während die georgische Schrift kunstvoll in die Bilder hineinverwoben ist. Die georgische Schrift prägt dadurch im Verein mit den Bildern den bildästhetischen Gesamteindruck, während man den deutschen Text unter dem Bildrand eher in Verstehensabsicht zur Kenntnis nimmt und hier wenig auf die grafische Gestaltung der Schrift achtet. Einzig die vereinzelten roten Buchstaben bzw. die hin und wieder eingestreuten Wörter in roter Schrift erregen im deutschen Text Aufmerksamkeit, binden diese jedoch sogleich zurück auf die Bildebene, wo es in der georgischen Schrift erkennbar eine Entsprechung dazu gibt: Beispielsweise „nicht" gleich auf der ersten Seite der erzählten Geschichte, auf welcher der Protagonist eingeführt wird, und nochmals wiederholt auf dem Bild mit dem Jungen in der kopfüber hängenden Schlafhaltung der Fledermäuse; oder „aber" auf der Doppelseite mit den Fischottern.

Die künstlerisch ausgefeilte Gestaltung der georgischen Schrift im Bildraum des Bilderbuchs trägt dazu bei, dass man sie unbewusst sofort als wertvolles Kulturgut wahrnimmt. Dieser Eindruck wird aber auch explizit bestätigt durch die Erläuterungen zur georgischen Schrift und Sprache auf der letzten Doppelseite des Bilderbuchs, in denen u. a. darauf hingewiesen wird, dass die georgische Schrift über 2000 Jahre alt ist und 2016 in das UNESCO-Weltkulturerbe aufgenommen wurde. Hier erfährt man auch, dass das heutige georgische Alphabet aus 33 Buchstaben besteht und die georgische Schrift, wie die deutsche, von links nach rechts geschrieben und gelesen wird. Anders als im Deutschen gibt es im georgischen Alphabet jedoch keine Groß- und Kleinbuchstaben, sondern nur eine Schreibvariante pro Buchstaben. Den Laut f kennt das Georgische nicht, umgekehrt kommen aber auch im Georgischen einige Laute vor, die das Deutsche nicht aufweist.

Das Bilderbuch *Schlaf gut* lädt mit seiner sorgfältig gestalteten Typographie sowie den Informationen zur georgischen Sprache geradezu zum weiteren Nachforschen ein. Wer genau hinsieht und selbst das Impressum zur Kenntnis nimmt, entdeckt außerdem nicht nur, wie der Titel des Bilderbuchs in deutscher Sprache und deutscher Alphabetschrift bzw. georgischer Sprache und georgischer Alphabetschrift lautet (das alles steht ja schon auf dem Cover), sondern auch, wie der georgische Titel in deutscher Alphabetschrift geschrieben (und ausgesprochen!) wird: Dsili nebisa.

Die in dem Bilderbuch erzählte Handlung ist so einfach wie verblüffend. Es geht um etwas, das alle kennen: Der Junge dieser Geschichte kann nicht einschlafen. Statt nun aber die sattsam bekannten Schäfchen zu zählen, begibt sich der Protagonist in seinem blau-weiß karierten Pyjama auf Entdeckungsreise durch die Tierwelt. Dort begegnet er allen möglichen Tieren, von denen jedes, wie er, in Schlafanzügen mit Karos steckt. Jedem der Tiere, auf die er trifft, klagt der Junge sein Leid über seine Schlaflosigkeit. Jedes Tier macht ihm daraufhin seine artspezifische Schlafhaltung vor (die dem tatsächlichen Schlafverhalten der Tiere in freier Natur entspricht). Probehalber imitiert der Junge jede davon. Keine davon bringt ihm den ersehnten Schlaf. Schließlich wird der Junge müde, geht nach Hause, legt sich zum Ausruhen auf sein Bett – und schläft darauf unversehens und ohne weiteres Federlesen auf dem Rücken liegend und halb von seiner Schlafdecke zugedeckt ein.

Die Tiere, denen er auf seinem abendlichen, schlaflosen Spaziergang begegnet, sind: Giraffe (schläft mit dem Kopf auf dem Rücken), Vogel (steckt den Kopf zum Schlafen unter die Achsel), Faultier (hängt sich mit allen Vieren an den Baum, um zu schlafen), Fischotter (legen sich zum Schlafen rücklings aufs Wasser), Pottwale (schlafen unter Wasser getaucht), Pferd (schläft im Stehen), Koalabären (legen sich zum Schlafen in eine Astgabel), Fledermäuse (schlafen kopfüber an einen Ast gehängt), Enten (behalten beim Schlafen ein Auge offen), Albatross (schläft im Fliegen).

Der große Schneemann

Die persische Originalausgabe des Bilderbuchs *Der große Schneemann* von Seyyed Ali Shodjaie und Elahe Taherian ist 2010 im Iran erschienen. Eine parallel zweisprachige, persisch-deutsche Ausgabe ist seit 2013 bei Baobab Books erhältlich; die deutsche Übersetzung stammt von Nazli Hodaie.

Das Bilderbuch *Der große Schneemann* von Seyyed Ali Shodjaie und Elahe Taherian handelt symbolisch vom arabischen Frühling. Nazli Hodaie, die den persischen Text ins Deutsche übersetzt hat, hat auch Unterrichtsmaterialien („für Kinder von 7 bis 9 Jahren") dazu erstellt; diese stehen auf der Homepage von Baobab Books zum kostenlosen Download zur Verfügung. Ebenfalls als freier Download verfügbar sind Hördateien im mp3-Format, auf denen der persische und der deutsche Text eingesprochen sind (der deutsche Text ist mit Schweizer Akzent gesprochen, was einem unbeabsichtigt auch die klanglichen Varietäten des Deutschen ins Gehör und Bewusstsein bringt). Angesichts der nicht unbeträchtlichen Länge des schriftlich fixierten Erzähltextes birgt die Möglichkeit, sich den Text vorlesen zu lassen statt ihn sich selber erlesen zu müssen, für noch nicht so versierte Leser/-innen einen nicht zu unterschätzenden Vorteil und setzt Kapazitäten zur aufmerksamen Betrachtung der Bilder frei.

Die Leserichtung der persischen Schrift, einer Variante der arabischen Schrift, verläuft im Unterschied zur deutschen von rechts nach links, aber ebenfalls horizontal. Dem trägt die vorliegende zweisprachige Ausgabe Rechnung, indem das Buch nach westlichem Verständnis von hinten nach vorn gelesen und betrachtet werden muss. Der Hinweis darauf steht auf der rechten Seite des Impressums, in klein gedruckter Schrift unter dem auf Deutsch übersetzten Vorwort von Seyyed Ali Shodjaie.

Dieses Kleingedruckte mag man auf den ersten Blick übersehen. Was einen jedoch zweifelsohne auf die richtige Lesespur setzt, sind die Innenseiten. Egal, in welcher Leserichtung man das Buch öffnet und zu lesen beginnt, man wird spätestens beim Lesen der ersten Zeile in deutscher Schrift und Sprache gewahr, dass man sich am Anfang der Geschichte („Es ist lange her, da ereignete sich in einem fernen Dorf einmal eine eigenartige Geschichte …", Shodjaie/Taherian 2013, o. S.) oder an deren Ende („Wie gut, dass sich eine solche Geschichte nicht mehr wiederholen wird!", ebd., o. S.) befindet. Die persische Schrift ist in diesem Bilderbuch – im Gegensatz zum oben betrachteten georgisch-deutschen – unter die Bilder gedruckt; so gleicht sie kunstvoll gestalteten Untertiteln zur deutschen Fassung der Geschichte, da hier der deutsche Schrifttext in die Bilder hineingesetzt ist.

Die erzählte Handlung ist für politisch Informierte leicht erkennbar an den arabischen Frühling angelehnt. Das oben erwähnte Unterrichtsmaterial des Baobab Verlags nimmt auf die politische Situation Bezug. Man kann die Geschichte aber auch einfach als Parabel auf Herrschaft, Unterdrückung und erfolgreiche Befreiung von Despotie lesen, ohne sie historisch konkretisieren zu müssen. Diese verallgemeinerte Lesart ist im Kontext der hier vorgeschlagenen Unterrichtseinheit, die den Fokus auf Schriftarten und deren Ästhetik legt, für alle Kinder und ohne politische Zusatzinformationen leicht verständlich.

Die Handlung, die in Text und Bild entrollt wird, beginnt damit, dass die Kinder den lange ersehnten Schneefall begrüßen und beschließen, den größten Schneemann zu bauen, den es je gab. Die Bildseite zeigt parallel zum Text viel weiße Fläche und einen blattlosen Baum. Statt Kinder sind jedoch acht schwarze Raben zu sehen, was schon von Anfang an leicht stutzig machen könnte. Die nächste Bildseite zeigt dann aber eine Vielzahl von Menschen beim Schneemannbau. Nicht nur Mädchen und Jungen (wie der Schrifttext besagt), sondern auch Erwachsene sind im Bild eifrig mit dem Bau des größten Schneemanns beschäftigt. Als nach viel Mühe der riesige Schneemann fertiggestellt ist, eilen die Kinder nach Hause und bringen ihre besten und wertvollsten Sachen zur Ausstaffierung des Schneemanns mit: Ihm wird ein Augenpaar aus zwei Perlen und eine Nase aus einer Schmuckkette gemacht, ein neuer Schal umgebunden, der Hut des Dorfvorstehers aufgesetzt und der Stock des Großvaters in die Hand gegeben. Das fertige Produkt ihrer unermüdlichen, von Kälte, Hunger und Durst unbeirrten Arbeit präsentieren die Kinder am Ende voll Freude und Stolz ihren Eltern.

Schon tags darauf jedoch nimmt die Despotie des großen Schneemanns ihren Anfang. Die Dorfbewohner werden durch das laute Gebrüll aus dem Schlaf gerissen, mit dem der Schneemann den Krähen das Krähen verbietet und sie aus dem Dorf verbannt – im Bild zu sehen sind drei vereinzelte schwarze Raben, das Dorf selbst sowie ein paar Dorfbewohner. Im Text steht zu lesen, dass die Dorfbewohner allen harschen Befehlen des Schneemanns sogleich Folge leisten: ihm Essen zu bringen, ihm nicht zu nahe zu treten, ihn mit Eis zu kühlen, ihm frische Luft zufächeln, um ihn herum zu putzen etc. In den folgenden Tagen nimmt die Merkwürdigkeit der herrischen Befehle ebenso zu wie der Gehorsam der Leute seltsam erscheint: „In den umliegenden Dörfern dürfen keine größeren Schneemänner als ich gebaut werden." „Alle müssen mich ehren." „Alle müssen mir gehorchen." „Krähen dürfen morgens nicht krähen." (Ebd., o. S.) Im Bild sind jetzt keine schwarzen Vögel mehr zu sehen, dafür zeigt die Illustration einen übergroßen Schneemann, der von Dorfbewohnern ehrerbietig auf Rollschuhen gezogen und von einem Schirm beschattet wird, während ihm eine ganze Reihe von Dorfbewohnern folgen, die Esswaren, Getränke, Eiswürfel und Fächer hinter ihm hertragen.

Zur kalendarischen Sonnenwende im Frühjahr – zum Zeitpunkt des iranischen Neujahrsfestes – erscheint die Sonne in Text und Bild und bietet arglos an, die Dorfbewohner, wie in allen umliegenden Dörfern bereits geschehen, von Winter, Kälte und Schneemann zu befreien. Die Dorfbewohner jedoch bekräftigen die Herrschaft ihres Schneemanns und schicken die Sonne mit vereinten Kräften fort. Die Sonne zieht verärgert ab. Im Bild sind erneut Raben zu sehen, wiederum drei an der Zahl. Der Schneemann befiehlt den Dorfbewohnern die Bäume zu fällen, damit diese nicht austreiben können. Die Dorfbewohner sollen das Gras ausreißen und die Schwalben verjagen – also alles zu tun, um den Frühling nicht ins Dorf zu lassen. Die Bewohner befolgen alle Befehle gehorsam und so geht ein ganzes Jahr ins Land. Im Bild zu sehen ist der überdimensionierte Schneemann mit fünf schwarzen Raben.

Endlich jedoch erinnert sich die Sonne an die Dorfbewohner, kehrt zurück und bereitet dem bösen Spuk mit ihrer Wärme ein für allemal ein Ende. Fortan, so steht im Schrifttext zu lesen, bauen die Kinder winters nur noch Schneemänner, die sie im Frühjahr wieder schmelzen lassen.

In der persischen Mythologie sind Raben Boten des Sonnengottes (ebenso wie in der griechischen). Im christianisierten Kulturraum ist die Ikonographie von schwarzen Raben hingegen negativ konnotiert; sie gelten hier u. a. als Todesboten, gebräuchlich im Deutschen ist außerdem das Kompositum „Unglücksrabe". Für die Auseinandersetzung mit dem zweisprachigen Bilderbuch *Der große Schneemann* kann ein Wissen um die unterschiedlichen Bedeutungen schwarzer Krähen in den Kulturräumen ein Anstoß sein, über ihre mehrdeutige Symbolik in den Bildern der zweisprachigen Ausgabe nachzudenken.

Kleiner Spaziergang

Die chinesische Originalausgabe von Chen Chih-Yuans *Kleiner Spaziergang* ist 2001 in Taiwan publiziert worden. Die parallel zweisprachige, chinesisch-deutsche Ausgabe ist seit 2010 bei Baobab Books erhältlich; die deutsche Übersetzung stammt von Johannes Fiederling. Das Bilderbuch *Kleiner Spaziergang* handelt vom Einkaufsgang eines kleinen Mädchens in dörflicher Umgebung.

Die chinesische Schrift ist keine Alphabetschrift. Um ca. 1000 v. Chr. als zeichenhaft abbildende Schrift für konkrete Dinge entstanden, erweiterte sich der Zeichenfundus im Laufe der Zeit um eine Vielzahl von Schriftzeichen auch für Abstraktes. Statt 26 Buchstaben (so im deutschen Alphabet) nutzt das Chinesische weit über 5000 Schriftzeichen zum Schreiben. Etwa 3000 kommen so häufig vor, dass man sie kennen muss, um ein Buch durchschnittlichen Umfangs und alltäglichen Inhalts lesen und verstehen zu können.

Lesen und Schreiben der chinesischen Schrift erfolgt primär von oben nach unten, sekundär von links nach rechts. Genau wie die georgisch-deutsche Bilderbuchausgabe *Schlaf gut* bietet auch die chinesisch-deutsche Bilderbuchausgabe *Kleiner Spaziergang* auf der letzten Seite Informationen über die hierzulande normalerweise nicht geläufige Schrift in kindgerechter Formulierung.

Bei diesem Bilderbuch sind beide Schrifttexte in gleicher Größe und von links nach rechts laufend unter die Bilder gesetzt, zunächst der chinesische Schriftzug, darunter der deutsche Text. Dadurch wirken beide Schrifttexte wie Untertitel zu den Bildern, was die filmische Wirkung der überwiegend in Brauntönen gemalten und mit vielen Schattenwürfen ausgestatteten Bilder unterstreicht.

Die erzählte Handlung spielt im ländlichen Raum: Hsiao-Yü, deren Name „kleiner Fisch" bedeutet, wird von ihrem Vater zum Eierkauf fürs Abendessen geschickt. Unterwegs zum Laden vergnügt sich das Mädchen auf ihrem Spaziergang damit, im Schattenwurf einer über das Dach kletternden Katze zu gehen, den Hund Harry mit nachgeahmtem Bellen („Wau, wau") im Schlaf zu stören, durch eine blaue Murmel, die es von der Straße aufliest, in eine plötzlich wie unter Wasser erscheinende blaue Welt zu schauen und sich dabei, ihrem Namen gemäß, wie ein kleiner Fisch im großen weiten Meer zu fühlen.

Unter einem Baum findet Hsiao-Yü eine Brille, die sie aufsetzt, um wie ihre Mama dreinzuschauen. Durch die Brille betrachtet erscheint ihre Umgebung undeutlich verwischt. Aber da Hsiao-Yü ihren Weg kennt, findet sie den Laden ohne Umschweife, vorbei an einer weiteren Katze und – wie es aussieht – einer ausrangierten Wohnungseinrichtung. Beim Krämer tritt sie mit ihrer Brille auf der Nase wie eine Erwachsene auf; der freundliche Ladenbesitzer geht auf das Spiel ein und spricht sie als Dame an, der er einen Kaugummi zum Mitnehmen für Hsiao-Yü schenkt.

Ihre Tüte voll Eier festhaltend, eilt Hsiao-Yü philosophierend über die Priorität von Ei und Huhn an drei Hühnern vorbei nach Hause. Unterwegs findet sie ein hübsches Pflänzchen mit zwei roten Blümchen, das sie für ihre Eltern pflückt und mitnimmt. Den Kaugummi in ihrem Mund bläst sie zu einer Blase, die mit einem lauten „Plopp" platzt (das ist das einzige Bild, dem ein Schriftzeichen eingeschrieben ist). Davon erwacht der Hund Harry, den Hsiao-Yü nach Klingeln an der eigenen Haustür („Ding Dong") mit ins Haus nimmt. Während sie mit Harry am Tisch spielt, klopft ihr Vater in der Küche die Eier für den zu bratenden Reis auf. Die Erzählung endet erkennbar in der Erwartung von Vater und Tochter, dass auch Hsiao-Yüs Mutter demnächst zum gemeinsamen Abendessen nach Hause kommen wird.

Herr Schnuffels

Das Bilderbuch *Herr Schnuffels* von David Wiesner ist 2013 in Amerika erschienen. In deutscher Übersetzung, die von Paula Hagemeier stammt, wurde *Herr Schnuffels* 2014 im Aladin Verlag aufgelegt. 2015 wurde diese Ausgabe mit dem deutschen Jugendliteraturpreis ausgezeichnet.

Es gibt nur wenig lesbaren Text in dem Buch: einmal am Anfang, einmal in der Mitte und einmal am Ende in Sprechblasen. Überwiegend wird in textlosen Bildern erzählt, die in Panels angeordnet sind wie in einem Comic; in diesen sind mitunter Fantasieschriften in Sprechblasen eingefügt und bisweilen findet auch an Höhlenmalerei angelehntes Erzählen statt. Diese nichtexistenten Schriftarten mit ihren Fantasiezeichen sowie die abbildende Wandmalerei führen Schrift und Schriftentstehung in anschaulicher Abstraktion vor.

Ungewöhnlich an diesem Bilderbuch ist auch, dass die Erzählung bereits auf dem Vorsatzblatt beginnt und zwar in zwei übereinander angeordneten Panels. Beide Bilder zeigen einen schwarzen Kater mit weißen Pfoten und weißem Bauch sowie eine Sprechblase und einen Spielzeugfisch, an dem noch ein Preisschild hängt. In das obere Panel sind außerdem Hände, Arme und Beine einer erwachsenen Person gemalt, die den Stofffisch über den Kater baumeln lässt und folgenden Satz spricht: „Schau mal, Herr Schnuffels, ein neues Spielzeug!" Im unteren Bild ist nur noch die Sprechblase: „Ach, Herr Schnuffels!" zu sehen, der sprechende Mensch ist bereits aus dem Bild getreten (Wiesner 2015, o. S.). In kohärenter Entsprechung zu diesem Sprechtext liegt der Spielzeugfisch am Boden und der Kater hat ihm den Rücken zugedreht.

Das Umblättern des Vorsatzblattes gibt den Blick frei auf Impressum und Titel. Gleichzeitig wird die bereits begonnene Geschichte weitererzählt: Der Kater schreitet zielstrebig durchs Bild, einen Dielenboden entlang, auf dem eine Vielzahl von neuwertig aussehenden Spielsachen mit Preisschildern an der Wand liegen: vier verschiedenfarbige Stoffmäuse, drei unterschiedliche Arten von Federbällen, ein Ball mit Klingel sowie eine undefinierbare Rolle.

Beim Weiterblättern ist auf der linken Seite im Großformat nur noch das Hinterteil des Katers zu sehen, der – wie in einem Film – aus dem Bild geht, auch hier wiederum offensichtlich vorbeigeschritten, ohne die für ihn angeschafften Spielsachen auch nur eines einzigen Blickes zu würdigen: ein Marienkäfer, ein Ball, ein Schweinchen, alle mit Preisschildern versehen und erkennbar unbenutzt. Nur ein einziges Objekt steht dazwischen, dem kein Preisschild anhängt und das wie ein Ball mit merkwürdiger Scheibe, Stacheln und Füßen aussieht – erst beim Blick auf die beiden Panels auf der gegenüberliegenden Seite erkennt man, dass es sich bei diesem Objekt um ein UFO handelt, aus dem grüngesichtige Außerirdische durch einen Fensterschlitz in Richtung Betrachter/-in blicken. Dieses Heranzoomen in der Bilderfolge erinnert an filmische Technik.

Nochmaliges Umblättern eröffnet Einblick in das Innere des Raumschiffes, wo die Außerirdischen offenkundig ihre gelungene Landung kommentieren sowie das weitere Vorgehen ihrer Entdeckungsreise besprechen. Im oberen Panel der rechten Seite schauen einen jedoch große Augen an, die auch die Außerirdischen irritieren: Diese Augen schauen durch den Fensterschlitz ins Innere des Raumschiffes. Im darunterstehenden Panel ist viel Bewegung, es dreht sich alles kopfüber. Man kann sich hier bereits denken, dass das große, gefährlich starrende Augenpaar dem Kater gehört und er für das entstehende Chaos im Raumschiff verantwortlich ist – er scheint das Raumschiff als ihn nun doch interessierenden Spielball entdeckt zu haben.

Beim weiteren Blättern wird deutlich, wie stimmig diese Vermutung ist: Der Kater setzt mit seinem plötzlich erwachten Spieltrieb den kleinen grünen Außerirdischen ganz schön zu! Einem heranschwirrenden Marienkäfer verdanken sie ihr Entkommen in eine Wandritze. Dort treffen sie auf Ameisen und Marienkäfer in ihrer Größe; die Kommunikation erfolgt über unterschiedliche Fantasieschriften in Sprechblasen. Die Außerirdischen sprechen erkennbar eine andere Sprache als Ameisen und Marienkäfer, aber man scheint sich dennoch gut zu verstehen. An der Wand sind Zeichnungen von einer ständig im Sprung befindlichen Katze zu sehen, darum herum Formationen von Ameisen und Marienkäfern sowie vereinzelten erlegten Mäusen. Diese Höhlenmalerei erzählt offensichtlich von Schlachten des Kleingetiers gegen den übermächtigen Kater.

Die Außerirdischen, Ameisen und der Marienkäfer kommen sich, entspannt plaudernd und Esswaren austauschend, näher, nachdem die Extraterrestrischen ihre eigene Begegnung mit dem Ungetüm Kater mittels Wandmalerei verewigt haben. Ihre Sprechblasen, die zwei unterschiedliche Fantasieschriften ohne erkennbare Zeichenlogik aufweisen, sind dank Mimik und Gestik der sprechenden Figuren imaginativ deutbar.

Die Geschichte endet damit, dass die Außerirdischen unbeschadet wieder abreisen, während Herr Schnuffels sich wiederum nicht für ein weiteres neues Spielzeug interessiert, das ihm von seinem Besitzer angeboten wird. Stattdessen setzt sich der Kater vor die Wandritze und lauert. Witzig dabei ist, dass dieses letzte ihm angebotene Spielzeug, dem er desinteressiert den Rücken zuwendet, eine Rakete darstellt. Die Höhlenmalerei hinter der Wand, vor welcher der Kater auf weitere Ereignisse wartet, ist außerdem mit der Erzählung vom Kulturaustausch der Außerirdischen mit den Ameisen und dem Marienkäfer ergänzt worden.

6.5.2 Unterrichtsvorschlag

Für den (kurzen) *Einstieg* in die Doppelstunde kommen die Schüler/-innen in einem Stuhlkreis zusammen. Für die Heranführung an die Bilderbücher mit ihren unterschiedlichen Schriften ist es ratsam, die Kinder im Voraus zu bitten, ein Bild, einen Text oder ein Buch mit einer anderen Schrift als der deutschen Alphabetschrift in die Schule mitzubringen. Diese Mitbringsel kann man zu Beginn der Doppelstunde miteinander betrachten und dabei jedem Kind die Gelegenheit geben, etwas zu seinem Gegenstand zu sagen. Hat man etwas mehr Zeit und nicht nur eine Doppelstunde zur Verfügung, dann kann für die Hinführung zum Thema Schriftarten eine vorangehende Einzelstunde eingeplant werden. Die Schüler/-innen können ihre mitgebrachten Schriftstücke so etwas ausführlicher erläutern und bestaunen. Alternativ bringt die Lehrkraft selber ein paar Beispiele mit anderen Schriftarten mit, die sie zu Beginn der Doppelstunde vor den Kindern ausbreitet (T-Shirt oder Bild eines Tattoos mit chinesischen Schriftzeichen, Foto von einem Geschäft mit arabischer Schrift im Schaufenster etc.).

Die *Weiterarbeit* ist folgendermaßen gedacht: Die Lehrerin teilt die Klasse in vier (nach Leistungsstärke, Lesekompetenz und, je nach Klasse, auch nach Erstsprache) heterogen zusammengesetzte Gruppen auf und teilt jeder Gruppe ein Bilderbuch zu. Die Bilderbuchauswahl erfolgt passend zu den vorhandenen Sprachkompetenzen der Schüler/-innen und/oder nach vermutetem Interesse der Gruppe an der jeweiligen inhaltlichen Thematik. Bei der Buchvergabe im Auge zu behalten ist allerdings auch, dass *Der große Schneemann* und *Herr Schnuffels* anspruchsvoller sind als *Kleiner Spaziergang* und *Schlaf gut* und man ggf. auch unterschiedlich leistungsstarke Gruppen bilden muss.

Jede Gruppe beschäftigt sich kooperativ mit dem ihr zugefallenen Bilderbuch und bearbeitet das dazugehörige, auf DIN A3 hochkopierte Arbeitsblatt gemeinsam (siehe Arbeitsblätter AB 6.5.A, 6.5.B, 6.5.C und 6.5.D sowie Tippkarte 6.5.E zum Download). Das kooperativ ausgefüllte Arbeitsblatt soll den Kindern hinterher als Gedankenstütze für die Präsentation ihres Bilderbuchs dienen! Wichtig ist, dass den Kindern bei der Zuteilung ihres Arbeitsauftrags deutlich gesagt wird, dass sie bei der späteren Präsentation unbedingt auch etwas zur Schrift in ihrem Bilderbuch sagen sollen, die anders ist als in den Bilderbüchern, die ihre Mitschüler/-innen betrachten, und die sich auch von der ihnen bekannten deutschen Alphabetschrift unterscheidet.

Die (hier zum Download vorgehaltenen) Arbeitsblätter sind so gestaltet, dass die Schüler/-innen in ihren Gruppen selbstständig damit zurechtkommen müssten. Die Aufgabenstellungen sind gezielt so formuliert, dass sie lesefähige Kinder zum eigenständigen Umgang mit dem Bilderbuch anregen. (Nebenbei für die Lehrerin: Hinweise auf die Lösungen der Aufgaben bzw. Antworten auf die Fragen sind alle im oben stehenden Fließtext der Sachanalyse enthalten.) Die Lehrerin hilft bei Verständnisfragen weiter und gibt Hilfestellung dort, wo Bedarf dafür erkennbar wird.

Die Gruppe, die sich mit dem persischen Bilderbuch beschäftigt, soll sich den deutschen Text des Bilderbuchs im ersten Durchgang vorlesen lassen (siehe Download-Option auf der Homepage von Baobab Books), da der Erzähltext hier im Vergleich mit den drei anderen Bilderbüchern deutlich länger ist und bei selbstständigem Erlesen deutlich mehr Zeit in Anspruch nehmen würde, als zur Verfügung steht.

Den Kindern wird zur Vorbereitung auf ihre Buchvorstellung gesagt, dass sie mit ihrem Bilderbuch und dem Arbeitsblatt in der Gruppe so arbeiten sollen, dass sie hinterher ihren Mitschüler/-innen vor der ganzen Klasse erzählen können, worum es in „ihrem" Bilderbuch geht, welcher anderen Sprache und Schrift außer Deutsch sie in ihrem Bilderbuch begegnet sind und was sie beim Bearbeiten ihres Arbeitsblattes über diese andere Schrift (und Sprache) herausgefunden haben.

Den *Abschluss* der Doppelstunde bildet die Präsentationsphase. Jede Gruppe stellt das Bilderbuch, mit dem sie sich auseinandergesetzt hat, im Plenum vor. Am besten erteilt man den Kindern bereits zu Beginn ihrer Gruppenarbeit den Auftrag, im Voraus selbst zu bestimmen, wer welchen Inhalt und Sprechanteil in welcher Reihenfolge bei der Buchvorstellung übernimmt, dann läuft die Präsentation reibungslos ab. Die zuhörenden Schüler/-innen können nachfragen und eigene Kommentare einbringen. Bei Bedarf klärt die die Lehrerin offene Fragen oder rückt schief geratene Darstellungen zurecht.

Weiterbeschäftigung mit der Thematik: Die vier Bilderbücher stehen der Klasse danach noch zwei, drei Wochen zur Ansicht in freien Arbeitszeiten zur Verfügung.

Ideen zur Weiterarbeit

In Anlehnung an Wiesners Bilderbuch *Herr Schnuffels* kann man das Thema Höhlenmalerei und Bilderschrift aufgreifen und daran mit den Schüler/-innen in einer Einzelstunde weiterarbeiten: einerseits mittels historischer Betrachtungen von Höhlenmalereien zur Wissenserweiterung der Kinder und andererseits auch in spielerisch-kreativer Auseinandersetzung mit der Möglichkeit, Geschichten und Erlebnisse in eigenen Bildsymbolen festzuhalten und zu erzählen.

6.5.3 Aus der Praxis

Die Erprobung fand in einer städtischen Grundschule, in einer dritten Klasse mit rund zwanzig Schüler/-innen gegen Ende des ersten Schulhalbjahres statt. Der Unterricht wurde von einer studentischen Hilfskraft im Beisein der Klassenlehrerin erteilt. In der Klasse befanden sich sehr viele Kinder mit mehrsprachigem und mehrkulturellem Hintergrund. Die Schule, in der die Erprobung stattfand, liegt im Einzugsgebiet von sehr unterschiedlichen Wohngebieten. In der Klasse herrschte dadurch eine einander befruchtende und gegenseitig anspornende Mischung aus verschiedenen sozialen und kulturellen Milieus. Die Drittklässler/-innen waren stark gefordert, jedoch nicht überfordert. Daraus lässt sich schließen, dass das hier vorgeschlagene Unterrichtsmodell auch in einer vierten (oder selbst fünften) Klasse funktioniert. Man muss nicht befürchten, dass sich Schüler/-innen etwas höherer Klassenstufen unterfordert fühlen werden.

Heranführung an das Thema

Zum Einstieg fanden sich die Schüler/-innen zu einem Stuhlkreis zusammen. Die Kinder waren im Voraus gebeten worden, an diesem Tag etwas mit einer anderen Schrift oder Sprache als Deutsch in die Schule mitzunehmen. Dadurch hatten sie viele unterschiedliche Schriftstücke in den Unterricht mitgebracht, die sie mit großem Enthusiasmus im Kreis ihrer Mitschüler/-innen vorzeigten.

Eine Schülerin beispielsweise präsentierte ein deutsch-arabisches Schreibübungsheft, von dem sie sagte, dass sie es zu Hause unter Anleitung ihres Vaters zum Erlernen der arabischen Schrift benutzen würde. Die der deutschen Schrift entgegenlaufende Schreibrichtung erklärte sie beim Vorzeigen ihres Übungsheftes von sich aus spontan. Eine andere Schülerin hatte ein polnisches und zwei griechische Bilderbücher zur Ansicht dabei und las ein paar griechische Wörter vor. Als sie das polnische Bilderbuch in die Hand nahm, sagte sie, dass sie daraus leider nicht auch noch vorlesen könne, obwohl die Schrift nur in Kleinigkeiten vom deutschen Alphabet abweiche. Da sie mit ihrem Vater Griechisch spreche, rede sie mit ihrer Mutter Deutsch, obwohl diese aus Polen komme. „Weil es sonst zu viele Sprachen für mich wären", erläuterte sie diesen Umstand. Im Angebot der von den Kindern mitgebrachten Schriften war auch Hebräisch: Ein Mädchen zeigte sein Arbeitsheft aus dem Religionsunterricht vor, worauf ein Mitschüler sich meldete und auf die dem Deutschen gegenläufige Leserichtung des Hebräischen aufmerksam machte. Eine weitere Schülerin hatte ein Buch in alter deutscher Frakturschrift dabei, was ebenfalls auf Neugier in der Klasse stieß.

Nach dieser kurzen Einstimmung in unterschiedliche Schriftsysteme wurde die Klasse in vier gleich große, leistungsheterogene Gruppen eingeteilt. Jede Gruppe erhielt ein Bilderbuch mit dem dazugehörigen Arbeitsblatt zur selbstständigen Erarbeitung (siehe Arbeitsmaterialien 6.5.A bis 6.5.D zum Download).

Selbstständige Erarbeitung der Bilderbücher in kooperativer Gruppenarbeit

In der Gruppenarbeitsphase waren alle eifrig und konzentriert bei der Sache. Drei der vier Gruppen setzten sich zur kooperativen Erarbeitung ihres Bilderbuchs in unterschiedliche Ecken im Klassenraum. Die Gruppe mit dem persisch-deutschen Bilderbuch *Der große Schneemann* zog sich damit in einen für solche Anlässe zur Verfügung stehenden Arbeitsraum zurück, da sie den Hörtext über Lautsprecher abspielen musste. Die Lehrerin bot Hilfe an, wo immer es ihr nötig erschien. Es zeigte sich, dass es für die Kinder, die mit dem persisch-deutschen Bilderbuch beschäftigt waren, nicht ganz leicht war, dem anspruchsvollen Hörtext zu folgen und beim Mitlesen das Buch gegen die ungewohnte Richtung von hinten nach vorn aufzublättern. Dennoch

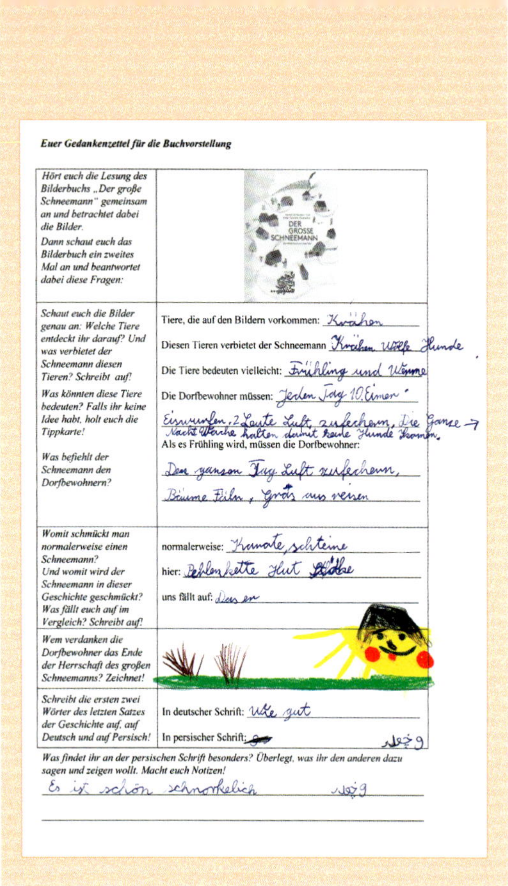

Euer Gedankenzettel für die Buchvorstellung

Hört euch die Lesung des Bilderbuchs „Der große Schneemann" gemeinsam an und betrachtet dabei die Bilder. Dann schaut euch das Bilderbuch ein zweites Mal an und beantwortet dabei diese Fragen:	DER GROSSE SCHNEEMANN
Schaut euch die Bilder genau an: Welche Tiere entdeckt ihr darauf? Und was verbietet der Schneemann diesen Tieren? Schreibt auf! Was könnten diese Tiere bedeuten? Falls ihr keine Idee habt, holt euch die Tippkarte! Was befiehlt der Schneemann den Dorfbewohnern?	Tiere, die auf den Bildern vorkommen: Krähen Diesen Tieren verbietet der Schneemann Krähen Wölfe Hunde Die Tiere bedeuten vielleicht: Frühling und Werme Die Dorfbewohner müssen: Jeden Tag 10. Eimer Eiswurfen. 2 Leute Luft zufechern. Die Ganze → Nacht Wache halten damit keine Hunde komen. Als es Frühling wird, müssen die Dorfbewohner: Den ganzen Tag Luft zufechern, Bäume Fäln, Gras aus reisen
Womit schmückt man normalerweise einen Schneemann? Und womit wird der Schneemann in dieser Geschichte geschmückt? Was fällt euch auf im Vergleich? Schreibt auf!	normalerweise: Karote, schteine hier: Perlenkette Hut Stöke uns fällt auf: Das er
Wem verdanken die Dorfbewohner das Ende der Herrschaft des großen Schneemanns? Zeichnet!	
Schreibt die ersten zwei Wörter des letzten Satzes der Geschichte auf, auf Deutsch und auf Persisch!	In deutscher Schrift: Uke gut In persischer Schrift:

Was findet ihr an der persischen Schrift besonders? Überlegt, was ihr den anderen dazu sagen und zeigen wollt. Macht euch Notizen!

Es ist schön schnorkelich

Abb. 6.5.1: Ausgefülltes Arbeitsblatt (4. Klasse) zum Bilderbuch *Der große Schneemann*

meisterte auch diese Gruppe die Aufgabenstellung nach anfänglichen Schwierigkeiten sehr gut, wie man nicht nur ihrem ausgefüllten Arbeitsblatt entnehmen kann (siehe Abb. 6.5.1), sondern sich auch später bei der Präsentation ihres Bilderbuchs souverän zeigte.

Die persische Schrift kommentierten sie auf ihrem Arbeitsblatt folgendermaßen: „Es ist schön schnorkelich." Und es gelang ihnen auch, einen kurzen Schriftzug nachzuahmen (die ersten beiden Wörter des letzten Satzes der Geschichte) sowie inhaltlich richtig auf Fragen zum Textverständnis zu antworten. Zu den Befehlen und zur Schmückung des Schneemannes schrieben sie auf ihr Arbeitsblatt:

Die Dorfbewohner müssen: „Jeden Tag 10. Eimer Eiswurfen. 2 Leute Luft zufechern. Die Ganze → Nacht Wache halten damit keine Hunde komen."

Als es Frühling wird, müssen die Dorfbewohner: „Den ganzen Tag Luft zufechern, Bäume Fäln, Gras aus reisen"

normalerweise [schmückt man den Schneemann mit]: „Karote, schteine"

hier: „Perlenkette Hut, Stöke"

Auch ihre Deutung der Symboltiere (Krähen) ist stimmig (die Tippkarte – siehe Material 6.5.E zum Download – hat ihnen offenbar ausreichend weitergeholfen): Die Tiere bedeuten vielleicht: „Frühling und Werme".

Präsentation der Bilderbücher und der darin verwendeten Schrift(en) vor der Klasse

Als jede Gruppe die Erarbeitung ihres Buchs beendet hatte und die Arbeitsblätter alle mehrheitlich vollständig ausgefüllt waren, setzten sich die Schüler/-innen im Klassenraum an ihre Tische. Nun stellte jede Gruppe ihr Bilderbuch vor. Dafür traten die Kinder gemeinsam mit dem Buch und ihrem Arbeitsblatt vor die Klasse. Alle Gruppen präsentierten ihren Gegenstand ausgesprochen gewandt. Das, was es sagen wollte/sollte, trug jedes Kind laut und verständlich und den Zuhörer/-innen zugewandt vor. Die Kinder hatten sich in ihren Gruppen im Voraus gut abgesprochen, wer welchen Inhalt darstellen durfte und in welcher Reihenfolge dies geschehen sollte. Dadurch verliefen ihre Präsentationen reibungslos und waren gut nachvollziehbar aufgebaut. Zur Strukturierung ihres Vortrags hatte ihnen das bearbeitete Arbeitsblatt erkennbar geholfen. Die zuhörenden Kinder verfolgten die Präsentationen ihrer Mitschüler/-innen mit großem Interesse.

Bei der Auseinandersetzung mit ihrem Buch und der darin verwendeten Schrift stellte sich der Gruppe, die mit dem persisch-deutschen Bilderbuch befasst war, als einziger die Frage nach der geografischen Herkunft ihres Untersuchungsgegenstandes. Zur anschaulichen Präsentation ihres Buches holten sich die Kinder

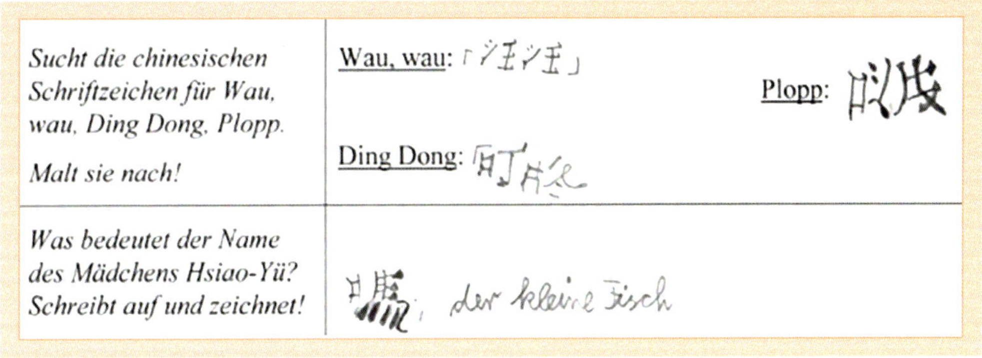

Sucht die chinesischen Schriftzeichen für Wau, wau, Ding Dong, Plopp. Malt sie nach!	Wau, wau: Ding Dong: Plopp:
Was bedeutet der Name des Mädchens Hsiao-Yü? Schreibt auf und zeichnet!	der kleine Fisch

Abb. 6.5.2: Ausschnitt aus dem ausgefüllten Arbeitsblatt (4. Klasse) zum *Bilderbuch Kleiner Spaziergang*

deshalb selbstständig einen Globus heran, um ihren Mitschüler/-innen zeigen zu können, wo der Iran liegt und die Handlung ihrer Geschichte spielt. Dies kann man aufnehmen und für die Arbeit mit den Bilderbüchern als Arbeitsauftrag für alle Gruppen im Hinterkopf behalten. Dass die Kinder sich darüber kundig machen, wo auf der Welt die von ihnen betrachtete Schrift benutzt wird, ist auf jeden Fall eine gute Anregung.

Die Gruppe, die das chinesisch-deutsche Bilderbuch vorstellte, legte viel Wert auf das Nacherzählen der Geschichte und zeigte die Bildseiten parallel dazu deutlich sichtbar vor. Dabei strengten sich die Kinder ersichtlich an, den Namen der Protagonistin Hsiao-Yü möglichst richtig auszusprechen. Was der Name bedeutet, teilten sie ihren Mitschüler/-innen ebenfalls mit. Um die chinesische Schrift zu veranschaulichen, griffen die Kinder bei der Präsentation außerdem klug auf diejenige Seite zu, auf der das Geräusch, das beim Platzen der Kaugummiblase entsteht, mit einem chinesischen Schriftzeichen groß ins Bild geschrieben ist. Auch ihr Arbeitsblatt belegt, dass die Gruppe sich mit dem Nachmalen der chinesischen Schriftzeichen sehr viel Mühe gegeben hat (siehe Abb. 6.5.2). Bei ihrer Buchvorstellung wiesen sie die eigenen chinesischen Schreibkünste auf ihrem ausgefüllten Arbeitsblatt auch ganz stolz vor.

Bei der Präsentation des Bilderbuchs *Herr Schnuffels* fragten die Zuhörer/-innen nach, in welcher Sprache dieses Buch denn geschrieben sei. Die Antwort der Kinder lautete:

„Das ist keine Sprache, es ist eine Fantasiesprache, es gibt die Sprache nicht."

Auf ihrem Arbeitsblatt hatten sie notiert:

„Die Außerirdischen hatten eine seher komische sprache, die mann nicht verstehen konnte und wir haben sie überstzt."

Wie überzeugend ihnen ihr Übersetzungsversuch gelungen ist, dokumentiert das Arbeitsblatt, auf dem sie die leeren Sprechblasen mit einer Dialogsequenz gefüllt haben, die die nachfolgende Handlung ausgesprochen stimmig anbahnt (siehe Abb. 6.5.3):

Außerirdischer links:
„Ihr lengt sie ab. Und wir renen zum Ufo."
„Wir sind zu 5. die Katze hat keine Chance."
„Zusamen krigen wir das hin."
„Dabei könnte fiel schif gehen."

Ameise mittig:
„~~Der~~ Den Diamant könnt ihr verwenden."
„Und ihr?"
„Ich bin dabei."
Außerirdischer rechts:
„Ich habe eine Idee!"
„Marinkäfer nimmt dich am ~~bein~~ Bein und fliehgt in die Luft."

Ameise rechts:
„Ich bin einfastanden."

Abb. 6.5.3: Ausgefülltes Arbeitsblatt (4. Klasse) zum Bilderbuch *Herr Schnuffels*

Den Kindern, die das zweisprachig georgisch-deutsche Bilderbuch vorstellten, war die Weitergabe von Informationen zur georgischen Schrift sehr wichtig. Das Wissen hierfür hatten sie dem Begleittext am Ende des Buchs entnommen und auf ihr Arbeitsblatt übertragen:

„Die georgische ist über 2000 Jahre alt, wird nur in einem Land gesprochen, es gibt 33 Buchstaben, ~~im~~ am 14.4. wird in der georgische Hauptstad Tbilissi ihre Sprache gefeiert"

Diese Zahlen und Fakten trugen die Kinder bei der Präsentation ihres Bilderbuchs auswendig vor. Aber auch in das Abzeichnen der georgischen Buchstaben hatten sie in der gemeinsamen Arbeitsphase viel Sorgfalt gesteckt. Und selbst die Detektivaufgabe, wie der Titel ihres Buchs auf Georgisch ausgesprochen wird, lösten sie mühelos: „Dsili nebisa" steht auf ihrem Arbeitsblatt. Anders als die Gruppe, die das chinesisch-deutsche Bilderbuch und dessen Schriftzeichen darbot, gingen sie jedoch weder auf ihre eigenen georgischen Schreibkünste noch die georgische Schrift bei ihrer Buchvorstellung ein.

Damit das nicht passiert, muss den Kindern beim Erteilen des Arbeitsauftrags deutlich gemacht werden, dass sie ihren Mitschüler/-innen bei der Präsentation auch eine Schriftprobe des betrachteten Buchs vor Augen führen sollen.

Insgesamt aber lösten die Schüler/-innen der Erprobungsklasse die anspruchsvollen Aufgaben mit beachtlichen Resultaten und ausgesprochen kooperativ. Außerdem sie waren von Anfang bis Ende der Doppelstunde unermüdlich mit großem Interesse sowie mit viel Feuereifer bei der Sache.

6.6 Die Heimat verlassen, um Freiheit und Frieden zu finden

Mehrnousch Zaeri-Esfahani (Text)/Mehrdad Zaeri (Illustration):
33 Bogen und ein Teehaus
2. Auflage. Wuppertal: Peter Hammer 2016
(Kinderbuch)

Mehrnousch Zaeri-Esfahani (Text)/Mehrdad Zaeri (Illustration):
33 Bogen und ein Teehaus
Mit Illustrationen von Mehrdad Zaeri.
Hamburg: Carlsen 2018 [Ausgabe Taschenbuch]
(Kinderbuch)

AUF EINEN BLICK

Klassenstufe: 3/4/5

Zeitplanung:
Für den Unterricht mit dem Kinderbuch *33 Bogen und ein Teehaus* von Mehrnousch Zaeri Esfahani und Mehrdad Zaeri sind flexibel in Abhängigkeit von den zeitlichen Ressourcen unterschiedliche Zeitumfänge anzusetzen. Zur Vorstellung des Kinderbuchs ist eine Doppelstunde einzuplanen. Folgende Zeitstruktur wird empfohlen:
In der Doppelstunde wird das Kinderbuch mittels Erzählen und Vorlesen in Auszügen vorgestellt (siehe Material 6.6.A zum Download). Zur stärkeren Aktivierung der Kinder werden einzelne Szenen spielerisch umgesetzt.
Zur Vertiefung und Weiterarbeit bieten sich verschiedene Möglichkeiten an: Dazu gehört eine medienbezogene Aufbereitung der literarischen Topografien im Buch, bei der die Kinder in Gruppen die Textabschnitte aus dem Buch erarbeiten, einen Lesevortrag einüben und Bilder zu den entsprechenden Gewässern malen. Die einzelnen Bausteine werden in einem SlideShow-Programm integriert. Denkbar sind auch die Arbeit mit dem Buch im Rahmen einer Klassenlektüre sowie eine Weiterführung zu politischen und geografischen Themen im fächerübergreifenden Unterricht (siehe unten Ideen zur Weiterarbeit).

Materialien:
- Abbildung der 33-Bogen-Brücke z. B. über Beamer oder in ausgedruckter Form vorzugsweise DIN-A3-Größe
- Vorschlag zur Buchvorstellung (Material 6.6.A zum Download)
- Material Fantasiereise (6.6.B zum Download)
- Kartenmaterial zur Anschauung in ausreichender Größe (Vorderasien und Europa, Deutschland); alternativ Karten auf Overheadfolien, auf die mit wasserlöslichen Stiften der Fluchtweg eingezeichnet werden kann
- Overhead-Projektor, wasserlösliche Folienstifte

Ziele des Unterrichts:
- Die Schüler/-innen sollen das Kinderbuch *33 Bogen und ein Teehaus* kennenlernen.
- Die Schüler/-innen sollen nachvollziehen lernen, was es bedeutet, in Bedrängnis und Not zu geraten und die Heimat verlassen zu müssen.
- Die Schüler/-innen sollen verstehen lernen, wie schwierig es ist, wenn die Fremde zum Zuhause werden soll.

6.6.1 Vorstellung des Kinderbuchs *33 Bogen und ein Teehaus*

Beim Kinderbuch *33 Bogen und ein Teehaus* handelt es sich um einen autobiografischen Roman, in dem Mehrnousch Zaeri-Esfahani von ihrer Kindheit im Iran der 1970er-Jahre und ihrer Flucht mit der Familie 1985 nach Deutschland erzählt (siehe Abb. 6.6.1). Die erzählte Zeit umfasst einen Zeitraum von etwa neun Jahren. Die Ich-Erzählerin verknüpft ein erlebendes und erzählendes Ich. Die Vertreibung und der Weg bis zum Neuanfang werden aus der Perspektive des erlebenden, jungen Kindes, das am Anfang der Schilderung erst vier Jahre alt ist, und mit dessen subjektiven, begrenzten Verständnis dargelegt. Ergänzt werden die Erinnerungen durch Informationen des erzählenden, erwachsenen Ichs, welches über das entsprechende Wissen verfügt. Historisch-politische und kulturelle Zusammenhänge werden angesprochen, aber nicht in ihrer Komplexität dargeboten. Der Blick der kindlichen Erzählerin ist auf die Bedeutung der Ereignisse für ihre Familie gerichtet. Geschichte zeigt sich somit ganz konkret in einer persönli

Abb. 6.6.1:
33 Bogen und ein Teehaus

chen Geschichte, sie wird emotional anschaulich und greifbar. Obwohl es sich um eine Fluchtgeschichte handelt, die sich vor mehr als 30 Jahren ereignet hat, so sind doch bei aller Unterschiedlichkeit strukturelle Ähnlichkeiten zu anderen Fluchtgeschichten aus fernerer Vergangenheit und näherer Gegenwart erkennbar. Besonders im Hinblick auf die psychische Belastung, die mit dem Verlust der Heimat und dem Aufbruch ins Ungewisse verknüpft ist, ist diese Fluchtgeschichte nach wie vor aktuell.

33 Bogen und ein Teehaus ist 2016 im Peter Hammer Verlag erschienen. Mittlerweile liegt eine kostengünstige Taschenbuchausgabe im Carlsen Verlag vor, die sich für die Anschaffung eines Klassensatzes anbietet. Parallel zu dem Kinderbuch ist von der Autorin das Bilderbuch *Das Mondmädchen* (2015/2016) veröffentlicht worden, in dem sie in einer fantastischen Erzählung ihre Fluchterfahrung verarbeitet hat. Beide Bücher, die aus Sicht der Autorin zusammengehören, hat der Bruder der Autorin, Mehrdad Zaeri, illustriert. *33 Bogen und ein Teehaus* ist mit zahlreichen Preisen ausgezeichnet worden, wie etwa White Raven 2016 der Internationalen Jugendbibliothek München, Luchs des Monats September 2016 von Die ZEIT und Radio Bremen, Leipziger Lesekompass 2017 und die Nominierung auf der Bestenliste im April 2016 des Deutschlandfunks Die besten 7 Bücher für junge Leser. Das Buch wird vom Verlag für Leser/-innen ab 12 empfohlen. Unsere Erfahrungen zeigen, dass die unterrichtliche Aufbereitung und das Vorlesen des Buches auch schon bei Kindern in der 3. Klasse möglich sind.

Der Roman setzt ein mit dem Aufstand gegen Mohammad Reza Schah Pahlavi, der in der zweiten Hälfte der 1970er-Jahre stattfand und 1979 zu dessen Sturz führte. Für die vierjährige Mehrnousch rufen die damit verbundenen Ereignisse zunächst Unverständnis hervor. Denn sie hatte bis dahin die kaiserliche Familie immer bewundert, konnte eindrucksvoll deren volle Namen aufsagen, hatte besonders die wunderschöne Kaiserin Farah Diba verehrt und die Familie gerne als Motiv für ihre eigenen Zeichnungen genutzt. Auch wenn Mehrnousch nicht begreift, was ihre Familie und die anderen Erwachsenen für die Revolution einnimmt, so bleibt doch ein Erlebnis nachdrücklich in Erinnerung, welches sie als eine Art Initiation der familiären Beteiligung deutet. Sie findet sich völlig überraschend auf den Schultern ihres Vaters auf dem großen Schah-Platz von Isfahan wieder, inmitten einer riesigen Menschenmenge, die Revolutionsparolen skandiert. Die sich daran anschließende Zeit der Revolution erlebt das Mädchen wie eine wunderbare Ferienzeit, in der die Familienregeln gelockert werden und schöne Ausflüge möglich sind.

Doch nach der Rückkehr des Ajatollahs Ruhollah Chomeini aus dem Exil bekommt die iranische Revolution eine andere Wendung. Die kleine Mehrnousch nimmt eine veränderte Stimmung wahr, hört von der wachsenden Angst der Menschen und der Brutalität des neuen Regimes. Plötzlich tauchen überall die Pasdaran auf (wörtlich übersetzt: Wächter der Islamischen Revolution), eine neu eingesetzte Militäreinheit, die gegen die vermeintlichen Feinde im Land vorgehen soll. Wer sich jedoch als ein solcher

Feind entpuppt, ist wieder für Mehrnousch nicht nachvollziehbar. Im Bekanntenkreis der Familie ist zu hören, dass Menschen entführt werden oder plötzlich verschwinden. So auch Siba, eine junge Frau, die für Mehrnousch wie eine große Schwester war. Als Grund für Sibas Verhaftung fungiert die Tatsache, dass sie nicht den neuen Verordnungen gemäß angezogen war.

Die Folgen der Willkürherrschaft erfährt das kleine Mädchen selbst am eigenen Leib, als sie mit sechs Jahren in die Schule eintritt und von da an ein Kopftuch tragen muss. Eine solche Kopfbedeckung war bis dahin in ihren Augen nur den Mädchen auf dem Lande vorbehalten. Besonders schmerzhaft ist dabei für sie, dass ihre langen Haare von der Mutter abgeschnitten werden müssen, weil das Kopftuch die Haarfülle nicht verbergen kann. Sie wächst hinein in ein Doppelleben, welches getrennt ist in ein Leben außerhalb der Familie, das durch Verbote, Repressalien und Denunziationen bestimmt ist, und ein Leben innerhalb der Familie, zu dem weiterhin freiheitliches Denken und Handeln gehören wie etwa die Tanzabende zur Musik von Michael Jackson. Die Angst vor der Aufdeckung der liberalen Lebensweise prägt das Familienleben und verfolgt Mehrnousch bis in die (Alb-)Träume hinein.

Als die Repressalien für die Familie immer stärker werden und schließlich für den älteren Bruder der Einzug als Kindersoldat droht, trifft die Familie die schwere Entscheidung, aus Isfahan fortzugehen. Mehrnousch ist inzwischen zehn Jahre alt. Was das für die Familie bedeutet, lässt die Ich-Erzählung ahnen: „In diesem Moment starb ich ein bisschen. Drei Tage und zwei Nächte dauerte unsere Ausreise mit dem Reisebus aus Isfahan nach Istanbul. Drei Tage und zwei Nächte lang dauerte mein kleines Sterben." (Zaeri-Esfahani 2018, 65) Über die Türkei, in der sie als illegale Flüchtlinge vorübergehend unterkommen, geht es über Ostberlin nach Westberlin und dann weiter nach Karlsruhe in ein zentrales Übergangslager für Flüchtlinge. Die letzte Station ihrer Reise ist dann schließlich Heidelberg, wo sie eine Dreizimmer-Sozialwohnung beziehen können und so etwas wie Angekommensein erleben. Ihre Fluchtgeschichte wird von Mehrnousch Zaeri-Esfahani auch als eine Art große Pilgerreise inszeniert: „Ich bin Pilgerin aus Isfahan, und mein Pilgerweg war es, Freiheit und Frieden zu finden." (Ebd., 146) Hintergrund dieser Deutung ist der Nachname „Zaeri-Esfahani", den ihr Urgroßvater aufgrund der Namensreform des großen Schahs vor 100 Jahren auswählte: Pilger von Isfahan. Seine Urenkelin und deren Familie haben selbst erfahren müssen, was es heißt, aufzubrechen, unterwegs zu sein und anzukommen.

Das Buch ist gegliedert in drei große Teile, in welchen die jeweiligen Phasen der Flucht von den auslösenden Ereignissen über den Fluchtverlauf bis zum Endpunkt erzählt werden und die jeweils mit den Namen der Länder dieser Fluchtabschnitte überschrieben sind: Iran, Türkei und Deutschland. Die einzelnen Titel der Unterkapitel tragen die Namen der Städte, in denen die Familie zumindest eine Zeitlang gewohnt hat: Isfahan, Istanbul, Ostberlin, Westberlin, Karlsruhe und Heidelberg. Als Stationen haben die Städte unterschiedliche Bedeutung. So ist Isfahan die Heimat, in der die Familie verwurzelt ist und die sie nun hinter sich lassen muss. Istanbul, Ostberlin, Westberlin und Karlsruhe werden als Durchgangsstationen wahrgenommen und Heidelberg stellt sich schließlich als Endpunkt ihrer Flucht heraus. Die Bedeutung der einzelnen Orte wird durch die typografische Gestaltung besonders ausgezeichnet (siehe unten).

Gerahmt wird die Erzählung durch einen Prolog und einen Epilog. Die Autorin widmet diese beiden Teile ihres Buches den Menschen, vor allem den Kindern, die in der Nähe des Kernkraftwerks Tschernobyl lebten und aufgrund der Nuklearkatastrophe starben, erkrankten oder bis heute an den Folgen leiden. Die inhaltliche

Abb. 6.6.2: Vignette zu Isfahan aus dem Kinderbuch *33 Bogen und ein Teehaus*, 15

Verknüpfung dieser Rahmung mit der persönlichen Fluchtgeschichte ist dadurch zu erklären, dass die Familie aufgrund ihrer Lebenssituation die Katastrophe von Tschernobyl nicht mitbekommen hatte. Zum Zeitpunkt der Katastrophe nämlich kam die Familie in Heidelberg an, war mit der Bewältigung der alltäglichen Herausforderungen beschäftigt und konnte sich zudem aufgrund der fehlenden Sprachkenntnisse nicht erschließen, was die irritierenden Fernsehbilder bedeuten könnten. Im Rückblick und mit dem Wissen der Erwachsenen holt nun die Autorin das nach, was sie als Kind nicht leisten konnte, nämlich den Menschen aus Pripjat Mitgefühl und die Aufmerksamkeit zu schenken, die damals etwa zur gleichen Zeit wie sie auch ihre Heimat verloren haben.

Jede Kapitelüberschrift ist typografisch akzentuiert, und zusätzlich sind den großen Kapiteln und den Unterkapiteln je eine Zeichnung von Mehrdad Zaeri-Esfahani, dem älteren Bruder von Mehrnousch Zaeri-Esfahani, vorangestellt. Die Zeichnung setzt den Inhalt des jeweiligen Abschnitts pointiert ins Bild. Die Vignette des Prologs zeigt ein Schüttelglas, in dem Häuser, eine Straßenlaterne und ein Riesenrad umgefallen sind. Mit dem Namen *Pripjat* ist die Illustration unterzeichnet. Es ist der Name der Stadt in der Nähe des Atomkraftwerks Tschernobyl, die eigens für die Ingenieure und Arbeiter und deren Familien angelegt wurde und die nicht mehr als 16 Jahre überdauerte. Ein kleines Windrad ragt aus dem Wort *Pripjat* hervor und erweckt den Eindruck, als sei es das einzige, was noch von dieser Stadt übriggeblieben ist. Der Stadt Isfahan ist Teil Eins des Buchs gewidmet. Ein Halbmond über dem Schriftzug weist auf die Region des fruchtbaren Halbmondes am Euphrat und Tigris. Hier hatte die Familie Zaeri-Esfahani ein großes Haus mit Garten und Swimmingpool, das sie zurücklassen mussten. Hier befindet sich auch die vierhundert Jahre alte 33-Bogen-Brücke, auf Persisch *Si-o-Se-Pol* genannt, die über den großen Fluss *Zayandeh Ruh* führt und die dem Buch seinen Namen gab (siehe Abb. 6.6.2).

Der zweite Teil, der dem Aufenthalt in der Türkei gewidmet ist, wird durch einen Wal gekennzeichnet. Diese Vignette vermittelt die depressive Stimmung der Eltern Zaeri-Esfahani, die sich aufgrund der prekären Lebensumstände und der Ungewissheit über die Zukunft in Istanbul als gestrandet fühlten. Dass diese Durchgangsstation von den Kindern hingegen als Erfahrung von Freiraum und Freiheit wahrgenommen wird, schildert die Ich-Erzählerin überzeugend. Im Unterschied zu den Eltern fühlt sie sich wohl, lernt Türkisch und nutzt die Erweiterung des Bewegungsradius. Es macht ihr und ihren Geschwistern nichts aus, dass sie keine Privilegien mehr haben.

Die Zeichnung des Papierfliegers, der eine geschwungene, Kapriolen schlagende Linie hinter sich herzieht, markiert Teil Drei des Buchs, betitelt mit Deutschland. Darunter ist der Name Ostberlin platziert, dem ein Stacheldrahtzaun zeichnerisch zugeordnet wird. Für die Familie war Ostberlin nur eine Durchgangsstation von 30 Stunden. Die Vignette für Westberlin zeigt ein springendes Mädchen, mit einer Regenwolke im Schlepptau. Die Stadt Karlsruhe, die durch Erinnerungen an die widrigen Wohnbedingungen im Übergangslager und den verwaltungstechnischen Repressalien überschattet ist, wird mehrdeutig mit einem Bundesadler symbolisiert. Zuletzt schmückt eine große, weit schwingende Schaukel, die an einem Halbmond befestigt ist und auf der ein Mädchen fröhlich schaukelt, das Kapitel Heidelberg. Die Schaukel kann die verbesserte Lebenssituation versinnbildlichen und die damit verbundenen Möglichkeiten, endlich wieder ein Kind zu sein, das frei spielen und sich entfalten kann. Als Symbol für das glückliche Ende der Flucht ziert ein Herz die Kapitelüberschrift Heidelberg, vielleicht auch eine Anspielung auf den Spielfilmtitel „Ich hab mein Herz in Heidelberg verloren". Die Vignette des Epilogs ist hingegen weniger fröhlich gestaltet. Ein Teddybär, der auf der Seite liegt und mit traurigem Blick den Betrachtenden entgegenstarrt, erinnert an die Spielsachen, die in der Stadt Pripjat zurückgelassen wurden, und an das Leid der Kinder und Familien, die der Nuklearkatastrophe nicht entkommen konnten.

Jedem Kapitel wird zudem ein Text über ein Gewässer vorangestellt, an dem die jeweils genannte Stadt liegt. In sprachlich-poetischer Weise, atmosphärisch dicht und stimmungsvoll wird der Verlauf und die Dynamik des Gewässers beschrieben. Die Ausführungen dieser literarischen Kurztopografien deuten auch an, wie das Wasser das Land und die Landschaften der Regionen prägt. Es handelt sich um die Flüsse Pripjat, den Zayandeh Rud (Leben spendender Fluss), das Marmara denizi (Marmarameer), die Spree, die Havel, den Rhein, den Neckar und schließlich um den Dnjepr. Die Texte sind Beschreibungen des physischen Raumes, der unabhängig von territorialen Machtansprüchen besteht. Die Gewässer sind als Metapher für die Freiheit und Grenzenlosigkeit zu lesen. Und nicht zuletzt ist Wasser auch als Symbol des Lebens zu verstehen.

Die Erfahrung des Raums spielt in diesem Roman eine wichtige Rolle und kommt auch konzeptionell auf verschiedenen Ebenen zum Ausdruck: in der Gliederung, in der typografischen Gestaltung der Kapitelüberschriften, in den Vignetten und Einleitungstexten zu den Kapiteln. Dass Räume aber nicht losgelöst von Kulturen bestehen, wird in der Erzählung auch erkennbar. Damit liegt ein Raumverständnis zugrunde, nach dem Raum nicht als per se gegeben betrachtet wird. Raum wird durch soziale und kulturelle Praxis konstruiert und dadurch in einer bestimmten Weise erfahrbar (Grywatsch 2007). Die Protagonistin zeigt am eigenen Beispiel, dass mit dem Durchschreiten und Erleben unterschiedlicher Räume auch verschiedene kulturelle Erfahrungen verknüpft sind. So wird ein offenes Kulturkonzept vermittelt, das nicht an nationale Grenzen gebunden ist. Vielmehr wird ein differenziertes Bild der Kulturen entworfen, in dem Eigenes und Fremdes sowie Ähnliches und Gemeinsames reflektiert werden. Beispiele dafür gibt es vielfältige. So etwa irritiert der Hundekot auf den Gehwegen die Vorstellung eines sauberen Deutschlands: „Bald lernten wir, nicht nach vorn zu schauen, wenn wir irgendwo entlanggingen, sondern den Blick immer unten zu halten und über die Gehsteige schweifen zu lassen. Denn die Gehsteige waren übersät von Hundekot. Für uns Iraner war dieser Umstand eine unvorstellbare Sache. Und es passte nicht in das Bild, das wir von einem sauberen, ordentlichen Deutschland hatten." (Ebd., 104) Auch die Rolle, die Fernsehen für die Familie hatte bzw. heute für Familien haben kann, wird nachvollziehbar und verständlich: „Dieser Fernseher änderte mein Alltagsleben. [...] Ich glaubte, der Fernseher brachte mir die echte Welt von da draußen in unser trostloses und überheiztes Zimmer. Es tat gut, die fremde Welt da draußen zu sehen, ohne dass ich das sichere Zimmer verlassen, ohne dass ich mich auf die Menschen einlassen musste, die ich nicht verstand, ohne dass mir jeder einzelne Finger vor Kälte abzufrieren drohte, ohne dass ich mich von den Menschen angeglotzt und begafft fühlte." (Ebd., 99f.) Sammeltätigkeiten gehören genuin zur Kinderkultur (Duncker/Frohberg/Zierfuss 1999). Auch die kleine Mehrnousch sammelt, und das Auffinden von Fundstücken wird von ihr symbolisch gedeutet. Zu ihren Kostbarkeiten in der kleinen Margarinendose gehören ein „[…] Kiefernzapfen, eine Silvesterknallerhülse in Glitzerpapier, achtzehn rote Perlen und mehrere Schokoriegelsammelaufkleber, die jemand als wertlos erachtet und weggeworfen hatte. Dieser Margarinenschatz machte mir Mut und ließ mich Gefallen an meiner zauberhaften neuen Heimat finden, wo der Schnee Schätze barg." (Ebd., 108)

Dass Sprache für die Integration von existenzieller Bedeutung ist, wird eindrucksvoll herausgestellt. So ist die Ausgrenzung, welche die Familie anfänglich in Deutschland erfährt, auf die fehlenden Sprachkenntnisse zurückzuführen, während der Klang der türkischen Sprache ein Gefühl von Heimat vermittelt. Der Autorin gelingt es, die verschiedenen sprachlich unverständlichen und missverständlichen Erlebnisse in einer gut balancierten Mischung von emotionaler Tiefe und Komik zu vermitteln, die trotz allem den Schilderungen eine gewisse Leichtigkeit verleiht. Ein Beispiel dafür ist die Geschichte vom Besuch des Vorwerk-Vertreters, der für die Familie eine große Abwechslung im tristen Alltag bedeutet. Gastfreundlich reagieren die Eltern auf das Klingeln des Mannes. Tee und persisches Essen werden zubereitet, Fotos gezeigt, aber nicht verstanden, dass der Besuch nur auf den Verkauf eines Staubsaugers zielt. Es bleibt am Schluss als Symbol für das große Missverständnis ein zweifarbiger Teppich zurück, der einen vom Staubsauger gereinigten und einen unbehandelten Streifen präsentiert (vgl. ebd. 136 f.).

6.6.2 Unterrichtsvorschlag

In der hier vorgeschlagenen Unterrichtseinheit von einer Doppelstunde stehen die Vorstellung des Buchs und erste Leseeindrücke im Mittelpunkt und sollen der Motivation einer individuellen Lektüre dienen (Vorschlag zur Buchvorstellung siehe Material 6.6.A zum Download). Eine gemeinsame Klassenlektüre lässt sich anschließen. Eine Vertiefung unterschiedlicher Aspekte wie historisch-politische und religiöse Themen oder der literarischen Topografien sind ebenso möglich (siehe unten Ideen zur Weiterarbeit).

Beim *Einstieg* in die Lektüre sollte es darum gehen, Interesse zu wecken und zum Lesen zu motivieren. Zusammen mit dem Cover können Bilder der *Si-o-Se-Pol* (dt. 33-Bogen-Brücke) gezeigt werden, die dem Buch ihren Namen gab. Diese Brücke ist eine von drei Brücken, die über den Zayandeh Ruh in Isfahan führt. Mit einer Länge von etwa 300 m und ihren 33 Bogen, die sich wie Arkaden über den Fluss spannen, gilt sie als Wahrzeichen Isfahans. Die Brücke lädt zum Promenieren ein, und ein Teehaus unter einem der Bogen verlockt zum Verweilen (vgl. Wikipedia: Si-o-Se Pol)

Die Lehrerin schildert die politische Situation im Iran der 1970er-Jahre und berichtet kurz über die Folgen der Islamischen Revolution und des Irak-Iran-Krieges, welche die privilegierte Familie Zaeri-Esfahani zu der Entscheidung geführt hat, die Heimat zu verlassen und ein neues, sicheres Zuhause zu suchen. Zur Veranschaulichung liest die Lehrerin eine Passage von S. 48 bis S. 53 vor. Darin wird von den Kindersoldaten erzählt, die auf den Minenfeldern eingesetzt werden und dort den Tod finden. Dass es trotzdem Freiwillige gab, die sich für den Kriegsdienst gemeldet haben, hat mit der Indoktrination des religiösen Regimes zu tun, der die Heranwachsenden ausgesetzt waren. Dass der ältere Bruder kein Interesse an der Waffenausbildung zeigte, machte ihn angreifbar und zum Außenseiter. Das Doppelleben der Familie wird in der Passage von S. 54 bis S. 57 veranschaulicht, in der sowohl die geheimen Tanzabende in der Familie geschildert werden als auch von den körperlichen und seelischen Demütigungen des Bruders erzählt wird. Auch diese Passage liest die Lehrerin zur Verdeutlichung der vorliegenden Situation vor und gibt den Schüler/-innen dabei Gelegenheit für eventuelle Nachfragen und Kommentare.

Das Leid und die Angst der Menschen sind ohne Frage schwierige Themen für den Deutschunterricht in der Grundschule. Es lässt sich kontrovers diskutieren, ob Kinder in der Grundschule bereits mit diesen Themen konfrontiert werden können. Dafür spricht sicherlich, dass Kinder über die Medien ohnehin mit Informationen über Krieg, unerträgliche Lebensumstände und Fluchtbewegungen konfrontiert werden (vgl. Götz/Holler 2016) und diese – alleingelassen damit – oft genug nicht einordnen und verarbeiten können. Eingebettet in die erzählte Lebensgeschichte werden abstrakte Angaben konkret und veranlassen zum genaueren Hinschauen und Nachvollziehen von Fluchtschicksalen (Wrobel 2016). Zugleich eröffnet die Literatur einen geschützten Rahmen, sich über Grundfragen der menschlichen Existenz zu verständigen (vgl. Spinner 2013; Berendt 2018; Wrobel 2016). Sollten von Fluchterfahrungen Betroffene in der Klasse sein, so können sie eventuell die Erfahrung dieser Lebensgeschichte teilen und im besten Falle ermutigt und gestärkt werden. Die Schüler/-innen sollten auf keinen Fall dazu aufgefordert werden, sondern nur auf eigenen Wunsch von diesen Erfahrungen berichten. Wünschenswert wäre es, wenn diese Geschichte zum Wachsen einer Hoffnung beitragen würde, dass Leid und Schmerz irgendwann gelindert sein können. Damit soll nicht gesagt werden, dass am Ende alles vergessen ist, aber dass irgendwann ein Gefühl von Angekommensein und Aussöhnung mit der eigenen Lebenssituation möglich ist.

Im *weiteren Verlauf* des Unterrichts wird die Reise der Familie Zaeri-Esfahani mit Hilfe von Kartenmaterial nachvollzogen. Hierzu gibt die Lehrerin einen Überblick über die unterschiedlichen Ereignisse und Erfahrungen. So kann beispielsweise kurz die Lebenssituation in Istanbul geschildert werden, welche die Kinder als großes Freiheitserlebnis wahrgenommen haben, während die Eltern sich als gestrandet fühlten. Der Schwerpunkt der Einheit sollte jedoch auf zwei exemplarische Episoden gelegt werden, welche die Familie in Deutschland erlebt hat. Sie veranschaulichen überzeugend, was es bedeutet, in einem fremden Land anzukommen und mit neuen Regeln und Formen des Zusammenlebens konfrontiert zu sein. So kann das Erlebnis der ersten Taxifahrt (S. 87 bis S. 90) vorgelesen werden, das auf humorvolle Weise die Konfrontation des Eigenen mit dem Fremden veranschaulicht und zugleich auch den Kindern in der Klasse aufzeigen kann, was es bedeutet, wenn alltägliche Selbstverständlichkeiten am neuen Ort anders geregelt werden. Welche Hindernisse entstehen, wenn die Sprachkenntnisse fehlen, zeigt die Episode, als die Familie für Mehrnousch Schlafanzüge statt Sommerkleidung gekauft hat (S. 132 bis S. 135). Die Geschichte macht auch anschaulich deutlich, mit welchen Beschämungen es für die Einzelnen verbunden sein kann, wenn Unterstützung und Solidarität der Mitmenschen fehlen. Dass nach all diesen Hindernissen die Familie dennoch in Deutschland eine neue Heimat gefunden hat, soll den positiven Abschluss der Buchvorstellung bilden.

Zur Verarbeitung der Leseeindrücke können die Kinder zum Abschluss die beiden zuletzt vorgelesenen Episoden szenisch nachspielen. Fünf Kinder spielen die Mitglieder der Familie Zaeri-Esfahani. Hinzu kommen je nach Situation die Taxifahrer oder die Mitschüler/-innen von Mehrnousch. Die Kinder können auf diese Weise die Motive, die Gefühle und das Handeln der Figuren nacherleben und besser nachvollziehen. Das szenische Spiel kann auch dazu beitragen, sich über eigene Positionen und die damit verknüpften Emotionen zu vergewissern. Mit dieser literarischen Erfahrung wird die Doppelstunde beendet.

Ideen für die Weiterarbeit

Nach einer Kurzvorstellung des Kinderbuchs bietet sich die eigenständige Lektüre in den Klassen 4 bis 6 an. Dies ist jedoch abhängig von der Lesekompetenz der Schüler/-innen. Möglich ist es auch, dass die Lehrerin das Buch vorliest oder eine Kombination von eigenständiger Lektüre und Vorlesen anbietet. Zur produktiven Auseinandersetzung sollten Arbeitsaufträge und Nachdenkaufgaben von der Lehrerin entwickelt werden, welche die Kinder einzeln oder im Team bearbeiten. Ergänzt werden kann dies durch gemeinsame Unterrichtsgespräche, in denen verschiedene Inhalte vertiefend bearbeitet werden.

Als weitere Möglichkeit für eine Anschlusseinheit – entweder an die Buchvorstellung oder zur Vertiefung der Klassenlektüre – bietet sich die Auseinandersetzung mit den literarischen Topografien an. Dazu wird die Klasse in sieben Themengruppen eingeteilt, von denen je eine Gruppe für ein Gewässer zuständig ist. Damit die Gruppen eine arbeitsfähige Größe behalten, können die Themen auch mehrfach vergeben werden. Die Schüler/-innen lesen den Text zu ihrem Gewässer, suchen auf der Karte ihr Gewässer heraus und verfolgen dessen Verlauf nach. Im Anschluss daran recherchieren sie Informationen über die jeweiligen Flüsse bzw. das Marmarameer. Der Schwerpunkt liegt hier auf der Suche nach Bildmaterial. Die gewählten Bilder werden in ein SlideShow-Programm eingefügt. Hier ist die Vorgabe, dass die Bilder zum Text passen müssen. Aus Gründen des Urheberrechts ist dabei auf die Quellenangaben zu achten bzw. die Fotos dürfen ansonsten nicht veröffentlicht werden. Alternativ dazu können die Kinder auch Bilder passend zum Text selbst anfertigen. Im Anschluss daran üben die Schüler/-innen den Vortrag des Textes. Dazu sollen sie ihre Textpassage flüssig und betont vorlesen. Gelingt der Textvortrag, wird er per Mikrofon am Rechner aufgenommen und in das SlideShow-Programm eingefügt und den Bildern unterlegt. Wichtig ist, dass die Länge der Bildeinblendung mit der Länge des Textvortrags abgestimmt wird. Auf diese Weise entsteht eine multimediale Präsentation, die die poetische Gestaltung der Texte aufnimmt und vertieft.

Vom Alter der Schüler/-innen ist es abhängig, inwieweit die Hintergrundinformationen vermittelt werden können. Politisch-historische Zusammenhänge wie etwa in Bezug auf die Islamische Revolution oder die Beziehung von DDR und Bundesrepublik können kurz erläutert oder auch vertiefend erarbeitet werden. Anknüpfungspunkte für den fächerübergreifenden Unterricht gibt es darüber hinaus zum Religionsunterricht (z. B. in Bezug auf den Islam) oder auch zum Erdkunde-Unterricht (z. B. in Bezug auf die Topografie der Regionen). Grundlegend sollten jedoch die Begriffe Flucht, Asylantrag und Aufenthaltsrecht geklärt werden, dies gilt bereits für jüngere Kinder, zumal hier auch aktuelle Bezüge bestehen (siehe Kap. 7.4.2 zum Unterrichtsvorschlag zu dem Kinderbuch *Der unvergessene Mantel*).

Folgende Internetseiten geben für Schüler/-innen ab Klasse 4 dazu verständliche Informationen:

- https://www.hanisauland.de/lexikon/a/asyl.html
- https://klexikon.zum.de/wiki/Asyl
- https://www.religionen-entdecken.de/lexikon/a/asyl
- https://www.bundesregierung.de/Content/DE/Artikel/2014/12/2014-12-03-reform-bleiberecht.html
- https://www.hanisauland.de/lexikon/l/landesverweis.html

Im fächerübergreifenden Unterricht können ältere Schüler/-innen selbstständig Informationen über die historisch-politischen Zusammenhänge recherchieren, die im Buch nur angedeutet werden. Zugang zu verständlichen Informationen bieten die Kindersuchmaschinen www.

fragfinn.de und www.blinde-kuh.de. Geeignete Themen sind beispielsweise die Islamische Revolution, der Sturz des Schahs Reza Pahlavi, die Diktatur Ajatollah Chomeinis, der Irak-Iran-Krieg, der Kalte Krieg und die DDR. In themenverschiedenen Arbeitsgruppen können die Informationen aufbereitet und vorgestellt werden. Üblicherweise werden dafür Lernplakate als Medium verwendet, alternativ ist auch die Erstellung einer PowerPoint-Präsentation begleitet durch einen mündlichen Vortrag oder Erklärvideos denkbar.

6.6.3 Aus der Praxis

Die Erprobung des Unterrichts wurde in einer dritten Klasse mit 21 Kindern in einer mittelgroßen Stadt von einer Lehramtsstudentin im Beisein der Klassenlehrerin durchgeführt. Die Klasse war sowohl im Hinblick auf die Lernniveaus als auch im Hinblick auf die Mehrsprachigkeit sehr heterogen. Ein Kind hatte einen Fluchthintergrund. Die Auswertung des Unterrichts zeigte, dass die Kinder durchgängig mit großem Engagement beteiligt waren. Alle waren sehr am Fortgang der Geschichte von Mehrnousch Zaeri-Esfahani interessiert.

Für die Umsetzung hatte die Lehrerin in dieser Klasse fünf Stunden angesetzt. Eine Doppelstunde wurde für die Vorstellung des Buchs mittels Erzählen der Fluchtgeschichte (siehe Material 6.6.A zum Download). und Vorlesen ausgewählter Abschnitte sowie für die Vertiefung durch Spieleinlagen genutzt. Eine weitere Doppelstunde und eine Einzelstunde wurden für die Umsetzung der literarischen Topografien verwendet.

Präsentation der Geschichte durch Erzählen und Vorlesen mit Gesprächseinlagen

Die Lehrerin präsentierte zu Beginn der ersten Doppelstunde das Buchcover und ließ den Titel vorlesen. Ausgehend vom Titel konnten die Kinder leicht den Bezug zu dem Bild der 33-Bogen-Brücke herstellen. Sie erkannten die 33 Bogen und vermuteten in einem von ihnen das Teehaus. Auch mit dem Begriff Teehaus konnten sie etwas anfangen. Sehr aufmerksam verfolgten sie die Erläuterung der Lehrerin zum autobiografischen Gehalt des Buchs: Die Autorin habe über ihre eigenen Erfahrungen geschrieben, die sie als Kind gemacht habe. Die Lehrerin erklärte, dass die Autorin des Buchs in Isfahan gelebt hat, bis sie mit ihrer Familie die Heimat verlassen und sich in einem anderen Land eine neue Heimat aufbauen musste.

Die Schüler/-innen äußerten unmittelbar Vorstellungen von den Gründen für die Flucht aus der Heimat und trugen diese per Meldekette zusammen. Dabei wurden Krieg, Ausgrenzung und Armut genannt. Die Kinder versuchten eine Verknüpfung mit dem Titel herzustellen, indem sie vermuteten, dass Mehrnoushs Familie das Teehaus gehörte, aber dass die Einnahmen nicht mehr zum Leben reichten.

Für die Kinder war es zunächst überraschend, dass es sich im vorliegenden Text um eine wohlhabende Familie handelte. Die Lehrerin konnte aber die Repressalien für die Familie, die mit dem Wechsel der Führung im Land verbunden waren, verständlich machen. So erläuterte sie, dass es viele Verbote gab, welche die Kinder als starke Einschränkung nachvollziehen konnten. Dass die Menschen z.B. nicht mehr „Mensch-ärgere-dich-nicht“ spielen, dass sie nicht mehr schwimmen, nicht mehr tanzen, kein Fahrrad mehr fahren oder bestimmte Sportarten nicht mehr ausführen durften, wurde von den Kindern als willkürlich verstanden. Die Lehrerin erklärte, dass alle, die sich den Verboten widersetzten, ins Gefängnis kommen konnten. Die Kinder vermuteten, dass die Familie weggezogen sei, weil sie sich nicht mehr sicher gefühlt habe. Ein Kind sah eine Parallele zu den Demonstrationen gegen Pegida. Die Kinder konnten auch die Angst der Familie vor der Extra-Polizei nachvollziehen sowie die Sorge, dass der älteste Sohn in den Krieg ziehen müsste. Sie äußerten auch, dass der große Bruder mit dem Kauf von Michael-Jackson-Materialien etwas Illegales gemacht hätte und sich dadurch einer Gefahr ausgesetzt hatte. Die Kinder konnten in diesem Zusammenhang bestimmen, was ein Schwarzmarkt sei: Ein verbotener Markt, wo Sachen verkauft würden, die man eigentlich nicht kaufen darf. Die Kinder konnten sich gut in die Situation einfühlen, wenn jemand sein Zuhause verlassen muss.

Selena: Dann vermisst man ja sein Zuhause. Da ist man doch sehr dran gewöhnt, man ist ja den ganzen Tag da. Und das finde ich ganz schrecklich.

Pia: Man fühlt sich dann alleine, auch wenn die Familie dabei ist. Man weiß, dass man nicht mehr in sein Heimatland zurückkehren kann. Und man findet es auch ganz traurig, dass man die anderen aus der Familie, Oma, Opa und so nicht mehr wiedersieht.

Cenk: Es ist auch sehr, sehr schmerzhaft, weil man auch ganz viel zu Hause lässt. Die ganzen Freunde. Die sind ja noch im Land.

Mirco: Ja, das mit den Freunden wollte ich auch sagen. Und dann auch, dass man immer da ist und wenn man dann auf einmal nicht mehr da ist, dann ist das ganz schlimm.

Die Kinder antizipierten auch die Schwierigkeiten und Gefahren, mit denen die Familie auf der Flucht zu rechnen hatte:

Paul: Da ist auch die Gefahr, dass dann Bomben abgeworfen werden.

Pia: Oder wenn sie vor die Tür gehen, dass sie dann erschossen werden.

Senna: Es könnte ihnen auch was passieren, zum Beispiel Arm gebrochen oder Verletzung.

Cenk: Es kann auch sein, dass eine Armee kommt von dem anderen Land und die Familie kennt niemanden und dann ist sie nicht so geschützt. Und dann ist da vielleicht eine andere Kultur und dann werden sie vielleicht gehänselt.

Eda: Oder man ist auch ganz ängstlich, wenn man fremd ist. Dann ist man auch ängstlich und weiß nicht, was man sagen kann. Und man ist ängstlich, wenn man nicht weiß, wo man hingeht und was da so los ist und welche Regeln da sind und so.

Hena: Und dann muss man auch alle Freunde verlassen. Und in dem neuen Land kennt man auch erst mal keinen und dann muss man die neu kennenlernen. Und das ist schwer.

Farik: Mein Vater ist auch aus einem anderen Land gekommen und das war am Anfang auch nicht ganz einfach für ihn.

Die einzelnen Abschnitte der Flucht wurden den Kindern mit einer Karte über eine Overhead-Projektion vermittelt. Von Vorteil war hier, dass die Kinder die einzelnen Reiseabschnitte mit einem Folienstift einzeichnen konnten und so bei der Rekonstruktion der Reise aktiv einbezogen waren. Die Erläuterungen der Lehrerin zu den Erfahrungen der Familie wurden von den Kindern durchweg aufmerksam verfolgt. Zwischendurch baten sie die Lehrerin darum, Abschnitte aus dem Buch vorzulesen.

Die Ankunft der Familie Zaeri-Esfahani in Berlin nahmen die Kinder zunächst als sehr positiv wahr. Sie kommentierten, dass die Familie nun ein neues Leben beginnen konnte und dass sie sich alle darüber gefreut hätten, dass der Vater sein erstes Wort auf Deutsch gesprochen hatte. Es wurde als positiv herausgestellt, dass die Familie Zaeri-Esfahani herausgefunden hatte, dass es Wörter gibt, die gleich sind, wie beispielsweise das Wort „Taxi“, welches in vielen Ländern identisch ist. Die Szene mit dem Taxifahrer in Berlin brachte einzelne aber auch dazu, Schwierigkeiten anzusprechen, da das Leben in West-Berlin nun ein anderes sein würde und dass es für die Familie nicht einfach sei, sich daran zu gewöhnen.

Senna: Das ist ja nun ganz anders für sie. Sie kennen das ja von Iran irgendwie anders. Weil die da ja auch ganz anders gelebt haben. Und sie hatten ja auch eine andere Sprache und das ist ja auch ein ganz anderes System. Und in West-Berlin ist es ganz anders. Da haben sie ja auch ganz andere Regeln. Und das finden sie [die Familie] auch ganz anders und ganz komisch und so.

Spieleinlagen: Nachspielen der Taxi-Szene und der Schlafanzug-Szene

Unterschiede im Hinblick auf die Besetzung von Taxis im Iran und Deutschland wurden von den Kindern am Kriterium der Sicherheit festgemacht. In Deutschland sei das Taxifahren sicherer, weil nicht so viele Personen in einem Taxi befördert werden dürften. Es wurde damit begründet, dass die Kinder im Iran blaue „Flecken davongetragen hätten". Dass die Familie Angst hatte, getrennt zu werden, wenn sie zwei verschiedene Taxis benutzen mussten, konnte die Klasse nicht verstehen. Erst im szenischen Spiel konnten sie die Situation besser nachvollziehen.

Die Idee des szenischen Spiels wurde von der Klasse mit großer Motivation aufgenommen. Sie spielten zunächst die Taxifahrten zur Schule, wie es die Kinder Zaeri-Esfahani in ihrer Heimat erlebt hatten. Dazu wurden Stühle in zwei Reihen mit einem Zweiersitz und einem Dreiersitz vor der Tafel aufgestellt. Auf diese zwängten sich zehn Kinder. Sie betonten, dass in Deutschland nur fünf Personen hineingepasst hätten, während es im Iran zehn gewesen wären. Im Vergleich dazu durfte eine zweite Gruppe die Situation der Familie in West-Berlin nachspielen, in der sie ein Großraumtaxi für alle ausgehandelt haben. Diese Gruppe war insgesamt sehr zurückhaltend und traute sich nicht, aus sich herauszugehen. Daher unterstützten die Kinder im Publikum die Spielenden mit Vorschlägen, wie sie die Szenen umsetzen und was sie sagen sollten.

Cenq: Der Taxifahrer muss jetzt sagen: Nein, das geht nicht.

Paul: Nein, das geht nicht!

Lehrerin: Ja, so wollten sie sich reinsetzen in das Taxi. Und was passiert dann?

Senna: Der Vater muss in seiner Sprache schimpfen. Sie verstehen nicht, warum sie nicht alle mitfahren dürfen.

Ciara: Und die anderen haben jetzt Angst. Ihr müsst ängstlich spielen. Sie wollen ja nicht getrennt werden. Sie haben Angst, dass sie sich nicht wiederfinden.

Pia: Und dann kam das Großraumtaxi. Dann müssen wir jetzt ein Großraumtaxi bauen.

Auch wenn die Umsetzung beim zweiten Mal etwas verhalten erfolgte, so ist doch aufgrund der Beteiligung aller anzunehmen, dass durch das Spiel die unterschiedlichen Bedingungen anschaulicher und damit auch besser nachvollziehbar wurden. Das szenische Spiel trug so nicht nur zur Auflockerung bei, sondern unterstützte auch die aktive Auseinandersetzung der Kinder mit der Geschichte.

Dies galt auch für die szenische Umsetzung der Schlafanzug-Situation, die von mehreren Gruppen in der Klasse nachgespielt wurde (Mehrnousch trägt in der Schule einen Schlafanzug anstelle von Sommerkleidung und wird gehänselt). Dabei erprobten die Kinder im Spiel auch alternative Lösungen. Wie sich die deutschen Kinder in Mehrnouschs Klasse besser hätten verhalten können, wurde im Spiel entwickelt. Insofern trug die handelnde Umsetzung dazu bei, dass die Kinder selbst erleben konnten, was es heißt, ausgegrenzt und gehänselt zu werden, aber auch wie man besser mit einer solchen Situation umgehen kann.

Die Erfahrungen in der Klasse bestätigen, dass die Spieleinlagen zur Veranschaulichung und zum Nacherleben der Situation beitragen können. Daher kann ein solches Angebot sinnvoll Berücksichtigung finden. Nicht zuletzt trägt das

Abb. 6.6.3: Boote auf dem Marmarameer (Bild einer Schülerin, 3. Klasse)

gemeinsame Spiel viel zur Freude an der Geschichte bei und fördert die Identifikation mit der gemeinsamen Lektüre.

Nacherleben des Fluchtweges

Empfehlenswert ist es auch, die Stationen des Weges der Familie auf einer Karte zu veranschaulichen. In der Erprobungsklasse hat sich die Overhead-Projektion sehr bewährt, bei der die Kinder sowohl auf der Welt- als auch auf der Deutschlandkarte die entsprechenden Städte markieren konnten. Auch wenn die Kinder dieser Altersstufe vermutlich noch keine genaue geografische Vorstellung von den räumlichen Distanzen haben, so ist doch die aktive Arbeit am Kartenmaterial als Annäherung an die Raumvorstellungen zu werten.

Arbeit mit den literarischen Topografien und Erstellung einer Slideshow

An die Raumerfahrungen anknüpfend erfolgte in einer weiteren Doppelstunde am nächsten Tag die Auseinandersetzung mit den literarischen Topografien. Als Zugang wählte die Lehrerin eine Fantasiereise, anhand derer die Kinder die Reise des Wassers vom Fluss Zayandeh Rud (Leben spendender Fluss) im Iran bis zum Neckar in Heidelberg nachvollziehen sollten (siehe Material 6.6.B zum Download). Durch diese Anregung sollten die Kinder auf die Arbeit mit den literarischen Topografien vorbereitet werden. Zur Untermalung lief eine entsprechende Musik. Die Kinder nahmen das Angebot gerne wahr, schlossen bereitwillig die Augen und legten ihren Kopf gestützt von den Armen auf den Tisch. In der Reflexion meldeten sich viele Kinder und brachten ihre Beobachtungen ein. Beispielhaft werden drei Äußerungen aufgeführt:

Senna: Wir sind im Wasser geschwommen, also im Fluss getrieben worden, wir haben die gleiche Reise gemacht wie das kleine Mädchen, die Schriftstellerin.

Paul: Das ist die gleiche Reise wie bei der Familie. Von Iran zur Türkei, von Türkei zu Deutschland.

Ciara: Du hast zum zweiten Mal auch die Brücke mit den 33 Bogen erwähnt.

Zur Vorbereitung auf die Topografien wurde im nächsten Schritt noch einmal mit den Karten auf den Overheadfolien gearbeitet. Gemeinsam wurde der Weg der Familie rekonstruiert und um die Eintragung der Gewässer erweitert.

Umsetzung der literarischen Topografien in eine SlideShow

Im Anschluss an die Wiederholung wurden die einzelnen literarischen Topografien ausgegeben. Die Kinder lasen sich in kleinen Gruppen ihre Texte durch und setzten ihren zugeordneten Abschnitt dann jeweils bildnerisch um (siehe Abb. 6.6.3). Nachdem alle ihren Text flüssig lesen konnten, wurden die Lesevorträge nacheinander mit einem Aufnahmegerät aufgenommen.

Die Bilder und Audiodateien wurden von der Lehrerin allein zu einer Diashow mit Audiovortrag zusammengeführt und stand als Gemeinschaftsprodukt der Klasse zur Verfügung (Ergebnis siehe Material 6.6.C zum Download).

7 Literatur- und Unterrichtsvorschläge für die Klassen 4 bis 6

7.1 Überblick

Die vier folgenden Unterrichtsvorschläge eignen sich für die Klassenstufen 4, 5 und 6. Die dafür ausgesuchten literarischen Texte sind zwei inhaltlich anspruchsvolle Bilderbücher sowie zwei illustrierte Kinderbücher mit größerem Textumfang. Eines der beiden Bilderbücher, *Yaotoas Zeichen*, ist gemischt mehrsprachig – hier sind chinesische Schriftzeichen und französische Wörter leicht verständlich in den deutschen Erzähltext hineinverwoben. Eines der beiden illustrierten Kinderbücher, *Eine Träne. Ein Lächeln. Meine Kindheit in Damaskus*, liegt in zwei verschieden gestalteten Buchausgaben vor; es ist parallel zweisprachig verfasst – Arabisch und Deutsch sind die parallel gesetzten Schriftsprachen. Bei den beiden anderen kinderliterarischen Texte handelt es sich um Übersetzungen aus dem westeuropäischen Raum – das Bilderbuch *Morkels Alphabet* ist aus dem Norwegischen, das Kinderbuch *Der unvergessene Mantel* aus dem Englischen ins Deutsche übertragen worden. Alle vier Bücher erzählen von Fremdsein, allerdings in sehr unterschiedlichen Facetten von Fremdheit. Die imaginierten Erzählräume sind Frankreich und China (Kap. 7.2), Nordeuropa (Kap. 7.3), Großbritannien und die Mongolei (Kap. 7.4) und Syrien (Kap. 7.5).

7.2 Erzählen vom Leben und Aufwachsen zwischen den Kulturen

Yi Meng Wu (Text und Illustration):
Yaotaos Zeichen
Mannheim: Kunstanstifter 2017
(Bilderbuch)

AUF EINEN BLICK

Klassenstufe: 4/5/6

Zeitplanung:
Für den Unterricht mit dem Bilderbuch *Yaotaos Zeichen* von Yi Meng Wu sind zwei Doppelstunden anzusetzen; bei didaktischer Reduktion ist eine Doppelstunde knapp ausreichend. Folgende Zeitstruktur wird vorgeschlagen:

- In der ersten Doppelstunde wird das Bilderbuch *Yaotaos Zeichen* bis zur vorletzten Doppelseite erarbeitet; dabei liegt der Fokus auf Inhaltssicherung sowie auf der Einfühlung, was es bedeutet, in einem fremden Land und einer fremden Kultur anzukommen.
- Die zweite Doppelstunde steht für die produktionsorientierte Weiterarbeit am offenen Erzählschluss zur Verfügung und dient der Vertiefung; nun liegt der Schwerpunkt auf der Auseinandersetzung mit der Frage, was es bedeutet, zwischen den Kulturen aufzuwachsen.

Materialien:

- ein alter Koffer
- für die Erzählung wesentliche chinesische Schriftzeichen und Wörter (siehe Material 7.2.A zum Download) sowie Kopie des zweisprachigen paratextuellen Schriftzugs (Widmung).
- aus Farbkopien einzelner Bilderbuchseiten ausgeschnittene Figuren, auf Pappe geklebt: Lucie (Kopie der zweiten Doppelseite, Mädchenfigur links), Yaotao (Kopie der fünften Doppelseite, junge Männerfigur ganz links), Laurence (Kopie der fünfzehnten Doppelseite, Frauenfigur rechts), François-Hua (Kopie der achtzehnten Doppelseite, Kinderfigur auf der linken Seite)
- Magnete
- Zeitstrahl für die Tafel mit den Jahreszahlen 1930, 1936, 1945, heute
- optional ein Klassensatz mit Kopien, auf denen die Figuren Yaotao und Laurence abgebildet sind, teilweise mit Sprech- und Denkblasen für die Textproduktion
- Stifte zum Schreiben und Malen

Ziele des Unterrichts:

- Die Schüler/-innen sollen das Bilderbuch *Yaotaos Zeichen* kennenlernen.
- Die Schüler/-innen sollen Zugang zu einer für sie fremden Schrift (chinesische Schriftzeichen) und ihnen fremden Sprachen (Französisch, Chinesisch) erhalten.
- Die Schüler/-innen sollen sich in die Figuren des Bilderbuchs (Yaotao, Laurence und die Kinderfigur François-Hua) einfühlen und aus deren Perspektive vom Leben und Aufwachsen zwischen den Kulturen erzählen (bei didaktischer Reduktion erfolgt die Einfühlung nur in die erwachsenen Figuren Yaotao und Laurence; erzählt wird dann vom Ankommen in einem fremden Land und einer fremden Kultur).

7.2.1 Vorstellung des Bilderbuchs *Yaotaos Zeichen*

Yaotaos Zeichen der Buchkünstlerin Yi Meng Wu ist 2017 im Original auf Deutsch im Kunstanstifter Verlag erschienen und gehört in die Kategorie gemischt mehrsprachiges Bilderbuch (siehe oben Kap. 2.3). Die Erzählsprache ist Deutsch, aber in den Schrifttext ebenso wie in die Bilder sind vereinzelt französische Ausdrücke sowie chinesische Schriftzeichen eingestreut.

Die aufwändig mit Papierschnitten und Fotomontagen gestalteten Bilder kolorieren die Handlungsschauplätze in Frankreich (hauptsächlich Lyon) und China (insbesondere Peking). Die Hauptfiguren sind chinesischer und/oder französischer Herkunft und bewegen sich in beiden Kulturen und Teilen der dargestellten Welt. Auf den Illustrationen sind häufig sprachgemischt chinesische Schriftzeichen und französische Wörter zu entdecken. Deren (ungefähren) Sinn kann man sich allerdings in weiten Teilen leicht aus den Bildern sowie aus dem Verbaltext heraus erschließen (z. B. steht fromage in der Illustration in unmittelbarer Nähe eines Lebensmittels, das deutlich erkennbar wie Käse aussieht). Die verbale Erzählung erfolgt auf Deutsch. Darin eingebunden sind aus dem Kontext verstehbare chinesische Schriftzeichen (z. B. 生 für Leben)

Abb. 7.2.1: Lucie vor dem alten Koffer mit den chinesischen Schriftzeichen

und gelegentlich auch französische Ausdrücke (z. B. peu à peu). Schon rein äußerlich ist das im Kunstanstifter Verlag erschienene, DIN-A4 große und 104 Seiten starke Bilderbuch sehr schön gestaltet: in Hardcover mit Lesebändchen.

Erzählt wird eine im Kern zeitlose, fiktive Geschichte vom Ankommen in einem fremden Land und einer fremden Kultur, die jedoch auf historischen Begebenheiten beruht und die Rezipient/-innen dieses außergewöhnlichen Bilderbuchs in eine erdachte chinesisch-französische Familie führt. Während der Lektüre erfährt man etwas vom bürgerkriegsgeplagten China der 1930er-Jahre, vom Frankreich der Vorkriegszeit, von der Invasion Japans in Nordchina sowie vom Zweiten Japanisch-Chinesischen Krieg, von der Besetzung Frankreichs durch Deutschland im Zweiten Weltkrieg und von der Nachkriegszeit in Frankreich. Wus Nachwort bettet die erfundene Geschichte darüber hinaus ein in den in einem Archiv in Lyon verbürgten Kulturaustausch zwischen China und Frankreich zwischen 1921 und 1946:

„Zwischen 1921 bis 1946 kamen 473 Studenten aus China nach Lyon. Dort lebten sie im Institut franco-chinois *in der „chinesischen Festung" Saint-Irénée, wo sie die französische Sprache sowie die Bräuche des Landes lernten und sich auf ihr Studium in Frankreich vorbereiteten. Später kehrten viele in ihre Heimat zurück, einige wurden bekannte Wissenschaftler, Künstler, Politiker und Schriftsteller. Die besondere Schule der kulturellen Begegnung schloss nach dem Ende des Zweiten Weltkrieges ihre Pforten. Alles, was von den Besuchern aus dem Reich der Mitte übrig geblieben ist, ist ein historisches Archiv von über 25.500 Büchern und persönlichen Akten –* der Fonds Chinois (Chinesisches Archiv) *– in der heutigen Stadtbibliothek Lyons. Diese Dokumente waren während der Besatzung durch die Nationalsozialisten von einem französischen Lehrer im Keller versteckt und dadurch vor der Zerstörung bewahrt worden. Alle grafischen Zeichen in diesem Buch sind historischen Büchern der 1930er und 1940er-Jahre ent-*

nommen, die den besonderen Stil der damaligen Zeit einfangen."

(Wu 2017, o. S., Hervorhebungen im Orig.)

Die Erzählung im Bilderbuch beginnt damit, dass ein kleines Mädchen namens Lucie beim Stöbern auf dem Dachboden ihres Wohnhauses auf einen alten Lederkoffer stößt (siehe Abb. 7.2.1). Beim Öffnen des Koffers flattern ihr „bunt schillernde, fremdartige Zeichen", „aufgeschreckt wie ein Schwarm Vögel" entgegen, was ihr in Erinnerung ruft, „dass ihr Opa François einmal von seinem Vater erzählt hat, der aus China stammte". (Ebd., o. S.) Zu Recht vermutet Lucie, dass der Koffer ihrem Urgroßvater Yaotao gehört haben muss.

Die dem Koffer entweichenden chinesischen Schriftzeichen nehmen Lucie auf eine Reise in die Vergangenheit mit. Jedes Zeichen tritt dabei personifiziert als Erzähler auf: Begleitet von ausdrucksstarken Bildern erzählen einander sinnfällig ablösende verschiedene personifizierte Schriftzeichen (wie 家 für FAMILIE, 東 für OSTEN, 西 für WESTEN) Lucie ihre Familiengeschichte. Das Erzähltempus ist Präsens, was die Vergegenwärtigung des erzählten Geschehens befördert.

Das chinesische Zeichen 水 für WASSER, SHUI, beginnt: „»Schön, dass du uns gefunden hast, Lucie! Ich heiße SHUI 水 und bin das Zeichen für WASSER. Komm, ich nehme dich mit auf eine Reise in die Vergangenheit!«" SHUI schildert, wie Yaotao mit dem Koffer, den Lucie gefunden hat, 1930 als junger Mann in Peking in einen Zug und anschließend in Shanghai in ein Schiff steigt, das ihn nach Marseille bringt, von wo er mit dem Zug weiterreist nach Lyon, um dort Medizin zu studieren. Das Zeichen 地 für ERDE, DI, übernimmt daraufhin den Erzählfaden und berichtet weiter, wie der chinesische Medizinstudent Yaotao auf dem französischen Festland bald schon Lucies französische Urgroßmutter Laurence kennenlernt, die Schneiderin ist. Daraufhin taucht das chinesische Schriftzeichen 家 für FAMILIE, JIA, auf, lächelt Lucie an und berichtet ihr, wie Yaotao und Laurence heiraten und einen Sohn bekommen – den Großvater Lucies namens François-Hua.

Das chinesische Schriftzeichen 東, DONG für OSTEN, spinnt den Faden weiter und erzählt, wie Yaotao, Laurence und François-Hua 1936 nach Peking zu Yaotaos Familie reisen. Nun ergeht es Laurence in China mit der fremden Sprache, dem fremden Essen, der fremden Kleidung und den fremden Bräuchen wie zuvor Yaotao in Frankreich. Aber wie Yaotao zuvor in Lyon, lässt Laurence sich in Peking auf die fremde Kultur ein, wird freundlich empfangen und in den fremden Alltag eingeführt von Yaotaos Familie und deren Nachbarschaft.

1937 besetzt die japanische Armee Nordchina und Yaotao wird als Militärarzt an die Front geschickt, wo er von einer Granate getroffen wird und stirbt. 1940 kehrt Laurence deshalb mit François-Hua nach Lyon zurück, was das Zeichen XI 西 erzählt, das für WESTEN steht. Da Lyon inzwischen von den deutschen Nationalsozialisten besetzt ist, ist die Stadt allerdings nicht wiederzuerkennen; sie ähnelt dem von Japan besetzten Peking, in dem ebenfalls Angst, Terror und materielle Not den Alltag prägten. Laurence fährt deshalb mit ihrem Sohn weiter zu ihren Eltern aufs Land und kehrt erst nach Kriegsende in ihr Haus nach Lyon zurück. Sie heiratet wieder, bekommt eine Tochter namens Mathilde und ihr Sohn aus erster Ehe wächst wie andere französische Kinder auf und wird fortan nur noch François genannt.

Einzig ein großer Ginkgobaum im Hof des Hauses erinnert bis in die Gegenwart hinein an die chinesische Seite von Lucies Familie: Yaotao hat diesen bei der Abfahrt nach China 1936 für seinen Sohn François-Hua gepflanzt. Aber auch der Koffer, den Lucie auf dem Dachboden erstöbert hat, ist ein Souvenir, das die chinesisch geprägte Familiengeschichte im Gedächtnis der

Nachfahren wach zu halten vermag. Ein Freund Yaotaos hat diesen zur Aufbewahrung entgegengenommen, als Yaotao mit Frau und Kind nach Peking aufgebrochen ist; er hat ihn während des Krieges vor der Zerstörung gerettet und Laurence nach Kriegsende zurückgebracht. Der Koffer ist gefüllt mit Dingen, die Yaotao für sein Leben in Europa aus China mitgebracht hatte.

Über mehrere Bildseiten verteilt endet der Erzähltext folgendermaßen:

„Auf einmal fliegen alle Zeichen durchs Fenster, hinaus in den Hof.
»Komm mit nach draußen, Lucie!«, rufen sie. Das Mädchen folgt ihnen und läuft nach unten. Dort steht ein riesiger Ginkgobaum.
Yaotaos Zeichen fliegen auf ihn zu und landen auf seinen Ästen. Wie Lampions hängen sie da und erstrahlen den Hof. Unter dem Baum steht ihr Opa, als ob er sie erwartet hätte. »Opa François-Hua!«, ruft Lucie. »Kannst du mir etwas über China erzählen?«
Der Großvater lächelt erstaunt: »François-Hua? So wurde ich schon lange nicht mehr genannt.« Er pflückt ein Zeichen vom Ginkgobaum und überreicht es seiner Enkelin.
Es ist das Zeichen SHENG 生 für LEBEN.
Dann fängt er an, zu erzählen …“

Das offene Ende lädt dazu ein, im Buch zurückzublättern und in den Bildern nach jüngeren Gestalten von François-Hua zu suchen. Da er durchgängig mit grauem Pullover gemalt ist, fällt einem die Suche nach François-Hua nicht schwer. So aber lässt sich auch das Leben von Lucies Opa rekonstruieren, da es ebenso in den Collagen aufbewahrt ist wie die Lebensläufe ihrer Urgroßeltern. Die Bilder zeigen François-Hua als Kind in Lyon, Peking, in der Region der Ardèche sowie auf den Reisen zwischen diesen Orten und führen anschaulich vor Augen, wie er in zwei Kulturen aufwächst, als Jugendlicher seine chinesische Seite verliert und den chinesischen Teil seiner Persönlichkeit erst durch Nachfrage seiner Enkelin Lucie wiedergewinnt.

Von Interesse bei der Auseinandersetzung mit *Yaotaos Zeichen* könnten auch ein paar wenige Hinweise zur Illustratorin und Autorin des Buches sein: Yi Meng Wu, 1983 in Shanghai geboren, kam als 9-Jährige mit ihren Eltern nach Deutschland, sodass auch sie selbst – wie Lucies Opa François-Hua in der erzählten Geschichte – in zwei Kulturen aufgewachsen ist. Diese Information mag Schüler/-innen vereinzelt helfen zu verstehen, dass man auch durch eine erfundene Figur etwas über sich selbst erzählen kann.

7.2.2 Unterrichtsvorschlag

Für den Unterricht mit *Yaotaos Zeichen* kann eine Doppelstunde ausreichen. In diesem Fall liegt der Schwerpunkt auf den erwachsenen Handlungsträger/-innen des Bilderbuchs, Yaotao und Laurence („Leben zwischen den Kulturen“). Wenn man jedoch drei bis vier Unterrichtsstunden zur Verfügung hat, ist eine methodisch abwechslungsreiche Erschließung des Bilderbuchs sowie die Weiterarbeit am offenen Erzählende mit Fokus auf die Kinderfigur François-Hua (Aufwachsen zwischen den Kulturen) möglich. Dies soll im Folgenden vorgestellt werden. Einblick in die Kurzvariante mit einer Doppelstunde gibt die Praxiserprobung in Kap. 7.2.3.

Zum *Einstieg* richtet die Lehrerin die Aufmerksamkeit auf den alten Koffer, den sie in den Unterricht mitgebracht hat. Sie lässt die Kinder Vermutungen darüber anstellen, was sich in einem alten Koffer wie diesem wohl befinden könnte.

Nun lenkt die Lehrerin die Blicke der Kinder auf das Bilderbuch *Yaotaos Zeichen*. Falls es die Klasse gewohnt ist, kommen die Schüler/-innen jetzt zu einem Sitzkreis zusammen und versammeln sich dabei um den Koffer in ihrer Mitte.

Das Erzählen der Bilderbuchgeschichte funktioniert aber auch, wenn die Schüler/-innen auf ihren Plätzen sitzen bleiben und sich die Lehrerin beim Erzählen mit den aufgeschlagenen Bildseiten durch den Raum bewegt, sodass alle Kinder die Bilder zu sehen bekommen.

Anders als üblich präsentiert sie den Schüler/-innen nun nicht als erstes das Cover des Bilderbuchs, sondern schlägt gleich den Buchdeckel auf und zeigt die Doppelseite, bestehend aus dem Vorsatzpapier. Diese Doppelseite offeriert ein Gesamtbild, das nur aus chinesischen und französischen Schriftzügen besteht. Die Schüler/-innen äußern sich zu den ihnen fremden Schriftzeichen, vermuten wahrscheinlich, dass es sich um chinesische handelt, und entdecken außerdem, dass die im lateinischen Alphabet geschriebenen Wörter auf dieser Seite ebenfalls einer Fremdsprache entstammen, aber in diesem Fall einer, der sie vermutlich schon begegnet sind. Spätestens ein Hinweis der Lehrerin auf den Buchstaben é in „République Chinoise“ am oberen linken Bildrand sowie ihr französisch intoniertes Vorsprechen der beiden Wörter dürfte zur Erkenntnis der Kinder führen, dass es sich dabei um Französisch handeln muss.

Daraufhin heftet die Lehrerin die auf ein Blatt kopierte Widmung des Buchs „Für meine Familie und Ahnen“ in deutscher und chinesischer Schrift an die Tafel (siehe Material 7.2.A zum Download). Sie verständigt sich mit den Kindern mittels Wörtern wie (Ur-)Großeltern und Vorfahren darüber, was der Begriff Ahnen bedeutet. Hier kann die Lehrerin den Schüler/-innen auch mitteilen, dass die Zeichnerin und Autorin dieses Buches in Shanghai geboren worden ist und als 9-jähriges Kind nach Deutschland kam, wo sie aufgewachsen ist.

Achtung: Die Widmung ist ein Paratext und verweist auf die Herkunftsgeschichte der Autorin und nicht auf den folgenden Erzähltext! Dadurch, dass die Autorin für ihre fiktionale Erzählung in einem Archiv in Frankreich recherchiert hat, das Dokumente von chinesischen Studierenden im Lyon der 1930er-Jahre aufbewahrt, hat sie gleichzeitig auch etwas über ihre eigene kulturelle Herkunft in Erfahrung gebracht. Die Geschichte, die sie auf der Grundlage ihrer Recherchen erfunden hat, verrät indirekt auch ein bisschen etwas über sie selbst. Wichtig ist, dass den Schüler/-innen deutlich wird, dass die Geschichte, die sie gleich hören und sehen werden, nicht vom Leben der Autorin Yi Meng Wu erzählt und auch nicht in Deutschland spielt, sondern dass sie im heutigen Frankreich bei einem Mädchen namens Lucie beginnt. Das ist nicht nur für das Verständnis des Bilderbuchs eine wichtige Voraussetzung, sondern erleichtert hinterher auch die Ausführung der produktiven Anschlusshandlung(en).

Zur *Hinführung* an die Geschichte und deren Bilder präsentiert die Lehrerin nun die erste Doppelseite der Erzählung gut sichtbar für alle Kinder und liest den kurzen Text, der auf der Bildseite gedruckt ist, vor: „Frankreich, Lyon. In einem Haus in der Rue de l'Aube.“ Sie blättert um, zeigt das Bild mit Lucie vor dem Koffer auf dem Dachboden und liest vor:

„Lucie durchstöbert den verstaubten Dachboden ihrer Großeltern. Im Halbdunkel entdeckt sie zwischen Kisten und muffigem Gerümpel einen alten Lederkoffer. Was mag das wohl sein?“

Die Kinder überlegen, was sich in einem alten Koffer befinden könnte, nun jedoch konkret auf die erzählte Geschichte und das vorgezeigte Bild bezogen. Die Lehrerin oder eines der Kinder heftet die ausgeschnittene Figur Lucie an die Tafel. Zur Verdeutlichung geschieht dies auf einem an der Tafel vorbereiteten Zeitstrahl; die Pappfigur Lucie wird bei Heute positioniert.

Die nächste Seite zeigt Lucie vor dem weit offen stehenden Koffer, aus dem jetzt chinesische Schriftzeichen flattern (siehe Abb. 7.2.1). Ein kurzer Austausch über die Zeichen wird in die

Buchpräsentation eingebunden. Daraufhin liest die Lehrerin den Text vor und blättert erneut um. Auf dieser Doppelseite ist jetzt linker Hand Lucie zu sehen, wie sie sich reckt und nach dem chinesischen Schriftzeichen für Wasser, SHUI, greift.

Nun liest die Lehrerin zunächst nur den ersten Teil des Textes auf der Seite vor:

„Ein Zeichen tritt aus dem Halbdunkel hervor und nähert sich. Es beginnt zu flüstern: »Schön, dass du uns gefunden hast, Lucie! Ich heiße SHUI 水 und bin das Zeichen für WASSER. Komm, ich nehme dich mit auf eine Reise in die Vergangenheit!«"

Vor dem Weiterlesen bittet die Lehrerin eines der Kinder, in den mitgebrachten Koffer zu greifen und das Zeichen daraus hervorzuziehen, das obenauf liegt. Das Kind zeigt das Zeichen der Klasse. Es ist die vorbereitete Kopie mit dem chinesischen Schriftzeichen 水, ausgesprochen SHUI (siehe Material 7.2.A zum Download). Das Kind gleicht es mit dem Zeichen im Bilderbuch ab (das ist das Zeichen, nach dem Lucie im Bild greift). Gemeinsam mit den Schüler/-innen sichert die Lehrerin dessen Bedeutung: WASSER. Das Schriftzeichen aus dem Koffer wird an die Tafel gehängt.

Die weitere *Erarbeitung* des Bilderbuchs erfolgt nun genau so wie eingeführt: Vorlesen und paralleles Vorzeigen der Bilder wechselt ab mit Unterbrechung der Lektüre, um die Kinder die weiteren vorbereiteten chinesischen Schriftzeichen aus dem Koffer fischen zu lassen, die nacheinander als Erzählerfiguren auftreten: 地/DI/ERDE, 家/JIA/FAMILIE, 東/DONG/OSTEN, 西/XI/WESTEN (siehe Material 7.2.A zum Download). Auch diese werden an die Tafel geklebt. Das Gleiche geschieht mit den Figuren Yaotao, Laurence und François-Hua: Wenn diese erstmals in der erzählten Geschichte auftreten, zieht die Lehrerin die entsprechend vorbereitete Pappfigur aus dem Bilderbuch hervor und lässt sie von einem der Kinder an den Zeitstrahl an der Tafel heften. Alle drei werden zunächst bei der Jahreszahl 1930 positioniert. Wenn es im Erzählfortgang Richtung Osten geht – nach Peking –, werden die drei Figuren zur Verständnissicherung zur Jahreszahl 1936 vorgerückt. Bei der Rückkehr von Laurence und François-Hua zurück in den Westen nach Frankreich werden diese beiden Figuren in Richtung 1945 geschoben, Yaotao bleibt im Jahr 1936 hängen, da er in diesem Jahr verstorben ist.

Eine zusätzliche, empfehlenswerte Möglichkeit, das Verständnis der erzählten Geschichte zu sichern und die Schüler/-innen imaginativ und empathisch in ihr zu verstricken, besteht darin, während des Erzählens vereinzelte Szenen nachzustellen und die dargestellten Figuren hierbei auch reden bzw. laut denken zu lassen.

Als Erzähleinschnitte bieten sich dafür insbesondere die beiden Handlungsmomente an, die vom Ankommen in einem fremden Land und einer fremden Kultur berichten:

- Welche Körperhaltung nimmt Yaotao ein, wie hält er seine Arme, wie schaut er, als er nach der langen Reise per Schiff und Bahn endlich in Lyon ankommt, seinen Koffer unter dem Arm, die fremde Stadtluft schnuppernd, fremd gekleidete Leute betrachtend, fremde Gerüche in der Nase? Was sagt bzw. denkt er laut vor sich hin? (Siehe hierzu Abb. 7.2.2)
- Welche Körperhaltung nimmt Laurence ein, wie hält sie ihre Arme, wie schaut sie, als sie mit Mann und Kind nach einer langen Reise übers Meer in Peking ankommt, dort die fremdartigen Gefährte und anders gekleideten Leute sieht, fremde Gerüche wahrnimmt und sich auf die Begegnung mit ihren Schwiegereltern einstellt? Was sagt bzw. denkt sie laut vor sich hin? (Siehe hierzu Abb. 7.2.3)

Alternativ können die Schüler/-innen ihr Verständnis der beiden Ankunftsszenen in Lyon und Peking auch dadurch vertiefen, dass sie kurze Texte aus der Perspektive von Yaotao (Ankunft Lyon) und Laurence (Ankunft Peking) schreiben

Abb. 7.2.2: Ankunft von Yaotao in Lyon

und diese vorlesen, bevor die Lehrerin die Geschichte an den jeweiligen Ankunftsorten weitererzählt. Schüler/-innen mit Unterstützungsbedarf können vorbereitete Sprech- oder Denkblasen nutzen, die den kopierten Figuren Yaotao und Laurence auf vorbereiteten Arbeitsblättern an den Mund oder Kopf gelegt sind.

Weitere Textstellen, die sich gut für Spieleinlagen eignen, sind diejenigen Doppelseiten, die in Bild und Verbaltext vom Leben zwischen den Kulturen erzählen. Folgende Arbeitsaufträge lassen sich dazu formulieren:

Versetze dich in Yaotao und äußere laut, was er wohl denkt, als er in Lyon mit den französischen Bräuchen vertraut gemacht wird und

- sein chinesisches Baumwollhemd gegen einen Anzug wechseln soll, *vêtement de cérémonie pour hommes* genannt,
- anstelle von Reis Brot mit harter Kruste *(baguette)* sowie stark riechenden Käse *(fromage)* zum Essen serviert bekommt,
- sich in der Fremdsprache Französisch *peu à peu* mit Wendungen wie *Bon appétit* ausdrücken soll,
- Tennis und *Boule* spielen lernen muss?

Versetze dich in Laurence und äußere laut, was sie wohl denkt, als sie in Peking mit den chinesischen Bräuchen vertraut gemacht wird und

- nicht mehr in ihrer Kleinfamilie in einem eigenen Haus, sondern nun in der Großfamilie ihres Mannes leben soll, in einem traditionellen Wohnhof, *Siheyuan* genannt,
- ihre europäische Bluse samt Rock gegen ein traditionelles chinesisches Seidenkleid, *Qipao* genannt, eintauscht,
- sich daran gewöhnen muss, dass die Kinder auf der Straße wegen ihres roten Haars und ihrer grünen Augen erschrocken vor ihr weglaufen und sie *Yangguizi*, Teufel aus Übersee, nennen,
- statt Baguette und Käse chinesische Maultaschen, *Jiaozi* genannt, zum Essen serviert

Abb. 7.2.3: Ankunft von Laurence in Peking

bekommt und auch noch weitere chinesische Wörter und Gerichte kennenlernt?

Die chinesischen Wörter *Siheyuan, Qipao, Yang-guizi, Jiaozi* stehen inkl. chinesischer Schriftzeichen auf dem Material 7.2.A zum Download zur Verfügung. Wenn man sie im Vorfeld auf Einzelblätter kopiert, kann man sie an die Schüler/-innen verteilen und sie so dazu auffordern, Laurence und deren mit dem entsprechenden Wort verbundenen Gefühle ausdrucksstark mit Mimik und Gestik darzustellen und dazu laut zu äußern, was Laurence in diesem Moment denken könnte.

Die französischen Wörter *vêtement de cérémonie pour hommes, baguette, fromage, peu à peu, Bon appétit* und *Boule* stammen ebenso wie die oben aufgeführten chinesischen Wörter aus dem Erzähltext; diese kann man in Vorbereitung des Unterrichts leicht selbst von Hand auf große Blätter schreiben und diese dann zum Auslösen einer Spielhandlung in der Rolle Yaotaos nutzen.

Die vorgeschlagenen szenischen Umsetzungen sorgen für methodische Abwechslung. Die Länge und Komplexität der Geschichte, die erzählt wird, verlangt von den Zuhörer/-innen einen hohen Grad an Aufmerksamkeit und Konzentration. Die handlungsorientierten Zwischeneinlagen dienen daher nicht nur dem imaginativen Nachvollzug, sondern sorgen auch für Bewegung und Eigenaktivität, indem sie die sonst überwiegend passive Aufnahme der erzählten Geschichte immer wieder an passender Stelle unterbrechen.

Das dergestalt methodisch anregungsreiche Erzählen setzt die Lehrerin bis zur drittletzten Doppelseite fort, auf der zu sehen ist, wie die chinesischen Schriftzeichen aus dem Koffer durchs offene Fenster zu einem Baum im Hof fliegen. Im Begleittext steht zu lesen: „»Komm mit nach draußen, Lucie!«, rufen sie. Das Mädchen folgt ihnen und läuft nach unten. Dort steht ein riesiger Ginkgobaum.“

Die *erste Doppelstunde* endet damit, dass die Lehrerin diese Textstelle abschließend zur nochmaligen Klärung durch Rückfragen nutzt, wem denn nun der Koffer auf diesem Bild gehört und was es mit dem Ginkgobaum auf sich hat. Mittels der Figuren auf dem Zeitstrahl kann verdeutlicht werden, dass es sich um den Koffer von Yaotao handelt und Yaotao Lucies chinesisch-stämmiger Urgroßvater ist. Und durch Zurückblättern auf die Doppelseite, auf der Yaotao beim Einpflanzen des Ginkgopflänzchens zu sehen ist, kann veranschaulicht werden, dass der Baum im Hof, auf den Lucie am Ende die chinesischen Zeichen zuflattern sieht, der inzwischen groß gewachsene Ginkgobaum ist, den Yaotao in Lyon vor seiner Rückkehr nach Peking für seinen Sohn François-Hua gepflanzt hat. Auch Yaotaos Koffer ist auf dieser Doppelseite zu sehen: Hier lässt er ihn zurück; so kann dieser später, als der Zweite Weltkrieg zu Ende ist, über einen Freund Yaotaos zu Laurence, Lucies Urgroßmutter, zurückkehren. Auch diese Doppelseite kann man nochmals vorzeigen.

Zweite Doppelstunde: Auseinandersetzung mit François-Hua (Aufwachsen zwischen den Kulturen)

Für den *Wiedereinstieg* in die Geschichte nutzt die Lehrerin die Requisiten aus der vorangehenden Doppelstunde zur kurzen Rekapitulation der bis dahin bekannten Erzählung. Bei den Requisiten handelt es sich um den alten Koffer, die Pappfiguren auf dem Zeitstrahl sowie die chinesischen und französischen Wörter auf Kopien an der Tafel. Die Lehrerin fordert die Schüler/-innen dazu auf, sich im Team einzelne Requisiten auszuwählen und sich über deren Bedeutung in der Geschichte von Yaotato auszutauschen. Die Lehrerin geht herum und gibt den Teams bei Bedarf Hilfestellung.

An diese Aufwärmphase schließt sich eine kurze Erzählrunde an, in die jedes Team seine Erinnerungssplitter zum gegriffenen Requisit einspeist. Falls es die Klasse gewohnt ist, kommen die Schüler/-innen hierfür wie in der vorhergehenden Doppelstunde zu einem Sitzkreis zusammen und versammeln sich dabei um das Bilderbuch *Yaotaos Zeichen* in ihrer Mitte. Der Lehrerin kommt in diesem Erzählkreis die anspruchsvolle Rolle der Moderatorin zu, die durch Klärungen und ggf. auch Ergänzungen dafür sorgen muss, dass die Kinder gut vorbereitet sind, um nun im Anschluss auch das Ende der Geschichte zu verstehen. Dazu gehört, dass den Schüler/-innen vor dem Weiterlesen klar ist, wer François-Hua ist. Auf dem Zeitstrahl ist François-Hua zwar als kleines Kind zu sehen; es ist aber Lucies Großvater. Er ist das Kind von Lucies chinesischem Urgroßvater Yaotao und ihrer französischen Urgroßmutter Laurence!

Zur *Erarbeitung* des Erzählschlusses schlägt die Lehrerin das Bilderbuch *Yaotaos Zeichen* auf der Doppelseite auf, bei der sie in der vorhergehenden Doppelstunde zu lesen aufgehört hat. Erneut liest sie die Zeilen vor: „Auf einmal fliegen alle Zeichen durchs Fenster, hinaus in den Hof. »Komm mit nach draußen, Lucie!«, rufen sie. Das Mädchen folgt ihnen und läuft nach unten. Dort steht ein riesiger Ginkgobaum." Die Kinder tauschen sich darüber aus, wie es wohl weitergehen könnte. Deren Antizipation muss nicht auf das tatsächliche Ende hinauslaufen, sondern soll die erneute imaginative Verstrickung der Kinder in die Geschichte gewährleisten.

Die Lehrerin zeigt den Kindern die nächste Seite gut einsehbar vor und liest sie vor: „[...] Unter dem Baum steht ihr Opa, als ob er sie erwartet hätte. »Opa François-Hua!« ruft Lucie. »Kannst du mir etwas über China erzählen?«" Jetzt kann nochmals mittels der Illustration das Verständnis gesichert werden, dass der abgebildete alte Mann Lucies Großvater ist, den die Schüler/-innen in der ihnen bis dahin erzählten Geschichte bisher nur als Kind kennengelernt haben.

Die Lehrerin blättert erneut um und liest vor: „Der Großvater lächelt erstaunt: »François-Hua? So wurde ich schon lange nicht mehr genannt.« Er pflückt ein Zeichen vom Ginkgobaum und überreicht es seiner Enkelin."

In der Illustration zu dieser Textstelle ist das Zeichen 生 zu sehen, das der Großvater vom Baum pflückt. Die Lehrerin zeigt die Bildseite den Kindern diesmal erst nach dem Vorlesen und lässt sie jetzt Vermutungen darüber anstellen, was dieses Zeichen wohl bedeuten könnte. Klar werden muss bei diesen Überlegungen: Es ist wie zuvor ein Zeichen, das personifiziert die Erzählung weiterspinnen kann! Wie sie weitergeht, ist jedoch zu diesem Zeitpunkt der Erzählung noch offen: Der Opa könnte Lucies Bitte folgen, ihr etwas über China zu erzählen. Es ist jedoch nicht das Zeichen 東/DONG/OSTEN, das die Kinder bereits kennengelernt haben. Es könnte aber natürlich China bedeuten, das kann man nicht entscheiden, wenn man der chinesischen Schrift nicht mächtig ist. Die Erfahrung des Undeutbaren bei Schriftunkundigkeit darf ruhig gemeinsam gemacht werden.

Vielleicht wird eines der Kinder beim Rätseln über das Zeichen 生 im Rückgriff an das soeben Vorgelesene aber auch schon aufmerksam auf die Sätze: „Der Großvater lächelt erstaunt: »François-Hua? So wurde ich schon lange nicht mehr genannt.«" In diesem Fall knüpft das Kind eventuell seine Vermutung, was 生 bedeuten könnte, auf irgendeine Art und Weise daran an.

Falls dies nicht geschieht, lenkt die Lehrerin die Aufmerksamkeit zunächst auf die Sätze „Der Großvater lächelt erstaunt: »François-Hua? So wurde ich schon lange nicht mehr genannt.«" und fordert die Schüler/-innen zu Deutungen auf, wieso Lucies Großvater diese Worte wohl mit Erstaunen sagt. Für die gemeinsame Suche weiterführend ist die Doppelseite, die Lucies Großvater als Jungen in einem französischen Schulzimmer zeigt. Die Darstellung dieser Szene ist wie ein Foto gestaltet. Ähnlich verhält es sich mit einem weiteren Bild auf ebendieser Doppelseite, das Lucies Großvater als Halbwüchsigen bei einem Familienpicknick präsentiert, zusammen mit seiner Halbschwester und seinem französischen Stiefvater. Bei der erneuten Betrachtung dieser Doppelseite liest die Lehrerin auch den Text nochmals vor, der auf dieser Seite steht. Die Schüler/-innen sollten so erahnen können, was es für Lucies Großvater François-Hua bedeutet haben mag, wie andere französische Jungen aufzuwachsen und „fortan nur noch François genannt" zu werden.

Für die nachfolgende *Weiterarbeit und Vertiefung* ist es wesentlich, dass die Kinder spätestens jetzt verstehen, dass mit der Namenskürzung um den chinesischen Namensteil Hua auf den französischen Namensteil François eine Reduzierung von François-Huas Person auf seine französischen Wurzeln einhergegangen ist.

Nun sind die Schüler/-innen bereit, eine Antwort auf die zurückgestellte Frage zu erhalten, was das vom Baum gepflückte Zeichen 生 wohl bedeuten mag. Die Lehrerin präsentiert die letzte Bilderbuchseite und liest sie vor. Daraufhin hängt sie die vorbereitete Kopie mit den Wörtern 生/SHENG/LEBEN (siehe Material 7.2.A) an die Tafel.

Die Schüler/-innen erhalten jetzt den Arbeitsauftrag, sich imaginativ in die Situation von Lucies Großvater François-Hua zu versetzen und aus seiner Sicht eine (von ihnen, den Schüler/-innen) erfundene Begebenheit aus seiner Kindheit und Schulzeit in Frankreich zu erzählen – und zwar exakt aus der Zeit, in der aus François-Hua François wurde.

Dies kann mündlich oder schriftlich geschehen. Denkbar ist, dass alle Schüler/-innen einen kurzen Text schreiben; es kann aber ebenso gut sein (z. B. in Inklusionsklassen), dass einzelne Schüler/-innen ihre Erzählung diktieren (der Lehrerin oder schreibgewandten Mitschüler/-innen) oder dass sie diese als Tondatei aufnehmen (beispielsweise mittels Handy).

Die Anregung für diese textproduktive Aufgabe ergibt sich schlüssig aus der letzten Bildseite des Bilderbuchs, das die Lehrerin am Ende der Erarbeitung von *Yaotaos Zeichen* der Klasse präsentiert hat: Hier ist die große Hand des

Großvaters François-Hua zu sehen, die der kleinen Hand seiner Enkelin Lucie das chinesische Schriftzeichen 生 überreicht; im Begleittext steht zu lesen: „Es ist das Zeichen SHENG 生 für LEBEN. Dann fängt er an, zu erzählen …" Dies ist eine Leerstelle, die geradezu offensiv produktive Weiterarbeit einfordert.

Erzählen in der Rolle von François-Hua ermöglicht Fremdverstehen oder Identifikation mit der fiktiven Figur. Je nach Zusammensetzung der Klasse (mit oder ohne Kinder mit mehrkultureller Herkunft) wird stärker Außen- oder Innensicht vertreten sein bei den Arbeitsergebnissen. Die Lehrerin sollte sich daher im Voraus Gedanken darüber machen, was in den Erzählungen ihrer Schüler/-innen möglicherweise zur Sprache kommen kann und von ihr aufgefangen werden muss.

Im Anschluss an die Textproduktion stellen die Schüler/-innen ihre Ergebnisse einander in Kleingruppen vor und vergleichen ihre „Erzählungen aus François-Huas Mund" miteinander. Die Lehrerin geht in dieser Präsentationsphase zwischen den Gruppen hin und her und hört dabei in ein paar der präsentierten Geschichten hinein. Ein Austausch über Gemeinsamkeiten und Unterschiede zwischen den Geschichten im Klassenplenum, bei dem die Kinder aus ihrer jeweiligen Gruppe berichten, rundet die Doppelstunde ab und die Unterrichtseinheit kommt damit zu einem stimmigen *Ende*.

7.2.3 Aus der Praxis

Die Erprobung fand am Ende des 5. Schuljahres in einer inklusiven Gemeinschaftsschule im städtischen Raum statt. Es stand nur eine Doppelstunde dafür zur Verfügung. Der Unterrichtsvorschlag wurde deshalb in didaktischer Reduktion erprobt (d. h. Fokussierung auf Ankommen in einem fremden Land und einer fremden Kultur). Erteilt wurde der Unterricht von einer Referendarin in Anwesenheit der Klassenlehrerin. Sie konzentrierte sich bei der Erarbeitung der Geschichte inhaltslogisch auf die beiden erwachsenen Figuren Yaotao und Laurence und damit auf den Schwerpunkt „Leben zwischen den Kulturen". Die Erarbeitung fand im Wechsel von Vorlesen, Vorzeigen der Bilder und auf Verständnissicherung hinzielendes Vorlesegespräch statt und wurde durch zwei kurze produktive Phasen vertieft (Schreiben und Zeichnen).

Die Klasse bestand aus 11 Schüler/-innen, davon 4 Mädchen. Rund die Hälfte der Erprobungsklasse war migrantischer Herkunft und eines der Kinder war kürzlich erst vom Sprachvorbereitungskurs für Schüler/-innen mit Fluchthintergrund in den regulären Unterricht dieser Klasse gekommen.

Die Schüler/-innen saßen während des gesamten Unterrichts an Tischen im Klassenraum verteilt. Anfänglich sprachen die meisten Kinder sehr leise und undeutlich, wenn sie sich meldeten. Die Lehrerin musste manche mehrfach um Wiederholung ihrer Äußerung bitten. Sie selbst dagegen trug die Geschichte rund um Yaotao und seinen Koffer mit dramatisch intonierter Stimmführung, ausdrucksvoller Mimik sowie langsam, laut und deutlich vor; auch die Bilder zeigte sie den Kindern stets so, dass diese sie gut einsehen und länger betrachten konnten. Das Interesse der Kinder an der Geschichte nahm im ersten Teil der Doppelstunde dadurch bei fast allen erkennbar zu. Mit fortschreitender Zeit ging die Lehrerin dazu über, die Geschichte zusammenfassend zu erzählen statt sie wörtlich vorzulesen. Das hatte vermehrten Blickkontakt mit den Schüler/-innen zur Folge, was der Aufmerksamkeit der Kinder und der Erarbeitung der Bilderbuchgeschichte ebenfalls zuträglich war. Gegen Ende der Doppelstunde fiel die Konzentration manchen Kindern jedoch ersichtlich schwer, was darauf hinweist, dass das Erzählen öfters durch handlungs- und produktionsorientierte Zwischeneinlagen unterbrochen werden sollte, als es in dieser Erprobung aus Zeitgründen der Fall gewesen ist.

Einstieg mit dem Koffer vom Dachboden

Die Lehrerin eröffnete den Unterricht mit dem Satz: „Ich habe euch etwas mitgebracht." Bei diesen Worten nahm sie einen großen, alten, braunen Lederkoffer in die Hände, der bis dahin unauffällig vor der Klasse auf einem Stuhl platziert war, und fragte: „Was könnte denn da drin sein? Was denkst du, ist in solch einem alten Koffer drin?"
Vorschläge der Schüler/-innen:

- eine Schreibmaschine
- Bilder
- Es ist ein Reisekoffer mit alten Kleidern.
- Essen und Trinken

Die Lehrerin legte den Koffer auf den Stuhl zurück, notierte die Vorschläge der Schüler/-innen an der Tafel und versah sie mit Fragezeichen.

Lehrerin: „Ich hoffe nicht, dass da Essensreste drin sind, denn dann wären diese vergammelt. Ich habe diesen alten Koffer nämlich echt auf dem Dachboden gefunden! Er war furchtbar staubig! Meine Kinder haben ihn erst einmal mit einem Staubwedel kräftig abgewischt, bevor ich ihn hierherbringen konnte. Auf dem Dachboden!"

Die Dramatik dieser Beschreibung des Koffers evozierte weitere Vorschläge der Schüler/-innen:

- vielleicht Bücher oder Hefte
- Geld oder etwas Wertvolles
- Tagebuch
- seltene Gegenstände
- Schultaschen und Stifte

Die Lehrerin notierte auch diese Vorschläge mit Fragezeichen an der Tafel mit.

Nun leitete sie zu *Yaotaos Zeichen* über mit den Worten: „Da habt ihr schon ganz viele Ideen gehabt" und nahm das Bilderbuch in die Hand.

Erarbeitung der Geschichte bis zur Ankunft Yaotaos in Lyon

Die Lehrerin präsentierte der Klasse das Bilderbuch zunächst mit den Worten: „Heute stelle ich euch ein Buch vor. Das heißt *Yaotaos Zeichen*. In diesem Buch geht es um ein kleines Mädchen, das heißt Lucie. Und Lucie wohnt in Frankreich."

Daraufhin schlug sie die erste Bildseite „Lyon" auf, zeigte diese der Klasse und sagte: „In Lyon. Lyon ist eine Stadt, gar nicht so weit weg von uns." Sie blätterte um zur nächsten Doppelseite, auf der Lucie auf dem Dachboden zu sehen ist, und begann die Geschichte vorzulesen: „Lucie durchstöbert den verstaubten Dachboden ihrer Großeltern. Im Halbdunkel entdeckt sie zwischen Kisten und muffigem Gerümpel einen alten Lederkoffer." (o. S.) Dabei achtete sie darauf, dass alle Kinder das Bild gut einsehen konnten. Den letzten Satz auf der präsentierten Seite sprach sie frei und als Aufforderung zum Nachdenken in die Runde: „Was mag da wohl drin sein?"

Die Schüler/-innen nahmen das Gesprächsangebot auf und machten weitere Vorschläge, was in einem alten Lederkoffer drin sein könnte. Gut einsehbar präsentierte die Lehrerin daraufhin die nächste Doppelseite und las mit dramatischer Inszenierung vor: „Huch, was ist denn das? Aus dem Koffer flattern plötzlich, aufgeschreckt wie ein Schwarm Vögel, bunt schillernde, fremdartige Zeichen." (o. S.)

Martin: Ich glaub, japanische oder chinesische Schriftzeichen.
Boris: Es sind chinesische Schriftzeichen!
Philipp: Das Schriftzeichen auf der rechten Seite, ganz oben rechts, das kenne ich, glaube ich, ich weiß aber nicht, was es heißt.
Lehrerin: Vielleicht finden wir das heute noch heraus!

Die Lehrerin las weiter vor: „Lucie erinnert sich, dass ihr Opa François einmal von seinem Vater erzählt hat, der aus China stammte. Vielleicht gehörte der Koffer ihrem Urgroßvater Yaotao?"

Lehrerin: Was könnte es denn bedeuten, dass da chinesische Schriftzeichen aus dem Koffer kommen?
Martin: Für Musik, es sieht ein bisschen aus wie Musiknoten.

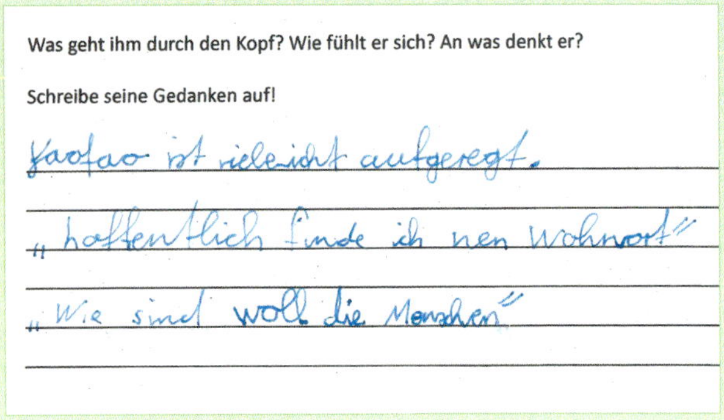

Abb. 7.2.4: Text eines Schülers zu Yaotaos Ankunft in Lyon (5. Klasse, inklusive Gemeinschaftsschule)

Abb. 7.2.5: Zeichnung einer Schülerin zu Yaotaos Ankunft in Lyon (5. Klasse, inklusive Gemeinschaftsschule)

Hassan: Das eine Zeichen haben wir schon mal gemalt (zeigt auf das Zeichen für Wasser). Ich weiß aber nicht mehr, was es bedeutet.
Lehrerin: Das werden wir jetzt gleich herausfinden.

Die Lehrerin blätterte um, präsentierte den Schüler/-innen das Bild und las weiter vor: „Ein Zeichen tritt aus dem Halbdunkel hervor und nähert sich. Es beginnt zu flüstern: »Schön, dass du uns gefunden hast, Lucie! Ich heiße SHUI 水 und bin das Zeichen für WASSER.«" Nun löste die Lehrerin die Verschnürung des Koffers und öffnete ihn einen Spalt. Ein Schüler durfte das Zeichen SHUI 水 daraus hervorziehen und an die Tafel heften.

Die Unterrichtsbeobachtung zeigte auch hier wie bei den anderen in diesem Band vorgestellten Vorlesegesprächen, wie wichtig die Inszenierung des Vorlesens ist. Die Lehrerin begleitete die Präsentation der Geschichte mit ausdrucksstarken stimmlichen, mimischen und gestischen Mitteln und ließ die Schüler/-innen mit Gesprächseinlagen und Handlungsangeboten an der Entfaltung der Erzählung teilhaben. Die Schüler/-innen, die anfänglich eher zurückhaltend waren, wurden dadurch zunehmend mehr in die Geschichte hineingenommen.

Erste produktive Phase: Vertiefung durch Schreiben und Zeichnen

Der Arbeitsauftrag zum Einstieg in die Produktion von kurzen Texten oder einer Zeichnung lautete: „Wie geht es Yaotao in der neuen Stadt? Freut er sich? Ist er unsicher? Was ist neu für ihn? Was gefällt ihm? Was findet er schwierig?" – Du darfst einen kurzen Text schreiben. Wenn du willst, schreibst du einfach in eine Sprechblase, was er denkt. Und du darfst auch zeichnen. Es sind verschiedene Blätter für euch vorbereitet, da dürft ihr an der Theke aussuchen, was ihr machen wollt."

Die Schüler/-innen hatten rund 10 Minuten Zeit für ihre individuelle Auseinandersetzung mit der Frage, wie es einem bei der Ankunft in einem neuen Land mit fremder Kultur und Sprache wohl ergehen mag. Während sie arbeiteten, war das Bilderbuch mit der aufgeschlagenen Bildseite, an welche die Texte und Zeichnungen imaginativ angebunden werden sollten (siehe Abb. 7.2.2), gut einsehbar an den Koffer gelehnt. Vereinzelt gingen Schüler/-innen zum Bilderbuch vor und betrachteten die aufgeschlagene Bildseite eingehender.

Die entstandenen Texte und Zeichnungen zu Yaotaos Ankunft in Lyon zeugen davon, dass sich die Schüler/-innen mit Einfühlungsvermögen in die Lage der fiktiven Figur versetzten (als Beispiele siehe Abb. 7.2.4 und 7.2.5). Ihre Schreib- und Zeichenprodukte imaginieren die Ängste Yaotaos passend. Darunter sind Sorgen wie die folgenden zu finden:

- ob Yaotao wohl freundlich aufgenommen oder vielmehr ausgrenzt wird
- ob er Essen findet, das ihm schmeckt.

Abb. 7.2.6: Chinesische Schriftzeichen aus der Hand eines Schülers (5. Klasse, inklusive Gemeinschaftsschule)

Es hat sich außerdem als sinnvoll erwiesen, dass die Schüler/-innen, die mit der Aufgabe fertig waren, während andere noch schrieben oder zeichneten, die chinesischen Schriftzeichen von der Tafel abschreiben durften. Die genaue Ausführung dieser optionalen Zusatzaufgabe kann als Hinweis auf großes Interesse an den fremdartigen Zeichen und deren Bedeutung verstanden werden (siehe Abb. 7.2.6).

Wiederaufnahme der Erzählung bis zur Ankunft von Laurence in Peking

Nach einem Austausch über die entstandenen Texte und Zeichnungen nahm die Lehrerin die Geschichte wieder auf. Im Folgenden erzählte sie diese nun überwiegend in eigenen Worten bis zu dem Moment, da Yaotao Laurence kennenlernt und die beiden sich in einander verlieben. Ein Schüler zog an dieser Stelle der Erzählung das nächste Zeichen aus dem Koffer.

Lehrerin: Überlegt mal, wofür könnte dieses Zeichen stehen?
Boris: Vielleicht für Liebe.
Mehrdad: Die heiraten.
Rasul: Sie gründen eine Familie.
Sascha heftete das Zeichen 家 an die Tafel und schrieb das Wort Familie dazu.

Den Namen François-Hua, den Yaotao und Laurence ihrem Sohn geben, konnten die Schüler/-innen ebenfalls stimmig deuten:

Rasul: Weil es hört sich einerseits chinesisch an und andererseits französisch.
Aysül: „François" hat seine Mutter gewählt, „Hua" kommt von seinem Vater.

Trotz deutlich erkennbarem, grundsätzlichem Interesse an der Geschichte wurden die Schüler/-innen im Lauf der weiteren Erzählung allmählich unruhig, vereinzelte Kinder auch unaufmerksam. Es empfiehlt sich daher, das Verständnis der Geschichte an ausgesuchten Textstellen auch durch Bewegungsoptionen zu sichern und die Kinder verstärkt durch Eigenaktivität in die Geschichte zu involvieren. Die Schüler/-innen können beispielsweise während der Erarbeitung der Geschichte auch aufgefordert werden, einzelne Szenen der Geschichte in ein Standbild umzusetzen (siehe Unterrichtsvorschlag oben).

Die Ankunft der kleinen Familie in Yaotaos Heimat nach der langen Schiffsreise nutzte die Lehrerin für eine zweite produktive Phase. Davor hatte sie den Kindern beim Erzählen eindrucksvoll anhand der Doppelseite mit der geografischen Karte vor Augen geführt, wie weit Yaotao, Laurence und der kleine François-Hua reisen mussten, um bei Yaotaos Eltern bzw. den Schwiegereltern von Laurence anzukommen.

Zweite produktive Phase: weitere Vertiefung durch Schreiben und Zeichnen

Der Arbeitsauftrag zum Einstieg in die Produktion von kurzen Texten oder einer Zeichnung lautete: „Wie geht es Laurence im neuen Land? Freut sie sich? Ist sie unsicher? Was ist neu für sie? Was gefällt ihr? Was findet sie schwierig?" – Wenn du bei der letzten Aufgabe gezeichnet hast, dann schreibst du jetzt einen Text. Du darfst einen kurzen Text schreiben. Wenn du willst, schreibst du auch einfach in eine Denkblase, was sie denkt. Es sind verschiedene Blätter für euch vorbereitet, da dürft ihr an der Theke aussuchen, was ihr machen wollt. Ihr habt wiederum 10 Minuten Zeit dafür."

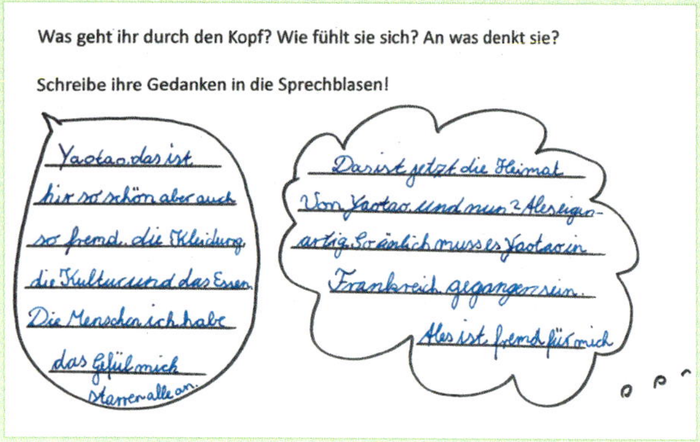

Abb. 7.2.7: Text einer Schülerin in Denkblase zur Ankunft von Laurence in Peking (5. Klasse, inklusive Gemeinschaftsschule)

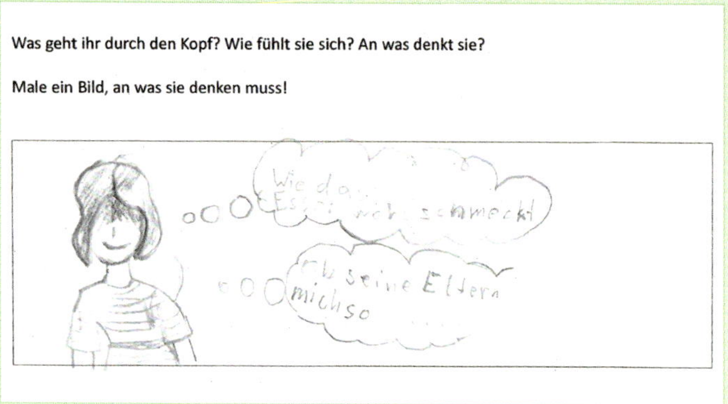

Abb. 7.2.8: Zeichnung eines Schülers zur Ankunft von Laurence in Peking (5. Klasse, inklusive Gemeinschaftsschule)

Zur Verfügung standen wiederum: Blätter mit Linien zum Schreiben eines kurzen Textes, Blätter mit einer Sprech- und einer Denkblase zum Notieren kurzer Gedanken oder Ausrufe, Blätter mit einem Rahmen für eine Zeichnung.

Die Schüler/-innen arbeiteten wie bei der ersten produktiven Phase überwiegend eifrig an der von ihnen gewählten Aufgabe. Auch dieses Mal war das Bilderbuch mit der aufgeschlagenen Bildseite, an welche die Texte und Zeichnungen imaginativ angebunden werden sollten (siehe Abb. 7.2.3), gut einsehbar an den Koffer gelehnt, während die Schüler/-innen schrieben oder zeichneten. Exemplarische, gut gelungene Arbeitsergebnisse aus der zweiten produktiven Phase zeigen die Abbildungen 7.2.7 und 7.2.8. Auch in dieser zweiten Auseinandersetzung mit dem Thema „Ankommen in einem fremden Land" zeigten die Schüler/-innen viel Empathie mit der betrachteten Figur.

Die Aufgabe, chinesische Schriftzeichen von der Tafel abzuschreiben, blieb als zeitlicher Puffer bestehen. Das Angebot wurde von vielen Schüler/-innen gerne genutzt und so wurden nach und nach alle Schriftzeichen von der Tafel abgezeichnet (Beispiel siehe Abb. 7.2.6).

Abschließende Reflexion über die erzählten Lebensgeschichten

Nach einer kurzen Präsentationsrunde der entstandenen Texte und Zeichnungen zu Laurences Ankunft in Peking nahm die Lehrerin die Geschichte wieder auf. Stark gerafft erzählte sie weiter bis zu der Doppelseite, auf der Laurence und Lucie nebeneinander dargestellt sind, jede Figur vor dem geöffneten Lederkoffer Yaotaos. Mit diesem Bild konnte sie zu einer abschließenden Reflexion der erzählten Lebensgeschichten von Yaotao und Laurence übergehen.

Die Unterrichtsbeobachtung zeigte, wie wichtig am Ende ein Austausch über die fiktiven Lebensgeschichten sowie die Art und Weise, wie sie in dem Bilderbuch erzählt werden, ist. Die Schüler/-innen konnten viel mit den personifizierten Schriftzeichen anfangen. Ihnen waren die Zeichen nicht zuletzt auch durch die Haptik beim Herausziehen aus dem Koffer sowie durch das Nachzeichnen nahegerückt. Wie viel die Schüler/-innen aus dem Unterricht mit *Yaotaos Zeichen* mitgenommen haben, belegt die folgende Sequenz:

Philipp: Also könnten eigentlich fünf Zeichen die ganze Geschichte erzählen, das ganze Buch erzählen.

Lehrerin: Was meinst du denn genau damit, Philipp?

Philipp: Weil, alles, also, wenn man das Buch kennt, könnte man mit den fünf Zeichen eigentlich auch alles erklären.

7.3 Das fremde Kind und ein fremdes Gefühl

Stian Hole (Text und Illustration):
Morkels Alphabet
Ins Deutsche übersetzt von Ina Kronenberger.
München: Carl Hanser 2016 [norw. OA 2015]
(Bilderbuch)

AUF EINEN BLICK

Klassenstufe: 4/5/6

Zeitplanung:
Für den Unterricht mit dem Bilderbuch *Morkels Alphabet* von Stian Hole sind zwei bis drei Unterrichtsstunden anzusetzen. Im Anschluss kann mit E.T.A. Hoffmanns Kunstmärchen *Das fremde Kind* (1817) am Motiv des fremden Kindes weitergearbeitet werden (siehe unten Ideen zur Weiterarbeit). Folgende (großzügig bemessene) Zeitstruktur (mit drei Unterrichtsstunden) wird vorgeschlagen:

- In der ersten Unterrichtsstunde wird das Bilderbuch *Morkels Alphabet* in einem Vorlesegespräch bis zu der Doppelseite erarbeitet, auf der die beiden Kinderfiguren Anna und Morkel in einer Baggerschaufel neben einem kopfstehenden Schneemann zu sehen sind. Im weiteren Verlauf steht die produktionsorientierte Figurencharakterisierung im Mittelpunkt.
- In der zweiten Unterrichtsstunde findet die vertiefende Auseinandersetzung mit der Freundschaft zwischen Morkel und Anna und deren Sprachspielen statt.
- In der dritten Unterrichtsstunde wird das Bilderbuch bis zum Ende präsentiert. Nebst dem Thema Freundschaft wird auch die Thematik Empfindungen füreinander aufgegriffen.

Materialien:

- im Klassensatz kopierte Arbeitsblätter (siehe AB 7.3.A und AB 7.3.B zum Download)
- eine vergrößerte Farbkopie des Bildes, das Morkel und Anna einander gegenüber sitzend folgendermaßen im Baumhaus zeigt: Die beiden sind zum Wärmen von Gesicht und Hand über den Spirituskocher gebeugt, an ihrer Seite der Baumstamm mit eingeritzten Zeichnungen, Bildsymbolen, Buchstaben und Wörtern
- eine vergrößerte Farbkopie der Doppelseite, auf der die an den Baum genagelten Mitteilungen von Morkel und Anna dargestellt sind (bei genauem Hinsehen entdeckt man auf diesem Bild ein Herz mit den Initialen M und A, das in den Baumstamm geritzt ist)
- vier Sprechblasen mit der Aufschrift: (1) „Alphabet, Affe, Abmachung, Arktis und Anna", (2) „Morkel, Mond, Makrele, Milch und Mut", (3) „Unheil, Unglück, unhöflich, undankbar, Untergang", (4) „Rotdrossel, Rehkitz, Rattenschwanz, Rüssel und Raubkatze" (zur Vereinfachung reichen auch Sprechblasen 1 und 2 aus).
- unbeschriebene Blätter, teilweise zu großen Sprechblasen zugeschnitten
- Schreibstifte, Magnete, Steine

Ziele des Unterrichts:

- Die Schüler/-innen sollen das Bilderbuch *Morkels Alphabet* kennenlernen.
- Die Schüler/-innen sollen der Eigenart der Titelfigur Morkel auf die Spur kommen.
- Die Schüler/-innen sollen sich in die beiden Kinderfiguren des Bilderbuchs einfühlen und aus deren Perspektive Nachrichten für die je andere Kinderfigur verfassen (bei didaktischer Reduktion erfolgt die Einfühlung in Anna und deren Perspektive).
- Die Schüler/-innen sollen sich mit der Frage auseinandersetzen, was die beiden Kinderfiguren Anna und Morkel miteinander verbindet (Freundschaft, erste Liebe).

7.3.1 Vorstellung des Bilderbuchs *Morkels Alphabet*

Morkels Alphabet von Stian Hole ist 2015 auf Norwegisch erschienen; die seit 2016 im Carl Hanser Verlag vorliegende deutsche Übersetzung des Bilderbuchs stammt von Ina Kronenberger.

Jede Textseite des Bilderbuchs *Morkels Alphabet* fängt mit einer augenfällig gestalteten Initiale an, was die Aufmerksamkeit auf die Besonderheit von Anfangsbuchstaben lenkt. Die mit teils traumartigen, teils fotorealistisch gestalteten Bildern illustrierte Geschichte erzählt von einem Mädchen (Anna) und einem Jungen (Morkel) an der Schwelle zum Jugendalter, die sich über soziale Grenzen hinweg über alphabetische Wortspielerei näherkommen. Während

Anna regelmäßig zur Schule geht und ein Zuhause in einem Bauernhof am Waldrand hat, bleibt Morkel nicht nur der Schule fern, sondern bewohnt, wenn es die Jahreszeit zulässt, ein Baumhaus im Wald.

Morkel ist nach dem Motiv des fremden Kindes gestaltet, das im deutschen Sprachraum durch E.T.A. Hoffmanns *Kunstmärchen Das fremde Kind* (1817) bekannt ist und im skandinavischen Kulturkreis in Astrid Lindgrens *Pippi Langstrumpf* (1945) eine durch Übersetzung und Verfilmung international bekannte Gestaltung gefunden hat. In Hoffmanns Erzählung bleibt das Geschlecht des fremden Kindes im Unterschied zu Lindgrens Kinderbuchserie und Holes Bilderbuch unklar. Dort tritt es den beiden kindlichen Protagonist/-innen – Christlieb und Felix genannt – gleichzeitig in der Gestalt eines Jungen und eines Mädchens beim Spielen im Wald gegenüber und bleibt namenlos. Hoffmanns namenlose Kindergestalt steht wie deren Wiedergängerin Pippi Langstrumpf für die romantische Vorstellung, dass Kinder einen unmittelbaren Zugang zu Natur und Fantasie haben, der ihnen durch Erziehung ausgetrieben wird. In Hoffmanns Kunstmärchen ist das fremde Kind eine kleine Fee und verfügt dadurch über Kräfte, den Wald zum Singen, Blühen und Funkeln zu bringen. Deutliche Anklänge an dieses Vermögen findet man in Holes Bilderbuch auf der letzten Doppelseite.

Christlieb und Felix von Brakel, denen das Feenkind in Hoffmanns Erzählung begegnet, wohnen wie Holes Anna in einem einfachen Haus am Waldrand. Holes Morkel bringt seine Zeit in einem Baumhaus im Wald zu; vergleichbar dem fremden Kind in Hoffmanns Erzählung scheint das der seinem Wesen gemäße Aufenthaltsort zu sein.

Dass Morkel ein Schulschwänzer ist und Anna nachts im Traum erscheint, nachdem er aus dem Wald verschwunden ist, sind weitere Parallelen zu Hoffmanns Kunstmärchen. Und auch Morkels spielerischer Umgang mit Sprache und damit seine Nähe zur Poesie stellt ihn in die Genealogie von Hoffmanns Feenkind.

Durch die Ankunft eines Erziehers im Haus der Brakels wird nämlich auch das namenlose fremde Kind in Hoffmanns Kunstmärchen aus dem Wald vertrieben. Der von der adligen Verwandtschaft aus der Stadt gesandte Lehrmeister heißt in Hoffmanns Erzählung Magister Tinte, ist eigentlich eine garstige Fliege und zieht mit totem Wissen gegen sinnliche Anschauung und Imagination ins Feld. Auf der fantastischen Erzählebene des Hoffmanschen Märchens entspricht er dem Gnomenkönig Pepser, der in den luftigen Höhen der Feenwelt versucht hat, alles Lebendige und Bunte mit schwarzem Saft zu überziehen (entsprechend der Tinte wissenschaftlicher Abhandlungen) sowie die fröhlichen Feste der Kinder zu verderben. Pepsers gegen Fantasie und Spiel gerichtetem Treiben ist in der fantastischen Heimat des fremden Kindes ein Ende gesetzt worden, indem man ihn zurück auf die Erde geschleudert hat. Nachdem Pepser alias Magister Tinte in Gestalt einer garstigen Fliege auch aus dem Brakelschen Haus verjagt worden ist, bleibt das fremde Kind dort zwar aus der Tagwelt von Christlieb und Felix verschwunden, kehrt aber wenigstens in ihren Träumen wieder: Fernab von Brakelheim erscheint es ihnen auch in späteren Jahren immer wieder als Spielkamerad, der nicht „aufhörte, ihnen die lieblichsten Wunder aus seiner Heimat mitzubringen“ – so der Schluss von Hoffmanns Erzählung.

Eine stärker auf Realismus denn Fantastik ausgerichtete Deutung der Titelfigur von Holes Bilderbuch verortet Morkel in einem Familienverbund ohne festen Wohnsitz; damit wäre ein intertextueller Bezug zu Peter Pohls Jugendbuch *Jan, mein Freund* (schwed. OA 1985, dt. Übers. 1989) gegeben, das von einem fremden Kind erzählt, welches sich am Ende als Zirkuskind entpuppt. Morkels Interesse für (Zug-)Vögel würde diese Interpretation stützen, widerspräche allerdings auch der Analogie zwischen Holes Morkel und dem fremden Feenwesen in Hoffmanns Kunstmärchen nicht: Letzteres gibt sich Christlieb und Felix ja als Kind der Lüfte zu erkennen in einem Reich, in dem Kinder auf Goldfasanen reiten.

Das in Holes Erzählung zur Sprache kommende Gerücht, dass Morkels Vater ein Dieb sei, ist ein gängiges Vorurteil gegenüber nicht sesshaften Familienverbänden; es würde auch zur vermutbaren Reminiszenz an Pohls Zirkuskind und der Deutung von Morkels Familienverbund als „Zugvögel" (Fahrende) passen. Morkels Bemerkung, dass nicht viel geschehen müsse, um zum Dieb zu werden, kann man aber auch schlicht und einfach als Hinweis auf prekäre Lebensverhältnisse lesen; Holes Geschichte kann so durch und durch realistisch verstanden werden – dann konzentriert man sich bei der Betrachtung des Bilderbuchs *Morkels Alphabet* stärker auf die fotorealistisch und weniger auf die traumartig gestalteten Bilder.

Holes Erzählung beginnt im Herbst, als die Zugvögel wegzufliegen beginnen und bevor der erste Schnee fällt, und sie endet im Frühling bzw. Frühsommer, als die Bäume in Blüten stehen und die Zugvögel zurückgekehrt sind. In dieser Zeitspanne begegnen die beiden Kinderfiguren Morkel und Anna einander freundschaftlich; zwischen den Zeilen und in den Bildern kündet sich jedoch auch eine zarte Liebesgeschichte an und es ist ein Reifeprozess der beiden Figuren erkennbar. Auf der letzten Doppelseite sehen die beiden nicht mehr aus wie Kinder, sondern liegen wie Jugendliche Kopf an Kopf auf einem mit schneeweißen Blüten besetzten Hintergrund unter einem Baum, auf dem zwei Vögel Nestbau betreiben. Analog dazu zeigt das Vorsatzpapier einen schneebedeckten Winterwald mit Fußspuren und einem vereinzelten Vogel mit kleinem Zweig im Schnabel; das Vorsatzpapier präsentiert sich im Gegensatz dazu mit einem bunt blühenden und zart grünenden Waldausschnitt, in dem Vertreter mehrerer Vogelarten zu entdecken sind und an dessen Rand ein Getreidefeld in halber Höhe steht, den Frühsommer andeutend.

Auf der piktoralen Ebene zeigt die Geschichte zunächst einen winterlich bekleideten Jungen, der mit einem Brett unter dem Arm durchs Bild geht. Sein Weg führt über einen mondbeschienenen Acker, auf dem eine Vielzahl von Raben versammelt ist; in der Fußspur bzw. im Schatten des Jungen liegt ein Zettel. Am Rand des Ackers steht ein Bauernhaus, dahinter ein dunkler Wald. Der Text auf dieser Bildseite besagt, dass Anna Tag um Tag neue Zettel auf dem Acker findet. Auf das simple „Hallo" auf dem ersten Zettel folgt tags darauf eine Nachricht mit dem Satz: „Die Laubsänger sind schon weg." Und nochmals einen Tag später steht auf einem neuen Zettel: „Die Mauersegler auch." Anna steigt in die angebotene Kommunikation ein und schreibt auf die Rückseite des Zettels: „Wer bist du?"

Die nächste Doppelseite eröffnet den Blick auf ein Mädchen mit roter Mütze und Schulranzen, das in hellem Morgenlicht im frostig gezeichneten Acker über einen Zettel gebeugt kauert. Der zu dem Bild gehörige Text besagt, dass die Antwort auf Annas Frage „Morkel" lautet und Anna Morkel kennt: „Morkel, sagt Anna leise. Morkel, der fast nie zur Schule kommt. Versteckt er sich im Wald?" Anna schreibt „Ich habe dich gesehen" auf die Rückseite des Zettels und legt ihn zurück.

Die darauffolgende Doppelseite wartet mit einem nächtlichen Traumgesicht auf: Man sieht Anna im Bett liegen, umgeben von einem dunklen, funkelnden Zauberwald mit prächtigen Farnen, Blumen, Schmetterlingen, Vögeln und Waldtieren. Die Bettdecke sieht einem großen Papierbogen ähnlich, der sie bedeckt. Ein deutlich als Zettel erkennbares Stück weißes Papier weht neben ihrem Bett davon und scheint sich in eine Formation von Zugvögeln zu verwandeln, die über ein Mädchengesicht mit geschlossenen

Augen fliegen. Der dieses Bild begleitende Text spricht davon, dass Anna vor dem Einschlafen an Morkel denkt, über seine Nachrichten sinniert und seine Zettel unter ihre Matratze legt. „Nachts träumt sie, die Vögel seien Buchstaben und der Acker ein riesiges Blatt Papier, das sich zusammenfalten lässt."

Auf den folgenden Seiten findet Anna Morkel dank der Spuren im Neuschnee im Wald. Er sitzt in einer Baumhütte und wirft ihr die Strickleiter zum Hochklettern zu, als sie unter ihm steht. Morkel hat Buchstaben und Wörter in die Baumrinde geritzt, woran Anna erkennt, dass er Wörter sammelt. Überhaupt ist Morkel in mehr als einem Bild umgeben von Notizbüchern und Zetteln dargestellt, die beschrieben und mit Zeichnungen versehen sind. Bei ihrer ersten Begegnung schenkt Anna ihm Wörter ohne erkennbares Ordnungsprinzip: „Moschusochse, Gänsehaut und Ackerland". Nach ihrem ersten gemeinsamen Nachmittag erscheint Anna auf der darauffolgenden Doppelseite in Bild und Text erkennbar glücklich ergriffen von der Begegnung mit Morkel. Bei ihren weiteren, täglichen Zusammenkünften nachmittags in der Baumhütte gehen die beiden beim „Verschenken der Wörter" nun nach Anfangsbuchstaben vor: „‚Alphabet, Affe, Abmachung, Arktis und Anna', flüstert Morkel. ‚Morkel, Mond, Makrele, Milch und Mut', lächelt Anna." „Unheil, Unglück, unhöflich, undankbar, Untergang", bietet Morkel an. „Rotdrossel, Rehkitz, Rattenschwanz, Rüssel und Raubkatze" schenkt sie ihm kurz darauf zurück. „Alle haben ihr eigenes Alphabet, denkt Anna. Es kann lange dauern, bis man die Buchstaben versteht."

Dann aber kommt der Tag, an dem die Baumhütte leer ist und leer bleibt. Anna weint und ihre Welt erscheint ihr jetzt leer und bedeutungsärmer. Im Bild, das zu dem Text gehört, der von Annas Trauer um den Verlust Morkels spricht, hängen Zettel am Baumstamm unter der Baumhütte und erinnern an die vergangenen Tage des intensiven Austauschs. Was auf den Zetteln steht, kann man jedoch nur schwer entziffern (das norwegische Original ist beibehalten, aber die Schriftzüge sind so gestaltet, dass man sie, selbst wenn man Norwegisch versteht, nur schlecht bis gar nicht lesen kann). In der Folge bleibt Morkel den ganzen Winter über verschwunden. Passend dazu ist eine Doppelseite als Bild ohne Begleittext gestaltet: Eine kleine, verloren wirkende Anna mit roter Mütze sitzt vor verschneitem Wald auf einer schneebedeckten weiten Fläche; ihre Fußspuren im Schnee deuten mit den Großbuchstaben K, O, M ihren Ruf nach dem verlorenen Freund an (dt. „KOMm", norw. „KOMme") und sind gleichzeitig auch Buchstaben aus seinem Namen („MOrKel"). Auf der darauffolgenden Doppelseite wird in Bild und Text erzählt, dass Anna versucht, Morkel Tag um Tag ein Stückchen mehr zu vergessen, er jedoch nachts regelmäßig in ihren Träumen zurückkehrt.

„Eines Morgens", so der Text auf der daran anschließenden Seite, „– die Träume hängen noch in der Luft – wird Anna von Vogelgezwitscher geweckt. [...] Es ist Mitte April, und Anna weiß, was sie zu tun hat." Das dazugehörige Bild zeigt Anna auf einem in zartem Grün sprießenden Acker vor grünender Landschaft. Ohne Wollmütze kauert sie auf dem Boden, um sie verstreut liegt eine Vielzahl mit Steinen beschwerter Zettel. Das Bild deutet an, dass Anna Morkel versuchsweise Nachrichten auf dem Acker hinterlässt und auf Antwort hofft. Und richtig: Beim Umblättern sieht man Anna schlafend im Bett vor offenem Fenster, durch das Nachrichten hineinwehen, auf Zetteln, die sich aus weißen Vögeln in Papierbogen verwandeln. Im Begleittext steht: „Anna wartet auf Antwort. Einen Tag, zwei Tage, drei Tage." Beim nochmaligen Umblättern schaut man rechts auf eine gezeichnete Geländekarte in den Händen eines Kindes und liest links dazu den Text, der davon spricht, dass endlich eine Antwort auf dem Acker liegt,

Anna die Buchstaben auf der Rückseite erkennt, ihre Schultasche fallen lässt und losrennt. „Sie denkt an Morkels Wörter, während ihr Zeigefinger den Strichen auf der Karte folgt, bis zu dem blauen Kreuz."

Auf der letzten Doppelseite der Erzählung haben sich die beiden Kinder wiedergefunden. Sie liegen jetzt in Sommerkleidung Kopf an Kopf im Bild wie zwei, die in der dunklen Zeit der Wintermonate, in denen sie getrennt waren, einen Reifeprozess durchgemacht haben. Die Erzählung endet mit den Worten: „»Hallo!«, sagt Anna. »Pst!«, flüstert Morkel. »Siehst du sie?«" Zu sehen sind Vögel beim Nestbau sowie Zweige voller Blätter und Blüten. Worte und Bilder sind mehrdeutig: Anna hat den Weg in die Welt Morkels gefunden – in Anlehnung an Hoffmanns Kunstmärchen ist sie in dieser Lesart in die fantastische Welt des fremden Kindes eingetreten. Oder Morkel ist zurückgekehrt in Annas Leben – und dann liegt eine Deutung nahe, die auf einem realistischen Wirklichkeitsmodell beruht: Die Lesart nämlich, dass die beiden Jugendlichen sich dem fremden Gefühl der Anziehung zwischen den Geschlechtern gemeinsam stellen, mit Blick auf das, was daraus folgen kann, wenn man erwachsen wird.

7.3.2 Unterrichtsvorschlag

Für den Unterricht mit *Morkels Alphabet* kann eine Doppelstunde ausreichen. Wenn man jedoch drei Unterrichtsstunden zur Verfügung hat, bleibt für die Weiterarbeit und Vertiefung im Anschluss an die gesprächsförmige Erarbeitung des Bilderbuchs etwas mehr Zeit übrig. Will man darüber hinaus mit E.T.A. Hoffmanns Kunstmärchen *Das fremde Kind* an der Vorstellungseinheit des „fremden Kindes" weiterarbeiten und das (aus der Romantik) überlieferte Motiv für eine allgemeine Betrachtung des Wesens von Literatur nutzen (Literatur ist Literatur aus Literatur), dann bräuchte man einige zusätzliche Unterrichtsstunden, die hier jedoch nur angeregt werden können (siehe unten Ideen zur Weiterarbeit).

Zum *Einstieg* in die Unterrichtseinheit zeigt die Lehrerin den Schüler/-innen das Cover von *Morkels Alphabet* und lässt sie Vermutungen darüber anstellen, worum es in der Geschichte gehen könnte, die in diesem Bilderbuch erzählt wird. Titel und Titelbild, ggf. auch der fremdsprachige Name des Autors, dienen dabei als Anregung zum Mutmaßen.

Zur *Erarbeitung* der Geschichte liest die Lehrerin Stian Holes Bilderbuch *Morkels Alphabet* so vor, dass alle Schüler/-innen die Bilder gut sehen können. Das kann beispielsweise mit Hilfe einer Dokumentenkamera geschehen oder einfach im Sitzkreis mit guter Sicht für alle auf die Bilder. Es ist wichtig, dass die Schüler/-innen immer auch die Bilder in Ruhe betrachten können und nicht nur den Text vorgelesen bekommen. Während des Vorlesens und der Präsentation der Bilderbuchseiten soll mittels Impulsen und Fragen ein Gespräch über die vorgelesene Geschichte zustande kommen.

Nebst aufmerksamer Betrachtung der Bilder müssen auch erste Überlegungen zu den hinterlassenen Zetteln und geschenkten Wörtern bei den Schüler/-innen initiiert werden. Insbesondere über die Sätze „Alle haben ihr eigenes Alphabet, denkt Anna. Es kann lange dauern, bis man die Buchstaben versteht." darf die Lehrerin in diesem *ersten Teil der Erarbeitung* nicht zu schnell hinweggehen, sondern muss Ideen einfordern, was damit gemeint sein könnte.

Eine mögliche Interpretation dieser rätselhaften Textstelle ist folgende: Indem Morkel Anna Wörter mit gleichen Anfangsbuchstaben aus dem Alphabet schenkt, bietet er ihr einerseits ein spielerisches Näherkommen über Sprache an („Alphabet" als Auftakt für „Affe", „Abmachung", „Arktis" und „Anna"), das jedoch nicht gänzlich unverbindlich ist („Abmachung"). Und andererseits verrät er ihr etwas über sich selbst damit, indem er die prekäre Situation eines Kindes, das die Schule schwänzt, mit Wörtern wie „Unheil" bis „Untergang" andeutet („alle haben ihr eigenes Alphabet", denkt Anna). Er gibt mit seinen Alphabetspielereien also sowohl etwas über sich selbst preis als auch über seine sich anbahnende Beziehung zu Anna. Anna umgekehrt kombiniert den Namen „Morkel" mit Wörtern wie „Mond", „Makrele", „Milch" und „Mut" und gibt damit einen Hinweis darauf, dass sein gesellschaftlich nicht sanktioniertes Treiben im Wald „Mut" verlangt, aber nicht gleichzeitig bedeutet, dass es ihm an allem mangelt: Mit „Makrele" (Handlungsschauplatz ist Norwegen!) und „Milch" sind Grundnahrungsmittel gegeben, mit „Mond" scheint mildes Licht ins Dunkel. Und ihre Wortschenkung von „Rotdrossel" bis „Raubkatze" lässt bei genauerer Betrachtung erahnen, dass sie sich von Morkels Freiheitsdrang und Ungezähmtheit angezogen fühlt. Annas Spiel mit Wörtern des gleichen Anfangsbuchstabens aus dem Alphabet besagt etwas über ihre Annäherung an Morkel und sein Wesen, teilt aber auch etwas über sie selbst mit. „Es kann lange dauern, bis man die Buchstaben versteht." Dieser Satz ist ein Fingerzeig darauf, dass man über die stabreimenden Wörter, welche die beiden Kinderfiguren einander schenken, nachdenken muss, um mehr über sie in Erfahrung zu bringen, als unmittelbar im Text erklärt steht.

Für die Suche nach der Bedeutung des je „eigenen Alphabets" von Morkel und Anna ist es hilfreich, während des Vorlesegesprächs auf die vier (ggf. zur Vereinfachung auch bloß zwei: 1 und 2) vorbereiteten Sprechblasen mit der Aufschrift „Alphabet, Affe, Abmachung, Arktis und Anna" (1), „Morkel, Mond, Makrele, Milch und Mut" (2), „Unheil, Unglück, unhöflich, undankbar, Untergang" (3) sowie „Rotdrossel, Rehkitz, Rattenschwanz, Rüssel und Raubkatze" (4) zurückzugreifen und diese zusammen mit der farbig kopierten Bildseite, auf der Morkel und Anna im Baumhaus einander gegenüber, über einen wärmenden Spirituskocher gebeugt dargestellt sind, an die Tafel zu heften. So kann die Lehrerin die Wörter, die Anna und Morkel einander schenken, mit den Schüler/-innen betrachten und gemeinsam mit ihnen überlegen, was die stabreimenden Wörter über die beiden Figuren aussagen könnten.

Die vorbereiteten Sprechblase(n) von Morkel für Anna, „Alphabet, Affe, Abmachung, Arktis und Anna" (und ohne didaktische Reduktion auch „Unheil, Unglück, unhöflich, undankbar, Untergang") platziert die Lehrerin während des Vorlesens der entsprechenden Textstelle(n) so, dass sie von Morkels Mund zu Anna hinweist (bzw. hinweisen). Damit wird anschaulich verdeutlicht, dass Morkel mit den Wörtern, die er für Anna spricht, zugleich etwas über Anna, sich selbst und seine Annäherung an sie aussagt. Die Sprechblase(n) von Anna für Morkel, „Morkel, Mond, Makrele, Milch und Mut" (und ohne didaktische Reduktion auch „Rotdrossel, Rehkitz, Rattenschwanz, Rüssel und Raubkatze") soll (bzw. sollen) aus denselben Gründen beim Vorlesen der entsprechenden Textstelle(n) so gehängt werden, dass sie aus Annas Mund in Richtung Morkel zeigt (bzw. zeigen).

Den ersten Teil der Erarbeitung beendet die Lehrerin mit der Doppelseite, auf der die beiden Kinderfiguren im Bild in einer Baggerschaufel neben einem kopfstehenden Schneemann zu sehen sind (es ist die Textstelle unmittelbar vor Morkels Verschwinden, von dem die Kinder zu diesem Zeitpunkt noch nichts wissen). Mit den auf ihre tiefere Bedeutung hin bereits befragten Sätzen „Alle haben ihr eigenes Alphabet, denkt Anna. Es kann lange dauern, bis man die Buchstaben versteht." läutet die Lehrerin nun die erste produktionsorientierte Weiterarbeit ein.

Für die *Weiterarbeit* ist produktionsorientierte Gruppenarbeit in heterogenen Gruppen passend. Die Gruppen werden mit Schreibutensilien und einem zu einer großen Sprechblase zugeschnittenen Blatt ausgestattet. Die Aufgabenstellung lautet: „Welche Wörter würdet ihr an Annas Stelle Morkel schenken und welche an Morkels Stelle Anna? Entscheidet in der Gruppe, wem ihr die Wörter schenkt, und wählt einen Anfangsbuchstaben!"

In die Sprechblase schreiben die Schüler/-innen nun Wörter, die alle mit demselben, von ihnen selbst gewählten Buchstaben anfangen – in Analogie zu den im Bilderbuch vorkommenden Wortfolgen „‚Alphabet, Affe, Abmachung, Arktis und Anna", „Morkel, Mond, Makrele, Milch und Mut", „Unheil, Unglück, unhöflich, undankbar, Untergang", „Rotdrossel, Rehkitz, Rattenschwanz, Rüssel und Raubkatze". Für welche der beiden Figuren sie Alliterationen für deren Charakterisierung suchen möchte, entscheidet jede Gruppe selbst.

Diese Aufgabe ist anspruchsvoll, denn sie verlangt von den Schüler/-innen nicht bloß spielerisches Stabreimen, sondern ein Nachdenken darüber, inwiefern zumindest einige der Wörter gleichen Anfangsbuchstabens, die sie vorschlagen, etwas mit Morkel oder Anna zu tun haben – und sei es auch nur eine entfernte Verbindung zu deren Charakter, die damit angedeutet wird. Wie es im Bilderbuch steht – „Alle haben ihr eigenes Alphabet [...]. Es kann lange dauern, bis man die Buchstaben versteht." – und wie man anhand der im Text vorgefundenen, nicht gänzlich zufälligen Wörterfolgen zeigen kann (siehe Interpretationsvorschlag unter Erarbeitung).

Die Sprechblasen mit ihren stabreimenden Wörtern heften die Schüler/-innen mit Magneten an die Tafel, wo bereits die Farbkopie hängt, die Morkel und Anna im Baumhaus zeigt, vor dem mit geritzten Zeichnungen, Buchstaben und Wörtern übersäten Baumstamm. Sie platzieren ihre Sprechblase rund um diejenige Figur, welche die darin stehenden Wörter der anderen Figur schenkt. Wenn die Kinder also Wörter in ihre Sprechblase geschrieben haben, die ihrer Ansicht nach zu Morkel passen bzw. etwas über Annas Gedanken über Morkel aussagen, dann hängen sie diese bei Anna hin und richten die Blase in Richtung Morkel aus. Und umgekehrt: Wörter in Sprechblasen, die Annas Charakter umkreisen bzw. etwas über Annas Bedeutung für Morkel verraten, sollen aus dem Mund Morkels gegen Anna hin platziert werden. Wenn alle Sprechblasen an der Tafel hängen, präsentieren und erläutern die Schüler/-innen diese im Klassenplenum. Nach einer gemeinsamen Reflexion, was die an der Tafel hängenden Wörter über Anna und Morkel aussagen und ob dies dazu passt, wie sie im Bilderbuch dargestellt sind, kommt die erste Unterrichtsstunde mit einer ersten Charakterisierung der beiden Kinderfiguren in *Morkels Alphabet* sowie einer vorläufigen Bestandsaufnahme ihrer Annäherung aneinander zum Abschluss.

Alternativ oder zur *Binnendifferenzierung* kann für diese Gruppenarbeitsphase auch die Aufgabe gestellt werden, den Buchstaben M oder A zu wählen, diesen als schöne Initiale zu gestalten und damit eine Kurzcharakterisierung von Morkel oder Anna einzuleiten. Diese Aufgabenstellung ist stärker textanalytisch ausgerichtet und im Vergleich mit dem Auftrag zu „bedeutungsvollen" Stabreimen einfacher zu lösen. Auch dieser Arbeitsauftrag ist an eine „Vorgabe" des Bilderbuchs angelehnt und insofern vom Sachgegenstand her zu motivieren: Dessen Textseiten beginnen alle mit einem gestalteten Großbuchstaben.

Zum *Einstieg* in die zweite Unterrichtsstunde betrachten die Schüler/-innen zunächst gemeinsam das Bild, auf dem Morkels Baumhaus in weiter Höhe zu sehen ist und am Baumstamm darunter eine Vielzahl von Zetteln hängt. Es handelt sich hierbei um die Bildseite, die unmittelbar auf die Doppelseite folgt, bei der das Vorlesen des Bilderbuchs in der vorhergehenden Stunde unterbrochen worden ist. Die Zettel verweisen auf die Zeit der regen, nachmittäglichen Kommunikation zwischen Anna und Morkel – bei genauem Hinsehen ist in der Rinde des Baums, an den die Nachrichten genagelt sind, außerdem ein eingeritztes Herz mit den Initialen M und A zu entdecken.

Die Lehrerin fordert eine genaue Bildbetrachtung ein und achtet darauf, dass die Schüler/-innen bei der Beschreibung dessen, was sie sehen und was sie dahinter vermuten, den dazugehörigen Verbaltext nicht einsehen können (diesen deckt sie ab). Im Anschluss daran erhalten die Kinder das AB 7.3.A zur *Weiterarbeit und Vertiefung*. Die Schüler/-innen schreiben nun wahlweise eine Mitteilung aus Morkels oder Annas Sicht adressiert an die je andere Figur. Die Aufgabenblätter werden hier also aus der glücklichen Gegenwart des täglichen Austauschs zwischen Morkel und Anna heraus bearbeitet.

Die Nachrichten, die in dieser produktiven Einfühlung in das schriftliche Kommunikationsverhalten von Anna und Morkel entstehen, wie es im eingangs betrachteten Bild (und identisch auch auf AB 7.3.A) angedeutet ist, hängen die Schüler/-innen zur gemeinsamen Betrachtung wie an ein Anschlagbrett an die Tafel rund um das großformatig kopierte Farbbild, das die Zettel von Morkel und Anna am Baumstamm des Baumhauses zeigt. Die entstandenen Schreibprodukte werden gemeinsam gelesen und besprochen.

Nun leitet die Lehrerin über zur Wiederaufnahme des Vorlesegesprächs. Sie sagt, dass das Bild auf dem eben bearbeiteten Aufgabenblatt einen Zeitpunkt in der erzählten Geschichte darstellt, den die Schüler/-innen nun erst kennenlernen werden. Im Bild ist nämlich das verlassene Baumhaus zu sehen und die Nachrichten auf dem Baumstamm weisen auf glücklichere Zeiten zurück – dies erfahren die Schüler/-innen jedoch erst jetzt, nachdem sie einander ihre Mitteilungen von Anna für Morkel oder von Morkel für Anna präsentiert haben!

Die Lehrerin nimmt das in der ersten Unterrichtsstunde unterbrochene Vorlesen des Bilderbuchs genau bei dieser Doppelseite wieder auf, liest nun den zuvor abgedeckten Text vor und führt die Erarbeitung des Bilderbuchs mit der Methode des Vorlesegesprächs zu Ende. Wichtig ist, dass auch während dieses zweiten Vorlesegesprächs die Bilder für alle gut einsehbar sind und genügend Raum gegeben wird für Äußerungen der Kinder. Das Ende der vorgelesenen Geschichte beendet die zweite Stunde. Die Schüler/-innen gehen mit dem Eindruck der Veränderung, den die gereiften Kinder in *Morkels Alphabet* im Schlussbild auf die Betrachter/-innen hinterlassen (letzte Doppelseite im Buch), aus dem Unterricht. Die gemeinsame Reflexion über mögliche Ursachen für diese Veränderung erfolgt erst in der nächsten Schulstunde.

In der folgenden dritten Stunde kommt die Unterrichtseinheit zu *Morkels Alphabet* zum *Abschluss*. Zum *Einstieg* in die Wiederaufnahme der Arbeit mit dem Bilderbuch sollen sich die Kinder im Klassengespräch kurz miteinander darüber austauschen, wie sich Anna nach Morkels Verschwinden gefühlt hat. Dies leitet über zu der Aufgabe, aus Annas Perspektive der Hoffnung Ausdruck zu geben, Morkel würde wiederkehren. Hierzu verfassen die Schüler/-innen kurze Nachrichten von Anna für Morkel, die Anna im Frühling auf dem sprießenden Acker am Waldrand für Morkel hinterlegt (siehe Arbeitsblattvorlage AB 7.3.B zum Download). Während dieser Schreibphase soll den Kindern mindestens ein Exemplar des Bilderbuchs im Klassenraum zur Ansicht zur Verfügung stehen.

Die so entstehenden Nachrichten können danach mit einem Stein beschwert auf dem Boden platziert werden, mit der beschriebenen Seite nach oben, damit sie einsehbar ist. Die Textprodukte werden daraufhin (vor-)gelesen und diskutiert.

Möglicherweise sind Botschaften darunter, die *gegen Ende der Stunde* zu der Frage überleiten lassen, was die beiden Kinder im Bilderbuch denn eigentlich verbindet. Ansonsten stellt die Lehrerin diese selbst. Dies wird *abschließend* im Klassenplenum besprochen. Dass es eine Freundschaft ist, ist sicherlich nicht von der Hand zu weisen. Auch ein echtes Interesse am Gegenüber, gekoppelt an Offenheit und Neugier für dessen Andersartigkeit, spielt eine zentrale Rolle. Und es scheint auch eine geteilte Freude an Wortspielerei und am Schreiben von Botschaften zu sein, was die beiden zusammenfinden lässt. Ob es auch Verliebtheit oder gar Liebe ist, was Anna und Morkel aufeinander zugehen, sich suchen und am Ende wiederfinden lässt, hängt von der Deutung der Bilder und Texte ab und muss als abschließende Interpretation nicht forciert werden. Sie sollte aber im Verstehensspielraum Platz haben, wenn einzelne Kinder dies als Vermutung einbringen. Das Bilderbuch drückt dies nicht explizit aus, sondern lässt es nur als mögliche Lesart in beiden Erzählmodi des Bilderbuchs anklingen: Der Verbaltext ebenso wie die Bilder künden beide verhalten, aber keineswegs verschämt davon, dass die Geschichte auch etwas über das im Übergang von der Kindheit zum Jugendalter noch fremde Gefühl der ersten Liebe erzählt.

Ideen zur Weiterarbeit

Als mögliche Weiterbeschäftigung mit dem Motiv des fremden Kindes bietet es sich an, E.T.A. Hoffmanns Kunstmärchen *Das fremde Kind* mit der Klasse zu lesen und in Auseinandersetzung mit diesem allgemeinliterarischen Text die deutlichen Anklänge von Holes Geschichte – in den Bildern ebenso wie im Verbaltext – an Hoffmans romantische Erzählung herauszuarbeiten (dritte Doppelseite im Buch, doppelseitige Ansicht, für den Einstieg in den angestrebten Vergleich der beiden literarischen Texte). *Morkels Alphabet* würde so eine Brücke bauen zur Aneignung von allgemeinliterarischem Bildungsgut, auch in Klassen mit heterogenen Lernvoraussetzungen und ggf. auch mit Schüler/-innen aus buch- und schriftfernem Elternhaus. Die Einsicht, die sich daraus ergeben kann, ist grundlegend für den Umgang mit Literatur: Die Erkenntnis nämlich, dass literarische Texte auf vorgängigen literarischen Texten fußen und dass Literatur nicht nur anthropologische Grundfragen verarbeitet, sondern auch innerhalb eines Kulturkreises tradierte Motive aufgreift, um neue Geschichten zu generieren.

7.3.3 Aus der Praxis

Der Unterrichtsvorschlag wurde in zwei sehr unterschiedlichen schulischen Kontexten ausprobiert. Die erste Erprobung fand mit Kindern am Übergang zum Jugendalter in der sechsten Jahrgangsstufe eines Gymnasiums gegen Ende des Schuljahres statt. Hierfür standen drei Unterrichtsstunden zur Verfügung. Die zweite Erprobung gelang mit Förderschüler/-innen einer vierten Jahrgangsstufe mit dem Förderschwerpunkt Lernen, ebenfalls gegen Ende des Schuljahres und in zwei Einzelstunden. Die Ergebnisse aus den beiden Erprobungen zeigen, dass dieses Bilderbuch mannigfachen Lernvoraussetzungen ein Bildungsangebot macht und ungleichen Ausgangslagen Herausforderungen bietet, die zu meistern sind.

Erste Erprobung: 6. Klasse

Der Unterrichtsvorschlag wurde in einem städtischen Gymnasium ausprobiert, in einer Klasse mit einem sehr hohen Jungenanteil (16 Jungen, 1 Mädchen). In der ersten Stunde war neben der Klassenlehrerin auch eine Referendarin am Unterricht beteiligt. Die Jungen der Klasse ebenso wie das Mädchen waren alle durchgängig mit großem Interesse und hohem Einfühlungsvermögen bei der Sache. Für die Unterrichtseinheit standen insgesamt drei Unterrichtsstunden zur Verfügung. In dieser Erprobung kamen beide Arbeitsblätter des Unterrichtsvorschlags zur Anwendung.

Erste Unterrichtsstunde: Einstieg über das Cover des Bilderbuchs

Die Schüler/-innen wurden zu Beginn der Doppelstunde gebeten, anhand des Titels und des Buchcovers zu antizipieren, worum es im Bilderbuch gehen könnte. Dabei kamen sie von selbst relativ schnell dahin, eine erste Vermutung über die kreativen Potenziale eines eigenen Alphabets anzustellen:

Tobias: Man sieht eine Person mit einer Mütze. Sie scheint etwas zu verbergen. Man sieht nur die Augen, das ist geheimnisvoll.
Hendrik: Die Person trägt einen Pullover. Die Geschichte spielt im Winter. Es ist kalt.
Philipp: Das erinnert mich an eine andere Kultur.
Lehrerin: Warum?
Philipp: Vielleicht muss sich die Person „verschleiern".
Finn: Aber das ist eine Mütze. Andere Kultur könnte aber sein, weil da Morkels Alphabet steht.
Max: Der Morkel erfindet sich vielleicht ein Alphabet, so wie A Affe …, B Banane … usw.
Lehrerin: Lasst und mal sehen, was es mit Morkels Alphabet auf sich hat.

Erarbeitung des ganzen Bilderbuchs mittels Vorlesegespräch

Während der gesamten Unterrichtseinheit waren zwei Ausgaben des Bilderbuchs im Klassenraum präsent. Die Lehrerin las das Bilderbuch in ihren Händen in der ersten Unterrichtsstunde so vor, dass die Bilder für die eine Hälfte der Klasse gut sichtbar waren. Simultan zeigte die Referendarin die Bilder den anderen neun Schüler/-innen. Sämtliche Kinder waren die ganze Zeit über sehr aufmerksam bei der Sache.

Nach dem Satz „Alle haben ihr eigenes Alphabet, denkt Anna. Es kann lange dauern, bis man die Buchstaben versteht." unterbrach die Lehrerin das Vorlesen gezielt:

Lehrerin: Was könnte Anna damit meinen?
Tobias: Morkel schwänzt oft die Schule und kann daher vermutlich unser Alphabet nicht richtig.
Sören: Morkel hat eine eigene Sprache und reiht Wörter aneinander, die nicht zusammenpassen. Anna gefällt auch, dass er Wörter sammelt, weil er sie in den Baumstamm ritzt.
Finn: Anna hilft Morkel, neue Wörter zu lernen und spielt ebenfalls mit Anfangsbuchstaben. Sie mögen sich.

Die Schüler/-innen blickten in ihren Antworten zunächst auf Morkel. Sie bemerkten den ungewöhnlichen Umstand, dass er zwar einerseits Schule und Unterricht fern bleibt, andererseits jedoch Wörter mittels Aufschreiben sammelt. Schnell kamen sie so auch auf Annas Faszination an Morkels Umgang mit Sprache und Schrift zu sprechen. Die Deutung, dass die beiden Kinder einander im gemeinsamen Spiel mit Worten näher kommen und sich mögen, stand danach schnell im Raum.

Hinführung zur ersten Produktionsaufgabe mittels Auslotung der geschenkten Wörter

Im Anschluss an den Austausch über die zentrale Textstelle las die Lehrerin das Bilderbuch bis zum Ende vor und leitete dann mit dem Satz „Morkel und Anna schenken einander Wörter" zur ersten Produktionsaufgabe über. Hierfür klappte sie die Tafel auf, sodass die Farbkopie der Baumhausszene und die vorgefertigten Sprechblasen in den Blick kamen (siehe Abb. 7.3.1).

Aus der gemeinsamen Betrachtung des Tafelbildes entspann sich folgendes Gespräch:

Lehrerin: Welche Wörter schenkt Morkel Anna, welche Anna Morkel? Lest nochmals vor, was sie sagen. Warum wählen sie diese Wörter?
Jasper: Unheil, weil sein Vater angeblich gestohlen hat und er jetzt traurig ist, deshalb wohnt er auch alleine im Wald.
Jan: Unglücklich, weil er unglücklich ist.

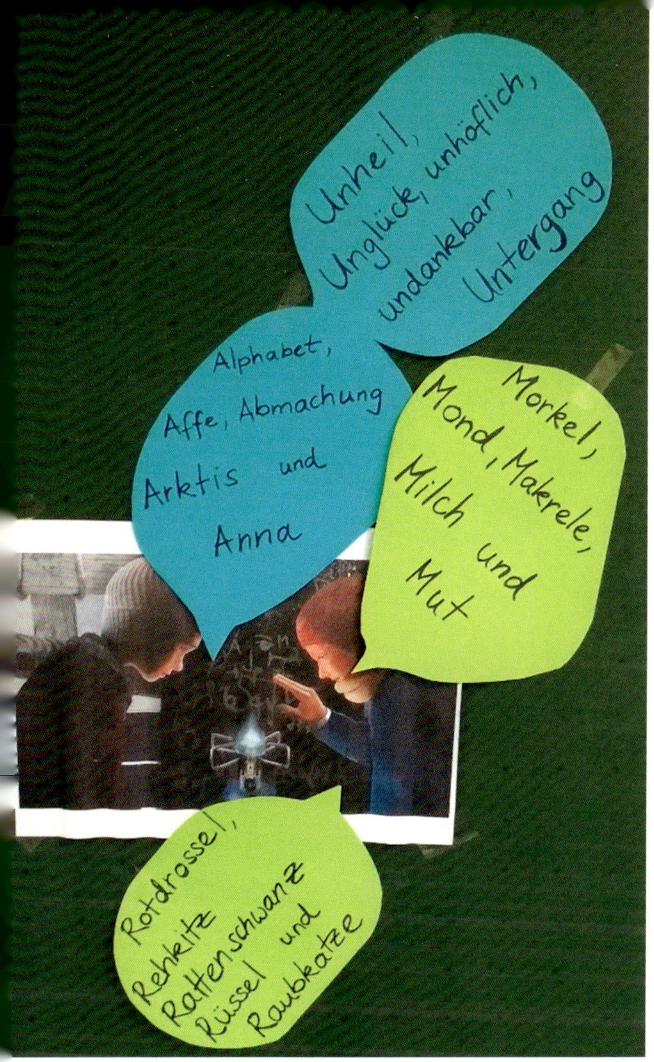

Abb. 7.3.1: Tafelbild (6. Klasse, Gymnasium) zu „Morkel und Anna schenken einander Wörter“

Arne: Vielleicht haben Leute die Wörter zu ihm gesagt und vielleicht belasten sie ihn.

Lena: Bei Morkel Unheil usw. sind negative Wörter. In der anderen Sprechblase positive, wenn sie mit Anna zu tun haben. Abmachung auch, weil sie sich immer im Baumhaus treffen.

Ben: Alphabet, Abmachung usw. Mut, Morkel usw. haben sie sich geschenkt, wenn sie zusammen sind, die anderen bedeuten, wenn sie getrennt sind.

Lehrerin: Wie meinst du das?

Ben: Die sind alle negativ (zeigt auf Rattenschwanz, Raubkatze).

Lehrerin: Was ist dann mit Rehkitz und Rotdrossel?

Finn: Anna könnte damit ja Morkel meinen. Sie fragt ihn auch, welches Tier/Vogel er wäre oder sie sagt es wegen ihrer roten Haare.

Max: In der Blase Morkel, Milch usw. steht alles, was Anna mag. Milch, weil die trinkt sie, wenn sie nach Hause kommt.

Sören: Anna ist mutig. Sie geht in den Wald, um Morkel zu suchen. Da muss sie mutig sein, wegen der Wildschweine und so.

Philipp: Was ist eine Makrele?

Lehrerin: Das ist ein Fisch. In Norwegen, wo die Geschichte spielt, ist die Makrele eine Nahrungsgrundlage.

Philipp: Ah, Morkel lebt im Wald, vielleicht fängt er sie oder kauft sie billig.

Max: Morkel wohnt im Baumhaus. Anna in einem richtigen Haus. Bei Anna gibt's Ratten im Keller, deshalb Rattenschwanz.

Lehrerin: Generell merke ich, dass ihr schon einige Verbindungen zwischen den Wörtern von Anna und Morkel seht, bei einigen seid ihr noch ein bisschen irritiert und erkennt keinen wirklichen Zusammenhang, z. B. bei Rotdrossel. Ihr seht, wir müssen noch ein bisschen näher hinsehen und die Wörter interpretieren, um Morkel und Anna besser zu verstehen.

Die Sprechblase „Rotdrossel, Rehkitz, Rattenschwanz, Rüssel und Raubkatze“ bereitete den Schüler/-innen die meisten Schwierigkeiten. Die Wörter „Rüssel“ und „Rehkitz“ tauchten kaum oder gar nicht in ihren Äußerungen auf. Außerdem tendierten sie sehr stark dazu, die Wörter alle auf Morkel bezogen zu lesen. Empfehlenswert ist daher eine didaktische Reduktion der Sprechblasen für das Tafelbild, das die produktive Weiterarbeit am individuellen Alphabet der beiden Kinderfiguren Anna und Morkel anregen soll. Es ist leichter, wenn man hierbei nur auf die zwei Stabreimketten, in denen Annas bzw. Morkels Name explizit genannt wird, fokussiert: „Alphabet, Affe, Abmachung, Arktis und Anna“ sowie „Morkel, Mond, Makrele, Milch und Mut“.

Abb. 7.3.2: Tafelbild (6. Klasse, Gymnasium) mit den Figurencharakterisierungen der Schüler/-innen (Sprechblasen und Zeichnungen)

Erarbeitung von Morkels und Annas Alphabet

Die Lehrerin stieß die weitere Auseinandersetzung mit den beiden Kinderfiguren mit einer Frage an, die zu Gruppenarbeit überleitete: „Welche Wörter würdet ihr an Annas Stelle Morkel schenken und welche an Morkels Stelle Anna? Entscheidet in der Gruppe, wem ihr die Wörter schenkt, und wählt einen Anfangsbuchstaben." Leistungsschwächeren Schüler/-innen bot sie die bildgestalterische Alternativaufgabe an: „Gestaltet den Anfangsbuchstaben der Vornamen der Kinder aus!" Mit zeichnerischer Gestaltung der beiden Initialen von Morkel und Annas Namen in einer Gruppe und Stabreimen zu Morkels Charakter aus der Sicht Annas in drei weiteren Gruppen kam die erste Unterrichtsstunde zum Abschluss.

Zweite Unterrichtsstunde: Wiedereinstieg in die Auseinandersetzung mit Morkels und Annas Alphabet

Zu Beginn der zweiten Unterrichtsstunde hefteten die Schüler/-innen ihre Schreibprodukte (Gruppen 1 bis 3) und Zeichnungen (Gruppe 4) an die Tafel, wo schon das Bild mit Anna und Morkel im Baumhaus sowie die Sprechblasen mit den Stabreimketten aus dem Bilderbuch hingen (siehe Abb. 7.3.2).

Ihre eigenen Sprechblasen mit Stabreimen hatten sie alle Anna in den Mund gelegt, mit diesen Morkel charakterisierend. Dadurch wurden alle drei Sprechblasen der Schüler/-innen so gehängt, als wenn Anna sie sprechen würde. Ihre beiden bildnerisch gestalteten Anfangsbuchstaben der Namen von Morkel und Anna brachte die Gruppe bei der jeweiligen Figur an.

Die Frage der Lehrerin „Was sagen uns eure Wörter über Morkel und Anna?" erbrachte folgende Erläuterungen der Gruppen:

Gruppe 1: Wir haben die Wörter „Norwegen", „nass", „Natur", „nett", „Nebel" und „Nirgendwo" gewählt, weil Morkel irgendwo im Nirgendwo in Norwegen lebt. Dort ist es nass und neblig. Morkel verbringt die ganze Zeit in der Natur und beobachtet dort Vögel. Er ist ein Beispiel dafür, dass man auch nett sein kann, obwohl man kein richtiges Zuhause hat.

Gruppe 2: Wir haben Wörter ausgesucht, die alle mit Baum beginnen, um zu zeigen, wo Morkel lebt. Sein Baumhaus hat den Vorteil, dass er für sich ist, die Natur beobachten kann und keine Eltern ihm sagen, was er zu tun hat. Unter der Baumkrone kann er den Vögeln nahe sein und sich zurückziehen oder z. B. mit Anna Wörter in die Baumrinde ritzen.

Gruppe 3: Wir haben „Erlebnis", „erforschen", „Ehrlichkeit", „Entscheidungen", „erlangen", „erstreben", „Erfolg" und „Eigenarbeit" geschrieben. Morkel erlebt im Wald mehr als ein Kind in der Stadt. Er weiß viel über Vögel, beobachtet und beschreibt sie Anna, daher unser Wort „erforschen". Morkel kann Anna alles sagen („Ehrlichkeit"). So auch das „Unheil", das über seine Familie gekommen ist. Er strebt nach einem anderen Leben und muss sich quasi selbst versorgen mit Milch und Makrelen; sein Leben erfordert viel Eigenarbeit bei allem, aber er entscheidet sich dazu. Das bewundert Anna.

Gruppe 4 (bildnerische Ausgestaltung): Wir haben zu A für Anna eine Raubkatze, ein Milchglas, einen Getreidehalm mit einer Botschaft, einen Elefanten, einen Rattenschwanz und eine Rotdrossel gezeichnet; zu M wie Morkel haben wir einen Rattenschwanz und eine Mini-Makrele dazu gemalt.

Bei der Erläuterung ihrer Initialen ging Gruppe 4 auf das ein, was Morkel und Anna mögen (siehe ihre gezeichneten Gegenstände und Tiere). Nur mit „Rattenschwanz" bezogen sie sich ihrer Aussage nach nicht auf Präferenzen der beiden Figuren, sondern zum einen auf das wilde Leben Morkels im Wald (siehe den Rattenschwanz in Abb. 7.3.2, der sich um das „M" Morkels windet und auf sein unzivilisiertes, „verkommenes" Leben rekurrieren soll) und zum anderen auf Ratten in Annas Keller. Wie schon in der vergangenen Unterrichtsstunde war auch hier wieder zu erkennen, dass die Sprechblase „Rotdrossel, Rehkitz, Rattenschwanz, Rüssel und Raubkatze" den meisten Interpretationsspielraum lässt.

Interessant war zudem, dass sich die stabreimenden Gruppen alle mit Morkels Alphabet beschäftigten und der Charakterisierung Annas keine Beachtung schenkten. Auf die Frage der Lehrerin „Warum habt ihr alle Morkel aus Annas Perspektive Wörter geschenkt?" äußerten sich die Schüler folgendermaßen:

- Über Anna kann man nicht so viel aus dem Buch „heraushören".
- Morkel ist die Hauptperson und die ganze Geschichte spielt sich bei ihm ab.
- Zufall
- Wir sind vom Buchstaben „B" ausgegangen und der passte besser zu Morkel.
- Anna lernt das ABC in der Schule, Morkel muss es sich selbst beibringen, daher hilft ihm Anna und schenkt ihm mehr Wörter.
- Morkel ist spannender und außergewöhnlicher; über ihn gibt es mehr zu sagen.

Vertiefung mittels Arbeitsblätter

Zum Ausklang der Unterrichtsstunde vertieften sich die Schüler/-innen in die ihnen zur Verfügung gestellten Arbeitsblätter und loteten Annas und Morkels Freundschaft in Einzelarbeit aus. Hierbei hatten sie die Wahl zwischen der Erfindung von Botschaften, die Anna und Morkel im Spätherbst vor Morkels Verschwinden im Baumhaus füreinander schrieben (AB 7.3.A), und der Verbalisierung von Nachrichten Annas für Morkel, während sie im Frühjahr auf seine Wiederkehr hofft (AB 7.3.B). Einige Kinder fragten vor ihren Aufschriften nach, ob sie Alliterationen oder Sätze schreiben sollten. Die Lehrerin ließ ihnen die Entscheidung bewusst frei.

Dritte Unterrichtsstunde: Besprechung der Texte und Deutungen zum Buch

Die dritte Unterrichtsstunde war der gemeinsamen Betrachtung und Besprechung der in der

Bild aus: Stian Hole: Morkels Alphabet. Dt. Übers. v. Ina Kronenberger. München: Carl Hanser Verlag 2016 [norw. OA 2015].

Was könnte auf diesen Zetteln stehen, die Anna für Morkel schreibt in der Zeit, als sie auf seine Wiederkehr wartet?

Nachricht geschrieben von Anna für Morkel:

Hallo Morkel, ich vermisse dich sehr und mache mir sorgen um dich. Ohne dich ist alles langweilig. Ich wüsste gerne, was du jetzt machst und wo du jetzt bist. Hoffentlich können wir uns bald wieder zusammen auf das Baumhaus legen und die Tiere beobachten. Es wäre schön wenn du mir mal ein Zettel schreiben würdest damit ich weiß wo du bist und wie es dir geht. Vielleicht baust du dir noch ein größeres zuhause das auch wärmer ist, dann must du nichtmehr frieren.
Deine Anna.

Abb. 7.3.3: Schülertext (6. Klasse, Gymnasium) auf AB 7.3.B aus Annas erspektive für Morkel

vorhergehenden Stunde entstanden Schreibprodukte der Schüler/-innen gewidmet. Dafür legten die Kinder ihre Arbeitsblätter, die als imaginäre Nachrichten Annas für Morkel auf dem Feld hinterlegt werden sollten (AB 7.3.B), mit einem Stein behaftet textseitig einsehbar auf dem Boden aus. Die Arbeitsblätter, die für das imaginäre Anschlagbrett an Morkels Baumhaus mit Botschaften beschrieben worden waren (AB 7.3.A), hefteten die Kinder mit Magneten für die nachfolgende Diskussion zur Anschauung an die Tafel.

Die Nachrichten Annas für Morkel auf AB 7.3.B drücken ausnahmslos alle den Wunsch oder die Hoffnung aus, Morkel möge zurückkehren. Den meisten Schüler/-innen gelang hierbei nicht nur die erforderliche Einfühlung in Anna; viele Schreibprodukte drücken darüber hinaus zugleich auch Empathie für Morkels Situation aus.

Im folgenden Text (auf AB 7.3.B, hier Wiedergabe in Originalschreibweise) signalisieren insbesondere die Ausrufezeichen emphatische Einfühlung in Annas Situation:

Wo bist du? Wenn du den Zettel liest dann melde dich bei mir! Komm wieder zurück! Geht es dir gut? Lass mir einen Zettel hier wenn du das liest! Ich war am Baumhaus da ist aber keiner. Wieso lässt du mich alleine? Ich vermisse dich!

Nachstehende Botschaft (auf AB 7.3.B) zeugt darüber hinaus von einem hohen Maß an Empathie für Morkel (Wiedergabe in Originalschreibweise, siehe Abb. 7.3.3):

Hallo Morkel,
ich vermisse dich sehr und mache mir sorgen um dich. Ohne dich ist alles langweilig. Ich wüsste gerne, was du jetzt machst und wo du jetzt bist. Hoffentlich können wir uns bald wieder zusammen auf das Baumhaus legen und die Tiere beobachten. Es wäre schön wenn du mir mal ein Zettel schreiben würdest, damit ich weiß wo du bist und wie es dir geht. Vielleicht baust du dir noch ein größeres zuhause dass auch wärmer ist, dann musst du nichtmehr frieren.
Deine Anna

Der poetische Anregungscharakter des Bilderbuchs ist ebenfalls gut erkennbar in den Arbeitsergebnissen der Schüler/-innen, die aus der zweiten Schreibphase stammen. Einige Kinder griffen in ihren Botschaften von sich aus erneut auf das Stilmittel der Alliteration zurück, das die meisten von ihnen schon bei der ersten Textproduktion ausprobiert hatten. Folgendes Schreibprodukt etwa (ebenfalls auf AB 7.3.B geschrieben) hebt zu diesem Zweck den Anfangsbuchstaben W augenfällig mittels Großschreibung selbst an Stellen hervor, an denen dies der Rechtschreibung zuwiderläuft (Wiedergabe in Originalschreibweise):

Wo bist du? Wann kommst du? Was ist los? Wieso bist du weg? ich Warte zu lange. Warum musstest du so schnell weg? Es War doch alles gut. Wie bist du darauf gekommen zu gehen. Wann gibt es deine Wiederkehr … Windig

Ein Zettel, der für das imaginäre Anschlagbrett an Morkels Baumhaus gedacht war (auf AB 7.3.A, von Anna für Morkel), enthält lauter Stabreime (Wiedergabe in Originalschreibweise):

Baumhaus,
Baum,
Blätter,
Baumast,
Baumhausleiter,
Bärenmutig,
Bärenstark,
Baumrinde,
Baumzweige,

Die von den Schüler/-innen verfassten Baumhaus-Botschaften sprechen allesamt davon, dass den Kindern das Interesse und die Zuneigung, die Morkel und Anna an- und füreinander empfinden, bewusst geworden ist, während sie sich eigenaktiv mit den beiden Figuren und deren Faszination füreinander auseinandersetzten. Beispiele wie die folgenden belegen dies sehr schön (Wiedergabe in Originalschreibweise):

Es war ein schöner Nachmittag Danke dass du mich in das Baumhaus gelassen hast. Es war sehr spannend mit dir zu erzählen. Dass können wir morgen noch einmal machen. Du kannst ja auch einmal in die Schule kommen.˙ vielleicht macht es dir Spaß ˙wenn du möchtest,

Lieber Morkel, immer wenn wir getrennt sind kommt mir alles langweilig vor. Du machst die Welt für mich interessant und dein Alphabet ist fantastisch, genauso wie du das schaffst alleine zu Leben. Ich vermisse dich.

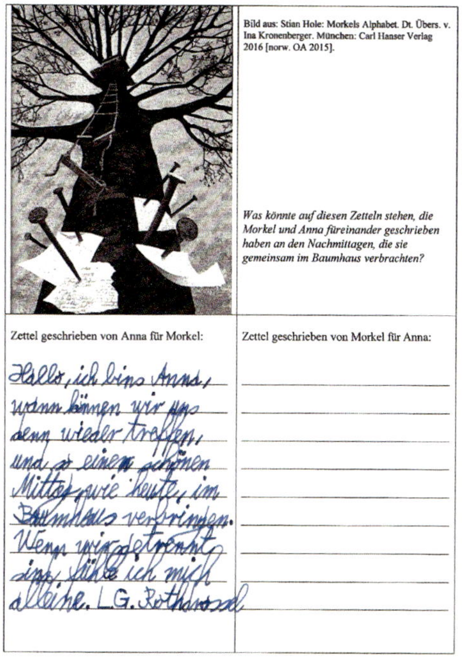
Bild aus: Stian Hole: Morkels Alphabet. Dt. Übers. v. Ina Kronenberger. München: Carl Hanser Verlag 2016 [norw. OA 2015].

Was könnte auf diesen Zetteln stehen, die Morkel und Anna füreinander geschrieben haben an den Nachmittagen, die sie gemeinsam im Baumhaus verbrachten?

Zettel geschrieben von Anna für Morkel:

Hallo, ich bins Anna,
wann können wir uns
denn wieder treffen,
und so einen schönen
Mittag wie heute, im
Baumhaus verbringen.
Wenn wir getrennt
sind, fühle ich mich
alleine. L.G. Rothdrossel

Zettel geschrieben von Morkel für Anna:

Abb. 7.3.4: Schülertext (6. Klasse, Gymnasium) auf AB 7.3.B aus Annas Perspektive (alias „Rothdrossel") für Morkel

Hallo, ich bins Anna, wann können wir uns denn wieder treffen, und so einen schönen Mittag wie heute, im Baumhaus verbringen. Wenn wir getrennt sind, fühle ich mich alleine. L.G. Rothdrossel (siehe Abb. 7.3.4)

Es war heute sehr sehr schön mit dir Anna!
Ich hoffe das wir uns bald wieder sehen und so Tage wie heute wiederholen können!
Liebe Grüße dein Morkel

Die Besprechung der Schreibprodukte leitete die Lehrerin mit folgendem Impuls ein: „Was verbindet Anna und Morkel?"
Äußerungen der Schüler/-innen hierzu:

- beide haben Mut, da Anna auf die Zettel geantwortet hat und Morkel Kontakt zu ihr sucht, obwohl er alleine im Wald lebt;
- Interesse an der Natur;
- sie werden gute Freunde;
- „first love";
- sie harmonisieren gut miteinander, weil sie sich Wörter schenken und über alles reden können;

Abb. 7.3.5: Tafelbild (4. Klasse, Förderschule) zu „Morkel und Anna schenken einander Wörter“ (mit Sprechblasen aus der Hand der Lehrerin und der Schüler/-innen)

- erst gute Freunde, dann verliebt (sieht man, weil Anna sich auf dem letzten Bild im Buch an ihn lehnt).

Zum Abschluss der Unterrichtseinheit stellte die Lehrerin die Frage: „Wieso heißt das Buch *Morkels Alphabet*“?
Äußerungen der Schüler/-innen hierauf:

- Morkels Alphabet besteht aus einzelnen Wörtern;
- beide Kinder haben ein eigenes Alphabet, andere Verhältnisse, aber sie tun sich zusammen und finden etwas, was sie beide interessiert, die Natur;
- sie erstellen sich ein gemeinsames Alphabet, indem sich Anna anpasst;
- Anna könnte Morkel lehren, mehr von ihrem Alphabet anzunehmen;
- sie könnte ihn motivieren, wieder in die Schule zu kommen.

Dass die Sechstklässler/-innen sich nicht nur in die Freundschaft zwischen Morkel und Anna einzudenken vermocht haben, sondern auch ein Verständnis für die prekäre Situation Morkels entwickelten, ist aus ihren Äußerungen ebenso wie aus ihren Schreibprodukten gut ersichtlich. Und auch für das fremde Gefühl der ersten Liebe, das sich in den Bildern und zwischen den Zeilen des Bilderbuchs abzeichnet, zeigten sie in der Mehrzahl ein erkennbar gutes Gespür.

Zweite Erprobung: 4. Klasse

Die zweite Erprobung fand ebenfalls im städtischen Raum statt, jedoch an einer Förderschule mit dem Schwerpunkt Lernen und mit Kindern der 4. Jahrgangsstufe. Es standen zwei Einzelstunden an zwei aufeinanderfolgenden Tagen für den Unterricht zur Verfügung und es nahmen 9 Kinder daran teil (5 Mädchen und 4 Jungen). Der Unterricht wurde von einer Lehramtsstudentin in Anwesenheit der Klassenlehrerin erteilt. In dieser Erprobung wurde didaktisch reduziert gearbeitet: Für die Erarbeitungsphase wurden nur die beiden Sprechblasen ins Tafelbild integriert, in denen Annas und Morkels Name vorkommen, und in der produktiven Vertiefungsphase kam nur AB 7.3.B zur Anwendung.

Erste Unterrichtsstunde: Zugang zum Bilderbuch und Textproduktion 1

Die Erarbeitung des Bilderbuchs erfolgte in dieser Unterrichtseinheit über die Methode Bilderbuchkino, begleitet vom Vorlesen des Textes und einem Bilderbuchgespräch, das sorgsam auf Verständnissicherung im Zusammenspiel mit subjektiver Involvierung der Rezipient/-innen ausgerichtet war. Das Bilderbuch wurde in der ersten Stunde nur bis zu derjenigen Buchseite vorgelesen, auf der Morkel und Anna gemeinsam in einer Baggerschaufel sitzend zu sehen sind und auf der im Begleittext vom je eigenen Alphabet der Kinder die Rede ist. Das ist unmittelbar *vor* der Textstelle, die davon berichtet, dass Anna das Baumhaus verlassen vorfindet und Morkel verschwunden ist.

Wie in der ersten Erprobung wurde auch in diesem Unterricht mit vorbereiteten Sprechblasen an der Tafel gearbeitet, um das Verständnis der Schlüsselstelle zu sichern, auf die inhaltslogisch die erste textproduktive Phase folgen sollte: „Alle haben ihr eigenes Alphabet, denkt Anna. Es kann lange dauern, bis man die Buchstaben versteht." In Orientierung an den Lernvoraussetzungen der Schüler/-innen wurden die Sprechblasen, welche die Lehrerin zur Verdeutlichung der anschließenden textproduktiven Aufgabe nutzte, jedoch auf die beiden Stabreimketten reduziert, in denen Morkels und Annas Namen vorkommen: (1) „Alphabet, Affe, Abmachung, Arktis und Anna", (2) „Morkel, Mond, Makrele, Milch und Mut". Diese Sprechblasen wurden während des Vorlesens der entsprechenden Textstelle an der Tafel auf der Farbkopie der Bilderbuchseite angebracht, welche Morkel und Anna einander gegenüber sitzend, über den Spirituskocher gebeugt, im Baumhaus zeigt.

Die Kinder sollten nun zu zweit oder dritt nach Wörtern mit gleichem Anfangsbuchstaben suchen, die entweder Morkel Anna oder umgekehrt Anna Morkel schenken könnte, weil sie zu ihr bzw. zu ihm passen. Ihre Stabreime schrieben die Schüler/-innen in große, leere Sprechblasen, welche die Lehrerin im Voraus für diesen Zweck zugeschnitten hatte. Gegen Ende der Stunde hefteten sie ihre ausgefüllten Sprechblasen ebenfalls an die Tafel. Sie platzierten sie dabei so, dass sie diese derjenigen Kinderfigur in den Mund legten, welche mit diesen Wörtern die andere Figur charakterisiert (siehe Abb. 7.3.5).

Drei Sprechblasen enthalten Alliterationen von Anna für Morkel, davon zwei mit dem Anfangsbuchstaben B und eine mit S; zwei nutzen Stabreime mit den Anfangsbuchstaben L bzw. I und sind aus Morkels Mund für Anna gesprochen. Die von den Schüler/-innen gefundenen Wörter konturieren den Handlungsschauplatz sowie die beiden Figuren der bis dahin erarbeiteten Bilderbuchgeschichte sehr passend und verraten ein feines Gespür der Kinder nicht nur für das Offensichtliche, sondern auch für die zarten Zwischentöne:

In den Sprechblasen von Anna zur Charakterisierung Morkels stehen Wörter wie Baumhaus, Boden, Baum, Büsche, Blumen, Blätter, Blühen, Blüten, Bach, Bett, Besuch, Brief, Bagger, Bilder.

Zur Charakterisierung Annas und ihrer Bedeutung für Morkel kamen den Kindern Wörter wie folgt in den Sinn, die sie zusätzlich mit kleinen Zeichnungen verzierten: Licht, Lernen, Lustig, Lesen, Leiter, Lampe, Lager, Luft, Land, Love (siehe Abb. 7.3.6).

Abb. 7.3.6: Stabreime zum Buchstaben L zur Charakterisierung Annas aus Morkels Perspektive (kooperatives Schreibprodukt, 4. Klasse, Förderschule)

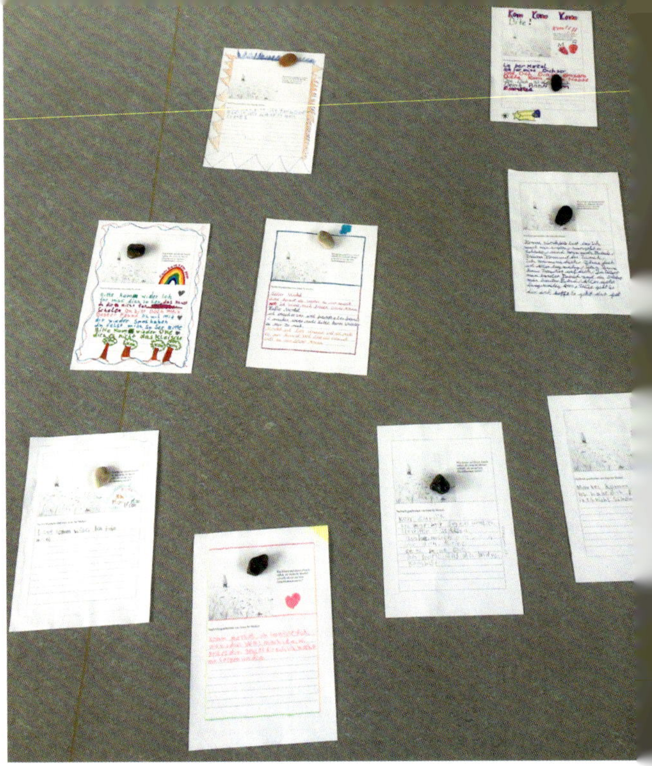

Abb. 7.3.7: Schreibprodukte der Schüler/-innen (4. Klasse, Förderschule) auf AB 7.3.B, die Nachrichten Annas für Morkel enthalten, die sein Verschwinden beklagen und seine Wiederkehr beschwören.

Zweite Unterrichtsstunde: Fortsetzung Bilderbuchpräsentation und Textproduktion 2

Der zweite Teil der zweistündigen Einheit fand am darauffolgenden Tag statt. Zum Einstieg richtete die Lehrerin die Aufmerksamkeit der Kinder auf das tags zuvor gemeinsam erarbeitete Tafelbild und fragte nach Erinnerungen an den damit verbundenen Unterricht. Dabei ging sie auf die von den Kindern gesammelten Wörter ein, die in den Sprechblasen an der Tafel hingen, und fragte nach, weshalb die Kinder diese aufgeschrieben hatten. Mehrere Schüler/-innen meldeten sich und steuerten Äußerungen zur Wiederaufnahme der gemeinsamen Arbeit bei. Auf gezielte Nachfrage erläuterten die Kinder ihre Wörter rund um Natur und Wald mit dem Handlungsschauplatz der Geschichte: „Baumhütte". Das Wort „Love" (siehe Abb. 7.3.6) erklärte eine Schülerin als das Gefühl, das Morkel vielleicht für Anna fühlen würde. Eine Schülerin fragte daraufhin nach, ob ihnen denn heute die Geschichte weiter vorgelesen würde.

Daraufhin nahm die Lehrerin das Vorlesen des Bilderbuchs an der Textstelle wieder auf, an der sie die Präsentation unterbrochen hatte. Wieder nutzte sie die technische Möglichkeit des Bilderbuchkinos und begleitete ihr mimisch und stimmlich ausdrucksvolles Vorlesen des Textes mit Äußerungen und Fragen, die den Schüler/-innen sehr zugewandt waren. Das tat sie außerdem in einer Haltung, die mit viel Geduld und Ermunterung auf Antworten zu warten verstand und den Kindern viel Zeit zum Nachdenken und zum Betrachten der Bilder ließ. Sie hatte die Sicherung des Bild- und Textverständnisses stets im Blick, zielte mit der Art ihres Vorlesens jedoch gleichzeitig auch darauf ab, dass sich die Schüler/-innen imaginativ in die Geschichte verstricken konnten. Die Kinder waren alle sehr aufmerksam bei der Sache.

Kurz vor Ende der Bilderbucherzählung unterbrach die Lehrerin das Vorlesen abermals, jetzt an der Textstelle, die besagt: „Es ist Mitte April, und Anna weiß, was sie zu tun hat." Das dazugehörige Bild konnten die Kinder dank der Beamer-Projektion an der Wand sehen: Anna kauert auf dem Feld, rund um sie herum sind Zettel verstreut, die mit Steinen beschwert sind. Die Kinder erkannten von selbst, dass auf den Papierfetzen Nachrichten Annas an Morkel stehen müssen. Daraufhin teilte die Lehrerin AB 7.3.B aus. Ihr Arbeitsauftrag lautete: „Überlegt euch, was Anna auf die Zettel schreiben könnte, die sie für Morkel hinterlegt. Schreibt ihre Nachricht für Morkel auf das ausgeteilte Blatt."

Die Kinder arbeiteten an beiden Gruppentischen emsig und konzentriert in Einzelarbeit. Es standen ihnen rund 15 Minuten zum Schreiben zur Verfügung. Wer vereinzelt Unterstützung brauchte, holte sich diese entweder selbst von der Lehrerin oder bekam sie aufmerksam von ihr angeboten. Die Kinder bewältigten die gestellte Schreibaufgabe jedoch überwiegend allein. Die Mädchen nutzten dafür farbige Stifte. Wer bereits fertig war mit Schreiben, während die anderen noch mit dem Verfassen ihrer

Botschaft beschäftigt waren, durfte den eigenen Text zusätzlich noch verzieren.

Die Unterrichtsbeobachtungen zeigen, dass die Kinder hoch motiviert waren, ihre Texte vorzutragen. Die Zuhörenden waren jeweils aufmerksam. Eine explizite Würdigung der Arbeitsergebnisse sowie Nachfragen zu den vorgelesenen Texten erfolgten jedoch nur seitens der Lehrerin. Steht etwas mehr Zeit zur Verfügung, kann man die Kinder ermuntern, ebenfalls Rückmeldungen auf die vorgelesenen Texte ihrer Mitschüler/-innen zu geben.

Wer die eigene Nachricht vorgelesen hatte, durfte nach vorn gehen und sein Arbeitsblatt mit dem Text nach oben auf den Boden legen und wie auf dem Bild im Bilderbuch mit einem Stein beschweren. Auch wer den eigenen Text nicht vorlesen wollte, durfte am Ende der Präsentationsphase sein Arbeitsblatt dazulegen (siehe Abb. 7.3.7).

Im Anschluss an die Vorleserunde der Schreibprodukte sprach die Lehrerin den Kindern großes Lob dafür aus, dass sie sich beim Schreiben ihrer Botschaften für Morkel so gut in Anna hineinversetzt hatten. Die zwei Schülerinnenarbeiten (siehe Abb. 7.3.8 und 7.3.9) veranschaulichen exemplarisch, dass das Lob vollkommen gerechtfertigt ist! Man beachte beispielsweise das zerbrochene Herz auf Abb. 7.3.9, das nicht nur inhaltslogisch völlig stimmig ist, sondern auch bildnerisch in Analogie zur Bilderbuchseite steht, auf der ein in den Baumstamm des Baumhauses geritztes Herz mit den Initialen M und A zu sehen ist. Zugleich muss an dieser Stelle aber auch hervorgehoben werden, dass die Einfühlung in die Figuren sowie das Verständnis der Geschichte, wie es beides aus den Arbeitsergebnissen der Kinder sehr deutlich spricht, in direkter Verbindung mit der Vorlese- und Texterarbeitungstechnik der Lehrerin stehen, die den Kindern sehr zugewandt war und die Bilderbuchgeschichte gut nachvollziehbar zum Leben erweckte.

Vor Wiederaufnahme des Vorlesens forderte die Lehrerin die Kinder dazu auf, Vermutungen

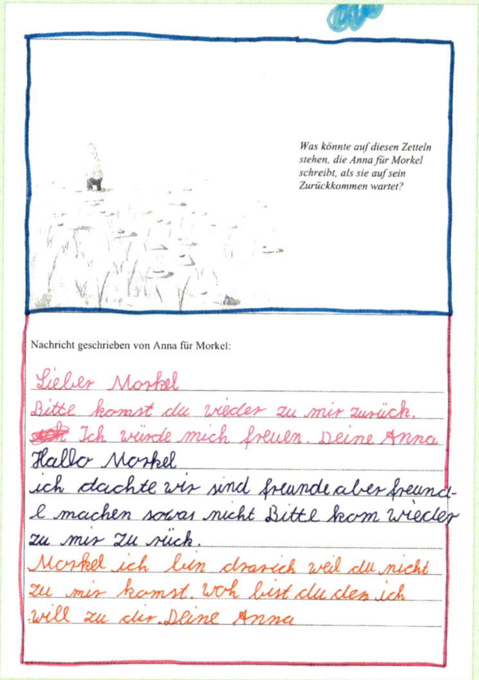

Abb. 7.3.8: Schreibprodukt einer Schülerin (4. Klasse, Förderschule) auf AB 7.3.B mit einer Nachricht Annas für Morkel

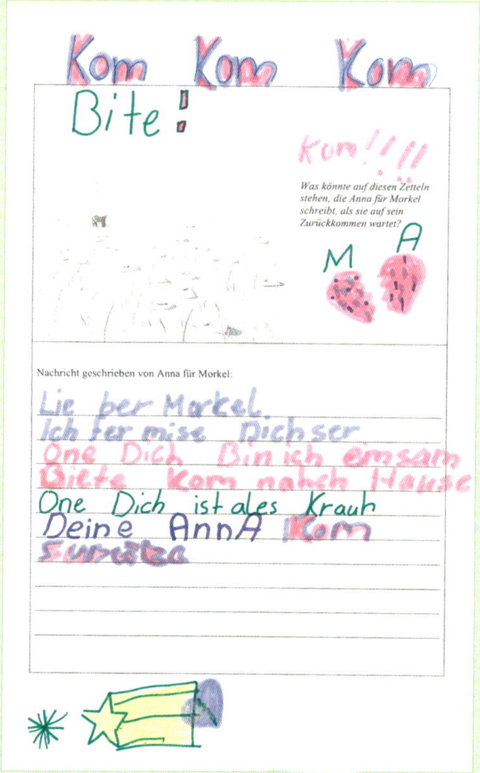

Abb. 7.3.9: Schreibprodukt einer Schülerin (4. Klasse, Förderschule) auf AB 7.3.B mit einer Nachricht Annas für Morkel (illustriert mit einem zerbrochenen Herzen)

anzustellen, wie die Geschichte wohl weitergehen könnte. Daraufhin las sie das Bilderbuch unter Vorzeigen der Bilder im Bilderbuchkino zu Ende vor. Die Schüler/-innen hörten erneut sehr aufmerksam zu.

Auf die Nachfrage der Lehrerin zum vorgelesenen Text im Schlussbild, was Morkel wohl mit „Siehst du sie?" meinen könnte, antworteten die Schüler/-innen „Vögel". Auf Aufforderung stellten die Kinder auch Vermutungen darüber an, womit die Vögel auf dem Bild beschäftigt sind: „mit Singen und Nestbau"

Mit der Frage und Anweisung „Was verbindet Anna und Morkel? Jede/-r bitte mal kurz für sich überlegen!" leitete die Lehrerin den Abschluss der Unterrichtseinheit ein. Es äußerten sich verschiedene Schüler/-innen mit Vorschlägen wie: „Wörter", „mit Wörtern Spielen", „Alphabet".

Lehrerin: Und was noch? Vorhin hat's auch schon jemand gesagt …
Sandra: Freundschaft, Liebe.
Lehrerin: Ja, genau. Und sie sind gern zusammen in der Natur. Was machen die beiden denn den ganzen Tag zusammen?
Alina: Liegen …
Ben: sitzen …
Lehrerin: Ja, sie sitzen auf dem Baum, vielleicht liegen sie aber auch einfach gern den ganzen Tag herum. Was machen sie denn sonst noch?
Paul: Quatsch machen,
Jonas: Es macht ihnen Spaß, in den Bäumen zu klettern.
Lehrerin: Ja, das stimmt. Wenn ihr jetzt nochmals darüber nachdenkt: Warum heißt das Buch denn Morkels Alphabet?
Malena: Weil's um Buchstaben geht.
Paul: Die machen halt Quatsch mit dem Alphabet.
Max: Sie spielen mit Wörtern.
Ben: Sie schreiben Buchstaben.

Der in der zweiten Erprobung auf zwei Stunden angelegte Unterricht endete damit stimmig.

7.4 Mit dem Blick durch die Kamera oder wenn das Vertraute fremd erscheint

Frank Cottrell Boyce (Text)/Carl Hunter (Fotografie)/
Clare Heney (Fotografie):
Der unvergessene Mantel
Ins Deutsche übersetzt von Salah Naoura. Hamburg:
Carlsen Verlag 2012 [engl. OA 2011]
(Kinderbuch)

AUF EINEN BLICK

Klassenstufe: 4/5/6

Zeitplanung:
Für den Unterricht mit dem Kinderbuch *Der unvergessene Mantel* von Frank Cottrell Boyce, Carl Hunter und Clare Heney sind drei Doppelstunden anzusetzen. Die Weiterarbeit kann je nach zeitlichen Ressourcen flexibel mit unterschiedlichen Zeitumfängen erfolgen (siehe unten Ideen zur Weiterarbeit). Folgende Zeitstruktur wird vorgeschlagen:

- Die erste Doppelstunde umfasst den Einstieg in das Buch sowie die Präsentation des Buchs bis einschließlich Abschnitt 11 (siehe Vorschlag zur Segmentierung Material 7.4.A zum Download), wobei je nach Bedarf die Präsentation zeitlich flexibel umgesetzt werden kann.
- In einer weiteren Doppelstunde werden die Abschnitte 12 bis 17 vorgestellt, und es erfolgt die produktive Vertiefung durch die Inszenierung eigener Fotos.
- In einer dritten Doppelstunde wird die Fotoausstellung vorbereitet. Je nach Möglichkeit kann in diese Doppelstunde auch die Bearbeitung der Fotos integriert werden.
- Wenn gewünscht, kann zusätzlich die Ausstellung der Fotos in größeren Rahmen realisiert werden. Dafür müsste eine weitere Stunde zu den sechs geplanten veranschlagt werden.

Materialien:
- ein Hippie-Mantel oder Fellmantel
- Notizzettel z. B. aus einem Zettelblock, Klettband oder Sicherheitsnadeln pro Zettel
- Vorschlag zur Segmentierung (Material 7.4.A zum Download)
- ausgedruckte Vergrößerungen der Polaroid-Fotos im Buch oder alternativ Projektionen der Polaroidfotos
- je Gruppe vier Pappstreifen aus Fotokarton (20 cm lang, 3 bis 5 cm breit) und vier Briefklammern; alternativ auf festem Papier kopierte Rahmen zum Ausschneiden
- eine Polaroid-Kamera oder alternativ Handy-Kameras,
- Requisiten für die eigenen Fotos
- Welt-Wandkarte (optional)

Abb. 7.4.1: *Der unvergessene Mantel*

Ziele des Unterrichts:

- Die Schüler/-innen sollen das Kinderbuch *Der unvergessene Mantel* kennenlernen.
- Die Schüler/-innen sollen Einblick gewinnen, was es bedeutet, auf der Flucht zu sein und ständig von der Angst um die eigene Existenz umgeben zu sein.
- Die Schüler/-innen sollen die Idee der Spiegelung des Eigenen im Fremden nachvollziehen und damit selbsttätig experimentieren.

7.4.1 Vorstellung des Kinderbuchs *Der unvergessene Mantel*

Das Kinderbuch *Der unvergessene Mantel* von Frank Cottrell Boyce ist 2012 in Deutschland erschienen und im darauffolgenden Jahr mit dem Deutschen Jugendliteraturpreis in der Sparte Kinderbuch ausgezeichnet worden. Es liegt mittlerweile als Taschenbuchausgabe vor.

Im Mittelpunkt steht die etwa elf- bis zwölfjährige Julie aus Bootle in der Nähe von Liverpool, die in der ersten Hälfte der sechsten Grundschulklasse damit beschäftigt gewesen ist, sich zu fragen, wann Shocky, ein Junge aus ihrer Klasse, sie endlich beachten würde. Als er dann nach zweihundertsiebenunddreißig Tagen einmal mit der Hand ihre Schulter berührt, ändert sich zumindest für eine kurze Zeit ihr Leben. Dies hat aber nichts mit Shocky, sondern mit den beiden Jungen zu tun, die just zur gleichen Zeit auf dem Schulhof auftauchen. Beide halten sich an der Hand und sehen an diesem Sommertag in ihren langen, mit Fell gefütterten Mänteln zwischen all den Kindern in T-Shirts seltsam deplatziert aus. Dieses Eigenwillige und auch Geheimnisvolle ist aber genau das, was Julie von Anfang an in den Bann zieht. Als Julie bald darauf von ihnen zum Guten Ratgeber, im englischen Original Guide, ernannt wird, lässt die Faszination sie nicht mehr los. Alles dreht sich für sie fortan um Dschingis und Nergui, die beiden Jungen aus der Mongolei. Sie setzt alles daran, mehr über sie zu erfahren, folgt ihnen, recherchiert im Internet und nutzt jede Gelegenheit zur Kontaktaufnahme. Alles, was die beiden tun und was sie von sich preisgeben, wird von Julie in eine magische, zauberhafte Vorstellungswelt eingeordnet und umgedeutet. So malt sich Julie die Wohnung der Familie von Dschingis und Nergui als ein Abbild des sagenumwobenen Xanadus aus, von dem sie im Internet gelesen hat. Dass die Wirklichkeit aber eine ganz andere ist, ahnt sie spätestens dann, als die Kinder von einem auf den anderen Tag nicht mehr in der Schule auftauchen, weil die Familie in der Nacht abgeschoben wurde.

Thema des Kinderbuchs ist die Begegnung und Auseinandersetzung mit dem Fremden. Es wird gezeigt, dass die Art der Annäherung immer auch von den Bildern abhängig ist, die man sich von den jeweils anderen macht. Hier in dem Kinderroman zeigt sich das konkret bei Julie, die in ihrer Begeisterung für die fremde Kultur Vorstellungen einer exotischen Welt entwirft, welche die Realität übersteigen. Sie übersieht dabei auch, dass das vermeintlich Fremde Teil ihrer eigenen Welt ist. Über die mehr philosophischen Überlegungen zum Fremden und Eigenen hinaus werden ganz konkrete Themen wie Flucht, Asyl und Abschiebung zur Sprache gebracht. Ohne Effekthascherei werden die prekären Bedingungen angedeutet, unter denen die Menschen auf der Flucht leben. Das Leid und die Angst der Menschen, die einer ständigen Bedrohung ausgesetzt sind, sind in den beschriebenen Blicken und Gesten ablesbar.

Zentrales Motiv der Geschichte ist der Mantel, der sowohl im englischsprachigen Original *THE UNFORGOTTEN COAT* als auch in der deutschen Ausgabe zugleich Titelgeber ist. Es sind die Mäntel der beiden Brüder, die ins Auge fallen und durch die sie sich von den anderen Kindern in Bootle so völlig unterscheiden. (Dschingis behauptet, es seien Adlerhaubenmäntel). Der Mantel ist hier ein Symbol für die Andersartigkeit und das Fremde. Sie dienen den Trägern zur Abgrenzung und bieten Schutz. Für Julie hingegen haben sie kultischen Status. Sie eröffnen ein Fenster zu einer anderen Welt, so wie es auf dem Cover der deutschsprachigen Ausgabe umgesetzt ist (siehe Abb. 7.4.1). Wir sehen die Umrisszeichnung eines Mantels, in dessen Mitte eine mongolische Landschaft Raum greift: Das Bild zeigt eine weitläufige Wüstenlandschaft mit schneebedeckten Bergen am Horizont. Das Motiv des Mantels durchzieht die Geschichte. Am Schluss, als die exotisch aufgeladene Welt, eingeholt durch die Realität, entzaubert wird, zeigt sich auch die wahre Herkunft der Mäntel: produziert von einer englischen Modekette und weitergereicht als Second-Hand-Kleidungsstück.

Frank Cottrell Boyce hat für *Der unvergessene Mantel* eine für ein Kinderbuch ungewöhnliche Erzählkonstruktion gewählt. Auf einer ersten Erzählebene, in der Rahmenerzählung, folgen wir der erwachsenen Julie, die ihrer alten Grundschule in Bootle kurz vor deren Abriss einen Besuch abstattet. Sie begleitet Mrs Spendlove, ihre alte Grundschullehrerin, auf deren letztem Rundgang und stößt dabei auf den Mantel von Dschingis Tuul, in dem sich noch einige Polaroid-Fotos befinden, die damals eine wichtige Rolle spielten. Die erwachsene Julie erinnert sich und erzählt nun rückblickend von den Ereignissen im Sommer ihres letzten, sechsten Grundschuljahres. Mit dem zeitlichen Abstand, mit mehr Lebens- und Welterfahrung hat die Ich-Erzählerin einen anderen Blick gewonnen und kann mitunter selbstironisch die Ereignisse von damals schildern. Situationskomik und sprachlicher Witz verhelfen, dem Thema bei aller Ernsthaftigkeit auch eine gewisse Leichtigkeit zu geben. Die Leser/-innen werden unmittelbar mit in die Geschichte hineingenommen, verstärkt wird dies teilweise durch eine direkte Ansprache. Auf einer zweiten Erzählebene wird die Binnenhandlung wiedergegeben. Hier erzählt die erwachsene Ich-Erzählerin aus der Perspektive der kindlichen Julie von ihrer Freundschaft zu Dschingis und Nergui und von den für sie damit verbundenen Gedanken und Gefühlen. Gemäß ihrer kindlichen Sichtweise ist ihr Wissen und Weltverständnis eingeschränkt. Sie kann daher noch nicht alle Ereignisse und Verwicklungen durchschauen. Dialoge und Szenen werden bisweilen unkommentiert, neutral wiedergegeben. Am Ende werden Binnen- und Rahmenerzählung zusammengeführt. Ausgelöst durch den Fund des Mantels und der Polaroid-Fotos macht sich die erwachsene Julie auf, in den sozialen Medien nach Dschingis und Nergui zu suchen. Es gelingt ihr, die beiden aufzuspüren, und so zumindest im medialen Raum an die alte Freundschaft anzuknüpfen. Eine dritte Ebene der Geschichte wird im Nachwort markiert. Hier berichtet nun der Autor selbst über den Anlass für diese Geschichte. Bei einer seiner Lesungen in einer Grundschule lernte er ein mongolisches Mädchen kennen, das wenig später von der Polizei in der Nacht mit seiner Familie aus dem Land gewiesen wurde. Diese Erfahrung, die den Autor schockierte, war der Auslöser für die Entfaltung einer fiktionalen Geschichte um Julie, Dschingis und Nergui.

Die besondere Erzählkonstruktion der drei Erzählebenen wird durch die Erzählstrategien verstärkt, die durch Wiederholungs-, Variations- und Reflexionsverfahren mit Elementen oder Teilen der Geschichte spielen. Eine besondere Rolle nimmt dabei das Motiv des Bildes im Bild ein. Das Spiel mit den Bildern des Eigenen und Fremden wird in den Illustrationen des Buchs gespiegelt. Wie in der Geschichte werden hier Polaroid-Fotos abgebildet, die Dschingis angeblich in der Mongoloi aufgenommen hat und zur Erinnerung mit sich herumträgt. Die Polaroid-Fotos eröffnen durch die Augen von Julie den Leser/-innen eine fremde Welt und geben Einblick in andere Kulturen und Landschaften. Im Laufe der Erzählung wird jedoch aufgedeckt, dass die Fotos gar nicht in der Mongolei, sondern mitten in Bootle aufgenommen wurden und im Grunde Julies eigene Welt verfremden oder aus der Sicht von Dschingis und Nergui die Landschaft um Liverpool exotisch aufladen. Das Spiel mit den Bildern in den Bildern wird zudem auch in der paratypografischen Gestaltung realisiert. Das Kinderbuch ist wie ein Schreibheft aufgemacht, hat einen blauen Einband, eine Lineatur und weist Gebrauchsspuren auf. Typografische Hervorhebungen durch handgeschriebene Initiale oder durch die Blockschrift einzelner Wörter simulieren den Charakter eines retrospektiven Tagebuchs. Damit wird das Motiv des Buchs im Buch variiert. Die kindliche Julie findet nämlich in der Manteltasche von Dschingis ein zusammengerolltes Heft mit Polaroid-Fotos und ihre Geschichte erzählt sie nun auch in einem solchen Heft.

Trotz der eher komplexen Konstruktion wirkt die Geschichte keinesfalls gekünstelt. John Cottrell Boyce ist eine leicht zugängliche und gut lesbare Erzählung gelungen. Dies hat nicht zuletzt mit der einfachen Sprache, mit kurzen Sätzen und einfachen Wörtern zu tun, in der die kindliche Ich-Erzählung den letzten Sommer in der Grundschule schildert. Die sprachliche Gestaltung weist eine Nähe zum Mündlichen auf, so als würde Julie direkt den Leser/-innen erzählen: „Dieses Foto habe ich seit dem Tag, an dem es aufgenommen wurde, nicht mehr gesehen. Bis eben. Trotzdem kann ich euch alles sagen, was ihr wissen wollt.“ (S. 7) Da der größte Teil der Geschichte aus der Perspektive der kindlichen Julie erzählt wird, bietet sie sich für die jungen Leser/-innen als Projektionsfigur an. Aber auch für erfahrenere Leser/-innen ist das Buch durchaus attraktiv. Die gedankliche Rückkehr und Einfühlung als Erwachsene in die kindliche Perspektive ist etwas, was Ältere gut nachvollziehen können. Das Verhältnis von der erwachsenen Ich-Erzählerin und dem Kind mit naiven Vorstellungen und eingeschränktem Kenntnisstand führt zu Situationskomik und Spannungserleben. Lebendig wird die Erzählung auch durch die Vielzahl sprachlicher Bilder, die Julies Vorstellungen anschaulich machen und die Leser/-innen in Julies Gedankenwelt mit hineinnehmen: „Irgendwo bei uns in Bootle lag Xanadu, verborgen wie ein Schatz.“ (Boyce 2012, 27)

Neben Julie steht Dschingis, der große Bruder von Nergui, im Mittelpunkt. Was die Leser/-innen über Dschingis und seine Familie erfahren, wird hauptsächlich durch Julie vermittelt, die jedoch lediglich eine Außensicht hat, Zusammenhänge nicht durchschaut und auch die Fluchtsituation der Familie nicht realisiert. Nur in den Passagen der wörtlichen Rede kommt Dschingis selbst zu Wort. Deutlich wird, dass Dschingis viel Verantwortung auf sich geladen hat. Es ist ihm ein großes Anliegen, seinen kleinen Bruder zu beschützen. So verteidigt er gegenüber der scheinbar gestrengen Mrs Spendlove – ihr Name verrät hingegen, dass sie ein großes Herz hat – den Platz des Bruders an seiner Seite, obwohl dieser eigentlich einer anderen Klassenstufe zugeordnet war. Dschingis setzt durch, dass sein Bruder mit

Nergui und nicht mit seinem richtigen Namen angesprochen wird und dass er seine Mütze im Unterricht aufbehalten darf. Die Mitschüler/-innen zollen Dschingis für seine Durchsetzungskraft und seinen Mut Respekt: „Das war bereits sein zweites Nein zu Mrs Spendlove. Ein Mal konnte man ja noch für ein Versehen halten. Mit dem zweiten stieg man in den Ring. Ganz klar. Vor unseren Augen spielte sich ein Machtkampf ab." (Ebd., 11) Aber auch in seiner Familie zu Hause übernimmt Dschingis die Rolle des Beschützers. Das wird deutlich, als Julie ahnungslos an der Wohnungstür klingelt und die Familie dahinter vermutlich mit dem Schlimmsten rechnet. Angedeutet wird dies durch die gedämpften Stimmen, die Stille in der Wohnung und durch die Wartezeit bis zum Öffnen der Wohnungstür. Als die Mutter schließlich aufmacht und statt der Polizei Julie erblickt, weint sie vor Erleichterung. Dschingis reagiert, zieht die Mutter in die Wohnung zurück und knallt die Tür zu. Am Beispiel von Dschingis ist auch zu erahnen, dass für das Überleben in einer fremden Welt eine gewisse Alltagsschläue wichtig sein kann, über die Dschingsi verfügt. So gelingt es ihm immer wieder, Julie auszutricksen und ihre Pläne zu durchkreuzen. Ein anderes Mal verblüfft er seine Mitschüler/-innen, indem er ihnen die Zutaten für einen Mini-Raketenabschuss verkauft, die er vorher für einen Unterrichtsversuch selbst gespendet bekommen hat. Sein Talent zur Manipulation wird nicht zuletzt durch die Inszenierung der mongolischen Landschaft mittels der Polaroid-Fotos erkennbar. Für die Leser/-innen zeigt sich Dschingis nicht leicht zugänglich, aber er weckt ihre Sympathie durch die Art, wie er den Alltag bewältigt.

7.4.2 Unterrichtsvorschlag

Es ist gut möglich, das Buch als Klassenlektüre anzubieten und durch handlungs- und produktionsorientierte Aufgaben zu vertiefen.

Möchte man eher einen Lektüreanreiz geben und nicht das ganze Buch im Unterricht lesen lassen, dann bietet sich eine Kombination von Vorlesen und Erzählen an. Einen ausführlichen Vorschlag für die Segmentierung der Kapitel und die erzählerische Gestaltung der Übergänge findet sich unter Material 7.4.A zum Download. Möglich ist auch eine Kombination aus dem Vorlesen ausgewählter Kapitel und selbstständiger Lektüre. Besonders für leseschwächere Schüler/-innen kann eine Vorabvorstellung der einzelnen Kapitel zur Orientierung bei der eigenen Lektüre hilfreich sein.

Im Folgenden werden zwei Aufgaben zur Vertiefung der Lektüre vorgestellt. Weitere Anregungen zur Bearbeitung des Kinderbuchs sind unten angeführt (siehe unten Ideen zur Weiterarbeit).

Zur *Einstimmung* auf das Buch wird zunächst ein Mantel gezeigt. Hier bietet es sich an, tatsächlich einen fellgefütterten Hippie-Mantel einzusetzen. Wie im Buch beschrieben, könnte er im Second-Hand-Laden oder in der Kleiderspende aufgefunden, ausgeliehen oder angeschafft werden. Der Mantel liegt in der Mitte des Sitzkreises. Die Kinder sitzen darum herum und betrachten den Mantel. Sie können ihn auch anfassen und seine Materialität erspüren. Nach der ersten Runde kann jedes Kind seine Wahrnehmungen beschreiben. Denkbar ist, dass die Kinder ganz unterschiedliche Wahrnehmungen zum Ausdruck bringen: Einige werden ihn vielleicht schön finden; sie werden ihn vermutlich als warm und weich beschreiben; andere werden ihn als alt bezeichnen; vielleicht wirkt der Geruch auch abstoßend. All das kann zur Sprache kommen und gesammelt werden. Nun kann übergeleitet werden zum Titel des Buchs und zum Cover. Die Kinder betrachten das Cover und äußern ihre Vermutungen, worum es in dem Buch gehen könnte. Die Lehrerin erläutert dann kurz, dass es um einen Mantel geht, der vor vielen Jahren von einem Jungen aus der Mongolei getragen wurde, der aber dann in den Fundsachen der Schule liegen geblieben ist. Doch als der Mantel wieder auftaucht, werden all die Erinnerungen an eine besondere Zeit wieder wach. Der Mantel ist eigentlich unvergessen geblieben und besonders Julie, die heute eine erwachsene Frau ist, erinnert sich sehr gut an ihre Freundschaft mit Dschingis und Nergui, den beiden Jungen aus der Mongolei. Sie erzählt in dem Buch, was sie damals als etwa 11- bis 12-Jährige erlebt hat, nachdem plötzlich die beiden Jungen in den langen Mänteln mitten im Sommer auf dem Schulhof standen. Um die Freundschaftsgeschichte mit Dschingis und Nergui zu fokussieren, könnte der Einstieg mit Shocky (der Junge, für den Julie ursprünglich schwärmt) ausgelassen werden. Ab der Einführung der Jungen auf Seite 9 bis einschließlich Seite 14 unten wird vorgelesen. Das Polaroid-Foto mit dem Adlerhaubenmantel an der Garderobe kann der Veranschaulichung dienen. Nach dem Vorlesen und auch zwischendurch können die Kinder sich äußern und nachfragen. Sie haben dann Gelegenheit, auf Zettel zu notieren, was dieser Mantel für die Jungen und für Julie bedeuten könnte. Die Notizen werden mit Sicherheitsnadeln oder Klettband an den Mantel geheftet. Auf diese Weise kann der symbolische Gehalt des Mantels veranschaulicht werden. Im Fortgang der Lektüre kann immer wieder auch auf die Bedeutung des Mantels und auf die Vorstellungen des Eigenen und Fremden zurückgekommen werden. Möglich ist auch, weitere Gedanken und Überlegungen an den Mantel zu heften. Für diese Einstiegsphase einschließlich des Austauschs über den Mantel und das Schreiben können 20 Minuten veranschlagt werden. *Im Anschluss daran* kann das Buch in Kombination von Vorlesen und Erzählen präsentiert werden (siehe Material 7.4.A zum Download). Die Erprobung in der Unterrichtspraxis hat gezeigt, dass in der ersten Doppelstunde die Präsentation des Buchs auch bis Abschnitt 12 möglich ist. Daher kann bei der Einteilung von einem gewissen Spielraum ausgegangen werden.

Einen Schwerpunkt in der unterrichtlichen Arbeit mit dem Kinderbuch sollte die Auseinandersetzung mit den Polaroid-Fotos einnehmen. Die Rolle der Polaroid-Fotos in der Geschichte müssen die Kinder vorab durchschaut haben. Die Fotos spielen mit dem Verfremden des Vertrauten und dienen somit zur Reflexion des Eigenen und des Fremden. Während des Vorlesens einzelner Abschnitte sollten daher die entsprechenden Fotos für die Kinder gut zu sehen sein. Es bietet sich an, mit Abschnitt 16 (siehe Segmentierung, Material 7.4.A zum Download) mit der eigenen Fotoproduktion einzusteigen. Die Kinder kennen bis dahin den größten Teil der Geschichte und wissen, dass die Fotos anfänglich so inszeniert wurden, als seien sie in der Mongolei aufgenommen worden. Die Kinder haben auch erfahren, dass Julie die Inszenierung aufgedeckt hat und die Fotos der Umgebung der Schule zuordnen kann. Sie werden vermutlich Julies Deutungen und auch ihre Enttäuschung nachvollziehen können, als der Irrtum auffliegt. Im Austausch könnte darüber nachgedacht werden, wie es wohl zu dieser Interpretation der Bilder gekommen sein könnte.

Im Anschluss an den Abschnitt 16 erhalten die Kinder zur produktiven *Vertiefung* die Aufgabe, in Gruppen selbst solch ein verfremdetes Foto zu inszenieren. Jüngere Kinder brauchen möglicherweise mehr Unterstützung, wie eine solche Inszenierung gestaltet werden kann. Es können Vorschläge zur Gestaltung gesammelt und Requisiten zusammengetragen werden. Zur Vorbereitung des Bildausschnitts hat es sich bewährt, einen Bilderrahmen aus Pappe anzufertigen. Hierfür werden die vorbereiteten Pappstreifen mit Briefklammern zusammengesteckt. Mit dem Blick durch den Bildrahmen versuchen die Gruppen auf dem Schulgelände oder im Schulgebäude einen geeigneten Bildausschnitt zu finden. Dabei sollte die Lehrerin darauf hinweisen, dass der Rahmen nur zur Orientierung dient und dass der jeweilige Bildausschnitt nicht genau kontrolliert werden kann. Mit Requisiten kann die Wirkung zusätzlich verfremdet werden. Haben sich die Kinder für eine Kameraperspektive entschieden, kann der Rahmen weggenommen, und es kann entsprechend fotografiert werden. Je nach Ausstattung können die Kinder selbstständig fotografieren oder sie nehmen unter Aufsicht der Lehrerin das Foto auf. Bei der zweiten Möglichkeit müsste die Lehrerin, sobald die Kinder mit der Rahmung und Inszenierung fertig sind, zu den einzelnen Gruppen gehen und fotografieren (lassen). Falls ältere Schüler/-innen ein eigenes Handy besitzen, können sie auch direkt fotografieren und die Wirkung überprüfen, ohne dass die Arbeit mit dem Rahmen erforderlich ist. Hier ist aber zu bedenken, dass Dschingis keine digitalen Möglichkeiten hatte und deshalb ein Motiv nicht mehrfach aufnehmen bzw. bearbeiten konnte. Für die Inszenierung und das Fotografieren kann eine Unterrichtsstunde veranschlagt werden.

Die weitere Bildbearbeitung ist auch von den Erfahrungen der Schüler/-innen bzw. von den zeitlichen Ressourcen, die man der Bildbearbeitung zuschreiben möchte, abhängig. So ist es denkbar, dass die Lehrerin selbst digital weiße Rahmen um die Bilder einfügt und dann die Bilder ausdruckt. Hier würde sich eine Unterbrechung der Einheit anbieten und die Weiterarbeit wäre eher am nächsten Tag möglich. Steht ein Computerraum zur Verfügung, dann könnten die Kinder zur Verfremdung noch weitere Bildbearbeitungen vornehmen. Noch einfacher ist bei älteren Schüler/-innen die Bildbearbeitung am Handy. Es kann entschieden werden, ob die Bilder ausgedruckt oder über den Computer und Beamer projiziert werden. Gibt es eine Polaroid-Kamera, könnte unmittelbar nach dem Fotografieren weitergearbeitet werden. Eine digitale Bildbearbeitung wäre dann aber nicht möglich.

Zum *Abschluss* der Unterrichtseinheit werden die bearbeiteten Fotos vorgestellt. Dafür können die Gruppen sich zunächst ihre Fotos gegenseitig vorstellen. Dann kann erraten werden, wo sie aufgenommen und wie sie inszeniert und bearbeitet wurden. Wird mit ausgedruckten Fotos weitergearbeitet, kleben die Gruppen ihre Fotos auf vorbereitete Fotokartons und finden einen Bildtitel, der die beabsichtigte Inszenierung verstärkt. Bei der digitalen Variante der Bilder ist das Einfügen eines Bildtitels problemlos möglich. Denkbar ist auch, andere Klassen oder auch die Eltern zu einem Museumsgang oder zu einer Diashow einzuladen. Dabei könnte auch das Buch präsentiert und die Geschichte erzählt werden. Sollten noch weitere Arbeiten zu dem Buch entstanden sein, dann könnten diese ebenfalls präsentiert werden.

In der Klasse könnte am Ende der Bogen zu dem Mantel geschlagen werden. So wie die Mäntel aus der Kleiderspende als Adlerhaubenmäntel inszeniert wurden, so täuschen auch die Fotos etwas anderes vor. Möglicherweise lässt sich die Unterrichtseinheit mit einem Gespräch abschließen, in dem über Bilder und Vorstellungen des sogenannten Eigenen und des Fremden gesprochen werden kann.

Ideen zur Weiterarbeit

Zur Weiterarbeit bietet sich die Aufbereitung naheliegender Themen an, eventuell auch im fächerübergreifenden Unterricht. So könnten z. B. die Begriffe Asyl, Bleiberecht oder Abschiebung recherchiert und aufbereitet werden (siehe Kap. 6.6.2 Unterrichtsvorschlag zu dem Kinderbuch *33 Bogen und ein Teehaus*). Ebenso könnten Informationen über die Mongolei zusammengestellt werden.

Folgende Internetseiten geben für Schüler/-innen ab Klasse 4 dazu verständliche Informationen:

- https://www.hanisauland.de/lexikon/a/asyl.html

- https://klexikon.zum.de/wiki/Asyl
- https://www.religionen-entdecken.de/lexikon/a/asyl
- https://www.bundesregierung.de/Content/DE/Artikel/2014/12/2014-12-03-reform-bleiberecht.html
- https://www.hanisauland.de/lexikon/l/landesverweis.html

Informationen über die Mongolei

Folgende Internetseiten geben für Schüler/-innen ab Klasse 4 verständliche Informationen dazu:

- https://klexikon.zum.de/wiki/Mongolei
- https://www.kinderweltreise.de/kontinente/asien/mongolei/daten-fakten/

7.4.3 Aus der Praxis

Die Unterrichtsreihe wurde mit 16 Kindern einer 4. Klasse in einer ländlichen Region von einer Lehramtsstudentin im Beisein der Klassenlehrerin durchgeführt. Die Umsetzung des Unterrichtsvorschlags erfolgte im Rahmen von drei Doppelstunden. In der Klasse waren keine Kinder mit Flucht- oder Migrationshintergrund. Die Kinder waren aber mit der Problematik der Menschen auf der Flucht vertraut, weil in ihrer Region seit etwa 2015 viele Unterkünfte für Menschen auf der Flucht eingerichtet wurden und die damit verbundenen Fragen und Themen in Gesprächen in der Schule und in den Familien aufgegriffen wurden.

Die Kinder saßen während der gesamten Präsentation des Buchs im Kreis. Obwohl die Lehrerin im Vorfeld etwas Bedenken hatte, dass es ohne Wechsel der Sozialform zu Unruhe kommen könnte, erwies sich die geplante Vorlese- und Gesprächssituation als sehr angemessen für die Auseinandersetzung mit dem Gegenstand. Es gab über die gesamte Unterrichtszeit hinweg keine Störungen. Eher war es so, dass die Kinder sehr aufmerksam und interessiert am Fortgang der Geschichte waren.

Orientiert an dem Vorschlag der Segmentierung wechselte die Lehrerin das Vorlesen der ausgewählten Kapitel mit dem zusammenfassenden Erzählen ab. Zwischendurch bestand für die Kinder immer Gelegenheit, sich über das Gehörte auszutauschen, das Verhalten der Figuren zu deuten und den Fortgang der Geschichte zu antizipieren.

Der Vorschlag, auf diese Weise die Geschichte zu präsentieren und dafür als Sozialform den Sitzkreis zu nutzen, hat sich somit in der Unterrichtspraxis bestätigt und kann empfohlen werden. Dennoch ist anzuregen, kurze Pausen zwischen den einzelnen Unterrichtsstunden bzw. zwischen den einzelnen Einheiten und auch eine größere Pause zwischen den beiden Doppelstunden einzubauen. Diese bieten den Kindern die Möglichkeit, sich nach den sehr konzentrierten Phasen zu bewegen, zu entspannen und gegebenenfalls etwas zu essen und zu trinken. Dies hat sich jedenfalls in der oben genannten Klasse bewährt. Die Kinder können sich nach den Pausen erfrischt und aufmerksam wieder auf das Buch einlassen.

Einführung in das Buch und Austausch über die Bedeutung des Mantels

Für den Einstieg in den Unterricht konnte die Lehrerin aus dem Kleiderbestand der eigenen Großeltern einen alten Pelzmantel organisieren, welcher eine Alternative zum oben beschriebenen Hippie-Mantel war. Dieser lag in der Mitte und wurde von den Kindern zunächst befühlt und ertastet. Die Kinder beschrieben die Oberfläche als weich, aber auch ein bisschen fester. Schnell wurde vermutet, dass es sich um ein Tierfell handeln würde.

Die Überleitung zu Cover und Titel des Buchs löste bei den Kindern viele Ideen aus. Folgende Äußerungen dokumentieren einige ihrer Sinnkonstruktionen. Die Formulierungen lassen erkennen, dass die Kinder das Cover und den Titel als anregungsreich wahrnahmen und unmittelbar narrative Zusammenhänge entfalteten.

Jan: Es könnte in dem Buch um einen Mantel gehen, der nicht vergessen wird. Das sagt der Titel eigentlich schon.
Bert: Auf dem Hintergrund sieht man eine Wüste, glaube ich. Oder ein Vulkan. Und ich hätte mal gedacht, dass der [Mantel] da irgendwo liegt.
Zoe: Dass ihn jemand gefunden hat …
Bert: Ja, vielleicht ein kleines Kind mit seinem Opa.
Rebecca: Hier steht ja: Der unvergessene Mantel. Also muss es ein besonderer Mantel irgendwie sein. Und vom Bild her müsste es um eine andere Gegend als hier gehen.
Lehrerin: Wieso meinst du eine andere Gegend?
Rebecca: Es ist anders als bei uns. Ich sehe Berge und auch Wüste ein bisschen. Und bei uns ist es ja eher so grün und Häuser und Wald. Und hier ist eher kein Wald.
Bert: Weil der Mantel so eine Wüste zeigt, könnte das ein Mantel sein, der seine Farbe ändert.
Kian: Es könnte ja eher so ein unsichtbarer Mantel sein.
Nina: Ja, das hab ich auch so gedacht: Durchsichtiger Mantel.
Bert: Ja, genau, ein Mantel, der sich mit der Umgebung verbindet.

Nach dem Austausch lüftete die Lehrerin das Geheimnis und stellte den Ort der Handlung vor. Die Kinder kannten die Stadt Liverpool durch die bekannte Fußballmannschaft. Auf einer Weltkarte konnten sie Großbritannien und Liverpool identifizieren. Den Namen Mongolei hatten sie zwar schon gehört, hatten aber nur eine vage Vorstellung von der geografischen Lage. Ein Mädchen wusste, dass die Mongolei in der Nähe von China läge. Hilfreich war daher die Verwendung einer Wand-Weltkarte, auf der die Kinder die Handlungsräume der Geschichte zuordnen konnten. Aufgrund dieser Beobachtung ist bei der Umsetzung der Unterrichtseinheit der Einsatz einer Karte zu empfehlen. Weitergeführt werden könnte die Arbeit mit der Weltkarte derart, dass die Kinder Selbstklebepunkte oder Selbstklebezettel auf die Orte kleben, damit sie auch während der weiteren Einheit einen Anhaltspunkt zur Entfernung erhalten können. Die Lehrerin entschied, zunächst Abschnitt 2 der vorgeschlagenen Segmentierung (S. 9 bis 17) vorzulesen und erst im Anschluss daran die Kinder Vermutungen zur Bedeutung des Mantels aufschreiben zu lassen. Dies ist durchaus als gelungene Alternative zu dem Vorschlag oben zu werten, der vorsieht, dass zuerst Vermutungen zur Bedeutung des Mantels gesammelt werden, bevor vorgelesen wird. Die Überlegungen der Kinder geben Aufschluss darüber, dass sie sich durch die gewonnenen Informationen sehr sensibel auf die Symbolhaftigkeit des Mantels einlassen konnten:

- Ein Symbol aus ihrer Heimat oder Andenken.
- Vielleicht ist der Mantel ein Schutz für sie, damit sie sich nie vergessen.
- Eine Erinnerung an die Mongolei.
- Dass sie sich erkennen.
- Vielleicht ist es so ein Wundermantel. Er ist zu jeder Jahreszeit geeignet und beschützt die Menschen, die ihn tragen.
- Leben, Heimat, Abenteuer.
- Friede, Leben, Schutz, Freundschaft und Brüder zu sein.

Austausch über die Fotos und ihre Inszenierung

Im nächsten Schritt erzählte die Lehrerin von Julies Fund in den Manteltaschen (S. 19 bis 24, Abschnitt 3). Sehr zu empfehlen ist das methodische Vorgehen der Lehrerin, welche die einzelnen Polaroid-Fotos, die im Buch abgebildet sind, zur besseren Sichtbarkeit noch einmal vergrößert kopiert und diese Fotos in die Taschen des Mantels in der Kreismitte gesteckt hatte. So war es möglich, dass die Kinder Julies Entdeckung selbst nacherleben konnten, indem sie auch aus den Manteltaschen die Polaroid-Fotos herauszogen. Auf diese Weise wurde Julies Tätigkeit nicht nur handelnd nachgeahmt, sondern auch die Spannung gesteigert und das Interesse geweckt, welche Bedeutung die Bilder haben könnten. Die Kinder identifizierten die Fotos als Produkte einer Sofortbildkamera. Einige von ihnen hatten selbst eine solche Kamera zu Hause und kannten zumindest das technische Verfahren.

Auch im weiteren Verlauf nutzte die Lehrerin die Methode, die Kinder den Vorleseabschnitten entsprechend weitere Polaroid-Fotos aus der Manteltasche ziehen zu lassen. Die Kopien wurden im Kreis um den Mantel herum ausgelegt. Der Lehrerin gelang es somit, die Kinder zur genauen Betrachtung anzuregen und das Gehörte mit den Bildern abzugleichen. Bei allen Deutungen war zu erkennen, dass die Kinder vergleichbar wie Julie die Fotos als Abbildungen des Fremden deuteten, als Dokumente der Erinnerung oder eines fernen Landes.

Zoe: Die Bilder haben bestimmt etwas zu bedeuten. Es sieht so ein bisschen nach verschiedenen Jahreszeiten aus.

Katja: Ich glaub eher, dass es Erinnerungen sein sollen für bestimmte Momente.

Bert: Ich glaub auch, dass es so Erinnerungen sind, so Bilder von der Mongolei.

Jan: Das hier sieht so aus wie ein Falke oder so ein Adler. Es hat vielleicht mit der Mongolei zu tun. So Erinnerungen an die Heimat.

Die Aufdeckung im weiteren Verlauf der Geschichte, dass es sich bei den Polaroid-Fotos um Inszenierungen des Fremden handelte, löste Verblüffung bei den Kindern aus. Während die Lehrerin die Stelle vorlas, als Julie ihre Täuschung bemerkte (S. 60 bis 63), Abschnitt 13), nahmen die Kinder verhalten miteinander Blickkontakt auf und äußerten mimisch ihre Verwunderung (Hochziehen der Augenbrauen, leichtes Lächeln). Allerdings brachten sie verbal keine besondere Verwunderung zum Ausdruck. Es wurde zunächst von ihnen nicht formuliert, dass Dschingis mit den Polaroid-Fotos eine mongolische Landschaft inszeniert hatte, die nicht mit der vermeintlichen Wirklichkeit in Bootle übereinstimmt. Einige versuchten in den falschen Fotos einen Grund für die Angst der mongolischen Familie zu finden: Die Familie hat Angst, dass das rauskommt, dass die Fotos nicht echt sind. Andere Kinder waren jedoch skeptisch, weil sie meinten, dass dies kein ausreichender Grund für die Angst der Familie sei. Erst als der Abschnitt über den Strand von Bootle (S. 89 bis 90, Abschnitt 17) von der Lehrerin vorgelesen wurde, äußerten die Kindern, dass Dschingis die Landschaft so fotografiert hat, dass es aussieht, als wäre es in der Wüste aufgenommen. Im Anschluss daran legte die Lehrerin noch einmal die Fotos aus und ließ die Kinder diese kommentieren.

Bea: Bei diesem hier könnte es einfach sein, dass er ganz nah rangegangen ist und einfach Steine fotografiert hat, und dann sieht es aus, als sei es ein Berg.

Zoe: Dann hat er die Riesenblume, ich hab ja wirklich gedacht, dass sei eine Riesenblume, aber dann ist er wahrscheinlich in die Hocke gegangen und hat dann von unten fotografiert.

Bert: Er musste die Kamera auf den Boden legen, damit er die Blume fotografieren konnte.

Jan: Ich glaub nicht, dass das mit einer normalen Kamera gemacht wurde. Ich glaub eher, dass das nochmal bearbeitet wurde.

Philipp: Ne, so'ne gute Sofortbildkamera gibt's nicht. Dann müsste man so nah fotografieren, wenn die Blume so klein wäre [zeigt 30 cm vom Boden].

Jan: Bei meiner Handykamera kann man auch noch was verstellen.

Lehrerin: Ich habe euch eine Polaroid-Kamera mitgebracht und mit der probieren wir auch mal aus, ob wir unseren Schulhof oder unsere Wiese hinter der Schule auch in einen anderen Ort verwandeln könnten.

Nachgestaltende produktive Umsetzung: eigene Foto-Inszenierungen

Die Kinder nahmen den Vorschlag, Polaroid-Fotos von ihrer Umgebung herzustellen, hochmotiviert auf, tauschten sich über Bildmotive aus und überlegten, was sie aus ihrem Umfeld inszenieren könnten. Die Lehrerin wies darauf hin, dass die Kinder sehr genau gucken und auch eher unbeachtete Bildmotive in den Blick nehmen sollten. Auch Julie habe vorher nicht auf die Blumen geachtet und sei erst durch die Fotos auf sie aufmerksam geworden. Die Lehrerin verteilte an alle Kinder auf festerem Papier kopierte Rahmen, welche die Kinder zunächst zuschneiden sollten, um damit dann das Einzelbild anzuvisieren. Im Unterschied zum Unterrichtsvorschlag war es in dieser Klasse möglich, dass jedes Kind sein eigenes Foto erstellen durfte. Etwa 30 Minuten waren die Kinder damit beschäftigt, auf ihrem Schulhof herumzugehen, Motive zu suchen und Perspektiven zu erproben.

Es war sehr beeindruckend zu sehen, wie ernst die Kinder die Aufgabe nahmen. Einige unterstützen sich gegenseitig und gaben sich Tipps, zum Beispiel, welche Perspektive zu empfehlen sei. Viele legten sich auf den Boden, kletterten oder waren im Gebüsch unterwegs, um den passenden Ausschnitt zu finden. Zu keinem Zeitpunkt wirkten die Kinder gelangweilt. Selbst als bereits einige von ihnen ihre Polaroids hatten und nur noch auf die anderen Kinder warten mussten, waren sie sehr interessiert an deren Motiven und warteten gemeinsam immer ganz gespannt darauf, bis das Bild vollständig zu sehen war.

Allerdings zeigten sich dann einige Kinder enttäuscht, weil sie sich eindrucksvollere Ergebnisse versprochen hatten. Teilweise waren auch noch ungeplante Objekte mit abgebildet, wie Finger oder Schuhe. Den Kindern sollte vorab klar sein, dass die Vorbereitung mit dem Rahmen nur eine Orientierung über den Bildausschnitt geben kann. Auch die Lehrerin erläuterte, dass das Gelingen des Polaroid-Fotos weniger gut vorauszusehen sei als bei anderen Fototechniken, aber das sei bei Dschingis auch so gewesen. Sie ermutigte die Kinder, ihre scheinbar weniger attraktiven Motive durch einen treffenden Titel so zu inszenieren, dass es den Ausschnitt aus der gewohnten Umgebung verfremdet. Die Kinder griffen diesen Vorschlag sehr motiviert auf, erprobten Formulierungen auf Schmierpapier und berieten sich gegenseitig. Dabei orientierten sie sich auch an den Motiven des Buchs und verwendeten den Namen Mongolei. Am Ende durfte jedes Kind seinen Titel in Schönschrift auf eine Faltkarte schreiben und ausgestalten. Für die Präsentation der Ergebnisse kamen die Kinder wieder im Kreis zusammen, stellten ihre Faltkarte mit dem Titel und dem Foto vor sich auf den Boden. Die Kinder durften reihum ihren Titel nennen, ihr Foto zeigen und erläutern, warum sie sich für das Bildmotiv und den Titel entschieden hatten.

Die folgenden Beispiele (siehe Abb. 7.4.2 und 7.4.3) vermitteln einen Eindruck von den Arbeitsergebnissen und den Überlegungen der Kinder.

Kommentar von Bert: Ich hab meins „Das Gefängnis der Mongolblumen“ genannt. Weil hier hab ich ein paar Pfingstrosen entdeckt. Die standen an dem Zaun. Da fand ich, das sieht aus wie ein Gitter. Und das passt irgendwie zu Gefängnis.

Kommentar von Fynn: Meins ist „Der Angriff des Riesen“, weil ich wollte erst das Bild da nehmen mit der Blume. Und dann habe ich gesehen, dass da Janines Füße hinten im Bild sind. Und dann habe ich überlegt: Mmh, was mache ich daraus? Und dann hat mir Bert wei-

Abb. 7.4.2: Das Gefängnis der Mongolblumen (Faltkarte mit Foto und Bildunterschrift von Bert, 4. Klasse)

Abb. 7.4.3: Der Angriff des Riesen (Faltkarte mit Foto und Bildunterschrift von Fynn, 4. Klasse)

tergeholfen. Dann hat er gesagt, das könnte doch ein Riese sein. Und dann hab ich das genommen.

Die Thematisierung der Angst

Dass auf Dschingis' und Nerguis Familie Angst lastet und dass sie sich in einer prekären Lebenssituation befinden, wurde von den Kindern der Klasse in verschiedenen Unterrichtsabschnitten im Gespräch angesprochen. Als die Lehrerin vorlas, dass sich jeder in dem Haus fürchtete (S. 52 bis 56, Abschnitt 11), äußerten sich die Kinder unmittelbar dazu.

Jens: Vielleicht wegen dem kleinen Bruder.

Jan: Ich wollte zwei Sachen sagen. Einmal vorhin, da haben die ja gesagt, dass da ein großer Haufen war, vor dem Haus und dass da zwei Kinder drauf saßen. Und das hat mich dann irgendwie an die zwei Kinder erinnert, die mit dem Mantel. Und vielleicht, dass die … dass die … die Polizei hinter ihnen her ist.

Lehrerin: Und meinst du, dass sie deswegen Angst haben und dass die Mutter auch Angst hat?

Rebekka: Vielleicht denken sie, wenn sie irgendetwas Geheimes haben, der Dschingis und der Nergui, und vielleicht denken sie, dass die Julie sie verraten hat. Obwohl sie ja befreundet waren, denken sie, dass die Julie irgendwas verraten hat.

Nina: Vielleicht haben die Angst, dass sie ausgeraubt werden. Weil da war ja auch ein großer Haufen, aus Schrott, sag ich mal, vielleicht wird ja da auch öfter was geklaut.

Laura: Vielleicht wollen die ja woanders hinziehen, weil sie irgendwas Geheimes haben. Und die denken jetzt, dass die Julie, die hat ja auch den Mantel an, dass die das jetzt verraten wird.

Janine: Die Julie hat ja in der Schule ganz viel erzählt über die Mongolei. Und die Mutter hat das rausgefunden, weil der Dschingis das erzählt hat zu Hause und die ist nicht darüber begeistert. Deswegen ziehen sie jetzt um, weil sie Angst hat, dass da noch mehr rauskommt, und dass sie über sie was sagen oder so.

Jan: Ne, ich glaub … es könnte sein, dass das Haus abgerissen wird und auch der Turm nebendran, und dass sie wieder zurückmüssen, aber nicht zurückwollen.

Lehrerin: Wohin meinst du?

Jan: In die Mongolei, aber die wollen alle nicht zurück.

Lehrerin: Und du meinst deswegen haben sie Angst.

Jan: Vielleicht ist in dem Land Krieg und sie wollen nicht zurück. Aber sie müssen zurück wie die Flüchtlinge.

Noah: Vielleicht können sie die Miete von dem Haus nicht bezahlen. Und steht ja, da war so ein langer Flur.

Lehrerin: Du meinst, die Wohnung ist groß?

Noah: Ja, da war ja ein langer Flur. Vielleicht ist die Wohnung zu teuer.

Verschiedene Gründe wurden von den Kindern angeführt, um die Angst der Familie zu erklären. Neben Familiengeheimnissen und finanziellen Problemen wurde auch die Angst vor der Abschiebung eingebracht, über die die Kinder über die Medien informiert sein könnten. Dass die Erklärungen sie selbst nicht so richtig überzeugten, bestätigte sich im weiteren Verlauf des Unterrichts, als die Kinder darüber sprachen, warum Dschingis und Nergui nach dem Strandausflug anscheinend nicht nach Hause gehen wollten (Textpassage S. 89 bis 90, Abschnitt 17). Die Kinder zeigten sich verwundert darüber, dass die beiden Jungen nicht heimgehen wollten. Sie vermuteten, dass sie mit der Mutter Streit hatten oder aus einem anderen Grunde Angst haben müssten. Dass es mit der Fluchtsituation und der Angst vor der Abschiebung zu tun haben könnte, durchschauten sie in dieser Unterrichtsphase noch nicht. Die Lehrerin kommentierte die Äußerungen der Kinder nicht, sondern las stattdessen die Textpassage S. 92 bis 93 (Abschnitt 18) vor. Von der Wendung der Geschichte waren die Kinder sehr bewegt, fast alle Kinder meldeten sich unmittelbar zu Wort.

Dass die Familie fortwährend Angst vor der Abschiebung hatte, konnten die Kinder jetzt jedoch gut nachvollziehen und nun zugleich vorausgegangene Szenen und Situationen erschließen. Ihre Kenntnisse über Menschen auf der Flucht und Krisengebiete dieser Welt konnten die Kinder einbringen und vor diesem Hintergrund das Verhalten der Familie erklären. Darüber hinaus stellten die Kinder Vermutungen über die Bedeutung der Fotos und Gründe für deren Inszenierung an.

Nina: Deswegen auch die Koffer da. Da waren doch Koffer und Taschen in der Wohnung.

Janine: Das erklärt auch, warum der nicht nach Hause wollte, weil er hatte dann auch keine Chance mehr wegzulaufen.

Noah: Das erklärt für mich auch, warum die Mutter am Anfang auch geheult hat. Weil sie aus dem Land wegmusste. Und es hat ihr da gut gefallen.

Bert: Am Anfang hat sie lange nicht aufgemacht, weil sie dachte, dass die Polizei da ist. Deswegen hat sie auch nicht aufgemacht. Und erst als sie geklopft haben, hat sie aufgemacht.

Jan: Ich habe ja auch am Anfang gedacht, dass die Polizei kommt, dass irgendwas mit denen nicht stimmt, denn die waren ja auf einmal dort. Und jetzt müssen sie zurück in ihr Heimatland.

Lea: Ich denke, dass er abgehauen ist, weil er gedacht hat, wenn die Polizei kommt und er nicht da ist, dann können sie ja auch nicht ohne ihn wegziehen.

Kim: Das erklärt für mich jetzt einiges. Ich verstehe das auch, wenn es einem in einem Land gut gefällt und man dann wegziehen muss, dann ist es auch blöd.

Rebekka: Ich denke auch, wo der Dschingis Verräterin sagt und der Nergui sie angespuckt hat, dann denken sie auch, dass die Julie sie der Polizei verraten hat.

Janina: Ich kann auch verstehen, dass der Dschingis Verräterin sagt. Julie fühlt sich so auch, weil sie ihn dazu gebracht hat, wegzugehen. Und vielleicht ist in dem Land, wo sie hingehen, vielleicht ist da auch Krieg. Deshalb sind die auch weggegangen und deshalb weint auch die Mutter, weil sie dahin zurückmüssen und sie um ihre Kinder Angst hat.

Jan: Beim ersten Mal, als die Julie und ihre Mutter an der Wohnungstür waren, da haben die ja jemanden streiten gehört. Da haben sie sich wahrscheinlich darüber gestritten, dass sie wegmüssen.

Tom: Für mich ist noch etwas offen. Warum hat er denn die Bilder geschossen?

Fynn: Damit alle denken, dass er aus der Mongolei kommt.

Tom: Kommt er ja. Aber warum hat er die Bilder so geschossen?

Anna: Vielleicht wusste der Dschingis, dass sie nicht lange in Bootle bleiben können. Deswegen hat er die Fotos gemacht und so erscheinen lassen, dass sie so aussehen wie aus dem Land, wo sie herkommen.

Rebekka: Die müssen ja dahin zurück, aber die wollen ja nicht in die Mongolei zurück. Anna, warum sollten denn die Bilder so aussehen wie in der Mongolei?

Zoe: Vielleicht hat der Dschingis das so fotografiert, dass es wie ein Andenken an die Mongolei ist.

Die Gesprächssequenz zeigt, dass im Unterricht die Inszenierung der Fotos bis zum Schluss noch Fragen aufgeworfen hat. Die Kinder deuteten die Fotos als Erinnerung an die Heimat, welche die Familie verlassen musste. Sie verstanden, dass die Familie ihre Heimat vermisst und eventuell bei der Flucht keine Andenken mitnehmen konnte. Anzuregen wäre auch auf einer zweiten Reflexionsebene mit den Kindern darüber zu sprechen, dass durch die Fotos Auffassungen über das Eigene und das Fremde gespiegelt werden und dass diese daher zum Nachdenken anregen, welche Bilder wir uns vom sogenannten Eigenen und Fremden machen. Am Beispiel der Polaroid-Fotos wird deutlich, dass auch das Vertraute fremd erscheinen kann.

Dass die Geschichte um Dschingis und Nergui im kinderliterarischen Sinne zu einem guten Ende kommt, nahmen die Kinder mit großer Erleichterung auf. Sie schauten sich das letzte Polaroid-Foto an, das die beiden als erwachsene Männer zeigt. Dass die Geschichte einen tröstlichen Schluss hat, konnte aber die Kinder nicht darüber hinwegtäuschen, dass Menschen auf der Flucht weiterhin existenziellen Bedrohungen ausgesetzt sind. Da die Kinder über Vorwissen über Flucht verfügten, kann angenommen werden, dass für sie durch das Buch die Lebenssituation und das Lebensgefühl der Betroffenen konkreter geworden ist und somit auch näher gerückt ist.

Im Nachgang und mit zeitlichem Abstand zeigten sich die Kinder immer noch begeistert von der Unterrichtseinheit. Sie betonten, dass die Auseinandersetzung mit dem Buch großen Spaß gemacht habe. Der Eindruck der Lehrerin war auch, dass das genussvolle Zuhören die Attraktivität der Unterrichtseinheit besonders befördert habe. Diese Art des Zugangs zu Literatur war für die Kinder neu, da sie mit Klassenlektüren immer auch die Bearbeitung einer großen Anzahl von Arbeitsblättern verbanden. Dass diese Art der Bearbeitung hier nicht gefordert wurde, bedeutete für sie eine Entlastung und mehr Literaturgenuss.

7.5 Erinnerst du dich noch? Kindheiten hier und dort

Luna Al-Mousli (Text und Fotografie):
Eine Träne. Ein Lächeln
Meine Kindheit in Damaskus
Zweisprachig Arabisch-Deutsch.
Frankfurt am Main: weissbooks.w 2015
[EA Taschenbuch]
(Text-Foto-Buch/autobiografische Kindheitserzählung)

Luna Al-Mousli (Text und Illustration):
Eine Träne. Ein Lächeln
Meine Kindheit in Damaskus
Zweisprachig Arabisch-Deutsch.
Frankfurt am Main: weissbooks.w 2017
[Zweite Auflage der Sonderausgabe 2016]
(autobiografische Kindheitserzählung)

AUF EINEN BLICK

Klassenstufe: 4/5/6

Zeitplanung:
Für den Unterricht mit der autobiografischen Kindheitserzählung *Eine Träne. Ein Lächeln. Meine Kindheit in Damaskus* von Luna Al-Mousli ist eine Doppelstunde anzusetzen. Soll eine produktive Vertiefung der Buchpräsentation Berücksichtigung finden, dann ist eine weitere Einzel- oder Doppelstunde zu veranschlagen. Folgende Zeitstruktur wird vorgeschlagen:

- Nach einer kurzen Einführung betrachten die Schüler/-innen die beiden verschiedenen Buchausgaben und tauschen sich über ihre Eindrücke von den Covern und den Schriften aus. Im Anschluss wird eine Auswahl der Kurztexte auf die Klasse verteilt. Jedes Kind bereitet einen Text für eine gemeinsame Lesung vor. Ein Austausch über die Wirkung der Texte und den inhaltlichen Gehalt schließt die Doppelstunde ab.
- Für die Weiterarbeit ziehen die Schüler/-innen eigene Bildersammlungen (Fotos von Familie, Freunden, Stars, Landschaften u. a.) heran (siehe unten Ideen zur Weiterarbeit). Die Schüler/-innen wählen ein Bild aus, zu dem sie einen kurzen Text verfassen. Möglich ist je nach zeitlichen Ressourcen auch eine grafische Illustration des Textes. Nach einer Überarbeitung können alle Texte zu einem gemeinsamen Buch gebunden werden.

Materialien:
- mindestens ein Exemplar der Sonderausgabe (kostengünstiger)
- wenn möglich auch ein Exemplar des Text-Foto-Buchs
- Auswahl von Kurztexten für die Lesung (ggf. in Kopie pro Schüler/-in einen Text)
- für die Zusatzaufgabe werden Bildersammlungen der Schüler/-innen benötigt
- außerdem für alle rote Buntstifte, weiße Blanko-Blätter im DIN-A5-Format, Heftstreifen oder Spiralbindung

Ziele des Unterrichts:
- Die Schüler/-innen sollen das Buch *Eine Träne. Ein Lächeln. Meine Kindheit in Damaskus* kennenlernen.
- Die Schüler/-innen sollen ihren Lesevortrag einüben und flüssig und ausdrucksstark vortragen.
- Die Schüler/-innen sollen ihre Lese- und Höreindrücke zum Ausdruck bringen und über die dargestellte Kindheit nachdenken.
- Die Schüler/-innen können die dargestellte Kindheit mit eigenen Erfahrungen in Beziehung setzen.

7.5.1 Vorstellung der autobiographischen Kindheitserzählung *Eine Träne. Ein Lächeln. Meine Kindheit in Damaskus*

Es ist einem zufälligen Zusammentreffen verschiedener Faktoren zu verdanken, dass wir das kleine Juwel *Eine Träne. Ein Lächeln. Meine Kindheit in Damaskus* in den Händen halten können. Bei dem Buch handelt es sich um die Diplomarbeit von Luna Al-Mousli, die sie zum Abschluss ihres Grafik-Design-Studiums an der Hochschule für Angewandte Kunst in Wien erstellt hat. Auf der Suche nach einem Thema erschien ihr, die mit 14 Jahren aus Syrien nach Wien gekommen war, ihre Kindheit in Damaskus attraktiv, mit der sie sich gern über eine längere Zeit beschäftigen wollte und die es wert war, für sich und ihre Familie festgehalten zu werden. Nachdem sich niemand gefunden hatte, ihre Geschichte aufzuschreiben, machte sie sich selbst daran. Eine Freundin, die vermutlich schon früh ahnte, dass etwas Besonderes entstehen würde,

Abb. 7.5.1: Cover der Erstausgabe *Eine Träne. Ein Lächeln. Meine Kindheit in Damaskus*

Abb. 7.5.2: Cover der Sonderausgabe *Eine Träne. Ein Lächeln. Meine Kindheit in Damaskus*

bot das Buch einem Verlag an. Luna Al-Mousli wäre – nach ihren eigenen Aussagen – vermutlich selbst nicht auf die Idee gekommen. So erschien 2015 bei weissbooks.w die limitierte Auflage eines kleinformatigen deutsch-arabischen Text-Foto-Buchs (siehe Abb. 7.5.1). Aufgrund der Nachfrage brachte der Verlag 2016 eine kostengünstigere Sonderausgabe heraus, die mittlerweile schon in zweiter Auflage vorliegt (siehe Abb. 7.5.2). Die Sonderausgabe enthält keine Fotos, sondern zarte, rote Grafiken von Luna Al-Mousli. Beide Ausgaben sind in ihrer ästhetischen Gestaltung außergewöhnlich. Das Text-Foto-Buch hat 2016 den White Raven Award der Internationalen Jugendbibliothek München erhalten und die Sonderausgabe ist 2017 mit dem Österreichischen Kinder- und Jugendbuchpreis gewürdigt worden. Die Sonderausgabe wurde vom Deutschlandfunk für Die besten 7 Bücher für junge Leser im Monat Januar 2017 nominiert.

Das Text-Foto-Buch ist mit einem abnehmbaren Schutzumschlag aus glänzendem festem Papier eingeschlagen, auf dem ein stark vergrößerter Ausschnitt eines Fotos abgedruckt ist. Wir sehen leicht unscharf ein Kind in einem ärmellosen, matt-roten Oberteil mit großer Schleife in der Taille. Das Rot ist das, was zuerst ins Auge fällt. Der Kopf des Kindes ist auf dem Foto nur halb abgebildet. Es sind ein Ohrläppchen, ein Stück von der Nase und die zusammengepressten Lippen zu sehen. Diese zusammengepressten Lippen rufen keine traurige Wirkung hervor. Eher wird der Eindruck erweckt, als habe der Fotograf/die Fotografin zu früh auf den Auslöser gedrückt und das Kind habe sich noch nicht rechtzeitig in Pose gestellt. Es handelt sich um ein junges Kind, erkennbar an seiner Kinderhand, mit der es eine Art goldenes Medaillon festhält, das an einer längeren goldenen Kette baumelt. Das Foto ist in einem Garten aufgenommen, erkennbar am dichten, dunkelgrünen Pflanzenbewuchs im Hintergrund. Das Kind steht nicht allein dort. Der linke Umschlagsflügel zeigt ein zweites Kind. Es ist etwas größer und mit einer weißen Strickjacke bekleidet. Es ist ebenfalls nur im Anschnitt zu erkennen. Vorstellbar ist, dass die beiden Teil einer größeren Kinderschar sind, die auf dem vollständigen Foto zu sehen sein könnte.

Der Name der Autorin, der dreiteilige Titel und der Name des Verlags sind zentriert in weißer Farbe auf der Vorderseite des Umschlags gesetzt. Typisch für die Bücher des weissbooks.w-Verlags ist die senkrecht zentrierte Platzierung des Verlagsnamens auf der unteren Hälfte des Buchs. Weissbooks.w ist ein relativ junger Verlag, der 2008 gegründet und auf Belletristik und erzählende Sachbücher spezialisiert ist. Mit dem ausgefeilten, puristischen Design seiner Buchumschläge sticht der Verlag auf dem Buchmarkt hervor. Dies ist auf das Gestaltungskonzept des Schweizer Star-Designers Fritz Gottschalk zurückzuführen, der die Marke weissbooks.w, das Logo und die Umschläge entworfen und dem Verlag damit zu einem hohen Wiedererkennungseffekt verholfen hat. 2008 wurde der Verlag in der Branchenzeitschrift *BuchMarkt* mit dem Award Newcomer des Jahres ausgezeichnet.

Bei *Eine Träne. Ein Lächeln. Meine Kindheit in Damaskus* handelt es sich um ein zweisprachiges deutsch-arabisches Buch. Unter dem Namen der Autorin und dem deutschen Titel sind die entsprechenden Bezeichnungen auf Arabisch gesetzt, allerdings, und das ist der Clou des Buchs, aus westlicher Leserichtung stehen die arabischen Schriftzeichen auf dem Kopf. Dreht man das Buch, sind die arabischen Schriftzeichen in arabischer Leserichtung platziert. Entsprechend ist dann auch der arabische Titel oben und darunter der deutsche Titel positioniert. Aufgrund dieses originellen Konzepts des Kopfüber-Kopfunter werden beide Sprachen gleichrangig präsentiert. Auf der Umschlagseite lässt sich das jedoch nicht konsequent verwirklichen, hier gibt das Foto die Leserichtung vor. Aber auf dem Cover und auf allen Innenseiten des Buchs ist die Gleichrangigkeit überzeugend realisiert.

Das eigentliche Cover, das unter dem Schutzumschlag verborgen liegt, entspricht ganz dem Corporate Design des weissbooks.w-Verlags. Die Buchdeckel sind weiß, beschaffen aus einem samtigen Material bzw. aufgerauter Pappe. Der zweisprachige Titel ist in roter Schriftfarbe zentriert und in großen Abständen auf dem Cover gesetzt. Das Rot ist ein typografisches Merkmal, das an verschiedenen Stellen des Buchs und auch in der Sonderausgabe wiederzufinden ist: mit dem roten Vorsatzpapier und in der Mitte der Doppelseiten im roten Farbverlauf in der Seitenbindung. Rot kann symbolisch als Farbe der Liebe und des Schmerzes gedeutet werden; zwei Aspekte, die Teil dieser Kindheitsgeschichte sind.

Ganz in der Tradition der arabischen Märchenerzähler/-innen beginnt das Buch mit der Eingangsformel „Es war einmal / es war keinmal / bis es einmal war". Traditionell werden die beiden ersten Zeilen als Hinweis auf die fiktionale Welt verwendet und signalisieren ein Schwanken zwischen Glaubwürdigkeit und Unglaubwürdigkeit. Hier wird das Doppelsinnige jedoch mit der Erweiterung durch die dritte Zeile wieder etwas zurückgenommen, denn das Erzählte wird als etwas präsentiert, das sich wirklich ereignet hat. Die Mehrdeutigkeit, die in dieser Formel anklingt, spiegelt sich auch im Konzept des Buchs. Das Buch besteht aus 44 kurzen Texten und 20 Ausschnitten aus Familienfotos. Bei den Texten handelt es sich um literarische Vignetten, die Impressionen von Personen, Orten und Gegenständen einer Kindheit in Damaskus wiedergeben. Teilweise wirken die Texte in ihrer sprachlichen Dichte poetisch, teils sind sie anekdotisch oder nüchtern-sachlich gestaltet. Zwischen die einzelnen Textseiten sind stark vergrößerte Ausschnitte von Kindheitsfotos eingebunden, die in ihrer Unschärfe und Ausschnitthaftigkeit wie aufscheinende Erinnerungen wirken und verschiedene Deutungen zulassen. Bilder und Texte zusammen entfalten sich wie ein buntes Kaleidoskop, das im Zusammenspiel immer wieder neue Muster, Kombinationen, Deutungen und Imaginationen ermöglicht, an Vergangenes erinnert und Hoffnung verspricht.

Die erste Foto-Doppelseite zeigt ein Kind in einem roten Poloshirt. Das Gesicht ist nur im Anschnitt zu sehen. So lässt sich nicht genau bestimmen, ob es sich um ein Mädchen oder einen Jungen handelt. In den Bildausschnitt ragt der Arm eines anderen Kindes hinein, dessen Hand an das Kinn des Kindes mit dem roten Poloshirt fasst, so als wolle es den Kopf drehen und in Position zur Kamera führen. Es ist der gleiche dunkelgrüne Hintergrund zu sehen wie auf dem Umschlagfoto. Vielleicht handelt es sich hier um zwei weitere Kinder desselben Kinderfotos, was die Vermutung einer größeren Kindergruppe bestätigen würde. Die Fotoauswahl des Buchs zeigt Ausschnitte einer vielgestaltigen Welt und evoziert unterschiedliche Wirkungen. Die Bilder verblüffen, irritieren, überraschen oder ironisieren: eine Nonne mit einem Kreuz, wuchernde Minze, die Beine eines Esels, ein arabisches Stadthaus, ein Kind mit Schwimmflügeln, eine Wand mit zwei Bildern. Bei den Bildern handelt es sich zum einen um Mickey Mouse und daneben hängt zum anderen ein Bilderrahmen mit einem Foto von Hafiz al-Assad im Anschnitt.

Der erste Text – nach der Eingangsformel – beschreibt, was Luna Ali-Mousli als Erstes in der Früh und als Letztes am Abend vor dem Einschlafen sah, nämlich den Berg mit der weiß leuchtenden Aufschrift „Syrien al-Assad“: der Name des Landes für alle sichtbar verbunden mit der Herrscherfamilie al-Assad. Die erwachsene Erzählerin schildert im Rückblick ganz aus der kindlichen Perspektive von ihrer Kindheit unter der Diktatur Hafiz al-Assads. Entgegen der vermeintlichen Erwartung, dass es um Unterdrückung und Leid gehen würde, werden alltägliche Begebenheiten und Begegnungen zur Sprache gebracht: der Morgenspaziergang der Amme, der Jasminzweig neben der Tasse Tee, die Gebete der gläubigen Großmutter, Sailor-Moon-Bilder neben Bildern von Jesus, Spiel und Spaß im Pool, der Garten, die Großfamilie, Cousinen und Cousins, Kristallleuchter in den Räumen des Hauses, ein orientalischer Teppich, Minze- und Lavendeldüfte im Haus, Badeschaum und kunstvoll geflochtene Haare. Unkommentiert und ohne Wertung gibt es dazwischen auch Texte zu den Fernsehberichten von Aljazeera über den Nahostkonflikt, zum schulischen Morgenappell, zu Schuluniform und dem Kopftuchzwang mit dem Logo der jungen Baath-Partei, zu politischer Bildung in der Schule und dem Auswendiglernen der Assad-Zitate und zu Soldaten auf der Straße. Der letzte Text spielt etwas deutlicher auf die zunehmenden Gefahren eines Krieges an, der letztlich zur Emigration der Familie geführt hat:

„Wir wohnten gegenüber dem Gebäude, in dem immer noch Militäroperationen geplant werden. Daher standen so viele Soldaten die ganze Straße entlang, um dieses Gebiet zu bewachen. Ich fragte meine Mama, ob es hier in Damaskus sicher sei. Sie schaute mich an, siehst du diese Soldaten dort, die passen auf dich auf.“ (Al-Mousli 2015, o. S.)

Durch eine Leerzeile abgesetzt und einen Zeilenauszug hervorgehoben endet dieser Text mit dem Satz: „Sie zieht die Vorhänge zu.“ Den Leser/-innen bleibt es selbst vorbehalten, die politischen und militärischen Bedrohungen der Zeit mit dem heutigen Verständnis zu deuten. Je nach Vorwissen kann in die Darstellung der unbekümmerten Kindheit auch eine gefährdete Kindheit hineingelesen werden. In jedem Falle wird von einem sehr behüteten und geliebten Kind im Kreise einer großen Familie erzählt:

„Als erste Enkelin und Tochter des einzigen Sohnes genoss ich die besondere Aufmerksamkeit meines Opas Badr. Er erzählte mir, auf jedem Baum, jeder Blume, jedem Blatt, jeder Katze, jedem Fisch, jedem Frosch, jedem Küken, jedem Hasen, jeder Schildkröte, jedem Schaf stehe mein Name. Doch es ist nicht so.“ (Ebd., o. S.)

Die Sonderausgabe des Werkes unterscheidet sich von der Erstausgabe dahingehend, dass sie keine Fotos, sondern rote, grafische Zeichnungen enthält. Außerdem ist ein Nachwort abgedruckt, in dem die Autorin über ihren Identitätsprozess zwischen den beiden Welten erzählt.

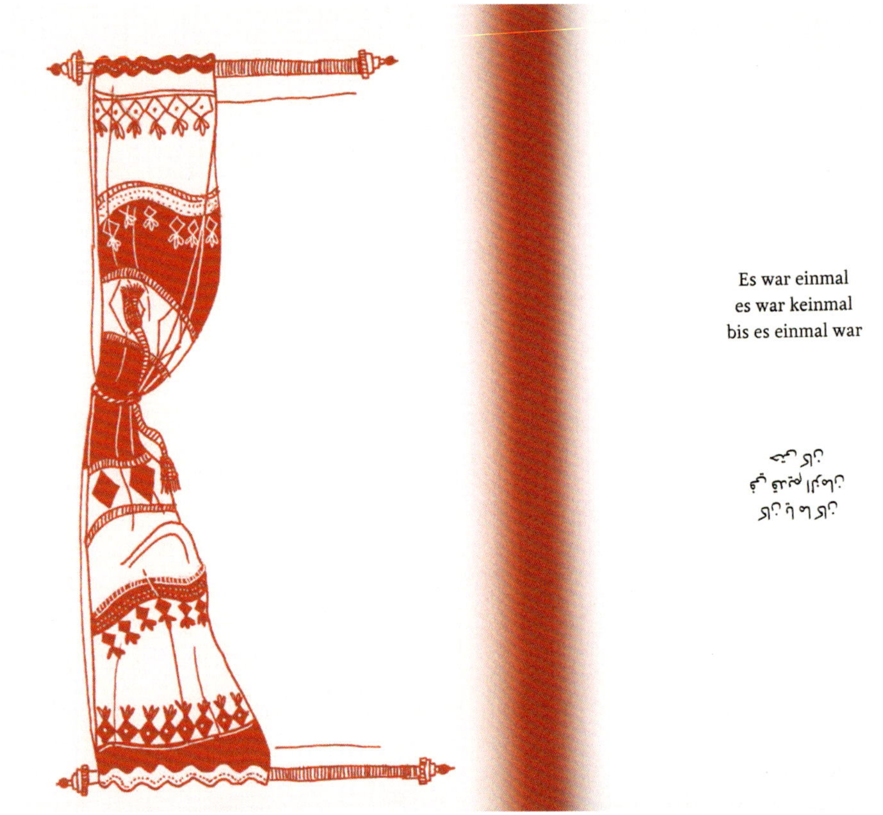

Abb. 7.5.3: Eröffnung des *Buchs Eine Träne. Ein Lächeln. Meine Kindheit in Damaskus*, 6 f.

In der Sonderausgabe zeigt die erste Doppelseite einen Vorhang (siehe Abb. 7.5.3). Er ist in der Mitte mit einer Kordel zusammengebunden. Der Vorhang ist somit geöffnet und gibt den Blick frei auf den Weißraum. Auf der anderen Hälfte dieser Doppelseite ist die Eingangsformel zweisprachig gedruckt. Bildmotiv und Eingangsformel zusammen markieren somit den Beginn der Geschichte und laden ein, sich auf das Dargebotene einzulassen. Die folgenden Doppelseiten sind unterschiedlich gestaltet. Manchmal ist nur der arabische oder nur der deutsche Text gedruckt. Auf einigen Doppelseiten sind auch beide Sprachfassungen zu finden. Die jeweiligen Texte in den Sprachfassungen sind typografisch ähnlich gestaltet. Die Grafiken kommen nicht auf jeder Doppelseite vor. Wenn, dann sind sie unaufdringlich und filigran, ähnlich wie ornamentale Zierstücke eingefügt. Sie zeigen Möbelstücke, wie ein Sofa mit Tischchen davor, einen Sessel, Kissen, Kronleuchter sowie Pflanzen und moderne, arabische Stadthäuser mit Balkonen mit Blumenkästen und Satellitenschüsseln. Sie sind in arabischer und lateinischer Leserichtung positioniert. Die zweisprachige Aufbereitung ist bis in die Paginierung hinein umgesetzt. So gibt es sowohl eine arabische als auch eine deutsche Seitennummerierung, jeweils mit roten Ziffern.

Das Rot, das in der Erstausgabe bereits eine Rolle spielt, wird in der Sonderausgabe ebenfalls als farbiges Element einbezogen (rotes Vorsatzpapier, Farbverlauf, rote grafische Illustrationen). Der rote Farbverlauf kann wie oben angedeutet als Symbol für Liebe und Schmerz verstanden werden. Es fungiert auch als Verknüpfung für unterschiedliche Erfahrungen, welche die transkulturelle Identität der Erzählerin auszeichnen: Luna Al-Mousli hat zwei verschiedene Länder kennengelernt, verschiedene Sprachen und Kulturen erlebt und auch innerhalb ihres Lebens Unterschiedliches oder sogar Widersprüchliches erfahren, das Teil ihrer selbst ist, nebeneinandersteht und sich beeinflusst. So deutet es auch der Titel *Eine Träne. Ein Lächeln* an, der auf Erfahrungen hinweist, die nebeneinander stehen und in Beziehung zueinander treten. Der Titel des Buchs kann zugleich auch als Verneigung vor Khalil Gibran (1883–1931) gedeutet werden, einem libanesischen Dichter und Maler. Gibran war die Förderung der arabischen Literatur ein großes Anliegen. Seine umfangreichste Textsammlung *Eine Träne und ein Lächeln* gab möglicherweise den Ausschlag für den Titel von Al-Mouslis Buch. Wie Al-Mousli musste auch Gibran in der späten Kindheit seine Heimat, den Libanon, verlassen. In den Texten der gleichnamigen Sammlung setzt er sich mit seinen Erinnerungen, mit dem Kontrast der unterschiedlichen Lebensweisen und Erfahrungen auseinander.

Al-Mouslis Buch ist nicht nur ein Erinnerungsbuch, sondern es verlebendigt eine vergangene Zeit und regt zugleich an, die eigene Geschichte zu erzählen. Es ist ein sehr literarisches und zugleich ein politisches Buch. Denn es fordert auf, genau hinzuschauen. Symbolisiert wird dies in der Erstausgabe durch das Kind, dessen Kopf in Position gedreht wird, um in die richtige Richtung zu schauen, und in der Sonderausgabe durch den offenen Vorhang, der den Blick freigibt. Schaut man genau hin, dann ist in den Texten und Bildern zu erkennen, dass es viel Gemeinsames, Ähnliches und Verbindendes zwischen den Menschen gibt.

7.5.2 Unterrichtsvorschlag

In der hier vorgeschlagenen Unterrichtseinheit von einer Doppelstunde stehen die Vorstellung des Buchs sowie die Vorbereitung und Durchführung einer gemeinsamen Lesung im Mittelpunkt. Zur Vertiefung kann in einer weiteren Einzel- oder Doppelstunde die Auseinandersetzung mit eigenen Bildern im Rahmen der eigenen Textproduktion und illustrativen Gestaltung erfolgen (siehe unten Ideen zur Weiterarbeit).

Zum *Einstieg* werden kurz die Autorin und die Entstehung des Buchs durch die Lehrerin vorgestellt. Wenn beide Ausgaben vorhanden sind, werden beide gezeigt. Ansonsten steht nur die Sonderausgabe zur Verfügung. Die Kinder können selbst entdecken, dass es sich um ein parallel zweisprachiges Buch auf Deutsch und Arabisch handelt und dass die Texte je nach Schrift in verschiedenen Richtungen gelesen werden. Die Fotos bzw. Illustrationen werden präsentiert.

Im nächsten Schritt wird eine Lesung der Texte durch die Schüler/-innen vorbereitet. Hierfür wird jedem Kind ein eigener Text aus den insgesamt 44 Texten des Buchs zur Verfügung gestellt (ggf. in Kopie). Bei der Lesung wird es nicht möglich sein, alle 44 Texte des Buchs vorzulesen. Daher muss eine Auswahl getroffen werden. Die Schüler/-innen üben nun zunächst für sich selbst das laute vortragende Vorlesen eines Textes ein. Eine *Variante* – insbesondere bei etwas geübteren Schüler/-innen – könnte sein, dass alle Schüler/-innen mehrere Texte erhalten, diese einüben und im Anschluss einen Text für den Lesevortrag auswählen. Wer von den Schüler/-innen die arabische Schriftsprache beherrscht, sollte eine arabische Textfassung lesen üben.

Zur Organisation der nun folgenden Lesung erhält jedes Kind vorweg eine Nummer, die mit einer einem Text zugeordneten Zahl übereinstimmt. So können die Schüler/-innen die Texte nach der Reihenfolge im Buch vortragen, ohne dass die Lesung durch Aufrufe unterbrochen werden muss. Damit die Kinder ungestört zuhören und nicht mitzählen müssen, könnte die Lehrerin nach jeder Lesung nonverbal die entsprechende Nummer hochhalten. Um die Besonderheit des Textvortrags herauszustellen, erheben sich die Schüler/-innen vom Stuhl, wenn sie mit ihrem Vortrag an der Reihe sind, und tragen den Text stehend vor. *Alternativ* ist es auch möglich, sich im Kreis oder Halbkreis aufzustellen, vorzutreten und den Text vorzutragen. Die Schüler/-innen sollten bei dieser Variante dann besser nicht in der Reihenfolge stehen, in der die Texte vorgelesen werden.

Diese Form des Textvortrags fördert die Aufmerksamkeit, da die Schüler/-innen nicht wissen, wer als nächstes vorliest. Zu vermuten ist, dass auch der Inhalt des Gelesenen durch die Präsentationsform mit mehr Interesse verfolgt wird.

Nach dem ersten Vortragsdurchgang bietet sich zur *Vertiefung* ein gemeinsames Gespräch über das Gelesene und Gehörte an. Der Fokus liegt hierbei auf den vorgetragenen Kindheitserfahrungen und den damit verknüpften Bildern und Sinneseindrücken. Falls Schüler/-innen mit Flucht- oder Migrationshintergrund in der Klasse sind, so ist ein vorsichtiger und sensibler Umgang wichtig. Denkbar ist auch, dass die Schüler/-innen den Bogen zu eigenen unbeschwerten Kindheitserinnerungen schlagen. Hier kann der Schwerpunkt auf das Gemeinsame und Ähnliche gelegt werden.

Folgende Impulse können zur Aktivierung des Gesprächs beitragen:

- Beschreibe, was dir durch den Kopf gegangen ist, als du deinen Text gelesen hast.
- Was hast du gedacht, als du den einen oder anderen Text gehört hast?
- Was gefällt dir daran? Was findest du komisch? Was verstehst du nicht? Was stört dich?
- Welche Stimmungen werden durch die Texte vermittelt?
- Welche Gerüche, Töne, Geräusche, Farben oder Gefühle kannst du dir zu dem einen oder anderen Text vorstellen?
- Wenn du ein Kind dieser Familie wärest, wie wäre es für dich, dazuzugehören?
- Kannst du beschreiben, wie sich die Erzählerin fühlen mag, dass sie nicht mehr an diesen Ort zurückgehen kann und nie wieder mit ihrer Familie an diesem großen Tisch sitzen und über Sachen reden kann, weil es diesen Ort so nicht mehr gibt?

Mit dem Gespräch wird die erste Doppelstunde und ggf. auch die Unterrichtseinheit abgeschlossen.

Ideen zur Weiterarbeit

Zur Weiterarbeit im Rahmen einer weiteren Doppelstunde erhalten die Schüler/-innen eine Schreibaufgabe. Sie versetzen sich selbst in ihre frühe Kindheit zurück und erinnern Szenen, Begegnungen oder Orte, über die sie selbst einen kurzen Text verfassen. Möglich ist auch, an aktuellere Begebenheiten anzuknüpfen.

Sollte das Zusatzangebot genutzt werden, werden die Schüler/-innen vorweg beauftragt, Familien- und Kinderfotos und andere Bilder von zu Hause mitzubringen. Da nicht davon auszugehen ist, dass alle Schüler/-innen Familienfotos besitzen, ist eine Öffnung hin zu anderen Bildersammlungen (z. B. Postkarten, Sammelbilder, Poster) möglich. Dieser Auftrag kann als Hausaufgabe am Ende der Doppelstunde nach dem Vorlesen und Besprechen der Text-Vignetten gegeben werden.

Der *Einstieg* in die Doppelstunde gelingt mit einer kleinen Ausstellung. Dazu bereiten die Schüler/-innen auf ihren Plätzen die mitgebrachten Fotos aus. Möglich ist bei älteren Kindern auch eine digitale Fotopräsentation auf dem Mobiltelefon. Im Rahmen eines Museumsgangs geht ein Teil der Klasse herum, während die anderen an ihren Bilderstationen stehen und die Fotos erläutern. Danach wird mehrmals getauscht, bis alle Kinder sich einen Eindruck vom Mitgebrachten verschafft haben.

Für die produktive *Weiterarbeit* wählt jedes Kind im Anschluss daran eines seiner Bilder aus, das es zum Schreibanlass nutzen möchte. Textproduktion und -überarbeitung werden folgendermaßen umgesetzt: Um zu einem sprachlich verdichteten Text zu gelangen, können die Schüler/-innen die sprachliche Wirkung ihrer aufgeschriebenen Sätze anhand von Umstell-, Ersatz- oder Weglassproben überprüfen und entsprechend überarbeiten. Sind die Schüler/-innen mit ihren Sätzen zufrieden, können sie durch Zeilenumbrüche auch noch die poetische Form verstärken (vgl. Böttcher 2010). Ist ein gelungenes Ergebnis zustande gekommen, schreiben die Schüler/-innen ihren Text noch einmal in schöner Schrift auf ein Blanko-Papier ab. Verfügen Schüler/-innen über eine weitere Schriftsprache, können sie ihren Text zusätzlich auch noch in einer anderen Sprache verfassen und abschreiben. Zu guter Letzt können die Schüler/-innen im Stil des Text-Foto-Buchs ihre Fotos auf dem Kopierer in Ausschnitten vergrößern und zu ihrem Text kleben, ggf. auf die Rückseite des Blattes. Wer will, kann außerdem im Stil der Grafiken Al-Mouslis kleine ornamentale Illustrationen zum eigenen Text zeichnen.

Am *Ende* werden alle Texte zusammengeheftet und als Lektüre in der Klasse zur Verfügung gestellt.

7.5.3 Aus der Praxis

Die Erprobung des Unterrichts fand in einer 5. Klasse einer Förderschule mit dem Förderschwerpunkt Lernen statt. Der Unterricht wurde im Team-Teaching von zwei Lehramtsstudentinnen im Beisein des Klassenlehrers durchgeführt. Die Schule liegt in einem städtischen Einzugsgebiet. Es nahmen 11 Schüler/-innen an dem Unterricht teil. Für die Umsetzung des Unterrichts wurden zwei Doppelstunden genutzt, um auch die Zusatzaufgabe zur Textproduktion integrieren zu können.

Begegnung mit dem Buch sowie Vorbereitung und Durchführung einer Lesung

Die Schüler/-innen kamen zu Beginn des Unterrichts in einem Stuhlkreis zusammen. Eine der beiden Lehrerinnen stellte zunächst beide Buchausgaben vor, erläuterte, dass der Text in beiden Büchern gleich sei, aber jeweils unterschiedliche Bilder enthalten würde. Zur Betrachtung wurden die beiden Bücher in die Mitte gelegt. Die Schüler/-innen beugten sich sofort über die Bücher und signalisierten damit ihr Interesse.

Zur Gesprächsanregung erhielten sie den Auftrag, den Titel des Buchs herauszufinden. Die Lehrerinnen hatten die Frage „Wie heißt das Buch?" in einer großen Schriftgröße ausgedruckt und konnten nun die Frage zur Visualisierung neben die Bücher legen. Auch die nachfolgenden Fragen zur Betrachtung des Covers und zum Nachdenken über das Buch lagen in ausgedruckter Form vor und wurden jeweils passend zum Gesprächsverlauf in die Mitte gelegt. Diese strukturierte Vorgehensweise in Form der Visualisierung der Gesprächsaufgaben erwies sich in dieser Lerngruppe als hilfreich.

Dass die Schüler/-innen wenige Berührungspunkte mit Büchern hatten, wurde an ihrer Mühe sichtbar, den Titel zu bestimmen. Es war schwierig für sie, zu erkennen, welche der verschiedenen Angaben den Namen des Buchs vermitteln würde. Dies bestätigt, wie wichtig es ist, besonders auch in Förderschulen tatsächlich mit Büchern zu arbeiten und nicht nur mit Arbeitsblättern und Kopiervorlagen. Das Angebot, mit Büchern zu hantieren, sie anzufassen und anzuschauen, ist wesentlich für die Teilhabe an Kultur, besonders für Schüler/-innen, die zu Hause kaum Zugang zu Literatur haben. So nahmen die Schüler/-innen in dieser Klasse gern die Bücher in die Hand, betrachteten sie und strichen über den Leineneinband oder fuhren mit den Fingern die Buchstaben nach. Deutlich wurde, dass die Kinder zuerst mit dem Namen Damaskus nichts anfangen konnten. Ein Mädchen verwechselte Damaskus mit Darmstadt. Es ist daher empfehlenswert, über den gesamten Titel zu sprechen und gegebenenfalls Informationen zu geben, damit die Schüler/-innen entsprechende Erwartungen an das Buch entwickeln können. Besonders die Mehrdeutigkeit des Obertitels *Eine Träne. Ein Lächeln* lädt zum Austausch von Überlegungen ein.

Die zweite Frage „Wer hat das Buch geschrieben?" wurde ebenfalls in Papierform ausgelegt. Hier fiel es den meisten Kindern schwer, den Namen auszusprechen. Sie hatten jedoch viel Freude dabei, die fremden Buchstabenkombinationen zu verbalisieren. Dies war durch eine entspannte Unterrichtssituation möglich, welche die Lehrerinnen initiierten und in der viel gelacht wurde. Mit Unterstützung einer der beiden Lehrerinnen gelang es aber dann doch, den Namen auszusprechen. Die nächste Frage, „Was findest du besonders?", führte einige Schüler/-innen dazu, sich zu melden. Sie erkannten wiederum schnell, dass etwas auf Arabisch auf dem Buchcover stehen würde. Ein Mädchen vermutete, dass der Titel auf Deutsch und Arabisch angegeben sei. Mit Interesse nahmen die Schüler/-innen zur Kenntnis, dass es sich um ein zweisprachiges Buch handelte und äußerten sich positiv zur Umsetzung, das Buch zu drehen, um die Leserichtungen gleichrangig zu berücksichtigen. Auf einer großen Weltkarte suchten die Schüler/-innen gemeinsam das Land Syrien und konnten so die Herkunft der Autorin geografisch einordnen. Die Schüler/-innen kannten den Namen Syrien und wussten auch vom Krieg in diesem Land. Eine Lehrerin gab einige Hintergrundinformationen zum Krieg in diesem Land und die Schüler/-innen durften Fragen stellen. Zum besseren Verständnis erläuterte die Lehrerin, dass es sich bei dem vorliegenden Buch nicht um eine durchgehende Geschichte handeln würde, sondern um viele einzelne Erlebnisse.

Zur Einstimmung las sie den ersten Text vor. Danach durften die Schüler/-innen wie in einem Museumsrundgang die eingescannten und ausgedruckten Bilder aus dem Buch ansehen. Dafür wurden die Fotos in einem vergrößerten Format auf einem großen Gruppentisch ausgelegt. Zusätzlich lagen die beiden Buchausgaben bereit, in denen die Schüler/-innen blättern durften. Im Gespräch darüber wurde deutlich, dass die Fotos die Schüler/-innen befremdeten. Es fiel ihnen teilweise schwer, etwas damit anzufangen. Die Bildausschnitte wirkten wie ein Puzzle auf sie, der künstlerische Aspekt der Darstellung war ihnen neu. Auf die Frage, was ihnen zu den Bildern einfallen würde, zählten die Schüler/-innen einzelne Bildelemente auf wie Pferde, Strand, Kinder. Die Frage „Erinnert dich ein Bild an etwas aus deiner Kindheit?" wurde von den Schüler/-innen jedoch rege aufgenommen. Sie konnten die Abbildungen mit eigenen Eindrücken und Erlebnissen in Beziehung setzen.

Murat: Das erinnert mich an ein Kinderzimmer. Hier ist ein Sticker zu sehen. Und da ist auch ein Kind mit seinem Vater.
Sina: Das Bild erinnert mich an Urlaub. Wir waren im Urlaub viel am Strand.
Lehrerin: Vielleicht waren andere von euch auch schon mal am Strand oder am See.
Murat: Ja, in der Türkei.
Leon: Ich war schon mal in Südfrankreich am Strand.
Luna: Das erinnert mich an Reitstunden. Ich bin manchmal reiten gegangen.
Frederick: Mich erinnert das auch an einen Urlaub. Da bin ich manchmal reiten gegangen.
Sabrina: Das Bild erinnert mich an einen Garten.
Lehrerin: Wer von euch hat einen Garten zu Hause?
Einige Kinder meldeten sich.
Sina: Nicht zu Hause, aber in der Nähe.

Es wurde im Gespräch auch das angesprochen, was den Kindern auf den Bildern fremd erschien. Dabei fiel ihnen besonders die Abbildung eines Telefons mit einer Wählscheibe ins Auge.

Sonja: Unsere Telefone sind ganz anders. Das hier hat noch so ein Rad zum Drehen.

Im nächsten Schritt vermittelte die Lehrerin, dass jedes Kind sich einen Text aussuchen dürfe, um ihn für eine gemeinsame Lesung vorzubereiten.

Da die Kinder große Mühe mit dem Lesen hatten, war die Ermutigung sehr wichtig. Die Lehrerin erinnerte die Schüler/-innen daran, dass sie schon einmal einen Rap aufgeführt hätten und sozusagen Bühnenerfahrung hätten. Von dieser Erfahrung würden sie bei ihrer Lesung profitieren und im Vertrauen auf ihr Können die Texte vortragen. Es bestand Gelegenheit, Fragen zu ihrem Text zu stellen, schwierige Wörter zu klären oder sich über das Verständnis zu vergewissern. Das Lehrerinnenteam ging herum und half weiter.

In der Erprobung des Unterrichtsvorschlags hat es sich als sinnvoll erwiesen, mehr Zeit für die Betrachtung der Bilder einzuplanen, bevor die Vorbereitung der Lesung erfolgt. Dies kann als sinnvolle Anregung weitergegeben werden. Außerdem ist es wichtig, über die zu lesenden Texte ausreichend zu sprechen. Wenn man nicht im Team arbeitet, kann man auch mit der gesamten Lerngruppe über die Fragen zu den Texten sprechen. Zu berücksichtigen ist, dass in dieser Klasse die Vorbereitung der Lesung einschließlich Klärung des Textverständnisses etwa 30 Minuten umfasste.

Im Anschluss stellten sich die Schüler/-innen in einer Reihe auf. Jede Leserin/jeder Leser trat aus der Reihe hervor und stellte sich vis-à-vis vor die anderen, um den eigenen Text vorzutragen. Die Lehrerinnen entschieden sich für diese Variante, anders als oben vorgeschlagen, mit der Begründung, dass so das lesende Kind jeweils für die anderen sichtbar sei. Auf diese Weise wurde der Aufführungscharakter der gemeinsamen Lesung verstärkt. Die Lesung kam trotz der Mühe, welche die Schüler/-innen mit dem Lesen hatten, gut an. Die Unterrichtsbeobachtungen zeigen, dass es allen viel Freude machte, zur gemeinsamen Lesung beizutragen. Anders als das übliche Reihum-Vorlesen konnten sich die Schüler/-innen darauf einstellen und den Text vorbereiten. Daher wurde niemand bloßgestellt und alle konnten die Aufführung positiv erleben. Ihre kognitiven Ressourcen waren jedoch durch den Vorlesevortrag so beansprucht, dass zur Vertiefung kein Austausch über die Texte angeschlossen werden konnte. Dies wurde erst in der nächsten Doppelstunden aufgegriffen.

Eigene Textproduktion in Anlehnung an das erarbeitete Buch

Wie sehr diese lesende Form der Auseinandersetzung dazu beitrug, dass sich die Schüler/-innen die Inhalte der Texte gut merken konnten, wurde in der nächsten Doppelstunde deutlich. Zum Einstieg kamen die Kinder wiederum im Stuhlkreis zusammen und berichteten sich gegenseitig, was sie von der Lesung im vorhergehenden Unterricht behalten hatten. Es war überraschend, wie viele Einzelheiten sich die Schüler/-innen gemerkt hatten, was nicht zuletzt ihr Interesse an der Literatur bestätigt.

Timo: Ich habe mir gemerkt, dass sie immer gern auf den Spielplatz gegangen sind, aber dass es mittags zu heiß war. Und dann sind sie abends gegangen. Da war der Sand auch noch heiß, aber nicht mehr so. Und ich habe mir noch gemerkt, dass Sonja einen Text hatte, da haben sie gebetet.

Sonja: Ja, stimmt.

Timo: Sie hat immer gebetet, dass sie nicht in die Hölle kommt.

Lehrerin: Jemand von euch hatte auch so einen Text über einen Lehrertag.

Sonja: Ah, das war die Melanie.

Melanie: Ja, die Lehrer haben immer Geschenke bekommen von den Schülern, dass sie das Gefühl haben, dass sie respektiert werden.

Um die Konzeption des Buches den Schüler/-innen nahezubringen, schlug eine Lehrerin den Bogen zu den sozialen Medien wie WhatsApp oder Instagram, bei denen ebenfalls Fotos und Kurztexte mitgeteilt werden. Dieser Vergleich bewährte sich sehr, weil er an die aktuellen Medienerfahrungen der Kinder anknüpfte. Mit diesem Medienbezug konnten sie sehr viel anfangen: Es leuchtete ihnen ein, dass es sich bei den Kurztexten im Buch um eine mit den sozialen Medien vergleichbare Sammlung von Eindrücken, Situationen, Erlebnissen und Erinnerungen handelte. Im Unterschied zu ihrem Medienhandeln online würde es sich bei dem Buch sozusagen um eine offline Text- und Bildersammlung handeln. Am Gesichtsausdruck und an der Körperhaltung, die durch gerades Sitzen und leichtes Vorbeugen bestimmt war, war sehr gut zu erkennen, dass die Kinder mit großem Interesse dabei waren. Aufgrund dieser Erfahrung ist besonders für etwas ältere Schüler/-innen der Medienbezug zu empfehlen.

In Vorbereitung auf die Textproduktion war es den Lehrerinnen wichtig, zu erklären, dass diese Form der Texte sich deutlich von den schulischen Textsorten, die sich in Einleitung-Hauptteil-Schluss untergliederten, unterscheiden würde. Für Schüler/-innen, die kein enges Textmusterkonzept haben, sind solche ausführlichen Erklärungen weniger erforderlich. In der Förderschule, die auf klare Vorgaben und Wiederholung setzt, ist es vermutlich wichtig, das Abweichen der Texte vom üblichen Schema zu betonen, um die Schüler/-innen zu ermutigen, ihre Gedanken, Erinnerungen und Eindrücke in kurzer Form zu verbalisieren.

Ähnliche Erläuterungen waren auch im Hinblick auf die Fotos wichtig. Von den Abbildungen, die nur Anschnitte oder Ausschnitte von Fotos präsentierten, waren die Kinder besonders irritiert. Sie konnten mit den Bildern in ihrer Ausschnitthaftigkeit und Unschärfe eher wenig anfangen. Die Lehrerinnen erklärten, dass es sich bei den Bildern wie mit den Erinnerungen verhalten würde. Man könnte sich an frühe Ereignisse nicht immer vollständig erinnern. Man wüsste etwa, dass beim Reitausflug noch andere Personen dabei gewesen seien, aber nicht mehr genau, um wen es sich handeln würde. Ein weiterer Grund für diese Fotoausschnitte sei, dass die Autorin vielleicht auch nicht alles zeigen wollte. So könnte es ja auch bei den Schüler/-innen sein, wenn sie nur bestimmte Szenen posten und weniger Schönes weglassen wollten.

Am Beispiel eines Fotos imaginierten die Schüler/-innen konkret, was wohl an den Rändern zu sehen gewesen sein könnte. Hierfür benutzten die Lehrerinnen eines der Fotos aus Al-Mouslis Buch, auf dem ein Pferd zu erkennen ist. Die Kinder vermuteten zum Beispiel, dass noch andere Pferde, ein Zaun oder Erwachsene, welche die Pferde halten, Geschwister und Familie sowie der Kameramann zu sehen sein könnten. Sie stellten sich vor, dass das Foto auf einem Reiterhof oder auf einem Bauernhof aufgenommen worden sei. Aufgrund des dunkelgrünen Hintergrunds hatte ein Schüler die Idee, dass es sich um einen Wald handeln könnte. Ein Junge vermutete, es sei vielleicht ein Ferienprogramm. Die Schüler/-innen reflektierten, dass die ungenauen Fotos zu eigenen Erinnerungen und eigenen Vorstellungen anregen könnten.

Auf der Basis der genaueren Auseinandersetzung mit der Konzeption des Buchs, mit den Bildern und Texten, arbeiteten die Kinder im weiteren Verlauf der Doppelstunde zu ihren eigenen Erinnerungen. Hierfür hatten sie einen Gegenstand oder ein Foto mitgebracht, das sie nun in dieser Runde der Klasse vorstellten. Das Mitbringen eines Erinnerungsstückes war als Hausaufgabe aus der vorausgegangenen Unterrichtsstunde hervorgegangen.

Sabrina: Ich habe eine Eintrittskarte mitgebracht, die erinnert mich an einen Ausflug in den Zoo und an die Schulübernachtung, wie schön es da war.

Leon: Ich hab ein Foto mitgebracht, wo ich damals mit meinem Papa im LKW saß. Ich hab das mitgebracht, weil mich das an den LKW erinnert, in dem mein Papa Eis hatte. Eis am Stiel.

Ich habe früher gerne Auto gespielt mit meinen Freunden. Aber ich habe gerne auch alleine gespielt mit der großen Rennbahn.

Abb. 7.5.4:
Diesen Text schrieb der Schüler zu einem Foto eines Matchboxautos (Text von Michael, 5. Klasse)

Michael: Ich hab ein Matchbox-Auto mitgebracht. Die hab ich früher gern gesammelt. Da hab ich ganz viel davon. Und ich hab früher ganz viel damit gespielt, auch mit meinen Freunden. Ich hab auch eine Rennbahn davon.

Torben: Ich hatte früher auch eine Box, da kamen wertvolle kleine Autos rein.

Anna: Ich hab ein Foto mitgebracht, wo ich bei Sina war, beim Geburtstag. Das war eine Geburtstagsfeier und das hat Spaß gemacht. Auf dem Foto sind Sina und ich zu sehen. Wir waren auf einem Spielplatz.

Sina: Ich hab ein Pferd mitgebracht, das ich selbst gebastelt habe. Es war so ein weißes Pferd, das man mit speziellen Papieren überkleben konnte. Und das habe ich vorletztes Jahr von meiner Tante bekommen, was ich dann selber basteln konnte. Ich bastele sehr gern.

Abb. 7.5.5:
Die langen Haare (Text und Illustration von Yessin, 5. Klasse)

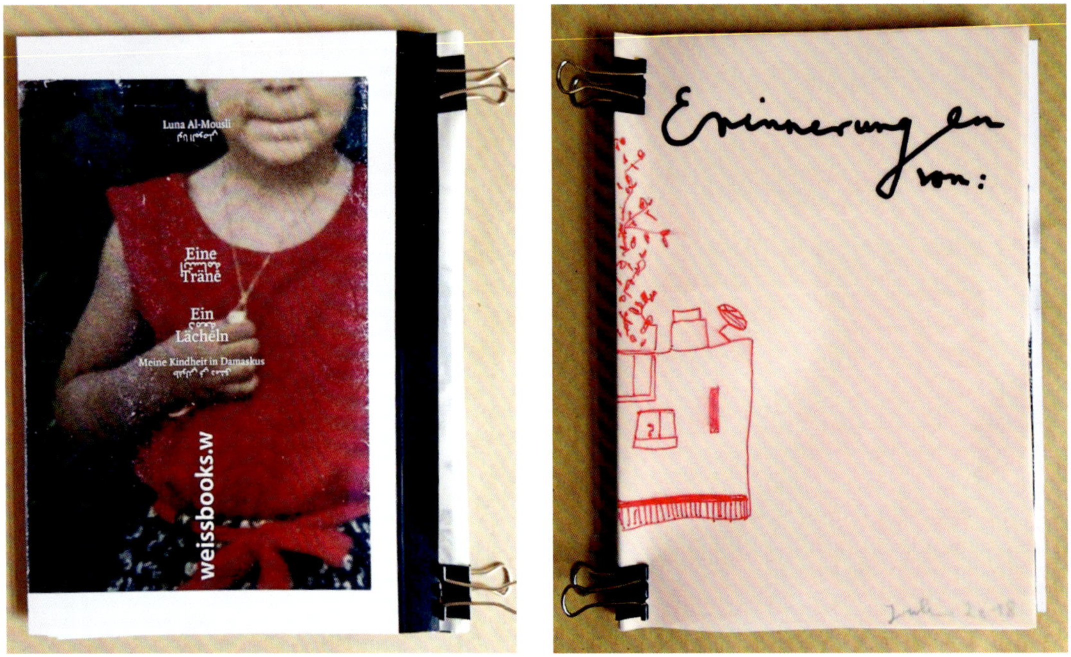

Abb. 7.5.6: Klassen-Erinnerungsbuch (Vorder- und Rückseite)

Marco: Ich hab kein Bild dabei, aber ich hätte ein Bild mitgenommen, als ich im Krankenhaus war. Ich hatte nämlich einen Herzfehler und deshalb war ich im Krankenhaus. Davon hätte ich ein Bild mitgebracht, aber ich habe es vergessen.

Lehrerin: Warum hättest du das Bild mitgenommen?

Marco: Weil es mich daran erinnert, dass ich es geschafft hab. Dass ich überlebt hab.

Für diese Lerngruppe erwies sich ein kleinschrittiges Vorgehen als hilfreich. So wurden nach dem Austausch über eigene Ideen zwei weitere Texte aus dem Buch vorgelesen, um daran zu erläutern, wie ein solcher Erinnerungstext verfasst werden kann. Dafür wurden die Texte über die Wassermelonen im Swimmingpool und über das Haareflechten ausgewählt. Im Anschluss daran erhielten die Schüler/-innen den Auftrag, immer zu zweit zu überlegen, über was sie schreiben wollten, was das Thema sei, wie der erste Satz formuliert werden könnte und was noch im Text Erwähnung finden könnte. Die Lehrerinnen gingen herum und unterstützten die Kinder bei der Textplanung. Zur Motivation betonten die Lehrerinnen, dass bei diesen Texten keine W-Fragen und kein vorgegebene Textstruktur Berücksichtigung finden müsse.

Die eigentliche Textproduktion erfolgte mit hoher Konzentration. Wer den Text fertiggestellt hatte, konnte Verzierungen oder Zeichnungen ergänzen.

Die Arbeitsergebnisse (siehe Abb. 7.5.4 und 7.5.5) wurden zum Abschluss der zweiten Doppelstunde in der Klasse vorgestellt. Bei der Überarbeitung der Texte wurde keine Umstellprobe berücksichtigt, weil die Schüler/-innen mit der Formulierung der Sätze intensiv befasst waren und keine Konzentration für den nächsten Überarbeitungsschritt aufbringen konnten. Mit mehr Zeit wäre aber die Spracharbeit in einer weiteren Unterrichtsstunde denkbar gewesen.

Um die Unterrichtseinheit nachhaltig abzurunden, banden die Lehrerinnen die (teilweise illustrierten) Schreibprodukte der Schüler/-innen zu einem Buch zusammen und gaben sie der Klasse so als gemeinsam gestaltetes Erinnerungsstück an die Auseinandersetzung mit Al-Mouslis *Eine Träne. Ein Lächeln. Meine Kindheit in Damaskus* zurück (siehe Abb. 7.5.6).

8 Literatur- und Unterrichtsvorschläge für die Klassen 5 bis 6

8.1 Überblick

Die zwei folgenden Unterrichtsvorschläge eignen sich für die Klassenstufen 5 und 6. Die dafür ausgesuchten literarischen Texte sind zwei inhaltlich und ästhetisch anspruchsvolle Bilder(sach)bücher. Eines der beiden, *abc.de*, ist ein ausgesprochen anspielungsreiches Abcedarium, das die Klaviatur inter- und intratextueller Verknüpfungen beherrscht. Dessen alphabetisch geordnete Buchstabenbilder beruhen auf der deutschen Sprache, parallel dazu laufen Übersetzungen der für den Haupteintrag ausgewählten deutschen Wörter auf Französisch, Englisch und Polnisch am unteren Rand der Buchstabenbilder mit. Das andere, *Das Notizbuch des Zeichners*, ist ebenfalls parallel mehrsprachig gestaltet. Arabisch und Deutsch sind die parallel gesetzten Schriftsprachen. Hier ist es die arabische Schrift, die kunstvoll mit den Zeichnungen verwoben ist, während die deutsche Übersetzung der arabischen Kurztexte am seitlichen Rand beigegeben ist.
Beide Bücher setzen Kulturräume sehr anschaulich ins Bild. Das eine bettet hierbei den deutschsprachigen Raum in europäische Dimensionen ein, dadurch kommt die europäische Idee in den Blick (Kap. 8.2). Das andere stellt die arabische Weltsicht der westlichen gegenüber und lädt zum Nachdenken über kulturelle Normierungen ein (Kap. 8.3).

8.2 Ode an die Freude – Erkundungen mit einem europäischen Abcedarium

Iwona Chmielewska (Text und Illustration):
abc.de
Viersprachig Deutsch-Englisch-Französisch-Polnisch.
Warschau: Wrocławskie Wydawnictwo Warstwy & Wrocławski Dom Literatury in Kooperation mit dem Gimpel Verlag 2016 [EA 2015]
(Abcedarium)

AUF EINEN BLICK

Klassenstufe: 5/6

Zeitplanung:
Für den Unterricht mit dem Abcedarium *abc.de* von Iwona Chmielewska sind in Abhängigkeit von den zeitlichen Ressourcen flexible Zeitumfänge anzusetzen. Es sollten fünf Unterrichtsstunden eingeplant werden. Im fächerübergreifenden Unterricht mit dem Fach Kunst sind weitere Doppelstunden möglich. Folgende Zeitstruktur wird vorgeschlagen:

- In der ersten Unterrichtsstunde werden die Schüler/-innen mittels ausgewählter Einzelseiten aus dem Bildersachbuch *abc.de* an die Gattung Abcedarium im Allgemeinen sowie an Chmielewskas Abc-Buch im Besonderen herangeführt.
- In den folgenden zwei Unterrichtsstunden arbeiten die Schüler/-innen mit der Methode des forschenden Lernens an Chmielewskas *abc.de* weiter. Nun gehen sie kulturellen Versatzstücken in Chmielewskas Abcedarium nach und recherchieren zu ausgewählten Buchstabenseiten im Internet.
- In der vierten und fünften Unterrichtsstunde stellen die Schüler/-innen die Rechercheergebnisse zu ihren Buchstabenseiten vor. Spätestens jetzt wird gemeinsam über die europäische Idee reflektiert, die in Chmielewskas mehrsprachigen Abcedarium zum Ausdruck kommt. Damit könnte die Unterrichtseinheit zum Abschluss kommen.
- Steht ausreichend Zeit zur Weiterarbeit zur Verfügung, dann erstellen die Schüler/-innen in zwei weiteren Doppelstunden eigene Buchstabenseiten mittels Collagen (eventuell in Zusammenarbeit mit dem Kunstunterricht).
- Eine weitere Doppelstunde wird anschließend für die Präsentation und Besprechung der entstandenen Produkte gebraucht.
- Für die Erstellung von Erklärvideos wird eine Doppelstunde veranschlagt (siehe unten Ideen zur Weiterarbeit).

Materialien:

- farbig kopierte Bildseiten des Abcedariums von Chmielewska
- Tablets (alternativ: Zugang zu Computer sowie Internet im Computerraum)
- weiße Blätter
- Mal- und Schreibstifte, Wasserfarben und Pinsel
- alte Zeitschriften als Materialbasis zum Erstellen von Collagen, Scheren und Klebstoff
- verschiedene zweisprachige Wörterbücher

Ziele des Unterrichts:

- Die Schüler/-innen sollen die Gattung Abcedarium an einem mehrsprachigen Beispiel kennenlernen.
- Die Schüler/-innen sollen einige der (literarischen, philosophischen, bildkünstlerischen, musikalischen und architektonischen) Kulturgüter, die in Chmielewskas Abcedarium als „Deutsch" präsentiert werden, durch Recherchearbeit erschließen und dabei der Idee eines vereinten Europas auf die Spur kommen.
- Die Schüler/-innen sollen selbst eine eigene Buchstabenseite gestalten, die den Aspekt der Mehrsprachigkeit berücksichtigt.
- Die Schüler/-innen sollen ein Erklärvideo zu ihrer eigenen Buchstabenseite erstellen.

8.2.1 Vorstellung des Bilderbuchs *abc.de*

Das Abcedarium mit dem Titel *abc.de* der Buchkünstlerin Iwona Chmielewska ist 2015 im Gimpel Verlag erschienen und gehört in die Kategorie gemischt mehrsprachiges Bildersachbuch (siehe oben Kap. 2.3). Es wurde 2016 für den Deutschen Jugendliteraturpreis nominiert (in der Sparte Sachbuch). Die alphabetisch geordneten Buchstabenseiten dieses Abcedariums, dessen *.de* in der Buchüberschrift allgemein auf Internetadressen in Deutschland verweist, basieren auf deutschsprachigen Wörtern. In einer Art Fußzeile wird auf jeder Buchstabenseite jedoch stets auch die englische, französische und polnische Übersetzung des deutschen Haupteintrags aufgeführt.

Auch wenn das Cover dieses Bildersachbuchs einen Schulanfänger in kurzen Hosen mit riesiger Schultüte in der Hand zeigt, die ein etwas größeres, dahinterstehendes Mädchen fast vollständig verdeckt, so überfordert dieses viersprachige und an intra- und intertextuellen Verweisungszusammenhängen reiche Abcedarium Schulanfänger/-innen vermutlich eher, als dass es ihnen den Einstieg in die Welt des Alphabets und der Buchstaben ebnet. Außerdem sind Abc-Bücher wie das vorliegende, welche die Form der Buchstaben zur Darstellung des Bedeutungsinhalts von Wörtern nutzen, aus sprachdidaktischer Sicht für den Anfangsunterricht kritisch zu sehen. Schreibanfänger/-innen verleiten Buchstabenbilder zur irreführenden Vermutung, zwischen Buchstaben, Wörtern und Dingen bestünde eine Ähnlichkeitsrelation. Wer die Alphabetschrift hingegen bereits beherrscht, kann sich am Spiel mit Buchstabenmalerei und Figurenalphabeten vergnügen und beteiligen, ohne Gefahr zu laufen, die Abstraktionsleistung, die hinter der Schrift steht, wieder zu vergessen.

Fünft- und Sechstklässler/-innen, die sich im Schulalltag nicht mehr mit Schrift(sprach)erwerb, sondern mit dem Erlernen von Fremdsprachen beschäftigen, mögen sich von einem Abcedarium möglicherweise zunächst wenig angesprochen fühlen. Bei genauerem Hinsehen jedoch wird ihre Entdeckungsfreude – ebenso wie bei Erwachsenen – durch die Fülle von mehr oder weniger versteckten Hinweisen auf immaterielle und gegenständliche Kulturgüter allgemeinbildender Art angestachelt. Chmielewska lädt mit einem großen Bilderreigen europäischer Kulturversatzstücke, fokussiert auf den deutschsprachigen Raum, zu Fragen, Erkundungen und Enträtselungen ein. Da auch schriftliche Informationen gegeben sind (Namen, Gedichtzeilen, Jahreszahlen, …), die auf Autoren (Schiller, Brecht, Heine, Goethe, Rilke, Freud …), Philosophen (Kant, Leibniz …), bildende Künstler (Klimt, Hundertwasser, Dürer …), Musiker (Beethoven, Bach, Mozart …), Bauwerke (Kölner Dom, Dresdner Zwinger …), Orte (Dessau, Berlin, Wittenberg, Zürich …) etc. hindeuten, sind auch ausreichend lesbare Spuren ausgelegt, die sich als Schlagwort zum Recherchieren für weiterführende Antworten eignen. Und auch zwischen den einzelnen Seiten sind Vernetzungen vorhanden, sodass sich das Abc-Buch von Chmielewska – für ein Abcedarium ungewöhnlich – als genuin literarischer Text präsentiert, bei dem spätere Bild- und Textstellen frühere aufgreifen und erhellen: Beispielsweise stellen die Konterfeis der Brüder Grimm im dunklen Märchenwald einen Bezug her zum Grimm'schen Wörterbuch unmittelbar auf der Bildseite davor und zur Goldenen Gans ebenso wie zu Rotkäppchen ein paar Seiten später. Ähnlich ist es mit den bärtigen Gesichtern von Marx und Engels, diese stehen in einem deutlichen Verweisungszusammenhang mit Bertolt Brecht.

Nebst Wortschatzerweiterung im Feld der im Unterricht präsenten Fremdsprachen (Englisch, ggf. auch Französisch) bietet die Arbeit mit diesem viersprachigen Abc-Buch auch Gelegenheit, Nachforschungen in einer wahrscheinlich nur wenigen Schüler/-innen geläufigen Sprache (Polnisch) anzustellen. Und es drängt sich bei dessen näherer Betrachtung geradezu auf, dass man auf der Grundlage dieses Buches sein Allgemeinwissen in den Bereichen Literatur, bildender Kunst, Musik, Philosophie, Geschichte und Geografie ausbaut. Der Titel *abc.de* weist durch den Punkt zwischen c und d darauf hin, dass man im Internet auf Wissensinhalte stößt, auf die Chmielewska für ihr Abc-Buch zurückgegriffen hat. Es ist der deutschsprachige Kulturraum, der in diesem Abcedarium mittels Bildern, Wörtern und Zahlen konturiert ist. Aus historischer und europäischer Perspektive ist dieser Raum jedoch geografisch über die heutige BRD hinausgehend zu denken: Österreich und die deutschsprachige Schweiz spielen in diesem Abcedarium ebenso eine Rolle wie auch vormalig deutschsprachige Zentren mit europaweiter Ausstrahlung – etwa Königsberg mit Kant und dem mit diesem Philosophen verbundenen Gedanken der europäischen Aufklärung.

Die Bilder sind mit Mal- und Zeichentechnik kombinierte Collagen und die hineinmontierten Elemente sind überwiegend fotorealistischer Art.

Chmielewskas *abc.de* wurde 2016 mit folgender Jurybegründung für den Deutschen Jugendliteraturpreis nominiert:

„Das vertraute Modell des ABC-Buchs weiß die Autorin für ein originelles Wissensratespiel zu nutzen. Ausgehend vom Erfahrungshorizont von Kindern verbindet die Künstlerin alltägliche Begriffe wie „Augenarzt", „Brücke" oder „Bach" mit der Vermittlung komplexen Wissens zur Kunst-, Musik- und Literaturgeschichte. Zwar wird der eigentliche Gegenstand wie in herkömmlichen ABC-Büchern jeweils im Bild dargestellt, doch der „Augenarzt" heißt hier Hans Arp, der mit seiner Kunst zu neuem Sehen und genauem Hinschauen anregen wollte; neben dem „Bach" liegt auf einer Wiese entspannt der gleichnamige Komponist. Viele der Informationen sind raffiniert miteinander verwoben und nicht auf den ersten Blick zugänglich, aber gerade der assoziative Zugang weckt die Neugier und den Forscherdrang von Kindern."

(Arbeitskreis für Jugendliteratur e.V. 2016)

Auf dem Vorsatzblatt dieses Bildersachbuchs, unterhalb der Titelei, ist ein Junge in feinem Gewand und ordentlich geschnittenem Haar abgebildet, der Chmielewskas *abc.de* in der Hand hält. Das ist ein metafiktionales Element. Der Schriftzug mit Buchtitel und Name der Autorin/Illustratorin ist eingelassen in einen Hintergrund, der mit seinen feinen, braunen Karos an ein Schulheft erinnert.

Blättert man um, kommt eine Doppelseite mit größeren Karos in den Blick, die wiederum an ein Schulheft gemahnen, nun von Braun ins Beige wechselnd und mit den Kleinbuchstaben a bis i in verschwimmendem Schriftzug beschrieben. Ein kleines Kind mit Bärenmütze steht am unteren rechten Rand, einen in die Senkrechte gehenden blauen Strich in seiner Hand haltend wie einen Ballonfaden. Jetzt steht alles auf Anfang – zumindest von a bis i – ist der Eindruck, den diese schlichte Doppelseite bei den Betrachter/-innen hinterlässt.

Und in der Tat nimmt man beim erneuten Umschlagen der Seite als erstes Adam und Eva in Gemälden wahr, zwei Gestalten, deren Namen mit A beginnt (Adam) bzw. endet (Eva) und deren Erschaffung im jüdisch-christlichen Kulturkreis den Anfang der Menschheitsgeschichte symbolisiert. Und auch der Apfel, der vom Baum der Erkenntnis gepflückt wurde und dessen Bezeichnung in deutscher Sprache mit A beginnt, ist gleich mehrfach abgebildet – einer davon ist mittig so ins Bild gesetzt, dass er mit zwei ihn umgebenden Armen ein A formt. Adam und Eva sind in Bildrahmen gesetzt, wie man sie in Kunstmuseen antrifft; wer die beiden Figuren nicht von sich aus als Bildzitate aus Gemälden von Lucas Cranach erkennt, dem hilft die Bildunterschrift unter Adam auf die Sprünge. Passend zu diesem Beginn ist auf der rechten Seite ein Adventskalender zu sehen, der so aufgestellt ist, dass er ebenfalls ein A bildet; das Wort fängt auf Deutsch mit A an und der Kranz steht für ein seit dem 19. Jahrhundert geläufiges christliches Brauchtum in der Zeit des Advents. Das heißt: Der Adventskalender auf der rechten Seite symbolisiert die jährlich wiederkehrende Zeit der Erwartung der Feier der Geburt Jesu, die in logischer Entsprechung zum auf der linken Seite in Szene gesetzten Sündenfall Adams und Evas steht. Unterhalb der Bilder sind dieselben kleinen Karos der Vorsatzseite zu sehen. In diese hinein sind die beiden Wörter „Apfel" und „Adventskalender" in großem Schriftzug gedruckt, darunter steht die englische, französische und polnische Entsprechung der beiden deutschen Vokabeln in einer Reihe und kleiner gedruckt: „apple", „pomme", „jabłko" und „Advent calendar", „calendrier de l'avent", „kalendarz adwentowy".

Die anschließende Doppelseite ist nochmals dem A gewidmet: Linker Hand in Wort und Bild eine Autobahn, in der Zeichnung mit einem Hinweisschild auf Aachen in 100 km Entfernung; rechter Hand ist Hans Arp mit einer ungewöhnlichen Sehhilfe auf dem rechten Auge ins Bild geklebt. Ein Buchstaben-Sehtest von der Art, wie sie in Augenarztpraxen hängen, bringt den Künstler mittels der für das Testset benutzten Buchstaben mit Dada in Verbindung. Auch hier sind die Zusammenhänge zwischen linker und rechter Bildseite stimmig: Vom Arp Museum in Rolandseck bei Remagen sind es rund 100 km bis Aachen. Und auch die bildliche Darstellung des Buchstaben A erfolgt erneut: Die Autobahn im Bild links ergibt in Zusammenschau mit dem überbrückenden Hinweisschild ein A; ebenso bildet auch die Brille ein A, die von den Händen eines Weißkittels in die Höhe gehalten wird, dessen medizinische Fachrichtung das Wort „Augenarzt“ unterhalb des Bildes anzeigt. Die englischen, französischen und polnischen Vokabeln stehen wiederum ergänzend unter dem Bildrand in einem Raum, der in kleinen Karos einem Schulheft nachempfunden ist: „freeway“, „autoroute“, „autostrada“ und „eye doctor“, „ophtalmologiste“, „okulista“.

Für alle folgenden Buchstaben wird das so beschriebene Prinzip beibehalten: Es gibt pro Buchstabe eine bis drei Doppelseiten inkl. dreisprachiger Übersetzung je Haupteintrag zu betrachten, dargeboten in einer Mischung aus einfachen Veranschaulichungen der Buchstabengestalt und komplexen Verweisungszusammenhängen.

Der Buchstabe B wartet unter dem Eintrag „Buch“ („book“, „livre“, „książka“) mit Bertolt Brecht auf, unter dem Eintrag „Bart“ („beard“, „barbe“, „broda“) mit den bärtigen Gesichtern von Marx und Engels sowie mit dem Konterfei von Beethoven und einer zu den Texten und Ideen der auf der Doppelseite versammelten Dichter und Denker passenden Sprechblase mit einer Textzeile aus Beethovens 9. Sinfonie, die an Schillers Ode *An die Freude* angelehnt ist: „Alle Menschen werden Brüder …“ (Chmielewska 2016, o. S.). Der in dieser Zeile formulierte Solidaritätsgedanke ist auch Teil der Europahymne: Seit 1985 ist *An die Freude* in Beethovens Vertonung eines der offiziellen Symbole des Europarats und der Europäischen Union. Die folgende Doppelseite zeigt dann Johann Sebastian Bach an einem Bach liegend, in dem Schuberts Kunstlied-Forelle schwimmt, sowie eine Brücke, die auf die gleichnamige expressionistische Künstlergruppe verweist. Dass auf dieser Doppelseite auch noch Wörter wie Blume, Biene, Baum, Bleistift, Boot veranschaulicht und geschrieben sind, ermöglicht auch Entdeckungen ohne tiefgründige Konnotationen. Das Kind mit der Bärenmütze, das eingangs unter die Buchstabenreihung a bis i gezeichnet war, taucht auf der dritten Doppelseite zum Buchstaben B wieder auf, jetzt auf das Sternbild „Kleiner Bär“ (auch „Kleiner Wagen“ genannt) sowie auf den Berliner Bär hinweisend; daneben B wie Brief und Brieftaube sowie einen an eine Person namens Braun in Bern adressierter Luftpostbrief.

C ist illustriert durch Cello und Chamäleon; der Schriftzug verweist durch farbliche Hervorhebung des C im Namen auf den Komponisten Johann Christian Bach; das ist der Sohn des vorgängig auf einer der B-Seiten an einem Bach ins Bild gesetzten Barockkomponisten Johann Sebastian Bach. Für D sind das Deutsche Wörterbuch der Brüder Grimm sowie die Artikel „der“, „die“, „das“ ins Bild gesetzt, der Kölner Dom mit der exakten Zahl der Höhe seines Nordturms sowie die deutschen Philologen Jacob und Wilhelm Grimm selbst. Allerdings nicht als Wörter-, sondern als Märchensammler in einen dunklen Märchenwald (dessen Zeichnung und Gestaltung an eine Bilderbuchseite aus Binette Schroeders Bilderbuch *Laura* erinnert), außerdem ein durstiger Dackel mit Schnauze in einer Schüssel, der an die Geschichte vom bösen Friederich in Heinrich Hoffmanns *Struwwelpeter* gemahnt, und das Bauhaus in Dessau. E ist u. a. mit essen/Essen, ernst/Max Ernst, Einstein/erklären/$E=mc^2$, Erfurt/Ecke/Meister Eckhart bebildert. Unter F erkennt man das Gemälde „Sonnenuntergang" von Caspar David Friedrich wieder, gepaart mit dem Eintrag „Ferien" („holidays", „vacances", „wakacje") und nachgedoppelt mit den Wörtern Flugzeug, Frankfurt, Fahrrad, Fahrenheit, Februar und (Frauen-)Fußball. G wartet mit Goethe, Geschenk, Gasthaus, Grimm und goldener Gans auf, H mit dem Namen des Komponisten Händel sowie Händen auf einem Klavier, den Städtenamen Halle, Hamburg, Hannover, einem Hampelmann und der Tänzerin Pina Bausch, der der Hampelmann ähnlich sieht (und vice versa). Außerdem haben sich ein Mann und eine Frau, die aus einem Gemälde von Hans Holbein stammen, offensichtlich zum Heiraten versammelt; ein Haus in Anlehnung an Hundertwasser steht daneben. Auch Beuys' Hut und Heines Antlitz mit Heft sowie sein Gedicht *Herz, mein Herz* spielen mit dem Buchstaben H. I ist Erfindungen gewidmet: dem Dieselmotor des Ingenieurs Rudolf Diesel und Gutenbergs Idee des Buchdrucks.

Es folgt ein Zwischenblatt mit der Buchstabenreihe j bis r, nunmehr liniert statt kariert und hochkant gestellt sowie mit einer Schnecke am rechten Bildrand versehen. Unter J ist daraufhin ins Bild gesetzt: „das Jahr" (mit Januar) und „der Junge" (mit dem Wunderkind Mozart als Exempel). K wird illustriert durch den Künstler Klimt (samt Hinweis auf dessen Gemälde „Der Kuß") sowie Kant im (Kerzen-)Licht der Aufklärung vor der Kulisse Königsbergs. L zeigt ein Schulzimmer mit Lehrer und einer Schreibtafel, die eine Lektion zum Buchstaben L und Heines Lorelei festhält; außerdem Licht, das durch eine Kirchentür strömt, an die Luther seine Thesen schlägt, den Naumburger Dom mit der lächelnden deutsch-polnischen Prinzessin Reglindis sowie die zuvor bereits erblickte langsame Schnecke und den in Leipzig geborenen Leibniz. Unter dem Buchstaben M wird ein Marsch von Soldatenbeinen ins Blickfeld gerückt, in Kombination mit Maus und Nussknacker aus E.T.A. Hoffmanns gleichnamigem Kunstmärchen. Außerdem die Berliner Mauer und ein (erkennbar tiefgründiger) Maulwurf (in dem man einen staatstragenden Spitzel symbolisiert vermuten kann, dessen Tunnelbau aber auch als Aktivität in Richtung Fluchtversuch deutbar ist), ein Meister des Bauhandwerks sowie Max und Moritz im fröhlichen Miteinander. N wartet mit Nietzsche, Nachdenken und Nachmittagsteestunde in Nürnberg auf. O zeigt Onkel Otto an der Ostsee, Oktober mit gefülltem Bierglas zum Oktoberfest, Ostern mit dem berühmten Feldhasenaquarell von Dürer und einem bunt bemalten Osterei sowie alte Fotografien von Oma, Opa und Onkel über jugendstilartigem Ehebett. P tritt auf mit Porsche, Parkplatz, Pusteblume und Meissener Porzellan (Tasse, Teller, Pferd) in Packpapier, Q mit Quelle und (Beethovens Streich-)Quartett. R hält Rilke und Rose sowie Spitzwegs Gemälde des armen Poeten mit Regenschirm vor.

Eine weitere Blatteinlage kündigt die Buchstabenfolge s bis z an; eingeklebt am rechten unteren Seitenrand ein erwachsener Mann mit einem Kleinkind auf dem Arm. Die linke Seite hält große Schulheftkaros vor, die rechte Seite ist großzügig liniert. Der folgende Buchstabe S präsentiert sich mit Sandmännchen sowie Sand, Strand und Sommer an der See und mit Strauß (Vogel und Komponist). T tritt auf mit einem Tiger, der aus der Tür einer Tierarztpraxis lugt, neben einer Tür mit dem Namen des Filmregisseurs Tom Tykwer, außerdem mit Marlene Dietrich auf einer Treppe mit rotem Teppich, umweht von roten Tulpen. U zeigt den Jungen vom Vorsatzblatt in bizarr verdrehter Körperstellung, jetzt ein Übungsbuch unter den Arm geklemmt, auf eine unmögliche grafische Form schauend, außerdem eine Sand-Uhr umrahmt von einem jungen und einem alten Gesicht von bekannten Werken Albrecht Dürers (Selbstbildnis des Malers als Dreizehnjähriger und Kohlezeichnung des Portraits seiner Mutter als alter Frau). V inszeniert eine Vorstellung mit Struwwelpeter auf einer Bühne in einem Lichtstrahl mit V-Effekt und zeigt Dürers Melencolia neben einer Schweizer Bahnhofs-Uhr, die auf Viertel vor 12 steht; außerdem eine Doppelseite mit Vogelzug vor Domkulisse, das Geschwisterpaar des Covers mit voller Schultüte und den Vater mit Kind aus der Zwischeneinlage. Mit Wind, Windrädern, Wiedehopf, Wasser tropfender Hose an Wäscheleine vor einer Wand sowie Fensterdurchblick auf die Stadtkulisse Wuppertals mit Schwebebahn kommt der Buchstabe W in den Blick. Ein psychoanalytisch deutbarer dunkler Wald mit Rotkäppchen und Wolf sowie Wartende im Wartzimmer des Wiener Psychotherapeuten Siegmund Freud und den Fragen „Was?“ und „Warum?“ ergänzen dies. X wird repräsentiert durch ein Xylophon sowie den X-Strahlen von Röntgen. Y steuert den Yeti und Südtirol sowie den Yak und Nepal bei (beides ist biografisch verknüpft mit dem Südtiroler Bergsteiger Reinhold Messner, dessen Namenszug auf der Doppelseite steht). Z offenbart ein Zeiss-Mikroskop, die Zeichnung eines Zeppelins, den Dresdner Zwinger, die Ziffer Zwei, eine Ziege, einen Zaun, ein Mädchen mit Zopf und am Horizont Zürich, einen Zug, der entlang der Alpen fährt, sowie ein Zimmer mit einem alten Bücherschrank voller Bücher von Stefan Zweig. Auf diesem letzten Blatt ist ein Kalender zu sehen, der den 24. Dezember anzeigt, eine weihnachtliche Lichterkette vor Nachthimmel mit leichtem Schneefall und ein blattloser Zweig im offenen Fenster sowie ein Geschenkpäckchen auf einem antiken Schreibtisch. Damit wird erkennbar ein Bogen geschlagen zum Anfang des Bilder- und Buchstabenreigens, wo ein Adventskalender mit noch gänzlich ungeöffneten Türchen zu sehen war.

In diesem weihnachtlichen Anfang und Ende verbirgt sich auch das Motto des Bilderbuchs, das in der Gestalt eines Abcedariums die Faszination der polnischen Illustratorin und Autorin Iwona Chmielewska für die deutsche Sprache und Kultur in Wörtern und Bildern ausdrückt, ausgehend vom Weihnachtslied *Stille Nacht*. Auf dem Vorsatzpapier links steht hierzu erhellend zu lesen:

„*Reglindis, die lächelnde Polin aus dem Naumburger Dom. Ein solches Lächeln erstrahlt auf meinem Gesicht, sobald ich irgendwo über ein deutsches Wort stolpere. Dass diese Sprache und Kultur mir gar nicht so fremd sind, verdanke ich meiner Großmutter, die Hulda Jäger hieß und die mir, kleinem Mädchen, deutsche Kinderreime beibrachte. Sie liebte das Weihnachtslied „Stille Nacht“ so sehr, dass sie es mir immer wieder als Schlaflied vorsang, unabhängig von der Jahreszeit.*

Obwohl sie nur eine einfache Weberin aus Łódź war, darf sie heute in meinem ABC Platz nehmen, unweit von Reglindis, der deutsch-polnischen Prinzessin, inmitten all der wunderbaren Dinge, die ich mit Deutschland in Verbindung bringe. Eine Ehre, die sie sich wohl nie hätte träumen lassen.

I. Ch.“ (Chmielewska 2018, o. S.)

8.2.2 Unterrichtsvorschlag

Für die gesamte Unterrichtseinheit sind etwa sechs Doppelstunden zu veranschlagen. Wenn dies organisatorisch möglich ist, ist der fächerübergreifende Unterricht, z. B. mit dem Kunst- oder Sachunterricht empfehlenswert. Verzichtet man auf die gestalterische Weiterarbeit und Vertiefung und lässt es mit der Erarbeitung des mehrsprachigen Bildersachbuchs bewenden, so sind fünf Unterrichtsstunden ausreichend.

Zum *Einstieg* wird Chmielewskas *abc.de* der Klasse zunächst nicht als Buch, sondern in Form von farbig kopierten Einzelseiten präsentiert. Die einzelnen Bildseiten werden bunt durcheinandergemischt ausgelegt. Um Überforderung durch Überangebot zu vermeiden, ist eine gezielte Reduktion der Anzahl der Seiten ratsam. Die Seiten wählt die Lehrerin mit Blick auf die konkreten Schüler/-innen ihrer Klasse und deren Interessen aus.

Gemeinsam gruppieren die Schüler/-innen nun die Seiten nach Anfangsbuchstaben und legen sie anschließend in eine alphabetische Reihenfolge. Eventuell machen die Schüler/-innen bereits beim Ordnen erste Entdeckungen zu den kulturellen Verrätselungen in den Bildern. Bestimmt aber fällt ihnen auf, dass der jeweilige deutschsprachige Haupteintrag je Seite in drei Fremdsprachen übersetzt ist und ihnen mindestens eine davon (mit hoher Wahrscheinlichkeit) nicht geläufig ist. Passenderweise zeigt die Lehrerin den Schüler/-innen jetzt das Bilderbuch, aus dem die betrachteten Bildseiten stammen und spricht mit ihnen über die Buchgattung Abcedarium im Allgemeinen und über das vorliegende mehrsprachige Abc-Buch im Besonderen.

Für diese Hinführung sollte man eine ganze Unterrichtsstunde veranschlagen, damit den Schüler/-innen ausreichend Zeit gegeben ist, den besonderen Charakter dieses Abcedariums in seinen inhaltlichen und ästhetischen Feinheiten zu erfassen und auch ein nicht nur oberflächlicher Austausch darüber stattfinden kann.

Die *weitere Erarbeitung* erfolgt in zwei weiteren Schulstunden (ggf. in einer Doppelstunde) zunächst auf der Inhalts- und Bildebene. Mit Unterstützung und Hilfestellung der Lehrerin kann zu den vielen versteckten kulturellen Versatzstücken im Internet recherchiert werden. Allein schon der Titel des Bilderbuchs, *abc.de*, fordert einen dazu auf. Für das web-basierte Forschen ist es von Vorteil, wenn die Lehrerin spätestens jetzt eine didaktische Reduktion vornimmt und aus den Seiten diejenigen auswählt, von denen sie annimmt, dass ihre Schüler/-innen für die darauf präsentierten kulturellen Verweise entsprechendes Vorwissen mitbringen, damit ihre Recherchen nicht ins Bodenlose fallen (altersgemäß von Interesse sind etwa Gutenbergs Druckerpresse und der Dieselmotor, die Brüder Grimm, der Struwwelpeter, die Berliner Mauer oder Mozart). Die Lehrerin bildet heterogene Kleingruppen im Hinblick auf anzunehmendes Bildungsvorwissen und erwartbare Medienkompetenz und teilt ihnen Seiten aus Chmielewskas Abcedarium zum selbstständigen Erforschen zu. Alternativ kann man die Schüler/-innen auch selbst Seiten aus Chmielewskas Abc-Buch aussuchen lassen, zu denen sie im Team recherchieren möchten. Ist die Klasse mit Tablets ausgestattet, dann kann dies im Klassenraum geschehen; ansonsten steht in der Schule vermutlich ein Computerraum für diese Arbeitsphase zur Verfügung. Ihre Entdeckungen können die Schüler/-innen beispielsweise in eine Power Point-Präsentation integrieren.

Frageimpulse passend zu den Objekten auf ihren Buchstabenseiten erleichtern den Schüler/-innen den Einstieg ins Recherchieren – z. B. zur Vorstellung des Struwwelpeters auf der Buchstabenseite V im V-förmigen Rampenlicht: Wie lautet der Name dieser Figur? Wer hat sie erfunden und wann? (Struwwelpeter ist der Titel eines Werkes des Frankfurter Arztes und Psychiaters Heinrich Hoffmann und zugleich dessen Titelfigur, entstanden 1844, Erstpublikation des Bilderbuchs 1845.) Wie lauten die Sätze, mit denen die Figur im Bilderbuch, in dem sie auftritt, vorgestellt wird? (Sieh einmal, hier steht er, / Pfui, der Struwwelpeter! / An den Händen beiden / Ließ er sich nicht schneiden / Seine Nägel fast ein Jahr; / Kämmen ließ er nicht sein Haar. / Pfui! ruft da ein jeder / Garst'ger Struwwelpeter.)

Damit einerseits alles erfasst wird, was auf der Seite dargestellt ist, und andererseits das Dargestellte von den Schüler/-innen auch stimmig eingeordnet werden kann, sind in dieser als selbstständig forschendes Arbeiten angelegten Phase zusätzliche Hilfestellungen seitens der Lehrerin nötig – etwa Unterstützung bei der Buchstabenseite L („das Licht“) mit den Fragen, was Luther hier an die Kirchentür heftet (Thesenanschlag in Wittenberg), wie diese Handlung mit dem Datum, das neben Luthers Namen steht, zusammenhängt (31. X. 1517: Beginn der Reformation; 31.10. Reformationstag: heute in manchen Bundesländern Feiertag) und inwiefern Luthers Bibelübersetzung „Licht“ ins Dunkel der christlichen Kirche brachte. Luther wollte mit seiner Bibelübersetzung das Licht des Evangeliums unvermittelt leuchten lassen – d.h. in der allen verständlichen Volkssprache Deutsch.

Die Präsentation der Rechercheergebnisse ist zugleich *Abschluss der Erarbeitung* von Chmielewskas *abc.de*. Sie nimmt zwei weitere Unterrichtsstunden (oder eine Doppelstunde) in Anspruch. Die kulturellen Versatzstücke, welche die Schüler/-innen gefunden und zu denen sie recherchiert haben, werden im Klassenplenum miteinander geteilt und besprochen. Daraufhin wird die Schriftebene fokussiert und die Aufmerksamkeit auf die teilweise vom deutschen Alphabet abweichenden Buchstaben und Buchstabenfolgen der anderen Sprachen gelenkt (insbes. Polnisch, z.B. ożenić się, wyjść za mąż“ für „heiraten“; vereinzelt auch Französisch, z.B. „forêt“ für „Wald“). Kinder mit anderen Erst- und Zweitsprachen können die Präsentationen mit den entsprechenden Wörtern in ihren Schriften und deren Aussprache bereichern.

Für die *Weiterarbeit und Vertiefung* bietet sich gestalterisches Arbeiten an: Die Schüler/-innen entwerfen in (sprachlich und künstlerisch affin) heterogen gemischten Kleingruppen oder in Einzelarbeit eine Buchstabenseite für ein eigenes mehrsprachiges Abcedarium. Hierfür stehen ihnen nebst weißen Blättern, Mal- und Schreibstiften, alten Zeitschriften, Scheren und Klebstoff auch zweisprachige Wörterbücher in verschiedenen Sprachen zur Verfügung (in Anlehnung an Chmielewskas Abc-Buch sollten dabei deutsch-englisch, deutsch-französisch und deutsch-polnisch nicht fehlen). Anders als beim Nachschlagen der Wörter in Übersetzungsprogrammen im Internet wird bei der Benutzung von Wörterbüchern alphabetisches Wissen gefordert und gefördert. Im fächerübergreifenden Unterricht kann diese Arbeitsphase dem Kunstunterricht zugeordnet werden. Es sind drei bis vier Unterrichtsstunden dafür vorzusehen, um zu inhaltlich und ästhetisch gelungenen Ergebnissen zu kommen. Anstelle von Gruppenarbeit kann hier auch sehr gut Einzelarbeit in Erwägung gezogen werden.

Zum *Abschluss* werden die entstandenen Collagen im Klassenplenum präsentiert. Alternativ ist auch eine Hängung an einem dafür zur Verfügung stehenden Ort im Schulhaus denkbar. Dafür werden die Buchstabenbilder der Schüler/-innen wie in einer Galerie aufgehängt, die man die Ergebnisse betrachtend abschreiten kann. Eine logische Reihung beim Aufhängen wäre die alphabetische. Für die Präsentation und gemeinsame Betrachtung kann man gut eine Doppelstunde brauchen. Nach der Methode „Museumsrundgang“ bleibt ein Teil der Schüler/-innen bei den Buchstabenseiten stehen und erläutert diese den anderen; nach einer Weile nehmen die Betrachter/-innen die Rolle der Erklärer/-innen vor ihren Collagen ein und die anderen schreiten nun die Buchstabenbilder ab. Dieses Vorgehen funktioniert insbesondere dann gut, wenn die Collagen in Zweierteams oder Gruppen erstellt worden sind; so kann jeweils ein Teil der Gruppe bzw. eine Person des Teams ihr Produkt erklären, während die anderen als Betrachter/-innen auf dem Galerierundgang unterwegs sind.

Ideen zur Weiterarbeit

Ist ausreichend Zeit und entsprechende medientechnische Ausstattung vorhanden, so ist folgende Weiterarbeit ein Gewinn für die abschließende Ausstellung der entstandenen Produkte: Die Schüler/-innen erstellen ein Erklärvideo zu ihrer Buchstabenseite. Dieses wird mit einem Code hinterlegt, das mit der Collage verknüpft ist, die im jeweiligen Video erklärt wird. So können Betrachter/-innen beim Anschauen der Kunstwerke eine Erläuterung dazu auf ihr Tablet abrufen. Für das Erstellen von Erklärvideos bräuchte man nochmals eine Doppelstunde. Wie man dabei technisch vorgeht, erläutert eine Handreichung (siehe Anleitung zum Download, Material 8.2.A).

Alternativ besteht am Ende die Möglichkeit, die entstandenen Buchstabenseiten der Schüler/-innen zu einem klasseneigenen Abcedarium zu binden, ggf. werden fehlende Buchstaben mit Buchstabenbildern aus Chmielewskas Abc-Buch ergänzt.

8.2.3 Aus der Praxis

Die Erprobung fand in einer inklusiven fünften Klasse der Orientierungsstufe einer deutsch-luxemburgischen Gemeinschaftsschule statt, im Übergang vom ersten zum zweiten Schulhalbjahr. Die Schüler/-innen der Klasse waren überwiegend mehrsprachig, wobei nicht nur Deutsch, Französisch und Luxemburgisch als Mutter- und Zweitsprachen in der Klasse vorhanden waren, sondern auch Polnisch, Portugiesisch, Englisch, Italienisch und Syrisch. Drei Kinder waren erst kürzlich aus Syrien nach Deutschland gekommen, ein Kind hatte Förderbedarf, zwei waren hochbegabt. Der Deutschlehrer war zugleich der Klassenlehrer; er konnte einen Kollegen aus dem Fach Kunst für die Zusammenarbeit gewinnen, sodass die medientechnisch versierte und stärker kognitiv orientierte Erarbeitung von Chmielewskas *abc.de* mittels Tablets im Deutschunterricht stattfand und die kreative Vertiefung mittels Collagen im kooperativen Deutsch- und Kunstunterricht (hierbei unterrichteten der Deutsch- und der Kunstlehrer die Klasse im Team). Für das Erstellen der Erklärvideos zu den entstandenen Kunstwerken stellte dann erneut der Deutschunterricht Zeit zur Verfügung. Der Unterrichtsvorschlag wurde fast in der gesamten Länge erprobt, inkl. Weiterarbeit mittels Erklärvideos, allerdings am Ende aus Zeitmangel ohne Ausstellung der Schülerarbeiten.

Anmerkung: Die beiden Kollegen waren die einzigen Männer, die an den Erprobungen der Unterrichtsvorschläge in diesem Buch mitwirkten.

Einstieg und Heranführung an die Besonderheit von Chmielewskas *abc.de*

Zu Beginn der Stunde legte der Lehrer den Schüler/-innen eine auf die Interessen seiner Klasse zugeschnittene, didaktisch reduzierte Auswahl aus Chmielewskas Abc-Buch in Form laminierter Einzelseiten vor. Die Schüler/-innen erhielten den Auftrag, die ihnen zugeteilten Seiten in der Gruppe gemeinsam zu betrachten und miteinander zu besprechen. Dabei nahmen sie die Mehrsprachigkeit im Bild-Text-Gefüge des Angebotenen zwar wahr, sie stand jedoch zunächst nicht im Zentrum ihrer Aufmerksamkeit. Nach einer Weile, die allen Gruppen ausreichend Zeit geboten hatte, sich über die ihnen zugefallenen Seiten auszutauschen, stellte jede Gruppe eine Seite aus ihrem Pool kurz vor.

Daraufhin erläuterte der Lehrer das Konzept eines Abcedariums und zeigte den Schüler/-innen Chmielewskas *abc.de* als Buch. Dabei brachte er die Mehrsprachigkeit als Besonderheit dieses Abcedariums in den Blick und die Schüler/-innen wurden aufgefordert, Vermutungen über die Funktion der drei weiteren Sprachen in diesem vom deutschen Wortschatz ausgehenden Abc-Buch anzustellen. Hilfreich war dabei, dass der Lehrer das Vorwort auf dem Vorsatzpapier vorlas (siehe Zitat oben am Ende von Kap. 8.2.1). Damit erklärte sich den Schüler/-innen zum einen das Vorhandensein der polnischen Wörter von selbst und zum anderen konnte der Lehrer daran anknüpfend mit den Schüler/-innen über die Ausdehnung von Sprach- und Kulturräumen im Unterschied zu nationalstaatlichen Grenzen nachdenken. Vom Lehrer gesteuerte Überlegungen zur Buchstabenseite B, auf der nebst den bärtigen Gesichtern von Marx und Engels Ludwig van Beethovens Konterfei abgebildet ist, ließ den Schüler/-innen schließlich auch die weiteren Sprachen in Chmielewskas Abcedarium sinnvoll erscheinen. Wichtig waren dabei Erläuterungen zur Sprechblase mit den Worten „Alle Menschen werden Brüder". Dass es sich hier um die Europahymne handelt (Schillers *Ode an die Freude* vertont in Beethovens 9. Symphonie), erkannten die Schüler/-innen nicht von selbst. Der Lehrer zeigte ihnen auf seinem Tablet, dass man sich diesen Zusammenhang relativ leicht über Suchmaschinen im Internet erschließen kann, wenn man die Worte „Alle Menschen werden Brüder" ins Suchfeld eintippt. Damit war auch bereits die Weiterarbeit in den kommenden beiden Unterrichtsstunden angebahnt. Mit dem Arbeitsauftrag, alle ausgeteilten Seiten nun gemeinsam in der richtigen Reihenfolge des Alphabets auszulegen, kam die erste Unterrichtsstunde zum Abschluss.

Weiterarbeit und erste Vertiefung durch Internet-Recherchen

Für die anschließende Phase der selbstständigen Recherche mit Tablets wurde die Klasse gezielt in leistungsheterogene Gruppen mit vier bis fünf Schüler/-innen je Gruppe aufgeteilt. Die Anzahl der Seiten aus Chmielewskas *abc.de* zur weiteren Auseinandersetzung war kleiner als in der Einführungsstunde. Konkret standen der Klasse folgende Seiten zum forschenden Lernen zur Verfügung: „das Buch" (mit Bertolt Brecht, der ein aufgeklapptes Buch vor sich hält und damit ein B formt), „dunkel" (worauf die Brüder Grimm im dunklen Märchenwald dargestellt sind), „das Flugzeug" (mit der Frankfurter Skyline im Bild), „die Gans" (worauf ein Worthinweis auf Grimm unschwer zu erkennen ist), „miteinander" (darauf sind Max und Moritz zu sehen), „der Maulwurf" (mit einem Maulwurf und der Berliner Mauer im Bild) und „die Rose" (darauf ist Rainer Maria Rilke mit einer Rose in der Hand abgebildet, die ein R formt). Um lange Diskussionen zu vermeiden, welche Gruppe welche Seiten erforschen darf, wies der Lehrer die ausgewählten Buchstabenseiten jeder Gruppe zu. Bevor sie sich an die Suchmaschinen im Internet setzten, klärte der Lehrer nochmals, dass man die Texthinweise auf den Bildseiten für die Recherche nutzen muss, um zu passenden Antworten zu kommen. Er erinnerte daran, dass sie in der vorhergehenden Unterrichtsstunde die Zusatzinformationen gefunden hatten, die für das tiefere Verständnis des Satzes „Alle Menschen werden Brüder" notwendig waren, indem sie genau diese Worte in das Suchfeld eines Suchprogramms im Internet eingetippt hatten.

Die Schüler/-innen recherchierten in der Doppelstunde nun eifrig zu den Namen und Bildern der ihnen zugeteilten Seite(n); wo nötig, half der Lehrer unterstützend weiter. Ihre Rechercheergebnisse schrieben sie mit viel Enthusiasmus in Power Point-Folien; zur Illustration fügten sie passende Bilder ein, die sie im Netz gefunden hatten. Die Adressen der Internetseiten, von denen sie ihre Informationen und ihr Bildmaterial bezogen, notierten sie dabei korrekt als Quelle.

Präsentation der Arbeitsergebnisse aus dem forschenden Lernen

Die Gruppen präsentierten ihre Recherche-Ergebnisse mit Kurzreferaten unterstützt durch Power Point-Folien. Diese waren in der Mehrheit hochgradig kompetent animiert und die vorgezeigten Funde waren nicht nur inhaltlich stimmig, sondern auch ästhetisch ansprechend illustriert (mit passenden Fotografien zu den Textinformationen – darunter Brecht, ein Maulwurf, der Frankfurter Flughafen, die Berliner Mauer – sowie Zeichnungen von Wilhelm Busch, die weitere prominente Figuren nebst Max und Mo-

Abb. 8.2.1:
Collage eines Schülers (5. Klasse, inklusive Gemeinschaftsschule) zum Buchstaben A

ritz zeigten: die fromme Helene und den Lehrer Lämpel). Die Schüler/-innen hörten und schauten den Präsentationen interessiert zu und stellten vereinzelt auch Rückfragen. Zuweilen brachte der Lehrer Ergänzungen an.

Weiterarbeit und weitere Vertiefung durch das Erstellen eigener Buchstaben-Seiten

Im nächsten Schritt stellten die Schüler/-innen selbst Collagen her. Hierfür wurden die Stunden des Kunstunterrichts genutzt. Die meisten Schüler/-innen arbeiteten allein, ein paar wenige in Zweierteams. Die Herausforderung bestand darin, die eigene Seite nicht nur mit einem Buchstaben so zu gestalten, dass der Buchstabe selbst prominent darauf vorkommt, sondern darüber hinaus auch so, dass möglichst auch Wörter, die mit diesem Buchstaben beginnen, in Text und Bild auf der Collage zu sehen sind. Außerdem sollte der Mehrsprachigkeit Rechnung getragen werden und ein künstlerischer Anspruch bestand auch noch!

Die Abbildungen Abb. 8.2.1 bis 8.2.4 zeigen Ergebnisse, welche die Anforderungen der gestellten Aufgabe beispielhaft erfüllen. Gut erkennbar ist in allen kreativen Produkten, dass die Schüler/-innen ihre eigenen mehrsprachigen Kompetenzen mühelos zu nutzen verstanden.

Ein Schüler, der eine Collage zum Buchstaben A gestaltete (siehe Abb. 8.2.1), schnitt dafür Autos in verschiedenen Größen aus, sodass er sie auf seinem Bild zur Form eines großen A kleben konnte. Die zugefügten Bildsymbole stehen für Autorennen: Autorennbahn mit Rennauto und Zielflagge. Die Wortbeschriftung ist drei-

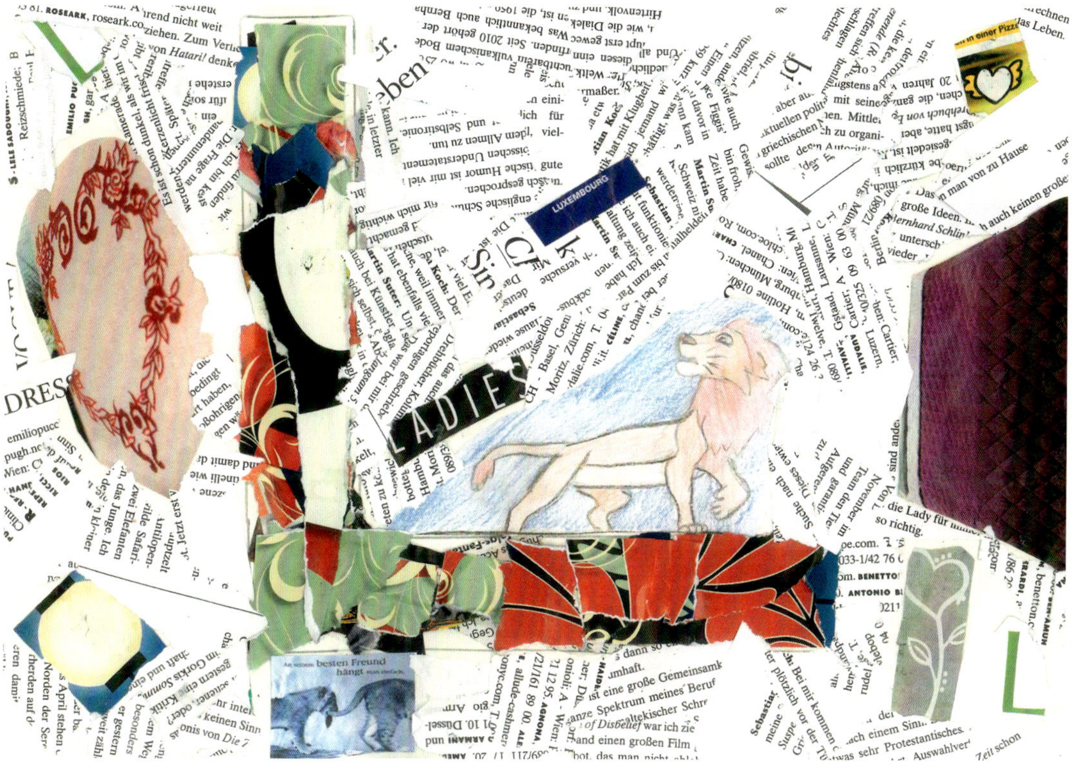

Abb. 8.2.2: Collage einer Schülerin (5. Klasse, inklusive Gemeinschaftsschule) zum Buchstaben L

sprachig Deutsch, Französisch, Luxemburgisch: Auto, voiture, Auto. Und auch bild- und farbgestalterisch ist die Collage ästhetisch sehr ansprechend. In der fünften Klasse versuchen Kinder in der Regel ihre Fähigkeit zu verbessern, Dinge naturalistisch abbilden zu können. Bei diesem Beispiel ist demgegenüber bemerkenswert, dass der Schüler die Autos scheinbar von ihrer Schwerkraft befreit: Sie schweben über einer Landschaft, die in der Vogelperspektive fotografisch festgehalten wurde. Die Autos sind etwas aus dem Zentrum gerückt, in dynamischer Art und Weise angeordnet und schneiden sich diagonal. Die oberen vier Autos bilden somit zusammen den Buchstaben „A", um den es in dieser Arbeit geht. Die Zielflagge verdeckt die Häusergruppe der Landschaft zum Teil, sodass Vorder- und Hintergrund verbunden werden.

Eine Schülerin nahm sich den Buchstaben L vor, für dessen Gestaltung sie Streifen aus farbig gedrucktem Papier riss, die auf ihrer Collage zu einem großen L angeordnet mittig ins Bild gesetzt sind (siehe Abb. 8.2.2). Der Hintergrund besteht aus gerissenen Textteilen mit schwarzer Druckschrift auf weißem Papier, die man ersichtlich nicht lesen können soll. Einzelne Wörter bzw. Buchstaben, die deutlich zum Lesen angeboten werden, sind erkennbar durch andere Schnitt- und Schriftgestaltung in den Blick gerückt: Das Wort „LUXEMBOURG" ist auf einem rechteckig geschnittenen Papierschnipsel mit weißer Schrift auf blauem Grund gut zu entziffern und zentral ins Bild gesetzt; das Wort „LADIES" ist genauso augenfällig aufgeklebt, ausgeschnitten als gedrucktes Wort, bestehend aus weißen Großbuchstaben auf schwarzem Papierhintergrund,

Abb. 8.2.3: Collage einer Schülerin (5. Klasse, inklusive Gemeinschaftsschule) zum Buchstaben M

und ein gerissener weißer Schnipsel mit einem großen grünen L ist gut sichtbar im rechten unteren Bildrand platziert.

Besonders auffällig an dieser Collage ist die ungewöhnliche Hintergrundgestaltung. Oftmals finden Schüler/-innen einige Bilder und Wörter in den ihnen verfügbaren Zeitschriften und Magazinen, die sie für ihr Thema nutzen können, und dann stellt sich ihnen die Frage, wie sie den Hintergrund, auf den die ausgeschnittenen Teile geklebt werden, ausarbeiten sollen. Häufig bleibt so dann eine leere Fläche stehen oder die Fläche wird mit wenigen Buntstiftstrichen angereichert. Diese Schülerin hingegen hat sich dazu entschieden, den Hintergrund komplett mit Textabrissen zu füllen. Hierbei fallen zwei Herangehensweisen auf: Die Schülerin hat den Text zum einen gerissen. Sie ist also bereit, Fehler in der Ausschnittproduktion zu akzeptieren, die sie mit einer Schere kontrollieren könnte. Zum anderen ordnet sie die Abschnitte in verschiedenen Leserichtungen und mit Überlappungen an, ohne den Bedarf, die Textteile komplett lesbar zu machen. Damit und durch farbliche Textgestaltungsmittel legt sie den Fokus auf die Wörter, die mit „L" beginnen. Diese Wörter aber sind sorgfältig ausgeschnitten und nicht gerissen.

Ein weiteres Element, das in Collagen von Schüler/-innen eher ungewöhnlich ist, ist der selbstgezeichnete Löwe. Wie oben angedeutet, nutzen die Kinder bei Collagen meist nur das, was sie in Zeitschriften und Magazinen finden. Naturalistische Zeichnungen gelingen den Schüler/-innen oft nicht so detailgetreu. Diese Schülerin jedoch hat mutig und durchaus gekonnt einen Löwen gezeichnet, der an Walt-Disney-Produktionen erinnert und den sie offenbar zusätzlich zu dem ihr zur Verfügung stehenden Material für das Auffüllen ihrer Collage mit einem Ding gebraucht hat, dessen Bezeichnung in mehr als einer Sprache mit L beginnt.

Löwen sind gleich mehrfach in Bildgestalt in die Collage integriert; es handelt sich dabei um ein Wort, das nicht nur auf Deutsch, sondern auch auf Französisch, Englisch und Luxemburgisch mit L beginnt: „Löwe", „lion" (frz./engl.), „Léiw". Außerdem ist die Abbildung einer Lampe oder Laterne zu sehen; „Lampe" heißt auf Englisch „lamp", auf Französisch „lampe" und auf Luxemburgisch „Lut", „Laterne" lautet „lantern(e)" auf Französisch und Englisch sowie auf Luxemburgisch „Lanter". Die Herzsymbole, die wiederholt im Bild auftauchen, weisen vermutlich auf das deutsche Wort „Liebe" hin, auf Luxemburgisch „Léift" und auf Englisch „love". Die Collage spiegelt Mehrsprachigkeit rund um einen einzigen Buchstaben in schöner Vielfalt wider und ist auch unter ästhetischen Gesichtspunkten gelungen.

Hohe Ansprüche an Bildästhetik sowie Stimmigkeit im Abgleich mit Chmielewskas mehrsprachiger Abc-Vorlage wurden auch von einer ganzen Reihe weiterer Schüler/-innenprodukte erfüllt.

Eine gehaltvolle Collage weist ein großes T vor, auf dem ein entsprechend beschrifteter Waschbär sitzt; rings herum ist eine Vielzahl von Tieren versammelt, die alle mit ihren deutschen Namen versehen sind. Außerdem ins Bild geschrieben steht: „Tiere, animaux, animals".

Ein weiteres Kunstwerk ist dem Buchstaben M gewidmet (siehe Abb. 8.2.3). Es ist mit verschiedenen Musikinstrumenten illustriert, die in senkrechter Hängung des Bildes gemeinsam die Form eines M oder m erkennen lassen. In waagrechter Ansicht bilden die aufgeklebten Musiknoten ein kleines m. Über ein Bild, das Balletttänzerinnen in Aktion zeigt, sind die Worte „MUSIC", „MUSIQUE" und „MUSICA" geschrieben. Ein Bildausschnitt weist ein großes Orchester mit Dirigent vor und ein Notenblatt von Beethovens *Für Elise* rundet das Ganze ab.

Ansehnlich ist auch die Illustration des Buchstabens F zu „France", „Frankreich" „France", mit der Karte Frankreichs und weiteren französischen Bildsymbolen (Eiffelturm, Arc de Triomphe, zwei gefüllte Champagnergläser) auf dem Farbhintergrund der Trikolore. Die Arbeit dieser Schülerin zeigt deutlich die Herausforderung, die eine Collage stellt, zu deren Thema nicht viel in Zeitschriften abgebildet wird. Hat man keine themenspezifische Zeitschrift vorliegen, so muss man anders kreativ werden. Die Schülerin hat mit weiteren Materialien außerhalb des Bereichs der Druckmedien gearbeitet. Mit farb-

Abb. 8.2.4: Collage eines Schülers (5. Klasse, inklusive Gemeinschaftsschule) zum Buchstaben M

lich passender Pappe wurde der Hintergrund gestaltet. Das „F" des Wortes „France" wurde durch Wellpappe besonders betont.

Die Illustration zu M mit „La Lune", „Der Mond", „De Mund" (siehe Abb. 8.2.4) ist gerade in ihrer Einfachheit ästhetisch überzeugend; hierbei ist jedoch anzumerken, dass man sehr genau hinschauen muss, bis man das M am oberen rechten Rand über „La Lune" entdeckt. Als Hintergrund wurde ein blauer Pappkarton gewählt. Dies unterstützt die Schlichtheit, in der die Kreisform des Mondes hier in dreifacher Weise zur Geltung kommt, und es kann für den Nachthimmel stehen. Interessant ist auch, dass drei verschiedene, aber ähnlich große Abbildungen des Mondes gewählt wurden. Jeder Sprache kann somit ein Mond zugeordnet werden.

Präsentation der eigenen Buchstaben-Seiten mittels Erklärvideos

Zu ihren fertigen Collagen erstellten die Schüler/-innen anschließend im Deutschunterricht Erklärvideos. Diese sind alle zwischen einer halben und eineinhalb Minuten lang geworden. Um einen Eindruck davon zu vermitteln, was die Kinder zu ihren kreativen Produkten sagen mochten und worauf sie bei der Gestaltung ihrer Seite Wert legten, hier im Folgenden zwei typische Beispiele ihrer Kommentierung in Transkription.

Der Schüler, von dem die Collage zum Buchstaben A mit Autos stammt (siehe Abb. 8.2.1), erläutert diese in seinem Video so:

„Das ist zum Thema Auto. In der Ecke [Finger zeigt auf die von Hand geschriebenen Wörter in der rechten Ecke unten] habe ich „Auto" in Deutsch gemacht, „Voiture" in Französisch und „Auto" in Letzeburgisch. Hier [Finger zeigt auf den aus Autos geformten Buchstaben A] hab ich ein A mit Autobildern gemacht. Hier [Finger zeigt auf Bildteil unterhalb des aus Autos gebildeten Buchstabens A] hab ich ein Auto und im Hintergrund hab ich die Erde gemacht."

Im Hinblick auf das mehrsprachige Abcedarium, das dem Schüler für seine Gestaltung Modell stand, ist in dieser auf das Wesentliche beschränkten, nur knapp 20 Sekunden in Anspruch nehmenden Erklärung insbesondere die an den Anfang gesetzte Kommentierung der Dreisprachigkeit der eigenen Arbeit interessant.

Die meisten Kinder fokussierten in ihrer Kommentierung allerdings stärker ihre Gestaltung des Buchstabens sowie das Prinzip der Suche nach Wörtern, die mit diesem Buchstaben beginnen. Der Aspekt der Mehrsprachigkeit spielte in deren Erklärvideos deshalb häufig keine oder eine untergeordnete Rolle. Ein Beispiel hierfür ist die Erläuterung der beiden Schüler/-innen, die eine Seite für den Buchstaben P mit Wörtern aus mehr als einer Sprache gestaltet haben, die Mehrsprachigkeit ihres Kunstwerks jedoch auf ihrem Erklärvideo nicht weiter explizieren:

„Wir haben uns den Buchstaben P ausgesucht, weil's im Katalog viele Sachen gab, die mit P anfangen, wie zum Beispiel „Playmobil" [Finger zeigt auf das Wort in der linken, oberen Ecke], hier „Polizei" [Finger zeigt auf das Wort am rechten Rand] „Partyhut" [Finger tippt auf dieses handgeschriebene Wort], „Pippimax" [Finger tippt auf den Fressnapf in der Collage, auf der nur „MAX" lesbar ist] und noch viele andere Sachen. Wir haben das alles in einem P geklebt, weil's ja alles mit P anfängt, und im Hintergrund gelb gemacht, weil's einfach schöner aussieht."

Für die codierte Verknüpfung der Erklärvideos mit den Kunstwerken sowie Hängung zu einer Bildergalerie war am Ende keine Zeit mehr übrig. Die Schüler/-innen wünschten sich jedoch, ihre Erklärvideos in den darauffolgenden Wochen irgendwann noch mit einem Code versehen zu dürfen und die Unterrichtseinheit mit einer Ausstellung der entstandenen Buchstabenseiten zu beenden.

8.3 Lesen und Betrachten von rechts nach links …

Mohieddin Ellabbad (Text und Illustration):
Das Notizbuch des Zeichners
Zweisprachig Arabisch-Deutsch.
Ins Deutsche übersetzt von Burgi Roos.
Zürich: NordSüd (Reihe Baobab) 2008 (4. Aufl. 2017, dt. EA 2002) [arab. OA 1999]
(Bilderbuch)

AUF EINEN BLICK

Klassenstufe: 5/6

Zeitplanung:
Für den Unterricht mit dem Bilderbuch *Das Notizbuch des Zeichners* von Mohieddin Ellabbad ist eine Doppelstunde anzusetzen. Will man vertiefend weiterarbeiten, so ist eine weitere Unterrichtsstunde oder alternativ eine Hausaufgabe im Anschluss an die Doppelstunde einzuplanen. Folgende Zeitstruktur wird vorgeschlagen:

- Im ersten Teil der Doppelstunde wird den Schüler/-innen eine Auswahl der arabisch beschrifteten Bildseiten aus dem *Notizbuch des Zeichners* ohne deutsche Übersetzung an einer Wäscheleine aufgehängt präsentiert. Die Weiterarbeit erfolgt nach kurzem gemeinsamem Austausch über die Bilder individuell auf Blättern, die zur Kommentierung der aufgehängten Bildseiten einladen.
- Im zweiten Teil der Doppelstunde tauschen sich die Schüler/-innen zunächst über ihre eigenen Kommentare aus, die sie mittlerweile an den aufgehängten Bildseiten angebracht haben. Die Vertiefung ergibt sich aus dem gemeinsamen Vergleich der Kommentare der Schüler/-innen mit den deutschen Übersetzungen der arabischen Originaltexte, die im Bilderbuch am Rand der von ihnen kommentierten Bildseiten stehen und jetzt erst zu den Bildseiten dazugehängt werden.
- In einer zusätzlichen Einzelstunde oder mittels Hausaufgabe können die Schüler/-innen eigene Gedanken oder Erinnerungen in Analogie zu Ellabbads Notiz- und Zeichenbuch notieren und ggf. mit individuellen Erinnerungstücken gestalten (siehe unten Ideen zur Weiterarbeit).

Materialien:

- eine Auswahl farbiger Kopien einzelner Bilderbuchseiten des Notizbuch des Zeichners auf dickem Glanzpapier (oder auf Pappe geklebt), so kopiert (oder geschnitten), dass der deutsche Text an den Rändern fehlt
- Kopien der deutschsprachigen Texte von den ausgewählten Bilderbuchseiten
- Blätter in DIN A4 mit Überschriften aus dem Bilderbuch, die viel leeren Raum für Notizen bieten (Überschriften-Blätter)
- Wäscheleine, Wäscheklammern
- Kleber

Ziele des Unterrichts:

- Die Schüler/-innen sollen das arabisch-deutsche Bilderbuch *Das Notizbuch des Zeichners* kennenlernen und dabei Zugang zu einer für sie fremden Schrift und Bildgestaltung finden.
- Die Schüler/-innen sollen sich über ihre unterschiedlichen Deutungen der für sie fremdartigen Bilder und Kalligrafien austauschen.
- Die Schüler/-innen sollen mithilfe der deutschen Übersetzung der arabischen Originaltexte im *Notizbuch des Zeichners* kulturellen Setzungen auf die Spur kommen.
- Die Schüler/-innen sollen eigene Erinnerungen in Analogie zu Mohieddin Ellabbads Notiz- und Zeichenbuch aufschreiben und mit eigenen Erinnerungsstücken gestalten.

8.3.1 Vorstellung des Notiz- und Zeichenbuchs *Das Notizbuch des Zeichners*

Das Notizbuch des Zeichners von Mohieddin Ellabbad ist 1999 auf Arabisch erschienen; seit 2002 liegt das Bilderbuch bei Baobab Books parallel zweisprachig auf Deutsch und Arabisch vor. 2003 wurde es für den Deutschen Jugendliteraturpreis nominiert. Die deutsche Übersetzung stammt von Burgi Roos.

Das parallel zweisprachige, arabisch-deutsche Notiz- und Zeichenbuch von Mohieddin Ellabbad empfiehlt das Leseförderprogramm Antolin ab Klasse 4. Auf der Verlagsseite von Baobab Books ist es mit einer Altersempfehlung ab 8 Jahren ausgewiesen. Die auf der Homepage des Verlags hierzu zur Verfügung gestellten Unterrichtsmaterialien sind hingegen mit einer Altersempfehlung für Jugendliche von 12 bis 14 Jahren versehen und in einer 7. Klasse erprobt worden. Ellabbads *Notizbuch des Zeichners*, im Original auf Arabisch verfasst, ist inhaltlich und bildästhetisch anspruchsvoll. Die deutschen Übersetzungen von Burgi Roos, die an den Rändern von Mohieddins kunstvoll gewebten Bild-Text-Einheiten stehen, sind Lesetexte, die eine entwickelte Lesefähigkeit erfordern. Es ist daher ratsam, im schulischen Vermittlungskontext eher ältere Grundschüler/-innen in den Blick zu nehmen, als die Herausforderung zu unterschätzen, die dieses zweisprachige Bilderbuch bietet. 2017 in der 4. Auflage erschienen, wird *Das Notizbuch des Zeichners* auf der Verlagshomepage von Baobab Books damit beworben, dass es mit viel Poesie und Feingefühl eine Brücke zwischen den Kulturen baue – und zwar für Kinder ebenso wie für Erwachsene.

Die zweisprachige Ausgabe des Bilderbuchs von 2008 nimmt die im deutschen Kulturraum sozialisierten Leser/-innen und Betrachter/-innen an ihrem gewohnten Standort in Empfang und weist ihnen dort ebenso beeindruckend wie humorvoll den Weg in die Welt des Orients: Ergreift man das Buch, wie im westlichen Kulturkreis gewohnt, nämlich automatisch so, dass man es nach links hin aufblättern möchte, erblickt man ein Einbahnstraßenschild auf dem Cover – statt, wie erwartet, Namen des Autors, Titel und Titelbild. Klappt man dann den Buchdeckel auf, so ist auf der ersten Seite ein kurzer deutscher Text zu finden, der mit folgendem Satz endet: „Dieses Buch liest sich von hinten nach vorn oder, besser gesagt, von rechts nach links." (Ellabbad 2008, 31)

Leider steht dieser Hinweis in der Ausgabe von 2017 bereits auf dem Cover. Und statt des Einbahnstraßenschilds befindet sich ein Schild mit einem Pfeil, der von rechts nach links weist, auf dem vorderen Buchdeckel. Dadurch geht verloren, was in der Ausgabe von 2008 stimmig zu einer anschaulichen Erfahrung wird: Wer es nämlich noch immer nicht verstanden hat, dass er bzw. sie – trotz Warnschild auf dem Buchdeckel und Übersehen des Kleingedruckten auf der ersten Innenseite – soeben gegen die von diesem Buch vorgesehene Leserichtung losgelaufen ist, wird durch ein nochmaliges Umblättern eines Besseren belehrt: Man landet so auf Seite 30, auf der sich der Autor und Zeichner des vorliegenden Buchs in Worten und mittels eines Holzschnitts (Selbstbildnis) vorstellt: Mohammed Mohieddin Mussa Ellabbad, 1940 in der Altstadt von Kairo in Ägypten geboren. Spätestens jetzt und anhand der am unteren Bildrand angebrachten Seitenzahl ist zu erkennen, dass man das Buch andersherum drehen muss. Und richtig: Auf dem, was man aus westlicher Sicht für den Buchrücken hält (siehe Abb. 8.3.1), lacht einem so nun das entgegen, was man auf dem Buchdeckel mit der vermeintlichen Frontansicht erwartet und dort nicht entdeckt hat:

a) der Name des Verfassers: in deutscher Alphabetschrift unter arabischen Schriftzeichen, und letztere in zweifacher, voneinander erkennbar verschiedener Ausführung – was es mit diesen zwei unterschiedlichen fremdartigen Schriftzügen auf sich haben könnte, erschließt sich einem erst später beim Lesen des Buchs. So ist auf Seite 21 davon die Rede, dass türkische Sultane ihre Dokumente mit einer Unterschrift zu zeichnen pflegten, die man Tughra nennt und in der die Buchstaben, im Unterschied zur normalen Schrift, kunstvoll ineinander verschlungen sind;
b) der Titel des Buchs: nur in deutscher Alphabetschrift, ohne arabische Entsprechung; im Impressum auf S. 3 steht, dass der Titel der arabischen Originalausgabe *Kashkoul ar-rassam* lautet;

ein Bild: die Zeichnung der Vorderansicht einer Straßenbahn mit fröhlich aussehendem Straßenbahnfahrer hinter der Frontscheibe, umgeben von viel arabischer Schrift und ein paar wenigen arabischen Ziffern – genau diesem Bild-Schrift-Konvolut begegnen wir erneut auf S. 6

Abb. 8.3.1: Nach rechts aufklappbarer Buchdeckel der zweisprachigen Ausgabe des *Notizbuchs des Zeichners* von 2008

des Buchs, wo die deutsche Übersetzung einem hilft zu verstehen, dass der Illustrator des vorliegenden Buches sich hier, einem seiner Kindheitsträume folgend, zeichnerisch als Lenker des eindrucksvollen Fahrzeugs in Szene gesetzt hat. Auf dem Buchdeckel der Ausgabe von 2017 ist die arabische Schrift rund um die Zeichnung des Straßenbahnfahrers allerdings leider entfernt worden, was diesen um einen Reiz beraubt, der sich dadurch erst beim Aufblättern des Bilderbuches entfalten kann!

Arabisch wird gegenwärtig von ca. 250 Millionen Menschen in 25 Ländern (wie Ägypten, Irak, Syrien, Saudi-Arabien, Jemen, Libanon) als Erstsprache gesprochen; dazu kommen mehrere Millionen Sprecher/-innen von Arabisch als Zweitsprache (u. a. im Sudan, in Marokko und Algerien). Im Vergleich mit dem Standarddeutschen klingt die arabische Sprache kehlig, da viele arabische Konsonanten weiter hinten im Mund- und Rachenraum gebildet werden als die deutschen konsonantischen Laute. Die arabische Schrift ist im Gegensatz zur lateinischen Alphabetschrift (die nicht nur im Deutschen, sondern von den meisten europäischen und amerikanischen Sprachen verwendet wird) eine Konsonantenschrift. Das bedeutet, dass im Arabischen nur die Konsonanten (alle Buchstaben außer A, E, I, O, U) durch Zeichen wiedergegeben werden. Das klassische Hocharabisch ist dem Koran und dessen Auslegung in religiösen Institutionen vorbehalten, während das moderne Hocharabisch, das sich im Laufe der Modernisierungsbewegungen im 19. Jahrhundert als Sprache des öffentlichen Lebens herausbildete, eine Landesgrenzen überschreitende Verständigung zwischen Sprecher/-innen unterschiedlicher arabischer Dialekte ermöglicht. Zu einer Weltsprache ist das Arabische jedoch nicht erst in der Moderne, sondern bereits im 7. Jahrhundert geworden und zwar im Zusammenhang mit dem Entstehen der islamischen Zivilisation: Im (frühen) Mittelalter belebten muslimische Gelehrte – die meisten von ihnen keine Araber – die antiken griechischen Wissenschaften wieder und entwickelten sie weiter. Durch kommentierte Übertragungen von philosophischen und naturwissenschaftlichen Schriften ins Arabische wurde das antike Wissen so dem abendländischen Kulturraum zugänglich (vgl. Hoffmann et al. 2017, 148).

Die arabische Schrift zieht Faszination auf sich, auch wenn man sie nicht lesen kann. Sie ist ästhetisch sehr ansprechend. Aber auch jenseits und ohne Kenntnis der fremden Schriftzeichen gibt es in diesem Bilderbuch viel zu entdecken. So hält beispielsweise der Straßenbahnfahrer auf dem Cover eine Blume in der Hand, die sich wie eine Art roter Faden in unterschiedlichen Gestaltungen durch das Buch zieht. Die Titelinnenseite (S. 2) zeigt einen Fisch, der eine Blume im Maul hält. Auf der ersten Bilderbuchseite (S. 4) sind nebst verschiedenen persönlichen Erinnerungsstücken wie Fahrschein, Foto, Grußkarte ein Bildchen mit Taube und Rose sowie eine gepresste südländische Blüte zu erblicken. Die nächste Bilderbuchseite (S. 5) zeigt Blumen in abstrakten Ornamenten – hier ist es der Begleittext, der die Imagination konkreter Blüten weckt: Der sitzende Mann im oberen Bild wird mit dem Duft von Rosenwas-

Abb. 8.3.2: Links – rechts! (Bild mit arabischem Text aus *Notizbuch des Zeichners*, 18)

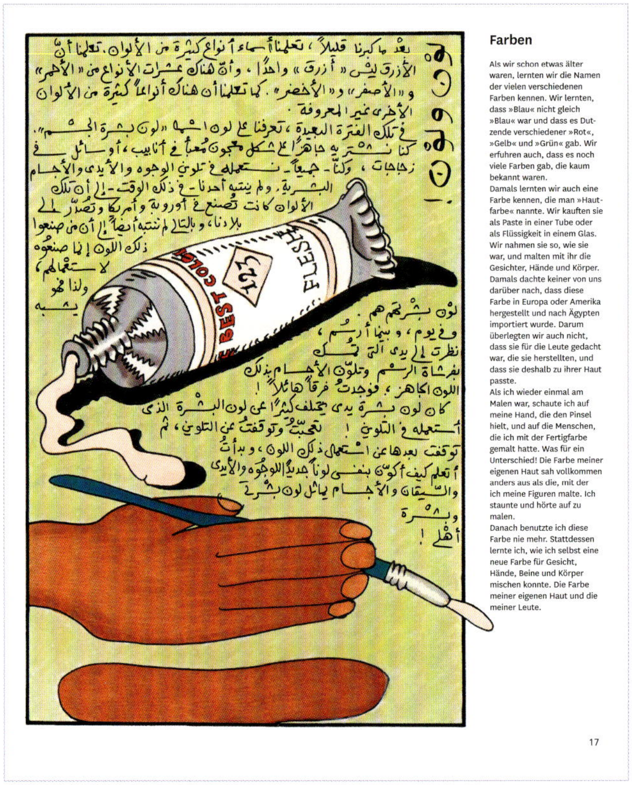

Abb. 8.3.3: Farben (Bild mit arabischem Text aus *Notizbuch des Zeichners*, 17)

ser assoziiert. In konkreter oder ornamentaler Form ist auf fast jeder Seite eine Blüte zu entdecken – und die Bilderbuchseite, die den Titel „Der Maler und die Blüten" (S. 13) trägt, gibt folgende Information über denjenigen preis, der uns hier seine persönlichen Beziehungen zu den vorgezeigten, gesammelten Erinnerungsstücken aufdeckt: Sein Gemütszustand lasse sich an der wechselnden Form seiner gezeichneten Blüten ablesen.

Jede Bilderbuchseite ist als ästhetische Einheit von arabischer Schrift und Bildmaterial konzipiert, das gezeichnet, gemalt, collagiert und überwiegend farbig ist. Die deutsche Übersetzung des arabischen Textes, der in den Bildern integriert ist, steht durchgängig wie eine Art Kommentarspalte am Bildrand – immer mit einer Überschrift versehen, die sich in arabischer Schrift auch im Bild als Titel identifizieren lässt. Die Texte gewähren Einblick in die Gedanken des Zeichners, dessen Notizbuch wir hier betrachten – das macht die deutsche Übersetzung am Rand auch denjenigen klar, die hinsichtlich des Arabischen schriftunkundig sind.

Das Notizbuch selbst, welches das Aufzeichnen von Geschichten in Schrift und Zeichnung in der vorgelegten Form angestoßen hat, sehen wir ins Bild gerückt auf der Seite mit der Überschrift „Woher kommen die Geschichten?" (S. 8). Und wie passend die getroffene Wahl des seitlichen Randes für die deutsche Übersetzung ist, erschließt sich beim Lesen und Betrachten der Seite mit der Überschrift „Platz für den anderen" (S. 26). Hier wird erläutert, dass arabische Bücher in früheren Zeiten so gestaltet waren, dass nur drei Viertel der Seite bedruckt wurden und somit ein Rand frei blieb, damit Leser/-innen dort hineinschreiben konnten, was sie wollten: Kommentare, Erklärungen, Gedanken, Fragen zum Gelesenen und Betrachteten.

Die Seiten des Bilderbuchs, auf denen die Selbstverständlichkeit des eigenen Standpunktes und der eigenen Perspektive infrage gestellt werden – wie dies schon durch die der westlichen Gewohnheit gegenläufige Leserichtung des Buchs geschieht –, sind auf subtile Weise didaktisch angelegt, indem sie ohne lehrhaften Zeigefinger veranschaulichen, dass die Art, wie wir die Welt betrachten, kulturellen Setzungen unterliegt und keine natürlichen Gegebenheiten widerspiegelt. Sehr erhellend ist hierbei beispielsweise die Seite mit der Überschrift „Oben und unten" (S. 20), auf der man erfährt, dass die mittelalterlichen arabischen Kartografen den Norden unten, den Süden oben und Westen deshalb rechts und Osten links zeichneten. Ähnlich aufschlussreich ist die Seite mit der Überschrift „Links – rechts!" (S. 18, siehe Abb. 8.3.2), wo Schrifttext und Zeichnungen vor Augen führen, dass sich Schreib- und Zeichnungsrichtung je Kultur entsprechen und von Kultur zu Kultur unterscheiden.

Wer von links nach rechts schreibt und liest, zeichnet und betrachtet auch von links nach rechts – im *Notizbuch des Zeichners* schön veranschaulicht anhand einer Heldenfigur der westlichen Hemisphäre, die von links nach rechts ins Bild fliegt. Wer dagegen von rechts nach links schreibt und liest, zeichnet und betrachtet auch von rechts nach links – von Ellabbads eindrücklich ins Bild gesetzt mittels einer Heldengestalt des arabischen Kulturraumes, die von rechts nach links ins Bild reitet. Für den westlichen Betrachter scheinen Pferd und Ritter hier allerdings aus dem Bild herauszureiten, während umgekehrt Superman für einen Betrachter mit orientalischen Sehgewohnheiten wegzufliegen scheint. Die im Schrifttext geäußerte Vermutung, dass auch Träume eine kulturell bedingte Ausrichtung haben („Ich habe mir noch nie überlegt, in welche Richtung wir Araber träumen. Aber ganz sicher träumen wir auch von rechts nach links!"), lässt aufhorchen.

Wie sehr Sehgewohnheiten aber auch in Machtdiskurse verstrickt sind, zeigen die Seiten, auf denen Kulturexport von West nach Ost ins Spiel kommt. Da ist zum einen die Seite mit der Überschrift „Farben" (S. 17, siehe Abb. 8.3.3), auf der eine bronzefarbene Hand mit Pinsel zwischen den Fingern sowie eine Tube mit rosa Farbe abgebildet ist, welcher letzterer zur Verdeutlichung die Wörter „BEST COLOR" und „FLESH" aufgedruckt sind und die so ägyptische Farbimporte aus Amerika und Europa thematisiert; die „Hautfarbe" genannte blassrosa Tönung wird allein schon durch das Bild als ganz und gar unpassend für die Darstellung der Hand, die den Farbpinsel hält, vor Augen geführt. Und da ist zum anderen die Seite mit der Überschrift „Helden" (S. 19), auf der über den legendären arabischen König Sahir sowie Superman, Batman & Co. (Helden „ausländischer Abenteuergeschichten") nachgedacht wird. Und zum dritten lohnt auch ein Blick auf die Seite mit der Überschrift „Katzen!" (S. 14), die in Worten und Bildern vor Augen führt, dass es unzählige Zeichnungen von Katzen aus verschiedenen Weltregionen und verschiedenen Zeiten gibt und dass keine einzige dieser Zeichnungen „die" Katze darstellt, sondern eine jede nur eine (kulturell und historisch bedingte) individuelle Vorstellung von „Katze" kunstvoll auf Papier gebracht präsentiert.

Interessant ist auch, unerwartete Gemeinsamkeiten zu entdecken, gerade auch dann, wenn solche nicht thematisiert werden. Beispielsweise zeigt die Seite mit der Überschrift „Eine köstliche Schrift" (S. 22) „eine Birne, die der Kalligraph Scheich Abdelaziz el Rifai im Jahr 1924 aus dem Ausspruch »Im Namen des gnädigen und barmherzigen Gottes« formte." Der Islam verbietet es, Allah abzubilden; das Göttliche verbirgt sich deshalb hier in der kunstvollen Kalligrafie. Die Gepflogenheit, religiös konnotierte Verse und Sprüche in Bildern anzuordnen, ist jedoch auch dem westlichen Kulturraum nicht fremd: Im Barock waren Figurengedichte christlichen Inhalts gang und gäbe, man denke beispielsweise an Philipp von Zesens (1619–1683) *Palm-baum* oder Theodor Kornfelds (1636–1698) *Ein Sand-Uhr*. Und aus der konkreten Poesie des 20. Jahrhunderts ist u. a. Reinhard Döhls *Apfel* (1965) ein Klassiker, der sich in manchem Deutschbuch wiederfindet und woran sich im hiesigen Kulturraum sozialisierte Betrachter/-innen angesichts von Scheich el Rifais Birne unwillkürlich erinnert fühlen, auch wenn Döhls ins Bild gesetzte Redewendung „Da steckt ein Wurm drin" von religiösen Assoziationen gänzlich frei ist.

8.3.2 Unterrichtsvorschlag

Zum *Einstieg* wird das Bilderbuch, in Einzelseiten zerlegt, präsentiert. Dafür hat die Lehrerin die einzelnen Seiten des Bilderbuchs zuvor farbig auf dicke Glanzseiten kopiert und diesen Seiten die deutsche Übersetzung an den Seitenrändern abgeschnitten. Alternativ kann man die auf dünnes Papier kopierten Farbseiten auch auf Pappe kleben. Wichtig ist, dass der deutsche Text bei der Erstbegegnung mit den einzelnen Bilderbuchseiten fehlt. Im Sinne einer didaktischen Reduktion werden zunächst nicht alle Seiten gezeigt, sondern es werden gezielt ausgewählte mit Wäscheklammern an eine Wäscheleine so in den Klassenraum gehängt, dass sie wie in einer Bildergalerie betrachtet und abgeschritten werden können. Buchrücken und Cover – wenn möglich: diejenigen der Ausgabe von 2008 (siehe Abb. 8.3.1) – werden an den Anfang und das Ende der Bilderreihe gehängt. Aus der ersten gemeinsamen Betrachtung der aufgehängten Bild-Text-Tafeln entwickelt sich so Neugier auf das in den fremdartigen Schriftzügen und den ästhetisch ansprechenden Bildern Erzählte.

Im Idealfall kommt dabei eines der Kinder auch bereits auf das Einbahnstraßenschild am Anfang der Wäscheleine zu sprechen, sodass sich ein erstes Merkmal dieser Schrift und der (je nach kultureller Zusammensetzung der Klasse) für viele Schüler/-innen unbekannten Sprache gemeinsam erschließen lässt: die der deutschen Schreib- und Leserichtung gegenläufige Präsentation. Dass es sich bei den aufgehängten Farbseiten um ein aufgefaltetes und in Einzelseiten zerlegtes Bilderbuch handelt, kann dabei auch schon verraten werden.

Für diese erste Hängung werden abgesehen von den oben genannten Bild-Text-Einheiten der Seiten 8, 17 (Abb. 8.3.3), 18 (Abb. 8.3.2), 20, 14 und 26 auch folgende Seiten vorgeschlagen: 4, 9 und 27.

Die *Weiterarbeit* erfolgt zunächst in Einzelarbeit mit den Überschriften-Blättern (siehe oben Materialien). In Übereinstimmung mit der hier vorgeschlagenen Seitenreduktion sind das die Titel: „Erinnerungen", „Zwei Ansichtskarten", „Katzen!", „Farben", „Links – rechts!", „Oben und unten" und „Woher kommen die Geschichten?". Je nach Klassengröße steht jeder dieser Titel maximal zwei- bis dreimal zur Verfügung. Die Schüler/-innen suchen in der ihnen angebotenen Auswahl individuell nach einer Überschrift, die ihrer Meinung nach zu einer der Bildseiten passt, die sie anspricht und die sie zur Kommentierung und Befragung herausfordert.

Dieses Vorgehen ist aus dem betrachteten Sachgegenstand heraus motivierbar, indem man den Arbeitsauftrag folgendermaßen angeht: Die Lehrerin heftet im Anschluss an den Austausch über die aufgehängten Bildseiten die auf ein Blatt kopierte deutsche Übersetzung des Textes an die Bildseite, die den Titel „Platz für den anderen" trägt (S. 26), und liest sie vor. Dieser Text endet mit den Worten: „Ich habe euch diese Seite im alten Stil gemalt und einen weißen Rand gelassen. Wer möchte, kann dort seine Meinung zu diesen Worten schreiben." Diese Aufforderung aus dem Bilderbuch greift die Lehrerin auf und gibt sie an die Schüler/-innen weiter; sie verdeutlicht aber, dass von ihnen dabei jetzt keine Übersetzungsversuche der arabischen Texte verlangt sind, sondern individuelle Kommentare. Auch wenn die Worte in der fremden Schrift für die meisten Kinder nicht zu entziffern sind, so spornen die Zeichnungen und Bilder zu Deutungen an und fordern Anmerkungen heraus.

Für den späteren Austausch über das so in Einzelarbeit Entstehende ist es günstig, wenn die Anzahl der verschiedenen Überschriften geringer ist als die der Schüler/-innen in der Klasse. So werden die Überschriften mehrfach verwendet. Auf der leeren Titelseite ihrer Wahl notieren die Schüler/-innen Bemerkungen und Fragen zu dem, wovon die von ihnen betrachtete Einzelseite erzählen könnte. Ihre Notizseite heften sie dann mit seitlich angebrachten Wäscheklammern rund um die von ihnen kommentierte Bildseite als Randbemerkung an.

Die *Vertiefung* setzt mit der gemeinsamen Betrachtung derjenigen Seiten ein, welche die meiste Aufmerksamkeit auf sich gezogen haben (wovon die Anzahl der angehefteten Kommentarblätter zeugt). Die Schüler/-innen lesen ihre eigenen, an die Bildseite angehefteten Notizen vor und tauschen sich darüber aus. Die unterschiedlichen Deutungen der betrachteten Bilder, die dabei zur Sprache kommen werden, sind nicht gegeneinander auszuspielen, sondern sollen vielmehr zum weiteren Nachfragen anregen. Wenn man drei bis vier Bildseiten inklusive der von den Schüler/-innen angehefteten Notizen betrachtet und besprochen hat, bringt die Lehrerin die deutsche Übersetzung der arabischen Texte in den Austausch ein: Sie heftet die zuvor erstellte Textkopie an den bereits besprochenen Einzelseiten an und liest den Text selbst vor. Dabei erläutert sie, dass es sich hierbei um die Übersetzung des arabischen Textes in den Bild-Text-Seiten handelt; dies regt zu erneutem Hinschauen unter anderen Voraussetzungen an und ergibt neuen Gesprächsstoff.

Zum *Abschluss* greift die Lehrerin mindestens eine derjenigen Seiten heraus, auf denen die Selbstverständlichkeit des eigenen Standpunktes und der eigenen Perspektive infrage gestellt werden: Das sind die Seiten mit den Überschriften „Oben und unten" (S. 20), „Links – rechts!" (S. 18, siehe Abb. 8.3.2) und „Farben" (S. 17, siehe Abb. 8.3.3). Falls noch nicht geschehen, heftet die Lehrerin jetzt hier die deutsche Übersetzung an und liest sie vor. Spätestens dies sollte die Diskussion hin zur Erkenntnis öffnen, wie sehr kulturelle Setzungen global betrachtet in westlichen Normierungen gefangen sind.

Um die Faszination, die von der fremden Schrift- und Bildwelt ausgelöst worden ist, im Anschluss nicht ins Leere laufen zu lassen, lässt die Lehrerin die Bildergalerie möglichst noch ein paar Tage hängen und füllt sie mit den übrigen Bilderbuchseiten auf. Alternativ oder ergänzend kann man auch das Bilderbuch selbst einige Zeit im Klassenraum zur individuellen Betrachtung zur Verfügung stellen.

Ideen zur Weiterarbeit

Eine potenzielle Weiterbeschäftigung mit dem *Notizbuch des Zeichners* kann in Form eines „Notizbuchs der Klasse" geschehen, für das jede Schülerin und jeder Schüler mindestens eine Seite mit eigenen Erinnerungsbildern, Kommentaren und Gedanken gestaltet und beisteuert. Dafür bietet es sich an, erneut auf die Überschriften aus dem *Notizbuch des Zeichners* zurückzugreifen und diese auf ansonsten leeren Blättern zur individuellen Ausgestaltung anzubieten (zur Orientierung siehe Abb. 8.3.6 ff.). Die in einer zusätzlichen Einzelstunde gestalteten oder alternativ über Hausaufgabe eingebrachten Seiten zu wahlweise einer oder mehreren von diesen Überschriften können zu einem Buch gebunden werden, das dann eine Weile im Klassenraum neben Ellabbads Bilderbuch allen zur Ansicht zur Verfügung steht. Werden die Seiten im Unterricht gestaltet, dann ist es hilfreich, wenn die Schüler/-innen hierfür ein selbst gewähltes Erinnerungsstück von zu Hause mitbringen, das sich zum Aufkleben auf ein Blatt Papier eignet (eine Ansichtskarte, eine alte Fahrkarte, eine aufbewahrte Eintrittskarte, ein Foto etc.).

Der Unterrichtsvorschlag von Rappo-Raz (auf der Homepage von Baobab Books) sieht demgegenüber ein individuelles Notizheft je Schüler/-in vor, was sich ebenfalls als mögliche Anschlusshandlung anbietet. Anstoß für die eigengestalterische Weiterarbeit ergibt sich in beiden Fällen aus der Bilderbuchseite (S. 8), die ein gemaltes Notizbuch zeigt, das sich der Zeichner in seiner Kindheit eines Tages von seinem ganzen Monatstaschengeld heimlich gekauft zu haben vorgibt und das er mit Geschichten und Zeichnungen anzufüllen vorhatte. Da er jedoch erst als Erwachsener angefangen habe, die Imaginationen seiner Kindertage auf Papier zu bringen, sei dieses überaus kostbare, geheime Notizbuch seiner Kindheit leer geblieben. Lädt das mit prächtigem Einband versehene Notizbuch daher nicht nach wie vor und noch immer zum Füllen mit Erinnerungen, Zeichnungen und Erzählungen sowie Gedanken über die Welt ein? Wie schön das aussehen kann, zeigt den Schüler/-innen zur Anregung die Bilderbuchseite, die mit „Erinnerungen" betitelt ist (S. 4).

8.3.3 Aus der Praxis

Die Erprobung fand in einer Kleinstadt in einer sehr großen Gymnasialklasse mit 29 Schüler/-innen im zweiten Schulhalbjahr der fünften Klasse statt, mit Kindern im Alter zwischen zehn und elf Jahren, davon rund zwei Drittel Jungen. Vier Schüler/-innen waren migrantischer Herkunft: drei in Deutschland geborene Kinder – ein türkischstämmiger Junge, ein russischstämmiges Mädchen, ein Junge aus Afrika – sowie ein im Alter von vier Jahren aus Ungarn nach Deutschland übergesiedelter Junge. Der Unterricht wurde von der Klassenlehrerin erteilt.

Die Unbefangenheit und Neugier, mit der die Schüler/-innen dem fremdartigen Unterrichtsgegenstand begegneten, war beeindruckend. Trotz der Klassengröße, die in diesem Alter oft für viel Unruhe zu sorgen vermag, ließen sich ausnahmslos alle Kinder mit Interesse und Konzentration auf die langen Unterrichtsgespräche ein; und auch die Einzelarbeitsphase gelang gut, auch wenn die Tiefgründigkeit der einzelnen Äußerungen selbstverständlich variierten. Einige Schüler/-innen beschränkten sich in der Schreibphase – analog zum mündlichen Austausch in der anfänglichen Betrachtung – mehr auf Beschreibungen der Bilder statt zu überlegen, worum es in Bild und arabischem Text gehen könnte. Nichtsdestotrotz bereitete ihnen und auch der Lehrerin die Doppelstunde viel Freude. Laut Lehrerin wurde die Unterrichtseinheit von allen als schöne Abwechslung zum doch sehr von Rechtschreib- und Grammatiktraining geprägten Unterrichtsstoff der fünften Klasse empfunden. Als besonders wertvoll empfand es die Lehrerin, ihre Schüler/-innen von einer neuen Seite kennengelernt zu haben, welche ihr sehr imponiert und gut gefallen habe.

Einstieg und Heranführung im Klassenverband

Den Schüler/-innen wurde das Bilderbuch, in Einzelseiten zerlegt, an einer Wäscheleine präsentiert. Die Leine war an einer Raumseite entlang gespannt. Die Tische waren beiseite geräumt worden, damit die Schüler/-innen auf Stühlen, Decken oder Handtüchern – die aufgehängten Bilder gut im Blick – sitzen konnten. Die auf Hochglanzseiten farbig kopierten Bilder wurden ohne den deutschen Text am Bildrand gezeigt. Zusätzlich zu den im Unterrichtsmodell vorgeschlagenen Buchseiten 27, 26, 20, 18, 17, 14, 9, 8, 4 sowie den beiden Seiten des Einbandes (der älteren Buchausgabe von 2008) fanden auch die Seiten 28, 23, 19, 16 Verwendung bei der Hängung. Für die große Anzahl Kinder wären bei größerer Seitenreduktion hinterher sonst nicht ausreichend Wahlmöglichkeiten für die Zuordnung der eigenen Texte unter den gewählten Überschriften zu den Bildern geblieben. In der ersten allgemeinen, noch nicht auf einzelne Bilder, sondern auf den Gesamteindruck der an der Leine gehängten Galerie konzentrierten Betrachtungsphase äußerten die Kinder spontan Sätze dieser Art:

- Die Schrift sieht interessant und ganz anders aus als unsere.
- Diese Schrift liest man von links nach rechts.

Gesteuert durch die Anregung der Lehrerin, die Reihenfolge der Hängung zu beachten und Bild-Schrift-Kombination anzuschauen, bauten die Schüler/-innen daraufhin ihre ersten Eindrücke folgendermaßen stimmig aus:

- Die erste Seite ist ganz am Ende der Leine. Bestimmt liest man auch das Buch von hinten nach vorn.
- Auf den Buchseiten steht die Schrift um das Bild herum, formt das Bild die Schrift. Bei unseren Büchern sind Bild und Text mehr getrennt.

Während der anschließenden gemeinsamen Betrachtung der einzelnen Bildseiten kam es durch Nachfragen der Lehrerin vereinzelt zu kurzen Gesprächssequenzen. In der Hauptsache war den Kindern jedoch in der Heranführung an die aufgehängten Bildseiten einfach Raum gegeben, zunächst nur ihre Eindrücke zu verbalisieren und erste Vermutungen anzustellen, worum es auf den Bildern gehen könnte. Es fielen dabei Kommentare wie folgt:

- Zu Seite 4: Das Foto mit den drei Männern scheint schon alt zu sein. Vielleicht werden die drei Männer gesucht. Irgendwie fragt man sich, was mit denen ist.
- Zu Seite 9: Ich glaube, die Bilder zeigen denselben Ort. Das eine Bild ist eben viel früher als das andere aufgenommen. Das schwarzweiße ist älter!
- Zu Seite 16: Da ist ein Wolf, der raucht! Der sieht gefährlich aus!
- Zu Seite 17: Was soll das braune Ding ganz unten, unter der Hand, sein? Der malt mit Deckweiß. Ich glaube, das ist Zahnpasta. Ich glaube, das ist Senf in der Tube.
- Zu Seite 18: Die Reiterfigur am unteren Bildrand sorgte für allgemeine Erheiterung und wurde folgendermaßen kommentiert: Was hat der denn für ein Ding in der Hand?
- Zu Seite 19: Da sind Superman und Batman drauf. Außerdem sieht man einen Mann in einer Rüstung aus früheren Zeiten.
- Zu Seite 23: Der Text ist ganz komisch angeordnet. Wie ein Trichter. Das ist auf eine Hauswand aufgemalt, man sieht ein Fenster. Da ist auch eine Moschee drauf, das erkenn ich an dem Dach. – Es folgte ein kurzer Austausch über Moscheen (Dach, Turm, Aufruf zum Gebet, Innenleben einer Moschee).
- Zu Seite 27: Das sind Henna-Tattoos, die habe ich mir auch schon einmal im Urlaub machen lassen. Vor allem Bräute sind ganz viel mit Henna bemalt. – Hier schloss sich ein kurzes Gespräch an über Herstellung und Auftragen von Henna auf Haut und Haar sowie den traditionellen Gebrauch von Henna in der türkischen Kultur.
- Zu Seite 28: Der Mann sieht aus wie ein Clown. Er hat einen lustigen Hut, an dem auch so ne Blume ist wie bei Clowns. Seine Klamotten passen auch gar nicht zusammen. Ih, der hat sogar lackierte Fingernägel. Statt eines Hundes läuft eine Ente mit ihm.

Indem die Lehrerin die deutsche Übersetzung zur Seite „Platz für den anderen" (S. 26) vorlas, leitete sie über zur individuellen Erarbeitung. Nun stellte sie die Überschriften-Blätter mit Raum für eigene Notizen den Schüler/-innen zur Auswahl zur Verfügung. Darauf sollten sie jetzt in Einzelarbeit ihre Gedanken zu einer der aufgehängten Bildseiten festhalten.

Schriftliche Äußerungen der Schüler/-innen aus ihrer individuellen Erarbeitung

Buchseite	Zugeordnete Überschriften	Kommentare, Fragen, Vermutungen, worum es auf der Buchseite gehen könnte
28	Der Trottel (3x)	„Ich glaube, dass es in diesem Bild um einen Mann geht und dass er wegen seiner komischen Kleidung, seinem komischen Benehmen und weil er so tollpatschig war, wurde er sozusagen berühmt und wurde der Trottel genannt. So zog er mit seinem Gehilfen Sir Ente durch die arabischen Städte und brachte in jede Stadt ein wenig Tollpatschigkeit rein. (...)" „(...) Er sieht aus wie ein Clown. Ich denke, er macht auch viel Quatsch. (...)"
27	Ein schönes Gemälde (1x), Wünsche gehen in Erfüllung (siehe hierzu Anmerkung unten)	„Ich glaube, das Henna ist eine Tradition in der Vereinigten Arabischen Emirate (Türkei). Es gibt verschiedene Muster. Eigentlich malen es meistens Leute, die sehr begabt sind im Malen. Man kann es am Fuß oder an der Hand malen, entweder nur die Finger oder die ganze Hand. Henna kommt aus einer Tube, das ist wie Farbe. Die Farbe trocknet dann auf der Hand, nach ungefähr 1,5 Stunden kann man das wie Erde von der Hand, Fuß abrubbeln."
23	Oben und unten! (1x)	„Bild in der Mitte, Text oben und unten, Moschee oben, Löwe, Giraffe und Pelikan unten, Fenster oben, (...) nach oben spitzig beim oberen Text, nach unten spitzig beim unteren Text."
19	Helden (1x), Zwei Ansichtskarten (1x)	„Ein Held kämpft für die Gerechtigkeit. Er kämpft gegen die Leute, die nichts Gutes wollen. Die alles nur für sich haben wollen und egoistisch sind. Helden kämpfen meistens alleine."
18	Helden (2x)	„Ich glaube, darin geht es um Helden. Da ist Batman und Superman zu sehen. Da ist auch ein großer alter Krieger. Ich denke, der heißt Gilbert. Aber warum ist da dieser Krieger? Er hat eine Axt in der Hand. Aber es ist kein Ritter und kein Pirat. Es könnte sein, dass es ein Wikinger ist. Hinten hat er noch ein Schwert."
17	Farben (3x)	„(...) Ein Mensch hält einen Pinsel in der Hand und deswegen glaube ich, es hat etwas mit Farben zu tun. (...) Er könnte geschrieben haben, dass z.B. wie jetzt im Frühling die Pflanzen (Bäume, Büsche, ...) ihre Farbe wieder bekommen und anfangen zu blühen. Oder es könnte geschrieben sein, dass es früher nur Schwarz-Weiß-Bilder gegeben hat, wegen der weißen Farbe." „(...) In der Tube könnte Kleber sein. Daneben liegt eine Bockwurst, was vermuten lässt, dass der Kleber gar kein Kleber ist, sondern weißer Senf für die Bockwurst. Aber vielleicht auch einfach weiße Farbe."
16	Zeichne einen Wolf (3x)	„Ich denke, hier geht es um einen Wolf (der raucht). Vielleicht geht es nicht um einen gewöhnlichen, sondern um einen außergewöhnlichen Wolf oder wie man einen Wolf malen kann. Der Wolf sieht gefährlich aus."

14	Katzen (3x)	„Es geht (vielleicht) um Katzen, die sehr verschieden sind (echte Katzen, Cartoon-Katzen usw.) und die alle aus einer eigenen Geschichte stammen. Sie sind durch die Bohnenstange durch verschiedene Dimensionen auf der Erde gereist. (...)“ „Ich glaube, es geht um viele Katzen, die einer Blume zusehen, wie sie wächst. Es sieht so aus, als wenn die Katzen die Wächter der Blume sind. Sie behüten die Blume.“
9	Oben und unten! (2x)	„Auf dem Blatt sind zwei Bilder zu sehen. Das untere ist schwarz-weiß und das obere bunt. Die Bilder haben nicht viel miteinander zu tun. Auf dem oberen ist ein Schiff und auf dem unteren sind viele Bäume.“ „Auf dem Bild sieht man ein Bild oben und unten. Eins ist älter und eins jünger. (...)“
8	Woher kommen die Geschichten? (2x)	„Ich denke, da wird erklärt, wo die Geschichten herkommen, also aus welchem Land, vielleicht aus welcher Stadt oder wer sie geschrieben hat. Oder wie der Zeichner auf solche Geschichten gekommen ist... Da drauf ist ein Mann abgebildet, ich meine, er wäre in einer Wüste. Man könnte auf einen Gedanken kommen, dass er sie erfunden hat, wo er in der Wüste war. Doch ein bisschen erinnere ich mich auch an ‚Tausendundeine Nacht‘.“
4	Erinnerungen (3x), Ein alter Traum (1x)	„Wenn man sich an die alten Zeiten erinnert. Wenn ein Freund gestorben ist und man nur noch ein Bild und einen Brief von demjenigen besitzt. Oder wenn man von dem Tod eines Freundes mit einer Taube aus dem Totenland benachrichtigt wird. (...)“ „Erinnerungen an seine alten Freunde und Kindheit (vielleicht hatte er einen Hasen); wie er seiner Mutter geholfen hat; Danke an seine Freunde sagen, wie sie ihn unterstützt haben.“

Eine Schülerin fragte, ob sie bitte zusätzlich noch etwas zur Seite unter dem Titel „Platz für den anderen“ (S. 26) schreiben dürfe, was die Lehrerin ihr erlaubte. Sie schrieb:

„Ich finde es toll, dass die Autoren sich Gedanken gemacht haben und wir, die das Buch lesen, etwas dazu sagen können. Wenn wir uns das später vielleicht durchlesen, können wir die Gedanken von früher besser hervorheben. Man könnte auch neue Gedanken haben und sich wieder was notieren und so kann man sich vielleicht besser in die Geschichte vertiefen. Außerdem ist das schön, dass der Autor den Text über Platz für den anderen geschrieben hat. Denn wir können uns denken, dass mit dem Platz etwas gedacht wurde. Ich finde es eine gute Idee.“

Die Abbildungen 8.3.4 und 8.3.5 zeigen exemplarisch zwei Kommentarseiten in Gänze, eine unter der Überschrift „Woher kommen die Geschichten“ zur Bilderbuchseite 8 (siehe Abb. 8.3.4) und eine unter der Überschrift „Farben“ zur Bilderbuchseite 17, die auch im Original mit „Farben“ überschrieben ist (siehe Abb. 8.3.3). Wie nicht anders zu erwarten gehen die Kinder zunächst vom ihnen Bekannten aus, stellen dabei aber zugleich weiterführende Vermutungen an und befragen die Bilder auch.

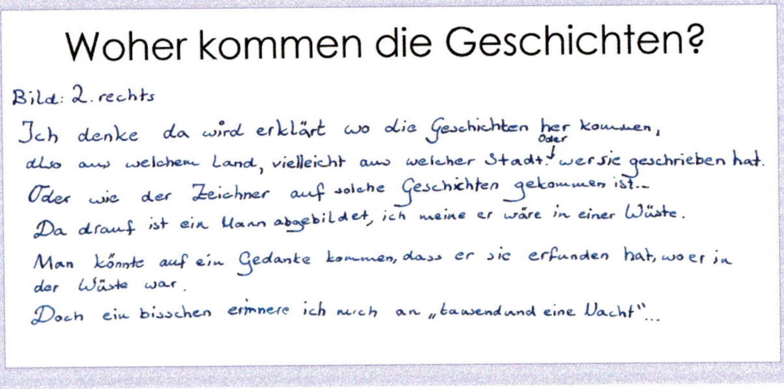

Woher kommen die Geschichten?

Bild: 2. rechts

Ich denke da wird erklärt wo die Geschichten her kommen, also aus welchem Land, vielleicht aus welcher Stadt! oder wer sie geschrieben hat.

Oder wie der Zeichner auf solche Geschichten gekommen ist..

Da drauf ist ein Mann abgebildet, ich meine er wäre in einer Wüste.

Man könnte auf ein Gedanke kommen, dass er sie erfunden hat, wo er in der Wüste war.

Doch ein bisschen erinnere ich mich an „tausendund eine Nacht"...

Abb. 8.3.4: Kommentar eines Schülers (5. Klasse) zum Bild mit arabischem Text auf Seite 18 des *Notizbuchs des Zeichners*

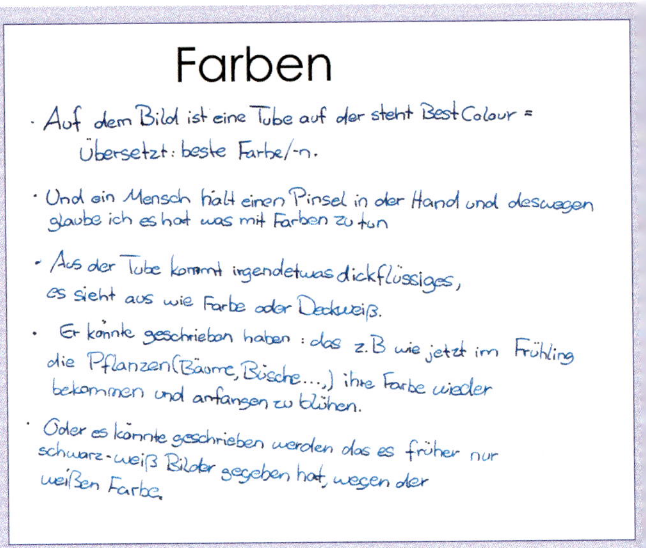

Farben

- Auf dem Bild ist eine Tube auf der steht Best Colour = Übersetzt: beste Farbe/-n.
- Und ein Mensch hält einen Pinsel in der Hand und deswegen glaube ich es hat was mit Farben zu tun
- Aus der Tube kommt irgendetwas dickflüssiges, es sieht aus wie Farbe oder Deckweiß.
- Er könnte geschrieben haben: das z.B wie jetzt im Frühling die Pflanzen (Bäume, Büsche...) ihre Farbe wieder bekommen und anfangen zu blühen.
- Oder es könnte geschrieben werden das es früher nur schwarz-weiß Bilder gegeben hat, wegen der weißen Farbe.

Abb. 8.3.5: Kommentar einer Schülerin (5. Klasse) zum Bild mit arabischem Text auf Seite 17 des *Notizbuchs des Zeichners*

Ausklang der Doppelstunde im Klassenverband
Nachdem alle Schüler/-innen ihre Kommentarseite an die von ihnen ausgewählte Bildseite gehängt hatten, versammelten sie sich wieder unter der Wäscheleine mit der Bildergalerie. Die Erprobung in dieser großen Klasse zeigte, dass die Zeit nicht dafür ausreichte, zu allen von den Schüler/-innen kommentierten Buchseiten die deutsche Übersetzung des arabischen Textes vorzulesen. Die Schüler/-innen durften daher diejenigen Buchseiten auswählen, deren Texte sie gerne hören wollten. Die Lehrerin las zum Ausklang der Stunde die folgenden Texte in deutscher Übersetzung vor: S. 17 „Farben", S. 16 „Zeichne einen Wolf", S. 19 „Helden", S. 28 „Der Trottel", S. 18 „Links-rechts!". Damit fiel zum Bedauern der Lehrerin die Seite „Oben und unten!" weg.

Der deutschen Übersetzung der Originaltexte folgten die Kinder mit großer Aufmerksamkeit. Sie nahmen die Unterschiede und Gemeinsamkeiten zu ihrem eigenen Blickwinkel deutlich wahr und waren überrascht, dass sie einige Dinge schlicht nicht hinterfragt hatten. Insbesondere im Vergleich mit ihren eigenen Anmerkungen und Vermutungen zu „Farben" (S. 17, siehe Textzitat der deutschen Übersetzung in voller Länge unten) gerieten die Schüler/-innen angesichts ihres nicht vollzogenen Blickwechsels beim Zuhören der deutschen Übersetzung über sich und die Welt sehr ins Staunen.

„Farben
Als wir schon etwas älter waren, lernten wir die Namen der vielen verschiedenen Farben kennen. Wir lernten, dass ‚Blau' nicht gleich ‚Blau' war und dass es Dutzende verschiedener ‚Rot', ‚Gelb' und ‚Grün' gab, die kaum bekannt waren.

Damals lernten wir auch eine Farbe kennen, die man ‚Hautfarbe' nannte. Wir kauften sie als

Paste in einer Tube oder als Flüssigkeit in einem Glas. Wir nahmen sie so, wie sie war, und malten mit ihr die Gesichter, Hände und Körper. Damals dachte keiner von uns darüber nach, dass diese Farbe in Europa oder Amerika hergestellt und nach Ägypten importiert wurde. Darum überlegten wir auch nicht, dass sie für Leute gedacht war, die sie herstellten, und dass sie deshalb zu ihrer Haut passte.

Als ich wieder einmal am Malen war, schaute ich auf meine Hand, die den Pinsel hielt, und auf die Menschen, die ich mit der Fertigfarbe gemalt hatte. Was für ein Unterschied! Die Farbe meiner eigenen Haut sah vollkommen anders aus als die, mit der ich meine Figuren malte. Ich staunte und hörte auf zu malen.

Danach benutzte ich diese Farbe nie mehr. Stattdessen lernte ich, wie ich selbst eine neue Farbe für Gesicht, Hände, Beine und Körper mischen konnte. Die Farbe meiner eigenen Haut und die meiner Leute."

(Ellabbad 2008, 17)

Das Bilderbuch stand den Kindern im Anschluss an den Unterricht einige Tage im Klassenraum zur freien Ansicht zur Verfügung.

Weiterarbeit mittels Hausaufgabe

In der folgenden Stunde legte die Lehrerin den Schüler/-innen die übrig gebliebenen Überschriften-Blätter zur Auswahl vor mit der Hausaufgabe, dazu eine eigene Notizseite in Analogie zum *Notizbuch des Zeichners* zu gestalten.

Die Ergebnisse aus dieser Hausarbeit zeigen, dass sich die Kinder sowohl mit Ästhetik und Inhalten des ungewöhnlichen Bilderbuchs weiter auseinandersetzten als auch Anregungen für Eigendarstellung daraus bezogen. Von der reflexiv-produktiven Weiterbeschäftigung mit der fremden Perspektive zeugen beispielsweise illustrierte Notizen von Schüler/-innen, die sich über Schriften („Eine köstliche Schrift", siehe

Abb. 8.3.6: Notiz- und Zeichenseite eines Schülers (5. Klasse) unter der Überschrift „Eine köstliche Schrift"

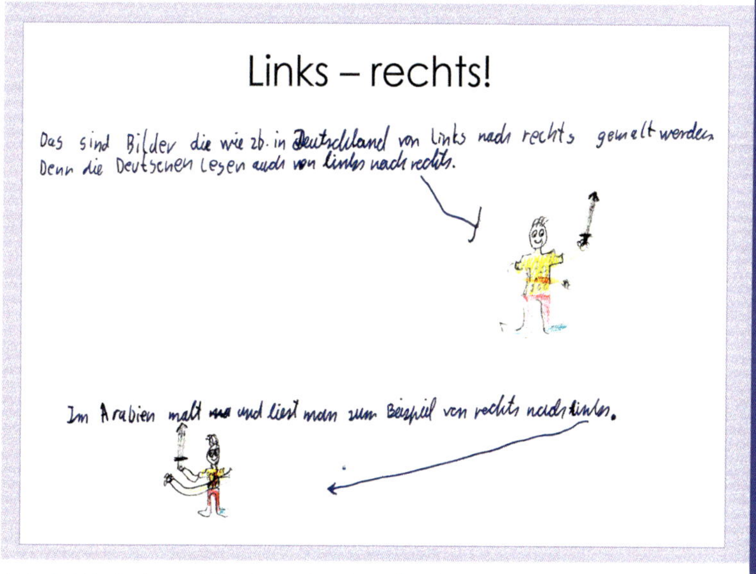

Abb. 8.3.7: Notiz- und Zeichenseite eines Schülers (5. Klasse) unter der Überschrift „Links – rechts!"

Abb. 8.3.8:
Notiz- und Zeichenseite eines Schülers (5. Klasse) unter der Überschrift „Schauen und riechen“

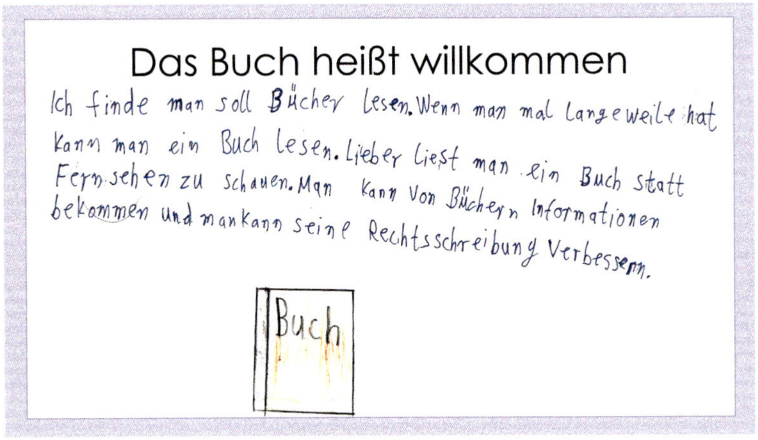

Abb. 8.3.9:
Notiz- und Zeichenseite eines Schülers (5. Klasse) unter der Überschrift „Das Buch heißt willkommen“

Abb. 8.3.6) sowie Schreib-, Mal- und Leserichtungen („Links – rechts!“, siehe Abb. 8.3.7) Gedanken machten.

Die sorgfältig gestaltete Seite, die unter der Überschrift „Schauen und riechen“ (siehe Abb. 8.3.8) entstanden ist, belegt, dass die Schüler/-innen die Anregungen aus Mohieddins *Notizbuch* auch für die Text-Bild-Gestaltung von eigenen persönlichen Erinnerungen gut zu nutzen verstanden.

Unter der Überschrift „Das Buch heißt willkommen“ (siehe Abb. 8.3.9) gab ein Schüler außerdem seiner Erkenntnis Ausdruck, dass Bücher für alles Mögliche taugen: zur Unterhaltung gegen Langeweile, zum Ausbau von Weltwissen sowie zur Verbesserung der eigenen Orthografie. Dem ist beizupflichten. Es ließe sich höchstens mit einem kleinen Augenzwinkern anfügen, dass auch von links nach rechts Schreibende durch Lesen bloß die eigene Rechtschreibung verbessern können, während die Rechtsschreibung allerorts in den Händen von Recht sprechenden Instanzen liegt (siehe Abb. 8.3.9, zweitletztes Wort im Text).

9 Weitere Literaturvorschläge für den Unterricht

9.1 Zum Thema individuelle und kulturelle Vielfalt

Labor Ateliergemeinschaft (Text und Illustration):
Ich so du so. Alles super normal
Weinheim und Basel: Beltz & Gelberg 2017
(illustriertes Sachbuch)

Das Sachbuch *Ich so du so. Alles super normal*, das auf der Nominierungsliste für den Deutschen Jugendliteraturpreis 2018 stand, versammelt auf 175 Seiten eine bunte Vielfalt verschiedenartiger und unterschiedlich gestalteter kurzer Sachtexte und Bildmaterial zu den Fragen „Warum bewerten wir Menschen, Situationen oder Sachen als normal oder unnormal? Ist normal sein gut oder schlecht? Wer bestimmt überhaupt, was normal ist und was nicht?“ (Labor Ateliergemeinschaft 2017, 6). Das Buch bietet Überlegungen in Form kurzer Erzählungen an, teils in Form von Comicstrips realisiert; aber auch Cartoons, Fotos, Antworten aus Fragebogen und Interviews sowie Zeichnungen von Kleidungsstücken für papierene Anziehpuppen geben Gedankenanstöße zu Themen wie Schubladendenken, männlich/weiblich, individuelle Verschiedenheit/kulturelle Normierung, Zugehörigkeit/Ausgrenzung. Eine Grafik mit einem „Normal-O-Meter“, der einem die eigenen Abweichungen vom Üblichen einzuschätzen hilft, fehlt ebenfalls nicht (Ebd., 18).

Geschrieben, gezeichnet und zusammengestellt sind die Texte und Bilder von freiberuflichen Autor/-innen, Illustrator/-innen und Grafikdesigner/-innen, die sich in der Labor Ateliergemeinschaft in Frankfurt a. M. zusammengeschlossen haben, namentlich von Christopher Fellehner, Anke Kuhl, Alexandra Maxeiner, Jorg Mühle, Moni Port, Natascha Vlahović, Philip Waechter, Claudia Weikert, Kirsten und Zuni von Zubinski.

Schon gleich die ersten drei Doppelseiten des umfangreichen Buchs lassen sich bestens für den Einstieg in eine Unterrichtseinheit nutzen, die sich dem Thema (kulturelle, soziale, individuelle) Vielfalt widmet. Die erste (lilafarbene) Doppelseite zeigt links eine Gruppe von runden Figuren auf zwei Beinen, die auf ein dreieckiges zweibeiniges Wesen blicken, das von der rechten Seite zu ihnen herüberschaut. Die zweite (grüngelbe) Doppelseite versammelt links eine größere Anzahl der dreieckigen Figuren, die nun ihrerseits ein rundes Wesen auf der rechten Seite betrachten, das aus der ersten Gruppe stammt und nun seinerseits durch anderes Aussehen aus dem Rahmen fällt. Die dritte Doppelseite schließlich zeigt rechts eine Vielzahl unterschiedlich geformter zweibeiniger Wesen, die einzeln, paarweise und zu größeren Gruppen arrangiert sind; auf der rechten Seite oben leiten die hier eingangs zitierten Fragen einen kurzen Text ein, der mit dem fett gedruckten Satz endet: „Wären wir alle gleich – wie langweilig wäre das Leben!“ (Ebd., 6)

Wie die beschriebenen Zeichnungen eignen sich auch viele andere Bilder, Cartoons und Kurztexte, auf die man beim Stöbern in dem Buch

stößt, ausgezeichnet, um eine Auseinandersetzung mit dem Thema Ausgrenzung/Inklusion anzustoßen oder etwa auch Überlegungen darüber anzustellen, dass kulturelle Alltagspraktiken der Macht der Gewohnheit unterworfen sind. Veränderungen in dem, was „normal" erscheint, werden in dem Sachbuch *Ich so du so. Alles super normal* deshalb auch im historischen Prozess zur Anschauung gebracht. Mitten hineingeworfen in die Diskussion von Geschlechterrollenstereotypen wird man etwa durch die gelungene Gegenüberstellung eines alten Schwarz-Weiß-Fotos und eines Cartoons zu Kleidung und Haartracht. Das Foto bildet Cecilie von Preußen zu Beginn des 20. Jahrhunderts auf einer Postkarte mit dem Titel „Unsere Kronprinzessin mit ihren drei Söhnen" ab; der kleinste der drei Jungen trägt der zeitgenössischen Mode gemäß ein Röckchen mit schmucken Schleifen sowie eine zierliche Halskette. Der Cartoon auf der gegenüberliegenden Seite setzt demgegenüber eine Szene am Strand aus unserer Gegenwart ins Bild, die einen nackten kleinen Jungen mit offenen langen Haaren an der Hand seines Vaters zeigt und daneben ein nacktes Mädchen, das in einer Sprechblase die irritierte Frage stellt: „Warum hat sie einen Penis?" (Ebd., 48 f.)

Das Buch ist eine Fundgrube zur Auseinandersetzung mit individueller und kultureller Vielfalt in allen Altersstufen. Und erfrischend ist, dass es darin bei aller Ernsthaftigkeit und politischen Korrektheit zwischendurch auch vergnüglich zugeht.

Anne Kostrzewa (Text)/Inka Vigh (Illustration):
Nasengruß & Wangenkuss
So macht man Dinge anderswo
Frankfurt a. M.: Fischer Sauerländer 2017
(Sachbilderbuch)

Mittels einfacher Bilder und Texte gibt das Sachbilderbuch *Nasengruß & Wangenkuss. So macht man Dinge anderswo* auf 32 Seiten vorurteilslos, aber zugleich auch Tabuisierungen meidend, Antworten auf Fragen aller Art rund um unterschiedliche kulturelle Gepflogenheiten, Riten, Glaubensrichtungen, Weltdeutungen, Bekleidungsvorschriften, Umgangsformen, Essensgewohnheiten und Tischsitten, Sprachen- und Schriftenvielfalt.

Was die Leser dieses Buches erwartet, ist auf der Doppelseite mit der Überschrift „Was glaubst du?" auf einen Blick zu erfassen: Darauf entdeckt man nicht nur einen strahlenden Buddha sowie verschiedene Glaubenssymbole (jüdischer Davidstern, christliches Kreuz, islamische Mondsichel, hinduistisches Wortsymbol Om, buddhistisches Rad der Lehre), sondern auch Zeichnungen von unterschiedlichen Gebetshäusern (Kirche, Moschee, Synagoge und Tempel) und Illustrationen zu einer Vielzahl religiös motivierter, weiblicher Kopfbedeckungen (Hidschab, Amira, Chimar, Tschador, Niqab, Burka, christlicher Schleier). Und im Begleittext zu den Kopfbedeckungen steht:

„Viele Muslimas tragen ein Kopftuch. Es ist für sie Ausdruck ihres Glaubens und eine Frage der Ehre: Nur die Familie soll ihre Haare sehen. Manchmal zwingen auch Männer ihre Frauen dazu, sich zu verschleiern, um ihre Macht zu demonstrieren. Im Christentum tragen Nonnen oft Schleier als Teil ihrer religiösen Tracht. Im Judentum sind es die Männer und Jungen, die ihren Kopf bedecken. Sie tragen eine Kippa, entweder in der Synagoge oder auch den ganzen Tag."
(Kostrzewa / Vigh 2017, o. S.)

Dieses Sachbilderbuch ist im Klassenzimmer als leicht verständliches, unverkrampftes Nachschlagewerk hilfreich, wenn man sich im Unterricht thematisch mit kultureller Vielfalt beschäftigt.

9.2 Zum Thema Flucht und Migration

Margriet Ruurs (Text)/Nizar Ali Badr (Illustration):
Ramas Flucht
Zweisprachig Arabisch-Deutsch.
Ins Deutsche übersetzt von Ulli und Herbert Günther, ins Arabische von Falah Raheem.
Hildesheim: Gerstenberg 2017 [kanad. OA 2016]
(Bilderbuch)

Ramas Flucht erzählt in einfachen Worten und ungewöhnlichen Bildern auf 37 Seiten von der gelungenen Flucht einer Familie aus ihrer kriegsversehrten Heimat in ein Land, in dem eine freundliche Willkommenskultur gelebt wird. Der Verbaltext ist parallel zweisprachig: oben links auf Deutsch, unten rechts auf Arabisch geschrieben. Bei den Bildern handelt es sich um Fotografien von bunten Steinfiguren, die der syrische Bildhauer Nizar Ali Badr in der syrischen Hafenstadt Latakia auf der Terrasse seines Hauses für das Bilderbuch gelegt hat.

Die Titelfigur Rama ist ein Mädchen unbestimmten Alters. Ihre mit ihr geflüchtete Familie besteht aus ihrem Bruder Sami, ihren Eltern und ihrem Großvater. Das Land, aus dem die Familie kommt, ist nicht näher benannt, und auch das Land ihrer Zuflucht trägt keinen Namen. Ob es sich um einen Bürgerkrieg oder einen Krieg mit Nachbarstaaten handelt, vor dem die Familie geflohen ist, wird ebenfalls nicht expliziert. Deutlich wird nur, dass ihr Herkunftsstaat schon vor Kriegsausbruch kein freiheitlich-demokratisch organisierter war, sondern ein Land, in dem die Menschen (oder zumindest ein Teil von ihnen) ihre Kultur nicht leben durften.

Erzählt wird, dass es vormals eine unbeschwerte Kindheit gab: Der Großvater fing Fische, der Vater arbeitete auf dem Feld, die Mutter nähte Seidentücher für Rama und ihre Puppen. Rama und ihr Bruder Sami gingen zur Schule, spielten, lachten, gingen zum Einkaufen auf den Markt und bei den Nachbarn Tee trinken. Die Illustrationen zeigen parallel dazu einen krähenden, bunten Hahn, eine Familie unter Sonne und Baum, zwei bunte Figuren, die prall gefüllte Körbe zum Markt tragen, sowie einen auf einer Klippe sitzenden Angler. Mit einem Bild aus bunten Steinen, das eine größere Gruppe kleiner und großer Figuren hinter Gitter und Stacheldraht zeigt, kommt die paradiesische Gestaltung zum Stillstand. Im Begleittext zu dem an ein Gefängnis erinnernden Steinbild steht: „Großvater sagte: »Wirklich frei sind wir nicht. Wir dürfen nicht unsere Lieder singen, nicht unsere Tänze tanzen, nicht die Gebete sprechen, die wir gelernt haben. Sind wir also frei?«" (Ruurs/Badr 2017, o. S.)

Nun folgen Steinbilder, die ausdrucksstark von Bombenangriffen und einer beschwerlichen Flucht erzählen, die unter anderem auf einem Boot über das Meer führt. Dass dies Tote unter den Mitfliehenden fordert, erzählt der Begleittext. Dort steht auch zu lesen: „Als wir wieder festen Boden unter den Füßen hatten, streuten

Mama und Papa Blumensamen in die Erde. Die Blumen sollten an die Menschen erinnern, die die Freiheit nicht erreicht hatten." (Ebd., o.S.) Im Bild zu diesem Text ist eine als Erwachsene erkennbare Figur zu sehen, die Blumen pflanzt, ihr gegenüber zwei Kinderfiguren und über ihr zwei Vögel und eine Sonne. Drei weitere bunte Steinbilder geben der Freude über sehr unterschiedliche, aber gleichermaßen existenzielle Dinge Ausdruck: Zum einen dem Glücksgefühl, dass man als ganze Familie überlebt hat, und zum anderen, dass man von den Menschen am Ankunftsort freundlich aufgenommen worden ist.

Da die erzählte Handlung weder geografische noch historische Fixpunkte setzt, kann die Geschichte als Parabel gelesen werden. Sie eignet sich gut, um mit Grundschüler/-innen auf der Basis eines bildästhetisch ungewöhnlichen literarischen Textes in einer für Kinder gut nachvollziehbaren Form über Flucht, Fluchtursachen und Ankunft in einem neuen Land nachzudenken.

Gill Lewis (Text)/Jo Weaver (Illustration):
Der Klang der Freiheit
Ins Deutsche übersetzt von André Mumor.
München: ars edition 2018 [engl. OA 2017]
(Kinderbuch)

Kostenloses Unterrichtsmaterial zum Download ist beim Verlag erhältlich unter https://www.arsedition.de/fileadmin/user_upload/LM_9783845826011_Lewis__Klang_der_Freiheit_UM.pdf

Das Kinderbuch *Der Klang der Freiheit* umfasst 77 illustrierte Textseiten und wartet mit einer Rahmen- und einer Binnenhandlung auf. Die Rahmenerzählung setzt ein mit der überstürzten Flucht eines 14-jährigen Jungen namens Rami, der nun mit einer Handvoll Menschen, die wie er aus seinem Heimatland geflüchtet sind, in einem Gummiboot nachts auf dem unruhigen Meer treibt. Das sind eine kleine Familie mit zwei Kindern (das junge Elternpaar Nor und Mustafa mit dem 6-jährigen Bashar und der 4-jährigen Amani), ein alter Mann mit Hund (Mohammed und Bini genannt) sowie ein Brüderpaar (die beiden Jugendlichen Youssef und Hassan).

Obgleich Rami friert, nimmt er den Umhang, den Nor ihm anbietet, nicht an. Desgleichen wehrt er, obgleich hungrig, den Streifen Fladenbrot ab, den Mohammed mit ihm wie mit allen anderen auf dem Boot teilen will. Und auch die zirkulierende Plastikflasche mit der Zitronenlimonade, die Youssefs und Hassans Mutter aus den Zitronen in ihrem Garten hergestellt hat, reicht er ohne daraus zu trinken weiter mit der Behauptung, er sei nicht durstig.

Gefragt, weshalb er Essen, Trinken und wärmende Kleidung nicht mit ihnen teilen will, antwortet er, dass er nichts dabei habe, was er ihnen als Dank dafür zurückgeben könne. Der einzige Gegenstand, den er dabei hat, ist eine Geige. Nor bittet ihn, ein Lied zu singen. Er soll damit die Dunkelheit und Angst, die sie auf dem unsicheren Boot auf hoher See umgibt, für eine Weile fernhalten.

Dies läutet die Binnengeschichte ein, die von einem wilden weißen Hengst in der Mongolei und einem Schäferjungen namens Suke handelt, denen ein despotischer Dunkler Fürst in einer unbestimmten Vergangenheit zwar so gut wie alles rauben konnte, nicht aber ihren Freiheitsdrang: Suke formte sich aus den Knochen und der Haut des ungezähmten Hengstes nach dessen durch den Despoten verursachten Tod eine Pferdekopfgeige, die er mit Haaren aus dessen Schweif bespannte. Die Musik dieses Instruments, die der Wind von den Bergen in die Ebene bis hinein in die Zitadelle des Dunklen Fürsten trug, war von der Art, dass alle seine Untertanen zu ihrem Rhythmus zu tanzen begannen und deren Melodie heimlich summten. Im Versuch, dem Klang Herr zu werden, verschwand der Despot im Innern der Erde. „Und wo der Dunkle Fürst schließlich endete, weiß niemand." (Lewis/Weaver 2018, 71)

Die Zuhörer/-innen auf dem Boot erkennen in manchen Teilen dieser Erzählung ihre eigene Geschichte wieder: Mohammed erinnert Ramis Lied an die Liebe, die ihn mit seiner verstorbenen Frau verbindet, und er erzählt davon. Youssuf und Hassan werfen ein, dass ihr Vater und andere erwachsene Männer sich auf ihrer Flucht unbewaffnet einem ähnlichen Kugelhagel ausgesetzt haben, um sie beide zu retten, wie der weiße Hengst, den auf seiner Flucht vor dem Dunklen Fürsten unzählige Pfeile von dessen Bogenschützen durchbohrten. „Das ist unser aller Geschichte", bestätigt Nor (ebd., 63). Als Ramis Erzählung zu Ende ist, sind sich alle auf dem Boot einig, dass sie das Lied der Freiheit nie vergessen dürfen. „Wir müssen uns erinnern, damit wir zurückkehren können, wenn dieser Krieg zu Ende ist, und unser Leben neu aufbauen können", meint Mohammed (ebd., 77).

Die Rahmenhandlung endet offen mit den Versen: „In einem kleinen Boot. / Mit einem Funken Hoffnung. / In stürmischem Wind. / Auf stürmischer See." (Ebd., 77) Wir erfahren nicht, ob das Boot seine Insassen lebend an Land bringen wird.

Das Kinderbuch eignet sich gut zur Auseinandersetzung mit der aktuellen Fluchtthematik mit etwas älteren Schüler/-innen.

Jochen Oltmer (Text)/Nikolaus Barbian (Text)/
Christine Rösch (Illustration):
Ein Blick in die deutsche Geschichte
Vom Ein- und Auswandern
Berlin: Verlagshaus Jacoby & Stuart 2016
(Sachbilderbuch)

Ein Blick in die deutsche Geschichte. Vom Ein- und Auswandern ist ein von Christine Rösch ansprechend illustriertes Kinder- und Jugendsachbuch, das mit informativen Texten zur deutschen Migrationsgeschichte der vergangenen 150 Jahre bestückt ist. Diese Texte wurden verfasst von den beiden Fachexperten für internationale Migration Jochen Oltmer und Nikolaus Barbian. Mit seinem Format in DIN A5, den 128 (farbigen) Seiten und Hardcover empfiehlt es sich für jede Klassen- bzw. Schulbibliothek zum bloßen Stöbern ebenso wie zum gezielten Nachschlagen.

Die Innendeckel und das Vorsatzblatt des Buchs sind vorn und hinten geschickt genutzt für einen mit Kurztexten und Illustrationen angereicherten Zeitstrahl, der mit der Gründung des Deutschen Reiches 1871 einsetzt und 2010 endet. Die Informationen, die über dem Zeitstrahl angeordnet sind, sind historischer Art. Sie stellen globale wirtschaftliche, weltpolitische und auf Deutschland fokussierte gesellschaftliche

Zusammenhänge dar und versehen diese mit den Daten historischer Ereignisse, die man im Allgemeinwissen von Heranwachsenden ab einem bestimmten Alter erwartet: Erster und Zweiter. Weltkrieg, NS-Diktatur, Mauerbau, Wiedervereinigung. Dazu kommen Schlagworte wie Wirtschaftswunder, Ölpreisschock und Fremdenfeindlichkeit, die im Kontext von Ein- und Auswandern in der jüngeren deutschen Vergangenheit eine wichtige Rolle spielen.

Unterhalb des Zeitstrahls stehen kurze Infotexte unter Überschriften wie „Schwabenkinder", „Ruhrpolen", „Zwangsarbeit", „Flucht, Vertreibung, Umsiedlung", „Gastarbeiter", „Asylkompromiss". Diese Kürzesttexte beinhalten Wissenswertes in knapper Form. So erfährt man hier beispielsweise etwas über Kinder aus Vorarlberg, Tirol und Graubünden, die im südwestdeutschen Volksmund „Schwabenkinder" genannt wurden. Bis ins 20. Jahrhundert hinein haben sich diese als Arbeitsmigrant/-innen in Schwaben und Baden auf Bauernhöfen und in Haushalten gegen Geld verdingt.

Dem längeren Text zur Überschrift „Schwabenkinder?" im Buch selbst ist zu entnehmen, dass diese in den Sommermonaten auswärts arbeitenden Kinder zwischen 8 und 14 Jahre alt waren und aus österreichischen und schweizerischen Alpendörfern stammten, in denen meist große Armut herrschte. „Um 1800 soll die Zahl dieser »Schwabenkinder« bei rund 3000 gelegen haben, um 1830 waren es wahrscheinlich knapp 4000. Danach sank ihre Anzahl, aber um 1900 waren es immer noch einige Hundert." (Oltmer/Barbian/Rösch 2016, 25) Das ganzseitige, farbige Bild, das den Informationstext begleitet (vgl. ebd., 24), erinnert figurativ an die Alpenweltromantik rund um Heidi, außerdem ist ihm der Schriftzug „Heimweh" eingefügt. Bei näherer Betrachtung des Bildes wird jedoch deutlich, dass das traurig dreinblickende Mädchen nicht das schweizerische Heidi sein kann, das als Gast in Frankfurt seine heile Bergwelt vermisst. Vielmehr entdeckt man beim genauen Hinsehen kleine Figuren mit Kleiderbeuteln auf dem Rücken, die am rechten Rand durchs Bild ziehen. In ihnen erkennt man die Kinder wieder, von denen es auf der Textseite eine kleine Schwarz-Weiß-Zeichnung gibt zu einem in Kleindruck geschriebenen Zusatztext, der vom „Hütekindermarkt" in Friedrichshafen am Bodensee erzählt, wo die Bauern nach billigen Arbeitskräften Ausschau hielten.

Hilfreich sind auch die Fußzeilen, die anzeigen, welche Zeit die aufgeschlagene Seite verbildlicht.. Steht bei den „Schwabenkindern" in der Fußzeile „Kaiserreich und Erster Weltkrieg", so ist etwa auf der Seite mit der die Überschrift „Alltag und Rückkehr" in der Fußzeile „Späte 1950er- und 1960er-Jahre" angegeben (ebd., 79). Die Tristesse der farbigen Illustration zu „Alltag und Rückkehr", die das Bild trotz schöner Kolorierung ausströmt (vgl. ebd., 78), ist der Traurigkeit im Gesicht des Verdingkindes aus den österreichischen und Schweizer Alpen vergleichbar (vgl. ebd., 24). Hier nun sind es jedoch kaum voneinander unterscheidbare Männer, die sich eine Unterkunft teilen, die nur Raum bietet zum Schlafen, Fernsehen sowie Würfel- und Kartenspiel. Aus dem Begleittext geht hervor, dass auf diesen Seiten nun von erwachsenen Arbeitswanderern aus Italien und anderen Mittelmeerländern die Rede ist, die in den sog. „Wirtschaftswunderjahren" als „Gastarbeiter" nach Deutschland kamen und annahmen, dass sie mit dem verdienten Geld irgendwann nach Hause zurückkehren würden, und deshalb versuchten, möglichst einfach zu leben. Der in kleinerer Schrift seitlich gedruckte Infotext, der als Bildunterschrift dient, erhellt indes das triste Farbbild folgendermaßen: „Die Arbeiter leben in einfachen Wohnheimen oder Baracken, oft in der Nähe ihres Arbeitsplatzes. Dabei handelt es sich zum Teil um Zwangsarbeiterlager aus der Zeit des Nationalsozialismus, die für »Gastarbeiter« umgebaut worden sind." (Ebd., 79)

Blättert man angesichts dieses kurzen Infotextes im Buch zurück, so stößt man unter der Fußzeile „Nationalsozialistisches Deutschland und Zweiter Weltkrieg" auf die Doppelseite, die von „Arbeit unter Zwang während des Krieges" berichtet und im Bild zwei nicht voneinander unterscheidbare Frauen hinter einem gelben Stacheldraht zeigt, vor dem eine blonde Frau vorbeigeht, deren Haarfarbe identisch ist mit derjenigen des Stacheldrahts und der Handtasche in ihrer Hand (vgl. ebd., 48f.). Die Bildunterschrift besagt hier: „Die Zwangsarbeiter werden in einfachen Baracken oder überfüllten Sälen untergebracht. Viele dieser Lager liegen mitten in den Städten. Sie gehören zum deutschen Alltag." (Ebd., 49)

Die beiden Doppelseiten unmittelbar vor dieser Doppelseite mit den polnischen Zwangsarbeiterinnen im Bild erzählen zum einen von der „Kinderlandverschickung" deutscher Kinder während der Zeit des Nationalsozialismus, die zu deren Schutz vor Bombenangriffen in den Städten, vor allem aber mit dem Zweck ihrer Erziehung im Geiste nationalsozialistischer Ideologie erfolgte (vgl. ebd., 46 f.). Zum anderen informieren sie über „Ausländische Arbeitskräfte für den Krieg" und erhellen, dass Arbeitskräfte aus Italien nicht erst in den „Wirtschaftswunderjahren" der Nachkriegszeit, sondern bereits zur NS-Zeit für Aufschwung der deutschen Wirtschaft sorgten, damals u.a. beim Aufbau des Volkswagenwerks in Wolfsburg (vgl. ebd., 44f.). Die einzelnen Berichte zum Ein- und Auswandern in der deutschen Geschichte sind daher, bei genauem Hinsehen, über Vergleichbarkeiten in Informationstexten und Illustrationen so miteinander verknüpft, dass Zusammenhänge und Brüche sichtbar werden.

Das Buch lässt wenig zu wünschen übrig. Nur angesichts der „Kinderlandverschickung" nicht-jüdischer deutscher Kinder vermisst man eine Doppelseite, die von den Kindertransporten deutschjüdischer Kinder aus Nazideutschland nach England berichten würde, welche 1938 und 1939 zu deren Rettung organisiert worden sind. Zwar erzählen die Doppelseiten unter den Überschriften „Juden und Oppositionelle werden zur Abwanderung genötigt" (vgl. ebd., 42f.) und „Deportation der Juden" (vgl. ebd., 52f.) von Auswanderung, Ausbürgerung und Vernichtungslagern während der NS-Zeit und erwähnen auch Anne Frank. Aber es hätte bestimmt auch eine Zeitzeugin oder ein Zeitzeuge zu diesem Thema zur Verfügung gestanden. Daraus hätten sich inhaltliche Anklänge, aber notgedrungen auch deutliche Unterschiede zum Zitat der nicht-jüdischen „damals 11-jährige[n] Ilse W." ergeben, die sich an ihre „Kinderlandverschickung" erinnert.

Die vom Verlag veranschlagte Altersempfehlung ab 12 Jahren für dieses informative und mit Zeitzeug/-innen-Zitaten gut bestückte sowie stimmig bebilderte Sachbuch ist richtig. Die Texte sind so geschrieben, dass sie erkennbar Kindern und Jugendlichen die Welt des Ein- und Auswanderns mit Fokus auf Deutschland erklären. Die meist ganzseitigen, farbigen Bilder bauen aber auch schon jüngeren Kindern eine Brücke zu den Informationstexten, dienen jedoch allen Betrachter/-innen dieses Sachbilderbuches als anschauliche Verstehenshilfe; zugleich bieten sie auch ästhetischen Anreiz zum reflexiven Verweilen bei den in Text und Bild dargestellten Sachverhalten.

Aufgrund der Länge und inhaltlichen Komplexität der Texte sowie der Schriftgröße, in der sie gesetzt sind, ist bei jüngeren und/oder leseungewohnten Kindern das Vorlesen der Texte empfehlenswert. Auf diese Weise können die Texte prosodisch verständlich wiedergegeben werden und im Gespräch von der vorlesenden Person erläutert werden. Ein Glossar am Ende des Buchs hilft mit Erklärungen bei schwierigen Wörtern weiter. Als didaktisch gut aufbereitetes Nachschlagewerk zur Vermittlung und Reflexion von Informationen rund um das Thema Migration ist das Buch auch in der Hand jeder Lehrer/-in am richtigen Platz.

Anhang

Literaturverzeichnis

Primärliteratur

Al-Mousli, Luna (Text und Fotografie): *Eine Träne. Ein Lächeln. Meine Kindheit in Damaskus.* Zweisprachig Arabisch-Deutsch. Frankfurt a. M.: Weissbooks 2015.

Al-Mousli, Luna (Text und Illustration): *Eine Träne. Ein Lächeln. Meine Kindheit in Damaskus.* Zweisprachig Arabisch-Deutsch. Frankfurt a. M.: Weissbooks 2016 (Sonderausgabe).

Budde, Nadia (Text und Illustration): *Unheimliche Begegnungen auf Quittenquart.* Wuppertal: Peter Hammer 2010.

Chalatbarie, Farideh (Text) / Chosrawani, Scharareh (Illustration): *Busfahrt ins Ungewisse.* Zweisprachig Persisch-Deutsch. Deutsche Übersetzung von Wolfgang Steinke. Berlin: Edition Orient 2012 [pers. OA 2007].

Chen, Chih-Yuan (Text und Illustration): *Kleiner Spaziergang. Ein Bilderbuch aus Taiwan.* Zweisprachig Chinesisch-Deutsch. Deutsche Übersetzung von Johannes Fiederling. Basel: Baobab Books. 2. Auflage 2016 [chin.-dt. EA 2010, chin. OA 2001].

Chmielewska, Iwona (Text und Illustration): *abc.de.* Viersprachig Deutsch-Englisch-Französisch-Polnisch. Warschau: Wrocławskie Wydawnictwo Warstwy & Wrocławski Dom Literatury in Kooperation mit dem Gimpel Verlag 2016.

Cottrell Boyce, Frank (Text) / Carl Hunter (Fotografie) / Clare Heney (Fotografie): *Der unvergessene Mantel.* Deutsche Übersetzung von Salah Naoura. Hamburg: Carlsen 2012 [engl. OA 2011].

Denis-Huot, Christine (Text und Fotografie) / Denis-Huot, Michel (Fotografie): *Die Giraffe.* Reihe: Die große Tierbibliothek. Esslingen: Esslinger 2010.

Ellabbad, Mohieddin (Text und Illustration): *Das Notizbuch des Zeichners.* Zweisprachig Arabisch-Deutsch. Deutsche Übersetzung von Burgi Roos. Zürich: Nord-Süd (Reihe Baobab) 2008 (4. Aufl. 2017, dt. EA 2002) [arab. OA 1988].

Günyüz, Melike (Text) / Hemmatirad, Reza (Text und Illustration): *Gukki, der kleine Rabe: Ich will so sein wie meine Freunde.* Zweisprachig Türkisch-Deutsch. Deutsche Übersetzung von Patrick Bartsch. Berlin: Edition Orient 2010 [türk. OA 2005].

Günyüz, Melike (Text) / Hemmatirad, Reza (Text und Illustration): *Gukki, der kleine Rabe: Der König der Frösche. Das Rabenland sucht den Superstar.* Zweisprachig Türkisch-Deutsch. Deutsche Übersetzung von Patrick Bartsch. Berlin: Edition Orient 2010 [türk. OA 2005].

Hengadi, Ramesh (Illustration) / Dhadpe, Shantaram (Illustration): *Das machen wir. Ein Bilderbuch aus Indien.* Konzeption und Text von Gita Wolf. Basel: Baobab Books 2011.

Hoffmann, E.T.A.: *Das fremde Kind.* In: *Kinder-Märchen von C.W. Contessa, Friedrich Baron de la Motte-Fouqué, E.T.A. Hoffmann.* Hrsg. von Hans-Heino Ewers. Stuttgart: Reclam 1987 [EA 1816/17].

Hole, Stian (Text und Illustration): *Morkels Alphabet.* Deutsche Übersetzung von Ina Kronenberger. München: Carl Hanser 2016 [norw. OA 2015].

Hunt, Philipp: *Lost and Found.* Edel Studio (DVD) 2008.

Iwasa, Megumi (Text) / Mühle, Jörg (Illustration): *Viele Grüße, Deine Giraffe.* Deutsche Übersetzung von Ursula Graefe. Frankfurt a. M.: Moritz 2017 [japan. OA 2001].

Iwasa, Megumi (Text)/Mühle, Jörg (Illustration): *Viele Grüße vom Kap der Wale.* Deutsche Übersetzung von Ursula Gräfe. Frankfurt a. M.: Moritz 2018.

Jeffers, Oliver (Text und Illustration): *Lost and Found.* London: Harper Collins 2006 (Die deutsche Ausgabe aus dem Jahre 2010, die im Aufbau Verlag in Berlin erschienen ist, ist nur noch antiquarisch erhältlich.)

Jeffers, Oliver (Text und Illustration): *Rauf und Runter.* Berlin: Aufbau 2011.

Kastenhuber, Hannah (Text und Illustration): *Der Pinguin.* Reihe Mein kleines Tierlexikon. Nürnberg: groß & klein 2017.

Kostrzewa, Anne (Text)/Vigh, Inka (Illustration): *So macht man Dinge anderswo.* Frankfurt a. M.: Fischer Sauerländer 2017.

Nadareischwili, Tatia (Text und Illustration): *Schlaf gut. Ein Bilderbuch aus Georgien*. Zweisprachig Georgisch-Deutsch. Deutsche Übersetzung von Rachel Gratzfeld. Basel: Baobab Books 2017.

Oltmer, Jochen (Text)/Barbian, Nikolaus (Text)/Rösch, Christine (Illustration): *Ein Blick in die deutsche Geschichte. Vom Ein- und Auswandern.* Berlin: Jacoby & Stuart 2016.

Prusse, Daniela (Text)/Ebert, Anne (Illustration): *Der Pinguin.* Reihe: Wieso? Weshalb? Warum? Ravensburg: Ravensburger 2016.

Ravishankar, Anushka (Text)/Kini, Kanyika (Illustration): *Ein Gerücht geht um in Baddbaddpur.* Viersprachig Hindi-Bengali-Urdu-Deutsch. Übersetzung aus dem Englischen ins Hindi von Vibha Surana, ins Bengali von Pankaj Chattopadhyay, ins Urdu von Amtul Manan Tahir, ins Deutsche von Birgit Mader. Berlin: Edition Orient 2013 [indische OA auf Engl. 2008). (Das Buch ist auch in einer anderen Sprachausgabe erhältlich: Englisch, Tamil, Malayalam, Deutsch.)

Seyyed, Ali Shodjaie (Text)/Taherian, Elahe (Illustration): *Der große Schneemann. Ein Bilderbuch aus dem Iran.* Zweisprachig Persisch-Deutsch. Deutsche Übersetzung von Nazli Hodaie. Basel: Baobab Books 2016 (2. Aufl.) [pers.-dt. EA 2013, pers. OA 2010].

Tan, Shaun (Text und Illustration): *Eric.* Deutsche Übersetzung von Eike Schönfeld. Hamburg: Carlsen 2010 [dt. u. austral. EA 2008].

Tan, Shaun (Text und Illustration): *Geschichten aus der Vorstadt des Universums.* Deutsche Übersetzung von Eike Schönfeld. Hamburg: Carlsen 2008 [austral. OA 2008].

Wiesner, David (Text und Illustration): *Herr Schnuffels.* Deutsche Übersetzung von Paula Hagemeier. Hamburg: Aladin 2014 [amerik. OA 2013].

Wu, Yi Meng (Text und Illustration): *Yaotaos Zeichen.* Mannheim: Kunstanstifter 2017.

Zaeri, Mehrdad (Illustration)/Richter, Anne (Text): *Prinzessin Sharifa und der mutige Walter. Zwei alte Geschichten neu erzählt.* Zweisprachig Arabisch-Deutsch. Ins Arabische übersetzt von Mahmoud Hassanein. Basel: Baobab Books 2013.

Zaeri-Esfahani, Mehrnousch (Text)/Mehrdad Zaeri (Illustration): *33 Bogen und ein Teehaus.* Wuppertal: Peter Hammer 2017 (3. Aufl.) [EA 2016].

Zaeri-Esfahani, Mehrnousch (Text)/Zaeri, Mehrdad (Illustration): *Das Mondmädchen.* München: Knesebeck 2016 [EA 2015 mit etwas anderem Text]

Sekundärliteratur

Arbeitskreis für Jugendliteratur e.V. Online unter: http://www.djlp.jugendliteratur.org/2016/sachbuch-4/artikel-abcde-4042.html (letzter Zugriff November 2018).

Assmann, Aleida: *Einführung in die Kulturwissenschaft. Grundbegriffe, Themen, Fragestellungen.* 3. neu bearb. Aufl. Berlin: Erich Schmidt 2011.

Barmeyer, Christoph: *Taschenlexikon Interkulturalität.* Göttingen: Vandenhoeck & Ruprecht 2012.

Becker, Tabea: *Sprachliches und literarisches Lernen an Bilderbüchern. In: BilderBücher Bd. 1: Theorie.* Hrsg. von Julia Knopf und Ulf Abraham. Baltmannsweiler: Schneider 2014, S. 164–174.

Becker-Mrotzek, Michael (Hrsg.): *Deutschunterricht in Theorie und Praxis (DTP) Bd. 3: Mündliche Kommunikation und Gesprächsdidaktik.* Baltmannsweiler: Schneider 2009.

Belgrad, Jürgen: *Lernraum Vorlesen. Vorlesen lehren, lernen und begleiten in der Schule.* In: *Lernchance: Vorlesen.* Hrsg. von Gerd Bräuer und Franziska Trischler. Stuttgart: Fillibach bei Klett 2015, S. 19–39.

Berendt, Renata: *Über Flucht erzählen.* In: *JuLit* (2018) 1, S. 27–33.

Bertschi-Kaufmann, Andrea/Graber, Tanja/Manetsch, Christof: *Lesen, Körperlichkeit und der handelnde Umgang mit Texten (auf der Sekundarstufe I).* In: *Schweizerische Zeitschrift für Bildungswissenschaften* 38 (2016) 1, S. 127–142.

Biemiller, Andrew: *Vocabulary Development and Implications for Reading Problems.* In: *Handbook of Reading Disability Research.* Hrsg. von Anne McGill-Franzen und Richard L. Allington. New York: Taylor and Francis 2011, S. 208–218.

Börner, Franziska: *Theaterpädagogische Arbeiten mit mehrsprachigen Bilderbüchern in der Grundschule am Beispiel von „Prinzessin Sharifa".* Unveröffentlichte Examensarbeit. Heidelberg 2018.

Böttcher, Ingrid: *Kunst – Schreiben zu Bildern und im Museum.* In: *Kreatives Schreiben.* Hrsg. von Ingrid Böttcher. 6. Auflage. Berlin: Cornelsen Scriptor 2010, S. 80–101.

Bos, Wilfried/Valtin, Renate / Hußmann, Anke / Wendt, Heike / Goy, Martin: *Kapitel I IGLU 2016: Wichtige Ergebnisse im Überblick.* In: *IGLU 2016 – Lesekompetenzen von Grundschulkindern im internationalen Vergleich.* Hrsg. von Anke Hußmann et al. Münster: Waxmann, S. 13–28.

Bruner, Jerome: *Wie das Kind sprechen lernt.* Ins Deutsche übersetzt von Urs Aeschbacher. Mit einem Geleitwort zur deutschsprachigen Ausgabe von Theo Herrmann. Bern u. a.: Huber 1987 [amerik. OA 1983].

Christmann, Ursula/Schreier, Margrit: *Kognitionspsychologie der Textverarbeitung und Konsequenzen für die Bedeutungskonstitution literarischer Texte.* In: *Regeln der Bedeutung. Zur Theorie der Bedeutung literarischer Texte.* Hrsg. von Fotis Jannidis et al. Berlin u. New York: Walter de Gruyter 2003, S. 246–285.

Die Beauftragte der Bundesregierung für Migration, Flüchtlinge und Integration: *Einwanderungsland Deutschland. Die Fakten im Überblick.* Berlin 2016. Online unter: http://www.bamf.de/SharedDocs/Meldungen/DE/2016/20160719-broschuere-integrations-beauftrage-einwanderungsland.html [aktuell nicht mehr verfügbar].

Duncker, Ludwig/Frohberg, Michaela/Zierfuss, Maren: *Sammeln als ästhetische Praxis des Kindes. Eine Befragung Leipziger Grundschulkinder.* In: *Ästhetik der Kinder. Interdisziplinäre Beiträge zur ästhetischen Erfahrung von Kindern.* Beiträge zur Medienpädagogik, Bd. 5. Hrsg. von Norbert Neuß. Frankfurt am Main: GEP 1999, S. 63–82.

Eder, Ulrike: *Mehrsprachige Kinder- und Jugendliteratur für mehrsprachige Lernkontexte.* Wien: praesens 2009.

Ehlich, Konrad: *Unterrichtskommunikation.* In: *Deutschunterricht in Theorie und Praxis (DTP) Bd. 3: Mündliche Kommunikation und Gesprächsdidaktik.* Hrsg. von Michael Becker-Mrotzek. Baltmannsweiler: Schneider 2009, S. 327–348.

Europa und das Meer. *Ausstellung im Deutschen Historischen Museum in Berlin in Zusammenarbeit mit dem Jean Monnet Lehrstuhl für Europäische Geschichte der Universität Köln. 13. Juni 2018 – 06. Januar 2019.* Online unter: http://www.dhm.de/ausstellungen/europa-und-das-meer.html (letzter Zugriff August 2018).

Glenberg, Arthur M./Robertson, David A.: *Indexical understanding of instructions. Processes 28* (1999) 1, S. 1–26.

Glenberg, Arthur M./Robertson, David A.: *Symbol grounding and meaning: A comparison of high-dimensional and embodied theories of meaning.* In: *Journal of Memory and Language* 43 (2000) 3, S. 379–401.

Glenberg, Arthur M./Gutierrez, Tiana / Levin, Joel R. / Japuntich, Sandra / Kaschak, Michael P.: *Activity and imagined activity can enhance young children's reading comprehension.* In: *Journal of Educational Psychology* 96 (2004) 3, S. 424–436.

Glenberg, Arthur M.: *How reading comprehension is embodied and why that matters.* In: *International Electronic Journal of Elementary Education* 4 (2011) 1, S. 5–18.

Göbel, Kerstin/Buchwald, Petra: *Interkulturalität und Schule. Migration – Heterogenität – Bildung.* Paderborn: Schöningh 2017.

Götz, Maya/Holler, Andrea: *Wie Kinder und Jugendliche das Thema Geflüchtete verstehen. Eine Studienreihe zu Wissen, Mediennutzung, emotionalen Einstellungen und Emotionen.* In: *Televizion* 16 (2016) 2, S. 4–10.

Goy, Martin/Valtin, Renate/Hußmann, Anke: *Leseselbstkonzept, Lesemotivation, Leseverhalten und Lesekompetenz.* In: *IGLU 2016 – Lesekompetenzen von Grundschulkindern im internationalen Vergleich.* Hrsg. von Anke Hußmann et al. Münster: Waxmann 2017, S. 143–171.

Groeben, Norbert/Hurrelmann, Bettina (Hrsg.): *Lesesozialisation in der Mediengesellschaft. Ein Forschungsüberblick.* Weinheim u. München: Juventa 2004.

Groeben, Norbert: Einleitung: *Funktionen des Lesens – Normen der Gesellschaft.* In: *Lesesozialisation in der Mediengesellschaft. Ein Forschungsüberblick.* Hrsg. von Norbert Groeben und Bettina Hurrelmann. Weinheim u. München: Juventa, 2004, S. 11–35.

Groeben, Norbert/Christmann, Ursula: *Empirische Rezeptionspsychologie der Fiktionalität.* In: *Fiktionalität. Ein interdisziplinäres Handbuch.* Hrsg. von Tobias Klauk und Tilmann Köppe. Berlin u. Boston: de Gruyter 2014, S. 338–360.

Grywatsch, Jochen: *Projekt-/Publikationsbericht zur Tagung Raum. Ort. Topographien der Annette von Droste-Hülshoff. Tagung der LWL-Literaturkommission und der Annette von Droste-Gesellschaft.* Meersburg 2007. Online unter: https://www.droste-portal.lwl.org/droste-Download/texte/Forum/Projektbericht_Topographien.pdf (letzter Zugriff August 2018).

Gunraj, Danielle N.: *Embodiment During Reading.* In: *Simulating a Story character's Linguistic Actions. Journal of Experimental Psychology: Learning, Memory and Cognition* 40 (2014) 2, S. 364–375.

Haas, Gerhard: *Handlungs- und produktionsorientierter Literaturunterrricht in der Sekundarstufe I.* Hannover: Schroedel 1984.

Haas, Gerhard: *Das Tierbuch.* In: *Taschenbuch der Kinder- und Jugendliteratur. Bd. 1: Grundlagen – Gattungen.* Hrsg. von Günter Lange. Baltmannsweiler: Schneider 2000, S. 287–307.

Hoffmann, Ludger/Kameyama, Shinichi/Riedel, Monika/Şahiner, Pembe/Wulff, Nadja (Hrsg.): *Deutsch als Zweitsprache. Ein Handbuch für die Lehrerausbildung.* Berlin: Erich Schmidt 2017.

Hurrelmann, Bettina: *Die Kinder- und Jugendliteraturkritik in der Jury für den Deutschen Jugendliteraturpreis.* Ein Arbeitsbericht. In: *Zwischen allen Stühlen. Zur Situation der Kinder- und Jugendliteratur-Kritik.* Hrsg. von Barbara Scharioth und Joachim Schmidt. Tutzing: Ev. Akademie Tutzing 1990, S. 44–51.

Hurrelmann, Bettina: *Informelle Sozialisationsinstanz Familie.* In: *Lesesozialisation in der Mediengesellschaft. Ein Forschungsüberblick.* Hrsg. Von Norbert Groeben und Bettina Hurrelmann. Weinheim u. München: Juventa 2004, S. 169–201.

Hurrelmann, Bettina: *Literalität und Bildung.* In: *Literalität. Bildungsaufgabe und Forschungsfeld.* Hrsg. Von Andrea Bertschi-Kaufmann und Cornelia Rosebrock. Weinheim u. München: Juventa 2009, S. 21–42.

Hußmann, Anke/Wendt, Heike/Bos, Wilfried/Bremerich-Vos, Albert/Kasper, Daniel/Lankes, Eva Maria/McElvany, Nele/Stubbe, Tobias C/Valtin, Renate (Hrsg.): *IGLU 2016. Lesekompetenzen von Grundschulkindern in Deutschland im internationalen Vergleich.* Münster: Waxmann 2017.

Jostes, Brigitte: *„Mehrsprachigkeit", „Deutsch als Zweitsprache", „Sprachbildung" und „Sprachförderung": Begriffliche Klärungen.* In: *Sprachen – Bilden – Chancen: Sprachbildung in Didaktik und Lehrkräftebildung.* Hrsg. von Brigitte Jostes, Daniela Caspari und Beate Lütke. Münster: Waxmann 2017, S. 103–126.

Kaschak, Michael P./Glenberg, Arthur M.: *Constructing meaning: The role of affordances and grammatical constructions in sentence comprehension.* In: *Journal of Memory & Language* 43 (2000) 3, S. 508–529.

Kaschak, Michael P./Jones, John L./Coyle, Jaqueline M./Sell, Andrea: *Language and Body.* In: *Beyond Decoding: The Behavioral and Biological Foundations of Reading Comprehension.* Hrsg. von Richard Wagner, Christopher Schatschneider und Caroline Phythian-Sence. New York: Guilford Press 2009, S. 3–26.

Kenner, Charmian/Kress, Gunther/Al-Khatib, Hayat/Karn, Roy/Tsai, Kuan-Chun: *Finding the Keys to Biliteracy: How Young Children Interpret Different Writing Systems.* In: *Language and Education* 18 (2004) 2, S. 124–144.

Kimmich, Dorothee/Schahadat, Schamma: *Einleitung.* In: *Kulturen in Bewegung. Beiträge zur Theorie und Praxis der Transkulturalität.* Hrsg. von Dorothee Kimmich und Schamma Schahadat. Bielefeld: transcript 2012, S. 7–21.

Köb, Stefanie/Sansour, Teresa/Vach, Karin: *Literaturunterricht in inklusiven Kontexten.* In: *Handbuch Inklusion.* Hrsg. von Christiane Hochstadt und Ralph Olsen. Weinheim: Beltz (i. Dr.).

Krumm, Hans-Jürgen: *Elite- oder Armutsmehrsprachigkeit. Herausforderungen für das österreichische Bildungswesen. Abschlussvortrag der Tagung „Mehrsprachigkeit und Professionalisierung in pädagogischen Berufen. Interdisziplinäre Zugänge zu aktuellen Herausforderungen im Bildungsbereich“.* Wien 28.2.–1.3.2013. Online unter: https://homepage.univie.ac.at/hans-juergen.krumm/KrummElitemehrsprachigkeit.pdf (letzter Zugriff Oktober 2018)

Kruse, Iris: *Gut Vorlesen.* Textpotenziale entfalten. In: *Literarisches Lernen im Anfangsunterricht. Theoretische Reflexionen, Empirische Befunde, Unterrichtspraktische Entwürfe.* 2. korr. Aufl. Hrsg. von Anja Pompe. Baltmannsweiler: Schneider 2014, S. 102–121.

Kümmerling-Meibauer, Bettina: *Geschlecht und Charakter in der Kinderliteratur.* In: *Lesezeichen. Mitteilungen des Lesezentrums der Pädagogischen Hochschule Heidelberg* 2 (1997), S. 27–49.

Kümmerling-Meibauer, Bettina: *Interaktion von Bild und Text im mehrsprachigen Bilderbuch.* In: *Mehrsprachigkeit und Kinderliteratur.* Hrsg. von Ira Gawlitzek und Bettina Kümmerling-Meibauer. Stuttgart: Fillibach bei Klett 2013, S. 47–71.

Langenohl, Andreas: *Einführung. Migration, Globalisierung, Transnationalisierung.* In: *Transkulturalität. Klassische Texte.* Hrsg. von Andreas Langenohl, Ralph J. Poole und Manfred Weinberg, Bielefeld: transcript 2015, S. 99–111.

Lösener, Hans: *Martin Baltscheit oder die Präsenz der Stimme.* In: *Martin Baltscheit. Heidelberger Kinderliteraturgespräche 2014.* Hrsg. von Karin Vach und Gina Weinkauff. München: kopaed 2015, S. 71–79.

Lypp, Maria: *Einfachheit als Kategorie der Kinderliteratur.* Frankfurt a. M.: Dipa 1984.

Lypp, Maria: *Die Kunst des Einfachen in der Kinderliteratur.* In: *Taschenbuch der Kinder- und Jugendliteratur.* Bd. 2. Hrsg. von Günter Lange. Baltmannsweiler: Schneider 2000, S. 828–843.

Lypp, Maria: *Einfachheit.* In: *Lexikon Deutschdidaktik.* Bd. A – L. Baltmannsweiler: Schneider 2012, S. 93–95.

Manguel, Alberto: *Die Geschichte des Lesens.* Frankfurt a. M.: Fischer 2012.

Merklinger, Daniela: *Schreiben lernen durch Diktieren.* Berlin: Cornelsen Scriptor 2012.

Merklinger, Daniela: *Vorlesen in der Schule.* In: *Erzählen – Vorlesen – zum Schmökern anregen.* Hrsg. von Mechthild Dehn und Daniela Merklinger. Frankfurt a. M.: Grundschulverband 2015, S. 88–97.

Naugk, Nadine/Ritter, Michael: *Erzählkultur. Mündliches Erzählen als gesellige Praxis.* In: *Grundschule Deutsch* 57 (2018), S. 4–7.

Rathmann, Claudia: *Begleiter, Freunde, Medienhelden.* In: *Grundschule Deutsch* 33 (2012), S. 4–7.

Rösch, Heidi: *Interkulturelle Literaturdidaktik im Spannungsfeld von Differenz und Dominanz, Diversität und Hybridität.* In: *„Das ist bestimmt was Kulturelles.“ Eigenes und Fremdes am Beispiel von Kinder- und Jugendmedien.* Hrsg. von Petra Josting und Caroline Roeder. München: kopaed 2013, S. 21–32.

Rösch, Heidi: *Deutschunterricht in der Migrationsgesellschaft. Eine Einführung.* Stuttgart: Metzler 2017.

Rosebrock, Cornelia: *Funktionen der Kinderliteratur im Unterricht.* In: *Kinderliteratur, literarische Sozialisation und Schule.* Hrsg. von Bernhard Rank und Cornelia Rosebrock. Weinheim: Beltz 1997, S. 7–28.

Rössler, Andrea: *„Es gibt Dinge, die gibt's gar nicht“. Zur Förderung der Fiktionalitätskompetenz im Fremdsprachenunterricht.* In: *Grenzen überschreiten: sprachlich – fachlich – kulturell.* Hrsg. von Claus Altmayer, Grit Mehlhorn. Christiane Neveling, Norbert Schlüter & Karen Schramm. Baltmannsweiler: Schneider 2010, S. 167–177.

Sauerborn, Hanna: *Zur Bedeutung der Early Literacy für den Schriftspracherwerb.* Baltmannsweiler: Schneider 2015.

Scherer, Gabriela: *Die Kategorie der „Einfachheit“ und das „einprägsame Bild“ im (Kinder-)Buch.* In: *Kinder- und Jugendliteratur. Historische, erzähl- und medientheoretische, pädagogische und therapeutische Perspektiven.* Hrsg. von Bettina Bannasch und Eva Matthes. Münster: Waxmann 2018, S. 67–85.

Schön, Erich: *Der Verlust der Sinnlichkeit oder die Verwandlung des Lesers. Mentalitätswandel um 1800.* Stuttgart: Klett-Cotta 1987.

Schulte, Brigitte: *Interkulturelles Lernen in Lesebüchern. Eine empirische Untersuchung integrativer Deutschlehrwerke der Sekundarstufe I.* Baltmannsweiler: Schneider 2014.

Skiera, Ehrenhard: *Die kindgerechte Schule als Ort bildender Begegnung mit der Welt – Versuch einer anthropologisch-pädagogischen Begründung.* In: *Schule ohne Klassen. Gemeinsam lernen und leben. Das Beispiel Jenaplan.* Hrsg. von Ehrenhard Skiera. Heinsberg: Agentur Dieck 1985, S. 12–67.

Spinner, Kaspar H.: *Gesprächseinlagen beim Vorlesen. In: Kein endgültiges Wort. Die Wiederentdeckung des Gesprächs im Literaturunterricht.* Hrsg. von Gerhard Härle und Marcus Steinbrenner. Baltmannsweiler: Schneider 2004, S. 291–308.

Spinner, Kaspar H.: *Handlungs- und produktionsorientierter Literaturunterricht.* In: *Taschenbuch des Deutschunterrichts. Bd. 2. Literatur- und Mediendidaktik.* Hrsg. von Volker Frederking et al. Baltmannsweiler: Schneider 2010, S. 311–325.

Spinner, Kaspar H.: *Narrative Selbstvergewisserung – Wie ein Kind literarische und eigene biographische Erfahrung verbindet.* In: *Erzählforschung und Erzähldidaktik heute. Entwicklungslinien, Konzepte, Perspektiven.* Hrsg. von Tabea Becker und Petra Wieler. Tübingen: Stauffenburg 2013, S. 165–174.

Statistisches Bundesamt: *Mikrozensus – Bevölkerung mit Migrationshintergrund.* 2018. Online unter: https://www.bpb.de/wissen/NY3SWU,0,0,Bev%F6lkerung_mit_Migrationshintergrund_I.html (letzter Zugriff Juli 2018).

Steinbrenner, Marcus/Wiprächtiger-Geppert, Maja: *Verstehen und Nicht-Verstehen im Gespräch. Das Heidelberger Modell des Literarischen Unterrichtsgesprächs.* In: *Leseforum.ch. Online-Plattform für Literalität* (2010). Online unter: www.leseforum.ch (letzter Zugriff August 2018).

Steinbrenner, Marcus: *Mimesis in Literarischen Gesprächen und poetisches Verstehen.* In: *Poetisches Verstehen. Literaturdidaktische Positionen – empirische Forschung – Projekte aus dem Deutschunterricht.* Hrsg. von Iris Winkler, Nicole Masanek und Ulf Abraham. Baltmannsweiler: Schneider 2010, S. 37–54.

Steinbrenner, Marcus: *Sprachliche Bildung, Bildungssprache und Sprachlichkeit der Literatur.* In: *Leseräume* (2018) 4. Online unter: www.leseräume.de (letzter Zugriff August 2018).

Stude, Juliane / Wildemann, Anja: *Erzählen kann doch jeder!? Erzählerfahrungen, Geschichtenwissen und narrative Kompetenzen.* In: *Grundschule Deutsch* 57 (2018), S. 8–10.

Trischler, Franziska: *Lernraum Vorleser/in.* In: *Lernchance: Vorlesen. Vorlesen lehren, lernen und begleiten in der Schule.* Hrsg. von Gerd Bräuer und Franziska Trischler. Stuttgart: Fillibach bei Klett 2015, S. 41–209.

Ulich, Michaela / Ulich, Dieter: *Literarische Sozialisation: Wie kann das Lesen von Geschichten zur Persönlichkeitsentwicklung beitragen?* Online unter: https://www.pedocs.de/volltexte/2016/11111/pdf/ZfPaed_1994_5_Ulich_Ulich_Literarische_Sozialisation.pdf (letzter Zugriff August 2018).

UNHCR (The UN Refugee Agency): *Global Trends. Forced Displacement in 2017.* Online unter: http://www.unhcr.org/5b27be547.pdf (letzter Zugriff Juli 2018).

Vach, Karin/Merklinger, Daniela: *Material zum Themenheft Literarisches Lernen.* In: *Grundschule Deutsch* 48 (2015).

Vach, Karin: *„Wir sprechen über Sachen …“.* In: *Grundschulzeitschrift* 25 (2011) 245/246, S. 78–82.

Vach, Karin: *„Busfahrt ins Ungewisse“. Mehrsprachige Bilderbücher und ihre Potenziale für literar-ästhetische Lernprozesse.* In: *Im Bildungsfokus: Bilderbuchrezeptionsforschung.* Hrsg. von Gabriela Scherer und Steffen Volz. Trier: WVT 2016, S. 97–112.

Vach, Karin: *Ästhetische Suchprozesse.* In: *JuLit* 43 (2017), 2, S. 3–9.

Vach, Karin: *Aufbruch in die Ferne. Vom Reisen in der Kinderliteratur.* In: *Ästhetik – Leserbezug – Wirkung. Ansprüche an Kinder- und Jugendliteratur im Wandel der Zeit.* Hrsg. von Christoph Jantzen, Petra Josting und Michael Ritter. München: kopaed 2018, S. 119–130.

van Holt, Nadine/Groeben, Norbert: *Emotionales Erleben beim Lesen und die Rolle text- sowie leserseitige Faktoren.* In: *Heuristiken der Literaturwissenschaft.*

Disziplinexterne Perspektiven auf Literatur. Hrsg. von Uta Klein, Katja Mellmann und Steffanie Metzger. Paderborn: mentis 2006, S. 111–130.

Weinkauff, Gina: *Fremdwahrnehmung. Zur Thematisierung kultureller Alterität in der deutschsprachigen Kinder- und Jugendliteratur seit 1945.* Bd. 1. München: Iudicium 2006.

Weinkauff, Gina: *Kulturelle Vielfalt (in) der deutschsprachigen Kinder- und Jugendliteratur.* In: *„Das ist bestimmt was Kulturelles." Eigenes und Fremdes am Beispiel von Kinder- und Jugendmedien.* Hrsg. von Petra Josting und Caroline Roeder. München: kopaed 2013, S. 33–52.

Wells, Gordon / Barnes, Sally / Wells, Jan: *Linguistic Influences on educational attainment. Final Report to the Department of Education and Science of the Home and School Influences on Educational Attainment Project.* University of Bristol/Ontario Institute 1984.

Wells, Gordon: *The Meaning Makers. Children Learning Language and Using Language to Learn.* London u.a.: Heinemann 1986.

Welsch, Wolfgang: *Was ist eigentlich Transkulturalität?* In: *Kulturen in Bewegung. Beiträge zur Theorie und Praxis der Transkulturalität.* Hrsg. von Dorothee Kimmich und Schamma Schahadat. Bielefeld: transcript 2012, S. 25–40.

Wieler, Petra: *Vorlesen in der Familie. Fallstudien zur literarisch-kulturellen Sozialisation von Vierjährigen.* Weinheim u. München: Juventa 1997.

Wikipedia: *Si-o-Se Pol.* Online unter: https://de.wikipedia.org/wiki/Si-o-se_Pol [letzter Zugriff Oktober 2018]

Wikipedia: *Sprachen Indiens.* Online unter: https://de.wikipedia.org/wiki/Sprachen_Indiens [letzter Zugriff Oktober 2018]

Wildemann, Anja / Vach, Karin: *Deutsch unterrichten in der Grundschule. Kompetenzen fördern, Lernumgebungen gestalten.* 4. Aufl. Seelze: Klett Kallmeyer 2018.

Wrobel, Dieter: *Flucht-Texte – Flucht-Orte.* In: *Praxis Deutsch* 43 (2016) 257, S. 4–13.

Bildquellenverzeichnis

Coverfoto: © Monkey_Business/stock.adobe.com

S. 22, 122, 124, 125: Fotos von Andrea Becker © Archiv der Autorinnen

S. 46, 47, 67, 110, 111, 125, 160: Kinderzeichnungen © Archiv der Autorinnen

S. 49/50: Coverabbildung und Innenseite von Ramesh Hengadi/Shantaram Dhadpe: Das machen wir. Ein Bilderbuch aus Indien.© 2011 Baobab Books

S. 55, 57, 67, 207, 222: Kinderdokumente © Archiv der Autorinnen

S. 56, 111: Fotos aus dem Unterricht © Archiv der Autorinnen

S. 59, 60, 61, 62: Coverabbildung, Textseite und Innenseiten von Ravishankar, Anushka/Kini, Kanyika: Ein Gerücht geht um in Baddbaddpur © 2012 Edition Orient, Berlin, www.edition-orient.de

S. 71–73: Innenseiten von Nadia Budde: Unheimliche Begegnungen auf Quittenquart © 2010 Peter Hammer

S. 78–81, 190/191, 194/195, 221, 234–237: Schülertexte und Illustrationen © Archiv der Autorinnen

S. 85/86: Coverabbildung und Innenseite von Megumi Iwasa/Jörg Mühle: Viele Grüße, Deine Giraffe © 2017 Moritz

S. 95/96: Bauchladenbühne, Fotos von Anna Garbe © Archiv der Autorinnen

S. 99–101, 108: Coverabbildung und Innenseiten von Mehrdad Zaeri/Anne Richter: Prinzessin Sharifa und der mutige Walter. Zwei alte Geschichten neu erzählt © 2013 Baobab Books

S. 112: Unterrichtsmaterial © Franziska Börner

S. 115/116: Coverabbildung und Innenseite von Farideh Chalatbarie/Scharareh Chosrawani: Busfahrt ins Ungewisse © 2012 Edition Orient

S. 135/136, 146–148, 174–176, 190/191, 195, 250–252: Arbeitsblätter aus dem Unterricht © Archiv der Autorinnen

S. 150, 152: Coverabbildung und Innenseiten von Mehrnousch Zaeri-Esfahani/Mehrdad Zaeri: 33 Bogen und ein Teehaus © 2016 Peter Hammer

S. 163, 168/169: Abbildungen aus Yi Meng Wu: Yaotaos Zeichen © 2017 Kunstanstifter

S. 187/188, 192/193 /194 (Hannah Sophie Guhlmann): Tafelbilder aus dem Unterricht © Archiv der Autorinnen

S. 197: Coverabbildung von Frank Cottrell Boyce/ Carl Hunter/Clare Heney: Der unvergessene Mantel © 2012 Carlsen Verlag

S. 211, 214: Coverabbildungen und Innenseite von Luna Al-Mousli: Eine Träne. Ein Lächeln. Meine Kindheit in Damaskus © 2015 weissbooks.w & 2017

S. 241: Coverabbildung von Mohieddin Ellabbad. Das Notizbuch des Zeichners © 2008 Baobab Books

S. 253: Coverabbildung von Labor Ateliergemeinschaft: Ich so du so. Alles super normal © 2017 Beltz & Gelberg

S. 254: Coverabbildung von Anne Kostrzewa/Inka Vigh: Nasengruß & Wangenkuss. So macht man Dinge anderswo © 2017 Fischer Sauerländer

S. 255: Coverabbildung von Margriet Ruurs/Nizar Ali Badr: Ramas Flucht © 2017 Gerstenberg [kanad. OA 2016]

S. 256: Coverabbildung von Gill Lewis/Jo Weaver: Der Klang der Freiheit. © 2018 ars edition [engl. OA 2017]

S.257: Coverabbildung von Jochen Oltmer/Nikolaus Barbian/Christine Rösch: Ein Blick in die deutsche Geschichte. Vom Ein- und Auswandern. © 2016 Verlagshaus Jacoby & Stuart

Unter **www.friedrich-verlag.de** finden Sie Materialien zum Buch als Download.
Bitte geben Sie den achtstelligen Download-Code in das Suchfeld ein.

DOWNLOAD-CODE: **d31304ik**

Hinweis:

Das Download-Material enthält Arbeitsblätter, Lehrermaterial und Bastelvorlagen, die Sie bei der Vorbereitung Ihres Unterrichts unterstützen.

Als Käufer des Buches (ISBN 978-3-7727-1304-0) sind Sie zum Download dieser Datei berechtigt. Weder die gesamte Datei noch einzelne Teile daraus dürfen ohne Einwilligung des Verlages an Dritte weitergegeben oder in ein Netzwerk gestellt werden. Dies gilt auch für Intranets von Schulen und sonstigen Bildungseinrichtungen.

Der Verlag behält sich vor, gegen urheberrechtliche Verstöße vorzugehen.

Haben Sie Fragen zum Download? Dann wenden Sie sich bitte an den Leserservice der Friedrich Verlags GmbH. Schreiben Sie uns oder rufen Sie uns an!

Sie erreichen unseren Leserservice
Montag bis Donnerstag von 8 – 18 Uhr
Freitag von 8 – 14 Uhr
Tel.: 05 11/4 00 04-150
Fax: 05 11/4 00 04-170
E-Mail: *leserservice@friedrich-verlag.de*

Wir freuen uns über Ihre Rückmeldungen und helfen Ihnen gerne weiter!